高等职业教育规划教材

高等职业院校船舶技术类专业拓展课程教学用书

Chuanbo Gongcheng Daolun

船舶工程导论

（船舶工程技术专业）

刘善平　主编

邓召庭　主审

人民交通出版社

内 容 提 要

本书为高等职业教育规划教材，共四篇十六章，内容包括：船舶的类型，船体几何特征和技术性能，船体结构；船舶动力装置概述，船舶柴油机动力装置，船舶推进装置，船用泵阀与船舶系统，船舶甲板机械，船舶制冷装置与空气调节装置，船舶锅炉与船用海水淡化装置，船用油水分离机和船舶防污染装置；船舶电器设备，船舶辅机电力拖动，船舶电站及电力系统；船舶设计基础，船舶制造基础。

本书主要作为高职院校船舶工程技术专业教材，还适合船厂职工的自学以及其他形式的职业教育，也可供造船工程技术人员参考使用。

图书在版编目(CIP)数据

船舶工程导论/刘善平主编 .—北京：人民交通出版社，2010.6

ISBN 978-7-114-08441-6

Ⅰ.①船… Ⅱ.①刘… Ⅲ.①船舶工程 Ⅳ.①U66

中国版本图书馆 CIP 数据核字(2010)第 090850 号

高等职业教育规划教材

书　　名：船舶工程导论
著 作 者：刘善平
责任编辑：钱悦良
出版发行：人民交通出版社
地　　址：(100011) 北京市朝阳区安定门外外馆斜街 3 号
网　　址：http://www.ccpress.com.cn
销售电话：(010) 59757969，59757973
总 经 销：人民交通出版社发行部
经　　销：各地新华书店
印　　刷：北京鑫正大印刷有限公司
开　　本：787×1092　1/16
印　　张：20.5
字　　数：487 千
版　　次：2010 年 6 月　第 1 版
印　　次：2012 年 7 月　第 3 次印刷
书　　号：ISBN 978-7-114-08441-6
印　　数：4001 – 7000 册
定　　价：45.00 元

前言

QIANYAN

为深入贯彻教育部《关于全面提高高等职业教育教学质量的若干意见》，积极推进课程改革和教材建设，为职业教育教学和培训提供更加丰富、多样和实用的教材，更好地满足我国造船工业快速发展的需要，中国交通教育研究会职业教育分会船舶技术专业委员会组织全国开办有船舶技术类专业的职业院校及其骨干教师，编写了高等职业院校船舶技术类专业拓展课程教学用书。

本系列教材注重以就业为导向，以能力为本位，面向市场，面向社会，体现了职业教育的特色，满足了高素质的实用型、技能型船舶技术类专业高等职业人才培养的需要。

本系列教材是针对三年制高等职业教育编写的，二年制的也可参考使用。同时，本系列教材还适用于船员的考证培训和船厂职工的自学以及其他形式的职业教育。

《船舶工程导论》是船舶工程技术专业的一门重要专业理论课，按照《船舶工程导论》课程教学大纲的要求进行编写。遵照"必需、够用"的原则，深度、广度适中，力求简明，减少了过多理论描述，做到浅显易懂。体现理论与实践的结合，强调实用性，强化技能训练的力度。全书图文并茂，在每章前列出了知识目标和能力目标等学习目标要求，每章后附有大量的思考与练习题，便于组织教学和学生学习。

本书为高等职业教育规划教材，共四篇，内容包括：船体工程概论、船舶轮机概论、船舶电气概论和船舶设计制造基础，共十六章，各章节独立成篇，自成体系，各专业教学可按需所取。

本书主要作为高职院校船舶工程技术专业教材，还适合船厂职工的自学以及其他形式的职业教育，也可供造船工程技术人员参考使用。

参加本书编写工作的人员有：主编江苏海事职业技术学院刘善平（编写第四至十一章和附录）；参编江苏海事职业技术学院马骋、吴大忠（编写第一章），晁希安（编写第二章），杨耕新（编写第三、十五、十六章），王瑜、王刚华（编写第十二至十四章）。

本书由江苏省无锡高等职业技术学校邓召庭担任主审。另外，本书在编写过程中得到了江苏海事职业技术学院谢荣、周涛、吴汉才等的大力支持和帮助，在此一并表示衷心感谢！

限于编者经历和水平，教材内容难以覆盖全国各地的实际情况，希望各教学单位在积极选用和推广本拓展课程教学用书的同时，注重总结经验，及时提出修改意见和建议，以便再版修订时改正。

中国交通教育研究会职业教育分会船舶技术专业委员会

二〇一〇年一月

目录

MULU

第一篇　船体工程概论

第二篇　船舶轮机概论

第三篇　船舶电气概论

第四篇　船舶设计制造基础

第一篇 船体工程概论

第一章 船舶类型

知识目标

1. 具备船舶类型的基本知识；
2. 正确理解民用船舶的常见种类、主要特点；
3. 正确理解军用船舶的种类、主要特点；
4. 正确叙述高性能船舶的类型，发展趋势。

能力目标

1. 初步具备船舶类型的常识，能正确按不同方式对船舶类型进行分类；
2. 初步具备识别各类船舶的能力；
3. 初步了解高性能船舶的研究发展方向。

随着人类社会生产的不断发展和科学技术的飞速进步，船舶作为水中的运载工具，其作用越来越重要，船舶的服务面不断扩大，船舶的各种性能也随之不断提高，船舶本身也得到迅速的发展。船舶日趋专业化，船舶种类不断增加，新型船舶层出不穷。

第一节 船舶分类

船舶是水中运载工具的统称。船舶的种类很多，由于各种船舶的用途、结构材料、航行状态和区域、动力装置及推进方式的不同，船舶分类的方式也很多。

常用的分类方式有下列几种：

一、按船舶用途分类

船舶按其用途可分为民用船舶和军用船舶两大类。用于运输、捕捞、科学调查、工程作业及海洋开发等方面的船舶称为民用船舶。民用船舶根据其业务用途分为：运输船、工程船、渔业船、工作船、海洋开发船等类型。用于军事方面的船舶通常称为军舰或舰艇，军用船舶根据其所担负的战斗任务分为战斗舰艇和辅助舰船两类，战斗舰艇又可分为水面战斗舰艇和水下战斗舰艇（潜艇）。具体分类如下：

- 民用船舶
  - 运输船：客船、客货船、货船（杂货船、散货船、集装箱船、滚装船、载驳船、油船、液化气船、化学品船、冷藏船、多用途船等）、旅游船、渡船、驳船等
  - 工程船：挖泥船、起重船、打捞救助船、布缆船、敷管船、打桩船、浮船坞等
  - 渔业船：网类渔船、钓类渔船、渔业加工船、渔政船、渔业调查船、冷藏运输船、特种渔船等
  - 海洋开发船：海洋石油钻井装置、海洋地质勘探船、海底采矿船、海洋能源开发船、生物资源开发船、海洋调查船、深潜器等
  - 工作船：破冰船、消防船、引航船、供应船、交通船、助航工作船、港作拖船、带缆船、海关艇等
  - 其　他：农用船、供电船、环境保护船、游艇等
- 军用舰艇
  - 战斗舰艇
    - 水面战斗舰艇：航空母舰、巡洋舰、驱逐舰、护卫舰、鱼雷艇、导弹艇、猎潜艇、布雷舰、猎（扫）雷舰、两栖攻击舰、登陆舰等
    - 水下战斗舰艇：攻击型潜艇、弹道导弹潜艇、辅助潜艇等
  - 辅助舰艇：供应舰、补给舰、运输舰、侦察船、训练舰、修理船、救生船、交通船、医院船、浮桥舟、研究试验船、靶船等

二、按造船材料的发展分类

最原始的船舶是独木舟，很长一段历史时期中江河湖海里航行的都是木船，以后随着造船技术和材料的发展出现了铆接铁船，现在普遍使用钢材造船。有些小艇为减轻重量采用铝合金和玻璃钢等轻质材料，另外，还有钢丝网水泥船和橡皮艇等。

三、按航行状态分类

就船舶航行状态而论，有潜入水下航行的潜水船，也有航行在水面的船舶。

我们通常所说的船，一般是指漂浮于水中航行的，船舶的重量由排开的水所提供的浮力来支持，这种船占船舶的大多数，称为排水型船。由于水中阻力比较大，排水型船如以较高速度航行时，遭受到的阻力很大，需消耗较大的功率。为提高船舶的航行速度，必须减少水阻力，经过不断研究，出现了滑行艇、水翼艇、气垫船和掠海地效应船（冲翼艇）等新型高性能船。它们分别利用水动力、空气垫和地面（水面）效应来支持部分或全部船舶重量，使船舶部分或全部脱离水面，减少航行时阻力，提高航行速度。

四、按航行区域分类

根据船舶航行区域的不同可分为海船和内河船。

海船主要分为沿海船、远洋船。沿海船主要航行于沿海一定区域内；远洋船航行于各大洋之间的国际航线上，航程远、抗风浪要求高。除远洋船和沿海船外，航行于海峡两岸港口间的船舶，称海峡船，典型的有运载旅客和车辆的海峡渡轮；航行于北冰洋或南极海域的船舶，为极区船，由于极区内存有大量浮冰，极区船的结构有相应的加强。我国《海船稳性规范》将海域分为三个等级：I 类航区，即无限航区；II 类航区，一般指离开海岸不超过 200n mile（海里），1n mile = 1.852km；III 类航区，一般指离海岸不超过 20n mile。不同航区的船舶结构强度和稳性等性能要求有所不同。

内河船主要航行于江、河、湖泊中，由于内河风浪小，结构和稳性要求相对弱些；受内河航道条件的限制，内河船吃水相对较小，显得扁胖一些；同时，内河航道相对拥挤、急弯多，对内河船的操纵性能要求较高。我国长江水系，根据风浪大小，分成 A、B、C 三级航区和急流航段，对不同航区的船，稳性和结构强度标准有些差别。

五、按动力装置分类

船舶出现初期，主要靠人力划桨和以风为动力（风帆）。近代以后，1807 年美国人富尔顿首先在“克雷门特”号明轮船上用蒸汽机作为推进动力，开创了蒸汽机船的时代。蒸汽机机构简单，造价低，但是热效率低、笨重、工作条件差。随着汽轮机和内燃机的出现，蒸汽机动力逐步被汽轮机、内燃机动力所取代。

20 世纪初，汽轮机是大型船舶动力的主流，许多大功率船广泛采用汽轮机为动力装置，单机功率大，运转平稳无振动，使用可靠，可燃烧劣质油，但燃油消耗量比柴油机高出近 40%。柴油机热效率高，在 20 世纪初应用于船舶作为动力时，单机功率较小，所以让汽轮机抢占了大功率动力装置的市场。

随着柴油机技术的发展，柴油机能使用廉价的渣油，燃料消耗率降低，热效率高，单机功率和可靠性都大为提高，这些突出的优点使之逐步取代了汽轮机。目前以柴油机为动力装置的船舶应用最为广泛。

燃气轮机主要应用于军用舰艇，它单机功率大，体积小，重量轻，加速性能好，能随时启动并很快发出最大功率，很适合军舰的使用要求。

核动力装置主要用于大型军舰和潜艇，用核燃料代替普通燃料产生蒸汽推动轮机装置进而推进舰船。航行时所需携带的燃料大大减少，有利于远距离环球航行，无需添加燃料。

电力推进是利用各种动力装置发电或用燃料电池、蓄电池的电力，由电动机带动螺旋桨推进船舶。电力推进具有启动快、过载能力强等优点，适合负载变动较大的船采用。利用燃料电池和蓄电池作电力推进的船舶安静性好，常规潜艇水下航行时，通常利用蓄电池推进方式。

超导推进是电力推进的一种。由于近年来超导技术的突破而新出现的超导推进船，超导推进船是处于研究阶段的船舶。日本研制的一艘超导推进船舶曾于 20 世纪 90 年代初成功地进行了试航。超导推进从原理上讲可分为两类：一类是利用超导特性将推进电动机制成超导电动机，带动螺旋桨推进船舶，以减少能量消耗；另一类是利用超导特性制成的超导电磁线圈，将其安放在船底，它所产生的磁力线垂直海面，再环链电磁线圈，同时在船体外面水下放一对通直流电流的电极，海水导电，这样就在磁场中流过电流，海水电流与磁场成垂直方向，在与电磁线圈平行的海平面上产生推力，这个力推动船舶运动。磁流体推进方式无需传统的螺旋桨。目前超导电磁推进船仍处于研究和试验阶段，尚有不少问题有待解决。

图 1-1 为一艘超导推进船舶。

图 1-1　超导推进船舶

六、其他分类方式

除上述分类外，船舶还可按推进形式分为：明轮船、螺旋桨船、喷水推进器船、立翼（直叶

片）推进器船和风帆助航船等。也可按机舱位置分为：中机型船、中尾机型船和尾机型船。按船主体数目分为：单体船、双体船和多体船等。

第二节 运输船舶

民用船舶中，运输船舶是最常见、数量最庞大的一类，它的种类也很多。

一、客船、客货船及旅游客船

客船是载运旅客及其行李的船舶，兼运一定数量货物的客船称为客货船。

客船一般都是定期定线航行的，通常也称客班船。根据航区不同，客船又可分为：远洋客船、近海客船、沿海客船和内河客船。在《国际海上人命安全公约》中规定，载客超过 12 人以上的海船须按客船标准要求，所以凡是载客 12 人以上的船舶，无论是否以载客为主，均应视同客船。

客船是以人作为运载对象的，因此它的结构强度、船舶航海性能和设备须确保航行安全可靠，应具有较高航速，能给旅客提供良好的居住环境等条件。由于存在上述要求，现代客船的各项性能要求比普通货船要高。客船除应具备足够的强度外，对完整稳性和破舱稳性有较高的要求，在一定风浪下有足够的稳性；旅客集中一舷时或船舶回转时，应保持相当的稳性；其极限静倾角应小于 8°～12°；在一定数量的隔舱破损进水时仍能保持船舶不致沉没。在布置和装饰选材方面均应有必要的防火措施。客船上还应配备足够的救生设备，如救生艇、救生筏、救生圈、救生衣等。船上有完善的通信设备。客船航速高，操纵性要求高，因此多采用双机双桨推进，这样可提高航行时的安全性。

客船应为旅客提供较好的居住条件，旅客居住舱室应具有良好的通风、采光、照明、空调、卫生等设施；为旅客提供了观光散步所需的宽敞的甲板，舒适的休闲、娱乐、就餐和体育锻炼处所和设备。客船在设计时应注意到其耐波性要求，在风浪较大的航区航行的客船应采取减缓摇摆的措施，如设置减摇鳍或减摇水舱等。

随着航空业的发展，大型客船作为洲际人员往来的主要交通工具的垄断地位已被彻底打破。人们要求舒适快捷。大型客船在速度上远远比不上飞机，因此人们把目光转向利用海上旅游资源的旅游业。现代一些豪华客船，造型美观大方，上层建筑庞大，甲板层数多，舱室标准越来越高。在总体布置设计中追求豪华和舒适，各种服务设施一应俱全，充分体现了海上旅行的情调和乐趣。这类运输与游览观光功能并重的客船，称为旅游客船，如图 1-2 所示。

图 1-2 旅游客船

二、货船

货船是运送货物船舶的统称，其数量和种类最多。

货船所载运的货物通常可分为:杂货、成组货物、散货、液体货。杂货主要指日用杂货;成组货物是以某种容器或组合方式集合起来,外形匀称统一,重量比较大,便于装卸、转运的货物,如托盘、集装箱等;散货是指不加包装的块状、颗粒状、粉末状的货物,如粮食、煤炭、水泥、矿砂、矿石、化肥等。液体货是指以液体状运输和储存的货物,主要货品为石油及成品油、液化气及液体化学品等。由于装运货物的不同,货船的种类也很多,常见的有:杂货船、散货船、油船、集装箱船、滚装船、载驳船、化学品船、多用途船等。

1. 杂货船

杂货船是干货船的一种,如图1-3所示。早期的一般货船都是杂货船。近年来在普通杂货船基础上又发展出多用途型杂货船。

常见的杂货船其载重吨位在2000~15000t,航速12~18kn(n mile/h)。通常有2~3层甲板(防止货物过于挤压损坏),3~4个货舱,大一些的约有4~6个货舱,一般均采用单机单桨,机舱大都设在舯后部和尾部,每个货舱在甲板上开有货舱口,其两端装有起货设备。杂货船所运输货物比较杂,适应性强。

杂货船由于运载的杂货批量不大,且受装卸效率的制约,停港时间长,经济效益不高。由于集装箱运输的广泛普及,海上贸易情况的不断变化,一般杂货船也逐渐趋向于集装箱化,以加强其适应件和揽货能力,减少空放率和停港时间,提高营运经济性。因此现代货船在普通杂货船的基础上发展成一种除能载运一般杂货外,还能载运散货、集装箱等其他种类货物的多用途货船。这种船型同普通型杂货船相比,其特点是:具有较大的甲板开口,起货能力强,甲板、舱底、舱口盖均有特殊加强,以承受集装箱集中负荷,应具有足够的稳性,满足甲板上堆放多层集装箱的要求,为改善稳性,调整纵倾设有较多压载舱。

图1-3　杂货船

2. 散货船

散货船是指专门运输各种谷物、矿砂、煤炭等大宗散装货物的干货船。散货船一般为尾机型,单甲板,具有双层底、底边和顶边水舱,舱口较大,装卸速度快,内底在两舷向上斜升,使货物易于向中央集中,甲板下面两舷与舱口边做成倾斜的顶边舱,可限制货物在船舶航行时向两边移动,防止船稳性变坏,另一方面散货船常会遇到空载返航的航行状态,需要足够的压载水和良好的压载航行性能,顶边水舱的设置可加大压载量,提高压载航行时的重心,减少横摇角度。如图1-4a)所示是普通散货船的典型横剖面。这种横剖面结构形式除了有利于装压载

水,提高空载性能外,还对装货、清舱有利。如图1-4b)所示为矿砂船的横剖面,其结构与普通散货船有明显区别。这是因为所运载矿砂的积载因数只有0.4~0.6m^3/t。积载因素是指每吨货物在船上所占的体积。每吨矿砂所要求的舱容积只有普通散货的一半。为使矿砂船具有较缓和的摇摆和较长的摇摆周期,双层底设计得比较高。如图1-4c)所示为油、矿两用船的横剖面。

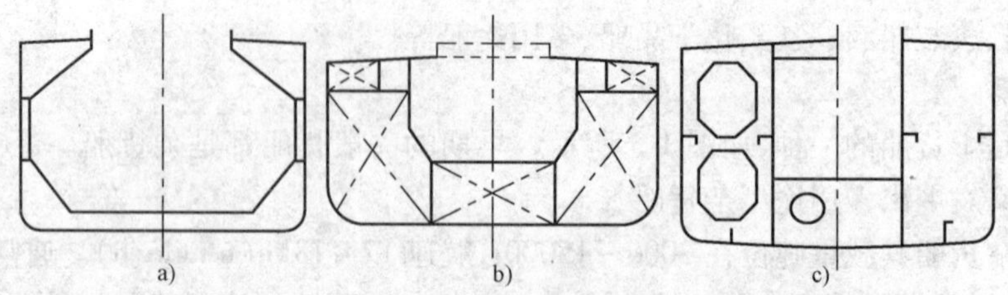

图1-4　散货船典型横剖面

散货的批量大,一般可依靠港口装卸设备,如大型抓斗、带式输送机等进行连续机械作业,装卸效率较高,因此船型趋大型化。到20世纪80年代初散货船已占世界商船总吨位的25%以上,仅次于油船,在商船队中占第二位。散货船的吨位较大,平均载重量在4万吨左右,其最大的载重量已达36.5万吨。如图1-5所示为一散货船。

图1-5　散货船

由于散货船货种单一,常常单程运输,回程空载,造成运力浪费,为进一步提高其经济性,装载趋向多用途化发展,可兼装矿砂、原油、杂货、钢材、木材、集装箱等一种或多种,这种船称为兼用船。常见的有砂物、油料两用船和矿物、油料、散货三用船。但由于国际海事组织《1973年国际防止船舶造成污染公约1978年议定书》(简称《73/78防污公约》)的强制性规则和导则修正案对运油船舶的防污染要求高,对这两种形式的兼用船有很大影响,如果在设计中无法解决这些问题,则这两种型式的兼用船将会逐渐消失。

除上述兼用船外,自卸式散货船亦受到运输企业的欢迎,自卸船底部呈W形,下部尖处有开口可将货物漏到其下纵向传送带上,然后,利用链斗或皮带提升到舱面,再利用悬臂运输带送到码头堆场或其他中转船舶上。自卸船可进一步缩短停港时间,节省建港投资,对中转运输更为有利。

3. 单元货物运输船

单元货物是指以统一外形和尺寸包装的货物。

(1)集装箱船。集装箱船是装载规格统一的标准货箱(称为集装箱)的货船,如图1-6所示。把不同品种和规格的货物,先装进标准集装箱,再装船运输,可以提高装运效率,改善劳动条件,减少货损,实现门对门运输,提高经济效益。

集装箱船的货舱开口很大,舱内和舱盖上都可装集装箱,航速一般在16~20kn,最高可达30kn以上。通常专用集装箱船上一般不设起货设备,因而需停靠集装箱船专用码头。集装箱船为了补偿舱口过大对抗扭强度的不利影响,船舷设计成双壳体,构成抗扭箱结构。为了在舱内堆放集装箱,船上遍布由导轨及水平桁材等组成的格栅。在甲板上装载的集装箱通常采用专门的绑扎系统。

图1-6　集装箱船

为防止海浪进入船舱,集装箱船通过采用提高船体型深,舱内设大型排水泵系统,取消舱盖,这样也可提高集装箱的装箱率。近年来出现的无舱盖集装箱船,得到了迅速发展。集装箱船是20世纪50年代后期才发展起来的,尽管它的出现不过60余年,但发展极快,从第一代船型装箱量500~1000标准箱(标准箱英文简称TEU,一个20ft长度的集装箱称为TEU),现已发展到第八代船型,装箱量超过10000TEU的超巴拿马型集装箱船。

(2)滚装船。滚装船是将带有拖车底盘的集装箱或装在托盘上的其他货物作为一个货物单元,用拖车或叉车装运直接开进开出船舱的船,如图1-7所示。

图1-7　滚装船

滚装船最初以汽车、拖车轮渡形式出现于海运船队中，以后逐渐发展成为运输货物的专用滚装货船。这种船具有多层甲板，尾部或舷侧或首部设有供车辆上下的跳板（其中尾跳板有尾直和尾斜跳板两种）。靠岸时，放下跳板，载货车或拖车就可以直接“滚”进舱内，再由升降甲板运送到各层甲板上，从而大大提高了装卸效率。

滚装船的最大特点是装卸效率高，与普通货船的根本区别在于这种船不用吊装货物，而是用拖车进行水平装卸，极大提高了装卸效率。与集装箱船和普通货船相比，运输成本及装卸费用都要低，便于实现门到门运输，但船舶造价高，且舱室容积利用率低。因此，用于装卸繁忙的短程航线最为适宜。

(3)载驳船。载驳船又称母子船，由一大型机动母船运载一批同规格的驳船（子船），驳船作为货运单元可在其中装载各种货物和集装箱。当母船到达港口锚地时，不必靠码头，驳船直接由母船卸下后，由拖船或推船运往目的地，而母船则装载好另一批驳船后就可开航。

载驳船通常在尾部设置龙门式吊驳起重机或升降平台，也有在母船的首或尾部设大门，由推船直接推动使驳船浮进浮出。

载驳船是连接海洋与内河运输的一种高效船型。可把大型母船从远洋或沿海运来的货物通过河流直接运往内地。其优点是：由于货物单元是驳船，装卸可以在港域内外任意地点进行。无需使用码头，不受水深限制，可缩短母船的停泊时间，不受码头拥挤影响，装卸效率高，适宜进行江海联运。

4. *液货船*

石油及其制品的运量约占世界海运总量的45%，以运输石油及其制品为主的液货船的吨位很大。由于运载的货种不同，液货船也有多种类型。

(1)油船。油船是专门运输石油类液体货的船舶。如图1-8所示为一大型油船。油船有原油船和成品油船之分。

图1-8　油船

油船通常是单层甲板，油船的机舱都设在船的尾部，以防止螺旋桨轴在通过油舱时引起轴隧漏油或挥发出易燃气体引起火灾，特别是航行时可避免烟囱中的火星落入油舱引起爆炸，因此其上层建筑大多数都集中在尾部。油船甲板上布置大量的与泵连接的输油管道，并设有纵向通往全船的步桥，或内部通道供船员通行。油船设有圆形油气膨胀舱口，并装有油密性好的舱口盖。油船在所有的船中属吨位最大者，曾出现过56万吨级的原油船。从经济性角度考虑

油船的航速一般在 12 ~ 16kn 之间。成品油轮的吨位要比原油船小。

过去油船大多数为单层底结构。《国际防止船舶造成污染公约》(即 MARPOL 73/78)92 修正案提出 5000dwt(载重吨位,Dead Weight Tonnage,缩写为 dwt)以上油船均应设置双层底,更大一些的油船还必须采用双底双壳结构或采用中高甲板形式,以防止海损后油污染海洋环境。

(2)液化气船。液化气船是用来运载液化气体的船舶。气体液化的方式通常有两种,一种是加压式,一种是冷冻式。采用加压方式,是将液化气体装载在固定于船上的球形和圆筒形耐压容器中,在常温下运输;采用冷冻方式时,低温下液化的气体装入特别的罐式或球式容器内。图 1-9 为加压式液化气船。这种容器由耐低温特殊钢材制成,外敷有绝缘材料,并设有冷冻系统,在常压下运输。通常加压式适用于小型船舶,在 4000t 以上的船舶以冷藏为宜。

图 1-9　加压式液化气船

液化天然气运输途中要蒸发,为减少损失,可将蒸发的液化天然气蒸气收集,将其输送到锅炉中去燃烧,故液化天然气船的动力装置都选用蒸汽轮机。

液化气体主要是液化石油气(LPG)和液化天然气(LNG)。广义上还应包括一切具有商业价值的液化气体,如液化氨、液化乙烯等。这一类液体货的沸点低,多为易燃易爆的危险货物,有的有剧毒和腐蚀性。这些液体货运输船也是设计精密,选材特殊,配套设备独特,制造工艺复杂的高技术型产品,其造价十分昂贵。

(3)液体化学品船。液体化学品船是专门运输有毒、易挥发、具有危险性的液体化学品的船舶,如图 1-10 所示。

出于安全考虑,这类船舶货舱区域采用双壳结构;货舱与其他舱室间采用隔离空舱进行分隔。货舱必须有透气系统和温度控制系统,有的还设有惰性气体保护系统。货舱与泵舱须布置足够大的出入口,保证任何时候都能顺利通行。

根据所运货品的危害性大小分为 I、II、III 级。I 级属危害性最大的,其货舱容积必须小于 $1250m^3$;II 级则必须小于 $3000m^3$;III 级是用于危险性较小的货品。

对于化学品船,必须注意安全可靠,以及对船舶和船员的各种保护措施。

5. *冷藏船*

冷藏船是专门运输果品和肉类等易腐鲜货的船舶,如图 1-11 所示。在运输过程中冷藏舱

图1-10　液体化学品船

保持一定的低温，以保证货物不致变质与腐烂，所以对制冷、隔热有特殊要求。船上备有大功率制冷装置，根据所运输货种不同，在船舱内设制冷管或冷风管，以维持所需的保冷温度。还要求制冷装置在船舶摇摆、振动及高温、潮湿的条件下，仍能保证正常工作。冷藏船常设置多层甲板，以防止下层货物受压损坏，冷藏船航速较高，又有较大的积载因数，所以尺度较同载重量的普通货船大。

图1-11　冷藏船

三、渡船

渡船是指用于江河两岸、岛屿之间、海峡、河口或城市与岛屿之间的短途运输的交通船。可分为旅客渡船、汽车渡船和旅客、汽车兼运渡船。

渡船航程短，城市里的对江渡船有的一小时往返好几趟，因此船上的设备较为简单。渡船要求甲板面积较宽，船的稳性好，操纵灵活方便，以适应迅速靠离码头的需要。

旅客渡船如图1-12所示，一般没有铺位只设少量坐席，大多数乘客则分布在乘客甲板上。乘客甲板一般有1~2层。为了避免旅客集中到一舷引起倾覆，船舶设计规范上通常规定其横倾角不得超过12°。汽车渡船主要用来运送车辆过江，通常为首尾对称的扁宽型船型，驾驶室设在舷侧高处，便于驾驶人员观察操纵。船上甲板宽敞平坦，两端有跳板，在靠岸时，放下跳板，汽车则可方便地开上开下。

图1-12　渡船

四、驳船及驳船队

驳船是指本身无动力，依靠拖船或推船带动的平底船，如图1-13所示。船上设备简单，本身没有起货设备。载重量从几十吨到数千吨，主要在沿海、内河和港内载运或转运物资。驳船一般由几艘至十几艘再加上拖船（或推船）组成驳船队来运输货物。

根据按装货的方式不同，驳船可分为甲板驳和舱口驳两种，前者货物装在甲板上，而后者则装在货舱内。现在还有一种半舱驳，其货舱底低于甲板，却又以高于一般的货舱底，它兼有舱口驳和甲板驳两者的优点。驳船由于装载的货物种类不同，除一般的货驳外，还有专用的油驳、矿砂驳、泥驳、牲畜驳和化学品驳等。

驳船结构、设备简单，营运时可按运输货物的种类而随时编组，船的利用率高，所以驳船在内河运输中占有重要地位。

图1-13　驳船

第三节　军用舰船

军用舰船是指执行战斗任务和军事辅助任务的各类船舶的总称。通常分为战斗舰艇和辅助舰船两大类，战斗舰艇有水面战斗舰艇和潜艇之分，按其基本任务的不同又可分为不同的舰

种;辅助舰艇则是专门为战斗舰艇提供各种战勤保障的服务舰船。

人们一般称排水量500t以上的船为舰,500t以下的船为艇。

一、巡洋舰

巡洋舰是一种具有强大火力、多用途的适于远洋作战的大型水面战舰。其航速高,续航力大,耐波性好,具有相当强的独立作战能力和指挥功能,在航空母舰编队时作为护卫兵力,在与驱逐舰协同作战时作为旗舰,也可单独执行战斗任务。巡洋舰主要用于海上攻防作战,保卫己方或破坏敌方的海上交通线,支援登陆或抗登陆作战,袭击港口基地和岸上目标,掩护己方舰艇扫雷或布雷,以及防空、反潜、警戒、巡逻、为舰载机导航等。

巡洋舰的排水量通常在7000t以上,最大的高达32000t以上,航速约30~35kn。巡洋舰根据其排水量大小和武器装备强弱而有重巡洋舰和轻巡洋舰之分。巡洋舰的武器装备过去以大口径火炮为主要武器,并辅以各类副炮和鱼雷。现代巡洋舰都有对舰、对空和反潜导弹,及先进的电子设备,舰尾通常还带有1~2架直升机。以导弹为主要武器的常称为导弹巡洋舰。巡洋舰的动力装置一般采用燃气轮机、柴油机和汽轮机的联合装置;也有采用核动力装置的,称为核动力巡洋舰。如图1-14所示为核动力导弹巡洋舰。

由于巡洋舰存在目标大,造价高,航速受限制等因素,因此有些国家海军对它在现代化海战中的作用持怀疑态度。

图1-14 核动力导弹巡洋舰

二、驱逐舰

驱逐舰是以导弹、反潜武器和火炮为主要武器的中型水面战斗舰艇。其航速较高,耐波性好,战斗力强,并具有多种作战能力,用于攻击敌方潜艇和水面舰船,还承担侦察、巡逻、护航、警戒、防空、布雷、袭击岸上目标、封锁海区等战斗任务。驱逐舰的排水量通常为3000~5000t,航速为35kn左右,续航力3000~6000n mile。

现代驱逐舰的主要武器已由导弹取代了火炮和鱼雷。以导弹为主要武器的驱逐舰称为导弹驱逐舰,如图1-15所示为一导弹驱逐舰。现代驱逐舰一般均装有舰对舰、舰对空导弹武器、反潜导弹武器、反潜直升机、电子战系统以及设备完善的导航通信设备。

某些国家将排水量在5000t以上大型驱逐舰称为驱逐领舰,其各种装备更完善,可担任驱逐舰编队的旗舰。

图 1-15　导弹驱逐舰

三、护卫舰

护卫舰是以反潜武器、舰炮和导弹为主要武器的轻型水面战斗舰艇，如图 1-16 所示。其主要任务是巡逻，警戒和护卫海上战斗舰艇、运输船队、登陆作战编队；防止敌潜艇、鱼雷艇和航空兵的袭击，担负防空、对海和反潜作战中的一个方面或多个方面的任务。护卫舰比驱逐舰武器装备弱，续航力小，同时亦具有轻快、机动性好、造价低、适宜批量生产的特点。

图 1-16　护卫舰

护卫舰的排水量一般为 1000 ~ 3000t，航速 25 ~ 30kn，动力装置多采用中速柴油机。初期的护卫舰排水量较小，航速低，以火炮、深水炸弹及鱼雷武器为主。现代的护卫舰分别装有中小口径火炮、舰对舰、舰对空导弹、反潜导弹、反潜鱼雷以及深水炸弹等武器系统，并装备了性能良好的声纳和多种雷达，有的还配有反潜直升机。反潜、反舰和防空能力有了显著增强，指挥操纵和武器控制日益自动化，能兼负驱逐舰的战斗任务。

四、登陆舰艇

登陆舰艇是运送登陆人员及其武器装备和补给品登陆的舰艇，又称两栖舰艇，有登陆舰、登陆艇、登陆运输舰和登陆指挥舰等。

登陆舰，如图 1-17 所示，其排水量在 5000t 以上，有大中小型之分。用以运送人员、车辆、坦克和物资抢滩登陆。首部设有首门和吊桥装置，供运送人员和车辆登陆用。尾部设有尾锚以协助退滩和保持船位。

登陆艇航速低，一般在12kn以下，耐波性也较差，故常装在登陆运输舰上，在登陆作战中，作为由舰到岸换乘转运工具。

图1-17　登陆舰艇

登陆运输舰按其装载对象不同可分为登陆兵运输舰、登陆物资运输舰、坞式登陆运输舰、直升机登陆运输舰和综合登陆运输舰。登陆运输舰一般为远洋运输船的船型，不能直接登陆，排水量大（万吨以上），航速较高，续航力大，耐波性也较好。坞式登陆运输舰是携带登陆艇和登陆工具的母舰，当航行到敌岸附近时，可将登陆艇从坞内放出，实行抢滩登陆。直升机运输舰亦称两栖攻击舰，排水量大，航速高，舰上装备有火炮、导弹和直升机。综合登陆运输舰载有登陆艇和直升机，可同时实施由舰到岸的平面登陆和垂直登陆。

登陆指挥舰是用于登陆作战中对登陆舰艇进行编队和指挥的舰船，多由登陆运输舰增设指挥设备兼任。

五、航空母舰

航空母舰是以舰载机为主要武器并作为其海上活动基地的大型军舰，是海军水面战斗舰中的最大舰种。主要用于攻击水面舰艇、潜艇和运输舰船，袭击海岸设施和陆上目标，夺取作战海区的制空权和制海权。航空母舰有大中小型之分，其排水量通常为万余吨至8万吨左右，最大的核动力航空母舰可达10万余吨。航速约26～35kn。续航力大。大型航空母舰可携带飞机100余架。图1-18为“林肯”号超级航空母舰。

图1-18　“林肯”号超级航空母舰

航空母舰有供飞机起落的飞行甲板，以及弹射器、阻拦装置和升降机等。机库设于飞行甲板下面，上层建筑设在中部右侧，为岛形建筑。航空母舰一般以舰载机为主，还装备有导弹、火炮、反潜武器等武器以及十分完善的电子设备。

航空母舰具有强大的攻击力，但目标较大，易遭敌方攻击，所以需要在多艘巡洋舰、驱逐舰和护卫舰护卫下组成航空母舰编队行动。

航空母舰按承担的任务可分攻击航空母舰、护卫航空母舰、反潜航空母舰和多用途航空母舰。按动力装置不同有核动力航空母舰和常规动力航空母舰。

六、潜艇

潜艇又称潜水艇，是一种能潜入水下活动和作战的舰艇。主要用于攻击敌水面舰船和潜艇，袭击敌沿岸主要设施和岸上的重要目标，破坏敌海上交通线，也可用于布雷、侦察等。潜艇具有隐蔽性好、机动灵活、自给力和续航力较大、突袭力较强的特点。自20世纪50年代核动力潜艇研制成功并装备弹道导弹后，已成为具有战略意义的战斗舰艇。

潜艇按武器装备不同可分为鱼雷潜艇和导弹潜艇；按动力装置不同可分为常规动力潜艇和核动力潜艇，如图1-19所示为一核动力潜艇。按战斗使命不同可分为战略导弹潜艇和攻击潜艇。战略导弹潜艇主要用于对陆上重要目标进行战略核袭击，大多为核动力潜艇，也有常规动力的，主要武器是潜对地导弹，并装有鱼雷。核动力潜艇水下排水量通常为5000～30000t，水下航速20～30kn，下潜深度300～500m，有充分的自持力，能长期在水下活动。常规动力潜艇用柴油机作为主机，水下潜航时用蓄电池驱动电动机推进，一般吨位要小些，航速也比核动力潜艇低，约为14～15kn。攻击潜艇主要用于攻击敌方水面和水下舰船，也有核动力和常规动力之分，艇上主要装备有鱼雷、水雷和导弹，核动力攻击潜艇水下排水量约为3000～7000t，最大的上万吨，航速30～42kn。常规动力攻击潜艇水下排水量要小些，一般为600～3000t，航速15～20kn。为在水面或水下观察、通信和导航的需要，在潜艇上装有各种声纳、雷达、无线电、罗经以及其他导航设备，并可用潜望镜进行对空和对海观察。

图1-19 核动力潜艇

第四节 迅速发展的高性能船舶

常规排水型船舶，经过多年的研究，其性能已有很大的提高，但受船型的限制，性能的提高有一定的限度。

（1）航速受限。排水型船航行时除摩擦阻力外，还有兴波阻力，前者由船的粘性引起，后者是航行时波浪引起的。尤其是航行时，船的兴波阻力的增加比船速的增加要快得多，这是排水型船的航速增加受限制的一个主要原因。

（2）耐波性较差。所谓耐波性就是当船舶在风浪中航行时，具有足够的稳性和船体结构强度，并能保持一定的航速安全航行的能力，排水型船虽然采用了各种减摇装置，但仍无法适应一些特殊船舶所需要的平稳作业的要求。

飞机问世后速度提高之快，启发了人们设想，如果船体的全部或部分脱离水面，既可能大大减少船的阻力，提高航速，也可能减少波浪对船舶的影响，提高耐波性。人们通过不断地研究探索，研制出有别于排水型船的高性能船，如滑行艇、水翼艇、气垫船、冲翼艇、小水线面双体船等，这些高性能船尚处于不断研究和完善阶段。部分船型已达到实用要求，随着技术的不断进步，新的高性能船型仍将不断涌现。

一、滑行艇

滑行艇如图 1-20 所示，静止及以较慢速度航行于水中时，艇体的重量同排水型船一样由浮力支承（即静水力支承）。当艇高速行驶时，艇进入滑行状态，艇首在水动力作用下脱离水面，仅部分艇底与水面接触，静水浮力大部分由水动力所代替，从而支承面和浸湿面积随速度增长而减少，船的阻力相应减少，为提高航速创造了条件。由于滑行艇有很高的航速，故广泛用于运动艇、交通艇、巡逻艇、鱼雷艇、导弹艇等。滑行艇的主要缺点是耐波性较差，不适于在大风浪中航行，滑行状态时波浪对艇体有很大冲击，对结构也有破坏作用，因此滑行艇的发展受到一定的限制。

图 1-20 滑行艇

二、水翼艇

水翼艇是指在艇体下面装有水翼的一种高速快艇。它是由滑行艇演变和发展产生的新船

型。艇体与滑行艇相近，艇底加装水翼，水翼的断面呈机翼形状，运动时水翼受升力（即水动力）作用，当升力与排水量相等时，船体完全被抬出水面，只由水翼和支架与水接触，高速航行时可以大大降低阻力。

水翼种类很多，如图 1-21 所示，通常可分为两类：割划式水翼和全浸式水翼。

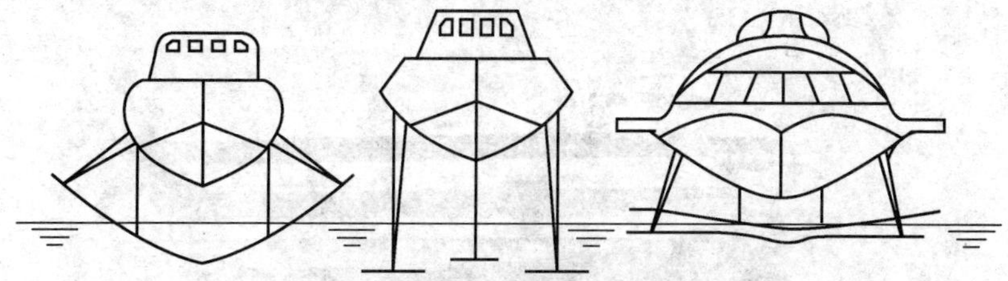
图 1-21　水翼的型式

1. 割划式水翼

割划式水翼如图 1-22 所示，通常为 V 形或阶梯形，也有环形的。航行时水翼的上部露出水面，其余部分浸没在水中。升力的大小随船的航速和水翼浸水面积而定。当艇体离水面过高时，水翼浸水面积减少，升力随之下降。所以这种水翼能依靠改变其浸水面积自动调节升力，不需其他附属设备，结构简单，但对波浪比较敏感。割划式水翼广泛地应用于小型水翼艇上，适用于风浪较小的航区。

图 1-22　割划式水翼

2. 全浸式水翼

其特点是水翼全部浸没在水中，如图 1-23 所示。较早的全浸式水翼浸深较小，称为浅浸式水翼。浅浸式水翼接近水面，易受波浪的影响。深浸式水翼离水面较深，受波浪的影响较小，它的升力调节是靠改变水翼的倾角来实现的，一般装有自动控制装置，适用于耐波性要求较高的海洋军用水翼艇。水翼艇的航速一般为 45 ~ 50kn。

水翼艇的缺点是：艇体之下有水翼，不适用浅航道，水翼宽往往大于船宽，靠码头有些不便，为减轻主机重量常采用高速内燃机或燃气轮机，使用寿命短，对燃油要求高，经济性较差。

三、气垫船

气垫船是通过鼓风机把空气送到船底下面，在船底形成空气垫以支持船体重量的一种高

速船舶(属空气静力支承型)。当气垫的压力高于大气压时,可将船体全部抬出水面。航行时气垫将船体与水面隔开,使船的阻力大大降低,航速可达 80 ~ 100kn。气垫船有两种类型:全垫升式气垫船和侧壁式气垫船,如图 1-24 所示。

图 1-23　全浸式水翼船

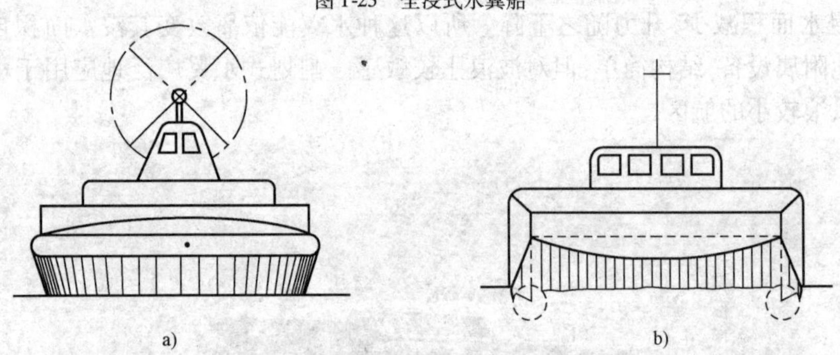

图 1-24　气垫船的形式

a) 全垫升式;b) 侧壁式

全垫升式气垫船如图 1-25 所示,船底四周用柔性围裙封闭,用空气螺旋桨推进。这种气垫船具有两栖能力,可以在水面、陆地、沼泽地、冰面和沙滩上行驶,但耐波性和机动性较差,噪声大,空气螺旋桨推进效率低,限制了两栖型气垫船的大型化。另有采用超空泡水动力螺旋桨或喷水推进的气垫船,推进效率高,吨位大、噪声小,但不具两栖性。

图 1-25　全垫升式气垫船

侧壁式气垫船是在两舷侧有刚性的侧壁插入水中，船的首尾端用气幕封闭。采用水动力螺旋桨或喷水推进。有较好的操纵性和稳定性，船只能在水面航行，无两栖能力。这种型式的气垫船经济性较好，可向大型化方向发展。

四、地效应船

气垫船是利用空气的表面静压效应获得空气对船体的支持力，掠海地效应船是利用空气动力的地面效应得到支持力。掠海地效应船又称冲翼艇、冲压式气垫船或气翼艇。

掠海地效应船如图 1-26 所示，在航行时不与水面直接接触，只是贴近水面飞行。当艇高速运行时，迫使气流进入艇与水面之间，空气被强烈的阻滞，使翼面下的压力增高，形成动态气垫，使艇体支持在水面以上一定距离的空气中，完全摆脱了水面，航速进一步提高，可达 150～200kn 以上。地效应船的外形类似飞机，而且也在空中飞行，所以很容易被误认为是一种超低空飞行的飞机。其实飞机同地效应船的飞行机理有很大差别，飞机利用飞行时机翼在空气中的升力来支持，地效应船是利用空气的表面效应获得支持力，飞行区域为水面（或地面）以上 0～50m，超低空飞机在该区域是无法较长距离地稳定飞行的，地效应船只有在表面效应区域内飞行才能显示出它的优越性。

图 1-26　地效应船

地效应船是一种处于研究完善过程中的船舶，还有许许多多问题有待解决，前苏联学者对地效应船的研究较为深入，中小型地效应船的研究取得较大的进展，部分技术已应用于军用和民用，但技术有待于进一步完善。300t 以上的大型地效应船仍在研究中。

五、小水线面双体船

小水线面双体船是 20 世纪 70 年代发展起来的一种高速新船型。它是半潜船船型中研究得最多的一种船型。研究表明，这种船型不仅耐波性优越，而且其他航海性能也较常规单体船型更佳，已日益引起人们的重视。

小水线面双体船由潜体、上体（包括桥体结构）和支柱三大部分组成，如图 1-27 所示。

潜体做成鱼雷状，上体是水面以上的平台结构，可按需要布置各种设备。上体和潜体间由截面为流线型的支柱连接。鉴于潜体没入水中，支柱的水线面较瘦削，能在航行时大大降低波

浪的扰动力和兴波阻力。小水线面支柱使船的自摇周期显著延长，降低了对波浪的影响，因而半潜小水线面双体船具有耐波性好，波浪中失速小，高速航行时阻力小，上甲板宽广，空间开敞等优点。但它吃水较深，船宽较大，易受航道的限制。这种船型在军用、民用方面都具有广阔的发展前景。

图 1-27　小水线面双体船

六、高速穿浪船

高速穿浪船是国际上 20 世纪 80 年代后期出现的一种由高速双体船和小水线面船概念复合而成的新型高性能船舶，发展非常迅速。这种新船型由浮体、支柱及中央艇体三部分组成，如图 1-28 所示。

图 1-28　高速穿浪船

高速穿浪船在静水和小风浪中，中央艇体离开水面，依靠两浮体掠水滑行；在大风浪中，细长浮体穿浪，支柱割划波浪航行，酷似小水线面船在波浪中航行，耐波性能显著改善。

这种船型保留了高速双体船高速、低耗、甲板面积宽敞之长处，融合了小水线面船高耐波能力的优点；又去除了双体船耐波性能差及小水线面船操纵控制系统和动力传递复杂的缺点，技术、结构比小水线面船简单，建造、使用成本也随之下降。高速穿浪船出现后获得迅速发展，产品已进入欧亚两洲，成为现代高性能船舶行列中重要的一员。据报道，国外已建造的高速穿浪船，有的船长已达74m，航速超过40kn，耐波能力可达6～7级海况，是一种具有很大发展潜力的新船型。

一、简答题

1. 船舶的分类方法有哪些？民用船舶常见的类型有哪些？

2. 船舶根据航行区域是如何分类的？

3. 运输船舶有哪些种类？

4. 什么是货船？货船按其所运货物的不同，分为哪些类型？

5. 杂货船、散货船、集装箱船、油船各有哪些特点？

6. 什么是客船、客货船？通常对它们的要求是什么？

7. 什么是渡船？发展车/客渡船有什么好处？

8. 高速船有哪些种类？水翼艇和气垫船的特点是什么？

二、选择题

1. 杂货船通常在两货舱口之间布置有(　　)。

A. 锚设备　　B. 系泊设备　　C. 救生设备　　D. 起货设备

2. 为便于散装货物装卸，散货船货舱区结构设置有(　　)。

A. 货舱口　　B. 甲板　　C. 底边舱和顶边舱　　D. 双层舷侧

3. 油船机舱通常布置在船(　　)。

A. 尾部　　B. 首部　　C. 中部　　D. 任意部位

4. 在《国际海上人命安全公约》中规定，凡是载客(　　)人以上的船舶，无论是否以载客为主，均应视同客船。

A. 5　　B. 8　　C. 10　　D. 12

5. 专门运输各种谷物、矿砂、煤炭等大宗散装货物的干货船称为(　　)。

A. 散货船　　B. 杂货船　　C. 多用途船　　D. 滚装船

6. 将带有拖车底盘的集装箱或装在托盘上的其他货物作为一个货物单元，用拖车或叉车装运直接开进开出船舱的船是(　　)。

A. 散货船　　B. 杂货船　　C. 多用途船　　D. 滚装船

7. (　　)可专门运输果品和肉等货物。

A. 散货船　　B. 杂货船　　C. 驳船　　D. 冷藏船

8. 液化天然气船的动力装置都一般选用(　　)。

A. 燃气轮机　　B. 柴油机动力装置

C. 核动力装置　　D. 蒸汽轮机

9. 核动力装置主要用于(　　)。

A. 大型军舰和潜艇　　　　B. 客货船

C. 杂货船　　　　D. 集装箱船

10.《国际防止船舶造成污染公约》(即 MARPOL 73/78)92 修正案提出(　　)以上油船均应设置双层底,更大一些的油船还必须采用双底双壳结构或采用中高甲板形式,以防止海损后油污海洋环境。

A. 3000dwt　　B. 5000dwt　　C. 8000dwt　　D. 10000dwt

11. 可以在水面、陆地、沼泽地、冰面和沙滩上行驶的船舶有(　　)。

A. 全垫升式气垫船　　　　B. 侧壁式气垫船

C. 小水线面双体船　　　　D. 高速穿浪船

第二章　船体几何特征与技术性能

知识目标

1. 正确理解船体主尺度、船型系数等参数的定义及含意；
2. 正确理解船体型线图的含意和船体外形的特征与船体性能的关系；
3. 正确理解船舶浮性的定义及含意；
4. 正确理解船舶稳定平衡条件；
5. 正确理解船舶抗沉性的定义及含意；
6. 正确理解船舶阻力的构成；
7. 正确理解船舶耐波性的定义及含意；
8. 正确理解船舶操纵性和其他性能的定义及含意。

能力目标

1. 能够利用船体主尺度、船体型线图和船型系数等参数了解船舶的几何形状；
2. 理解船舶的几何形状对船舶技术性能的影响；
3. 初步掌握提高船舶稳性的措施的能力；
4. 初步掌握降低船舶阻力、提高船舶推进效率的一般措施。

船体通常是一个两头尖瘦、中间肥胖、左右对称的狭长几何体，船体几何要素包括船体的大小和形状，它对船舶的各项性能有很大的影响。在介绍船舶性能之前，首先要了解船体的大小和形状的表示方法，即船的特征尺度的定义及船体曲面的图形表示方法。通常，我们用船体的主尺度、主尺度比和船型系数等来表示船体的大小、肥瘦程度，而用船体型线图来完整表达船体的表面形状。本章先讨论船体几何特征，然后介绍船舶各项技术性能。

第一节　船体型线图

船体是一个具有双重曲度的复杂的流线体，其表面形状通常是一个复杂的光顺曲面。若用机械制图中所采用的通过三个视图——主视图、俯视图和左视图的表达方法，则只能大概地而不能完整地表达出船体的形状，必须用型线图来表达。型线图是在三个相互垂直的投影面上，以船体型表面的截交线、投影线和外廓线来表示船体外形的图样。船体型线图所表示的船体外形为船体型表面，金属船的型表面为外板的内表面，非金属船（包括水泥船、玻璃钢船、木船等）则为船壳的外表面。

一、型线图的三个基准投影面

型线图的三个互相垂直的基准投影面为船的中线面（V），设计水线面（H）和中站面（W）。如图 2-1 所示。

1. 中线面(V)

通过船宽中点的纵向垂直平面,它把船体分为相互对称的左右舷,因此中线面是船体的纵向对称面。

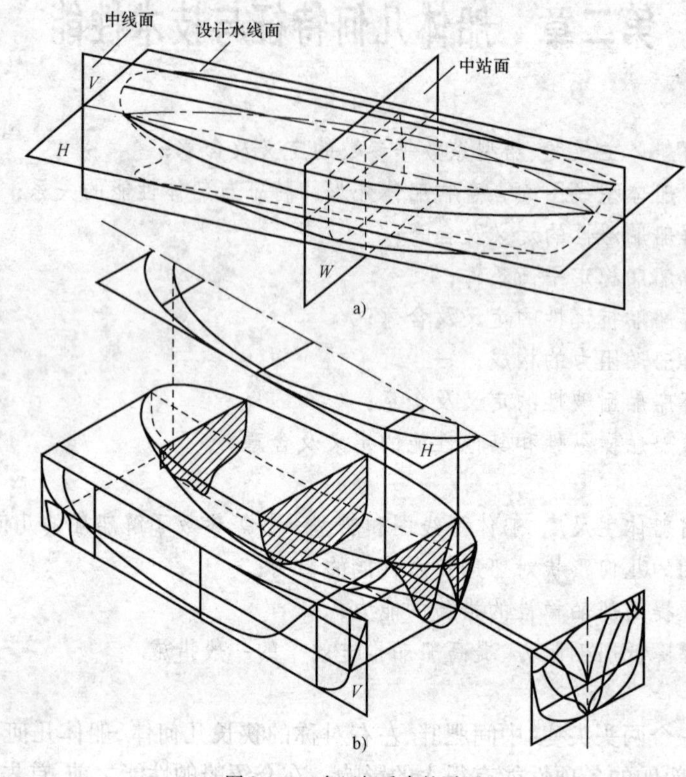

图 2-1　三个互相垂直的平面

2. 设计水线面(H)

通过设计水线(运输船舶通常是船舶满载时的吃水线,称为满载水线)的水平面,它把船体分为水上和水下两部分。设计水线面与中线面垂直。

3. 中站面(W)

通过船长(垂线间长或设计水线长)中点垂直于中线面的横向垂直平面,它把船体分为首尾两部分。

二、型线图的三个视图

中线面与船体表面的交线称为中纵剖线,包括甲板线、龙骨线及首尾部分的外形轮廓。设计水线面与船体表面的交线称为设计水线。中站面与船体表面的交线称为中横剖线,包括甲板的横梁线、船底线和舷侧线。

由于船体表面形状为流线型曲面,首、尾、上、下变化很大,所以仅用上述中纵剖线、设计水线和中横剖线来表达船体表面形状是远远不够的。为了完整、精确地表征出船体表面的变化情况,还需用若干个同上述三个基本投影面相平行的、一定间距的三组辅助平面来截切船体型表面,得到三组截交线,然后向三个基准投影面投影,最后再画上必要的其他投影线(如甲板边线、舷墙顶线等),就构成了完整的船体型线图。如图 2-2 所示。

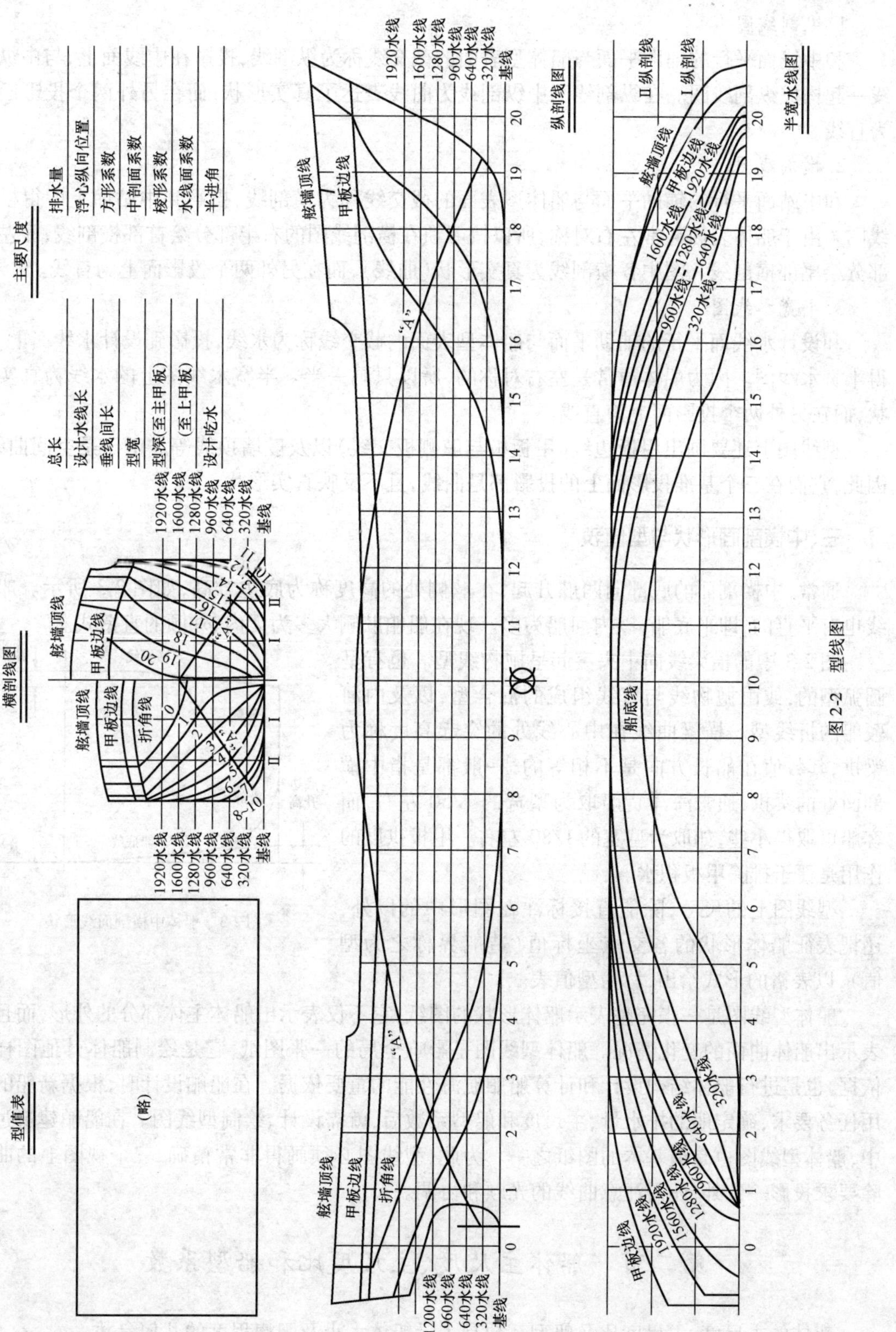

型值表

（略）

横剖线图

纵剖线图

半宽水线图

主要尺度

总长	排水量
设计水线长	浮心纵向位置
垂线间长	方形系数
型宽	中剖面系数
型深(至主甲板)	棱形系数
(至上甲板)	水线面系数
设计吃水	半进角

图 2-2　型线图

1. 纵剖线图

和中线面平行的辅助平面与船体型表面的截交线称为纵剖线，投影在中线面上，与中纵剖线一起构成纵剖线图。在纵剖线图中纵剖线为曲线表达了真实形状；而在另外两个投影面上为直线。

2. 横剖线图

和中站面平行的辅助平面与船体型表面的截交线称为横剖线，投影到中站面上即得横剖线图。由于船体表面通常左右对称，所以按习惯在横剖线图的右半部分绘首部横剖线，而左半部分绘尾部横剖线。图中各横剖线为真实形状（曲线），而在另外两个投影面上为直线。

3. 半宽水线图

和设计水线面平行的辅助平面与船体型表面的截交线称为水线，投影到设计水线面上，即得半宽水线图。因为船体通常是左右对称的，所以只画一半。半宽水线图上的水线为真实形状，而在另外两个投影面上为直线。

型线图上还要画出甲板边线（甲板板与舷侧板交线）以及舷墙顶线等。由于是空间曲线，因此，它们在三个基准投影面上的投影都是曲线，且不反映真实形状。

三、中横剖面形状与型值表

通常，中横剖面的底部向两舷升起，在舷侧处的高度称为底边升高，如图 2-3 所示。船底线也有平直的，即平底船，以内河船为多。现在船舶舷侧大多为无内、外倾的直壁式。

图 2-3 中的横梁线向中央突起呈抛物线型。也有呈圆弧型的，或由抛物线与直线组成的混合型，以及内河驳船的折线型。横梁曲线在中心线处的突起高度称为梁拱，其数值在船长方向是不相等的，一般都是指中横剖面处的梁拱，通常海洋货船取为型宽的 1/50 左右，而客船可取得小些，如取为型宽的 1/80 左右。甲板拱度的作用是便于排除甲板积水。

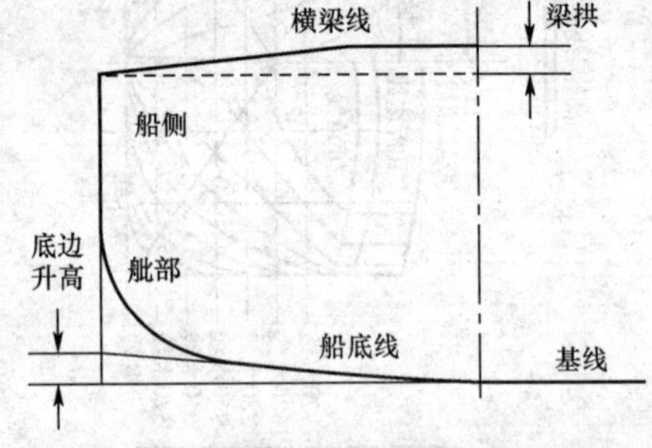

图 2-3　船体中横剖面线形状

型线图上的尺寸，除能直接标注在图形中的以外，还把表征船体形状的各交点坐标值（造船界称之为型值），以表格的形式给出，称为型值表。

船体型线图是一张完整表示船体形状的图纸，它不仅表示出船体主体部分的外形，而且还表示出船体曲面的变化情况。船体型线图是影响全局的一张图纸，它是绘制船体其他图样的依据，也是进行船体结构设计和计算船舶航海性能的重要依据。在船舶设计时，根据新船的使用任务要求，确定船的排水量、主尺度和船型系数后，就需设计、绘制型线图。在船舶建造过程中，船体型线图也是最基本的图纸之一。为此，型线图必须画得非常精确，三个视图上的曲线除要求投影一致外，还需注意曲线的光顺和协调。

第二节　船体主尺度、主尺度比和船型系数

船体的主尺度、主尺度比及船型系数是表示船体大小及肥瘦程度的几何参数。

一、船体主尺度

船舶的大小用船长、型宽、型深和吃水等主要尺度来度量，如图2-4所示，这些特征尺度的定义如下：

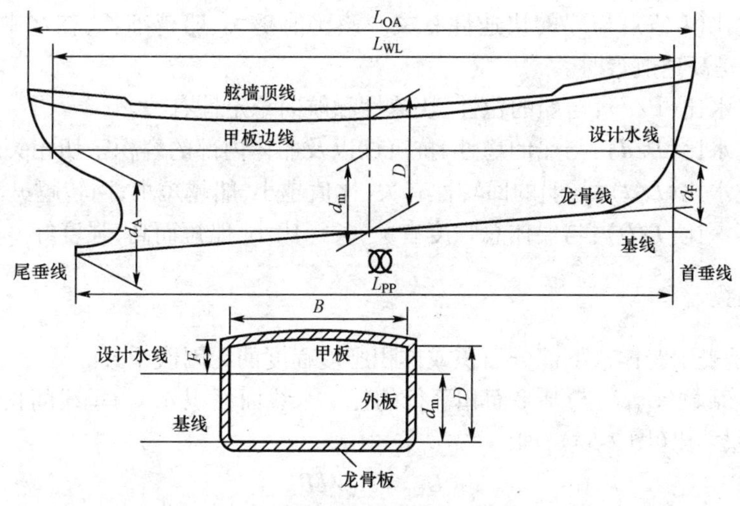

图2-4　船体主尺度

(1)船长(L)：通常选用的船长有三种，即总长、垂线间长和设计水线长。

①总长(L_{OA})：自船首最前端至船尾最后端平行于设计水线的最大距离。

②垂线间长(L_{PP})：首垂线与尾垂线之间的水平距离。一般情况下，如无特别说明，习惯上所说的船长常指垂线间长。

③设计水线长(L_{WL})：设计水线面与船体型表面首尾端交点之间的水平距离。

(2)型宽(B)：指船体型表面(不包括船体外板厚度)之间垂直于中线面方向度量的最大距离，一般指船长中点处的宽度。对于设计水线或满载水线处分别称为设计水线宽或满载水线宽。

最大宽度是指包括外板和伸出两舷的永久性固定突出物(如护舷材等)在内的垂直于中线面的最大水平距离。

(3)型深(D)：在船舶型表面的甲板边线最低点处，自平板龙骨上表面至上甲板边板的下表面的垂直高度。通常，甲板边线的最低点在舯剖面处。

(4)吃水(d)：龙骨基线至设计水线的垂直高度，在有设计纵倾时，首尾吃水不同，则取其平均值，即：

$$d_m = (d_F + d_A)/2$$

式中：d_m——平均吃水，也就是中剖面处吃水；

d_F——首吃水，沿首垂线自设计水线至龙骨线的延长线之间的距离；

d_A——尾吃水，沿尾垂线自设计水线至龙骨线的延长线之间的距离。

(5)干舷(F)：指船浮于静止水面时自船舷最低处至水面的垂向距离。民用船需按有关规范勘定干舷，是在船中处从甲板线上缘量到有关载重线上缘的垂向距离。

二、主尺度比

船舶主要尺度之间的比,它进一步说明了船体的几何特征,现介绍与船的航行性能密切关系的几个主要尺度比。

(1)船长宽比(L/B):与船的快速性有关。该比值越大、船越细长,在水中航行时所受的阻力越小,特别是高速航行时。

(2)宽度吃水比(B/d):与船的稳性、快速性和航向稳定性有关。

(3)型深吃水比(D/d):与船的稳性、抗沉性以及船体内部的容积密切相关。

(4)船长吃水比(L/d):与船的回转性有关,比值越小,船越短小,回转越灵活。

(5)船长型深比(L/D):与船体总强度有关,长深比小,船短而高,强度好。

三、船型系数

船型系数是表示船体水下部分面积或体积肥瘦程度的无因次系数。

(1)水线面系数(C_{WP}):与基平面相平行的任一水线面面积 A_W 与垂线间长 L、型宽 B 所构成的长方形面积之比(图 2-5a),即

$$C_{WP}=A_W/LB$$

C_{WP}的大小表示了水线面的肥瘦程度。

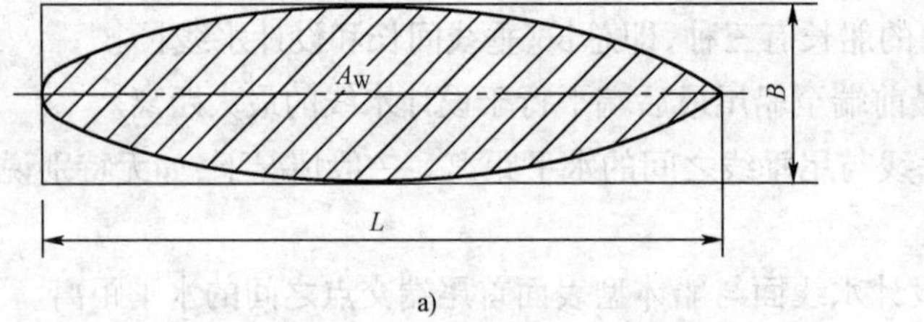

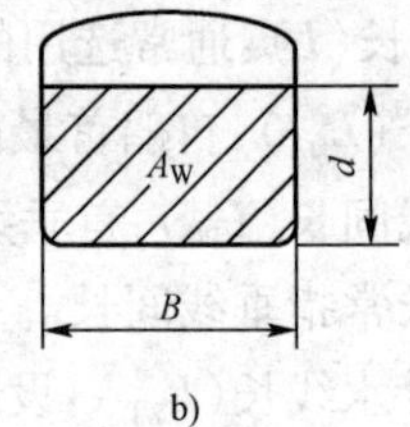

图 2-5　水线面系数和舯剖面系数

(2)中横剖面系数(C_M):中横剖面也称舯剖面,是指在水线以下的面积 A_M 与型宽 B、相应吃水 d 所构成的长方形面积之比(图 2-5b),即

$$C_M=A_M/Bd$$

C_M的大小表示了水线以下的中横剖面的肥瘦程度。

(3)方形系数(C_B):船体水线以下的型排水体积 ∇ 与船长 L、型宽 B 以及相应水线吃水 d 所构成的长方体体积之比(图 2-6),即

$$C_B=\nabla/LBd$$

C_B 的大小表示船体水下体积的肥瘦程度。

(4)棱形系数(C_P):又称纵向棱形系数。船体水线以下的型排水体积 ∇ 与由相应水线下中横剖面浸水面积 A_M 和船长 L 所构成的棱柱体体积之比(图 2-7),即

$$C_P=\nabla/A_ML$$

或

$$C_P=C_BLBd/C_MBdL=C_B/C_M$$

C_P 大小表示了排水体积沿船长方向的分布情况。C_P 大,表示 ∇ 沿船长方向分布较均匀;C_P 小则表示 ∇主要分布于船中,两端较尖瘦。

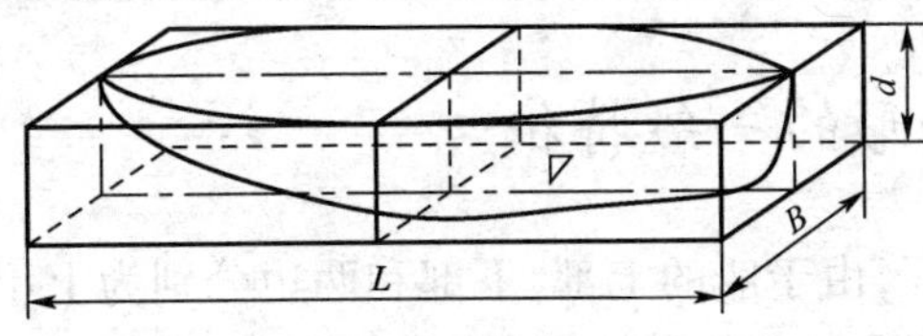

图 2-6　方形系数

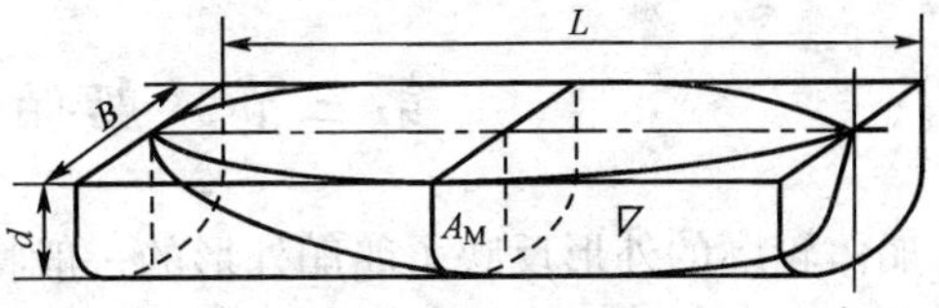

图 2-7　棱形系数

(5)垂向棱形系数(C_{VP}):船体水线以下型排水体积 ∇ 与由相应水线面面积 A_W,和吃水 d 所构成的棱形体体积之比(图 2-8),即

$$C_{VP} = \nabla/A_W d$$

或

$$C_{VP} = C_B LBd/C_{WP}LBd = C_B/C_{WP}$$

C_{VP}的大小表示了排水体积沿吃水方向分布情况。C_{VP}大,表示∇沿吃水分布较均匀;C_{VP}小,则表示 ∇ 主要分布于水线附近。

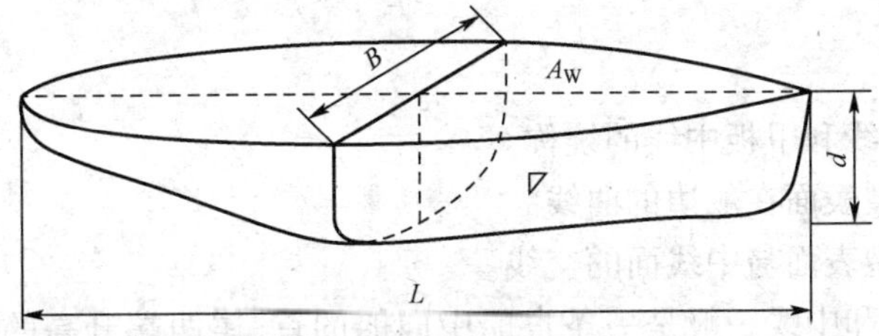

图 2-8　垂向棱形系数

上述各系数的定义,如无特别指明,都是指设计水线处而言。在计算不同水线处的各系数时,其船长、船宽常用垂线间长(或设计水线长)和设计水线宽。

现举两个简单的几何图形的船型例子,说明船型系数的物理意义。

如图 2-9 所示,其中图 a)的水下形状为一三棱柱体,图 b)水下形状为一首尾尖瘦的棱柱;两船的长 L、宽 B 及吃水 d 均相同,排水体积 ∇ 也相等。

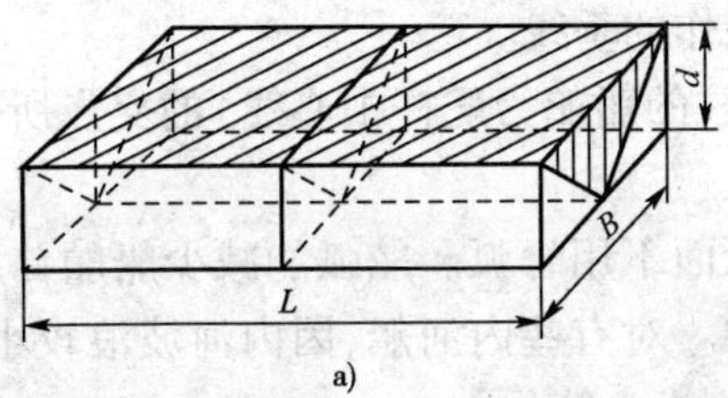

a)

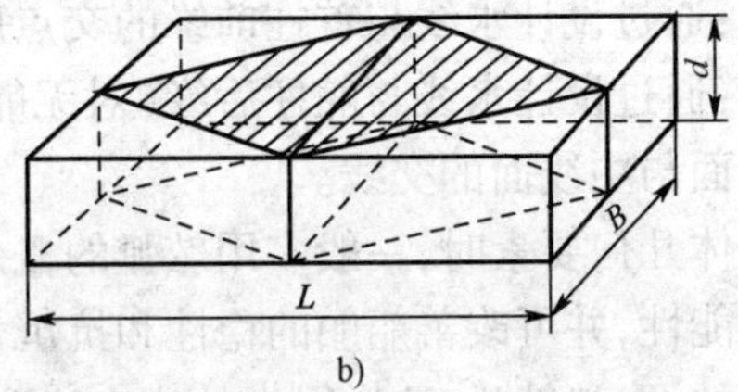

b)

图 2-9　船型系数的物理意义

根据定义可得:

图 a)中:$C_{WP} = 1.0, C_M = 0.5, C_B = 0.5, C_P = 1.0$ 及 $C_{VP} = 0.5$;

图 b)中:$C_{WP} = 0.5, C_M = 1.0, C_B = 0.5, C_P = 0.5$ 及 $C_{VP} = 1.0$。

从上述两船的主体图形和船型系数中可以明显看出各系数的物理意义。

船舶的主尺度,仅仅表示船的大小,而船型系数则能更好地表示船体水下部分的形状(肥瘦程度和排水体积分布情况),而最完整地表示出船体形状的则为船体型线图。应该强调指出,船舶的主尺度和船型系数对船舶的设计、建造、使用和航行性能影响极大,船舶设计时,必须根据船舶用途、航速和性能要求参考有关资料合理地进行选择。

第三节　船舶外形的一般特征

船体轮廓的外形反映了船舶外形的一般特征，由于船的上部、下部和两边分别为上甲板、船底板和舷侧外板所包围。所以这些外板的空间形状与船舶外形直接相关。构成船体轮廓的各部分之名称及其形状特征如图 2-10 所示。

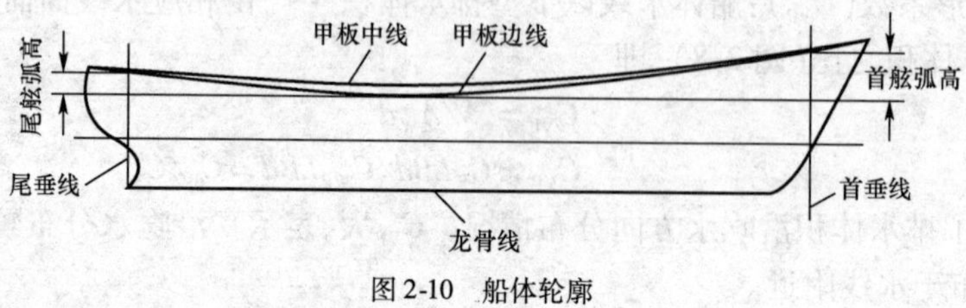

图 2-10　船体轮廓

一、甲板线

甲板线是甲板边线和甲板中线的统称。

甲板边线：甲板型表面在舷边的曲线。

甲板中线：甲板型表面与中线面的交线。

海船的甲板边线和中线一般是一条自船中向船的首、尾两端升高的曲线（现亦有采用直线的）。

舷弧线：甲板边线在中线面上的投影线。

首舷弧：首垂线处的甲板边线比船舯处的甲板边线高出的距离。

尾舷弧：尾垂线处的甲板边线比船舯处的甲板边线高出的距离。

脊弧线：甲板中线在中线面上的投影。

首、尾脊弧的定义与首、尾舷弧的定义相仿，区别只是在于脊弧是指甲板中线上。

首垂线：通过设计水线与首柱前缘的交点所作的垂线。

尾垂线：通过设计水线与舵柱后缘（对无舵柱的船舶为舵杆中心线）的交点所作的平行于中站面的平面与中线面的交线。

表征船体几何要素时，一般多用舷弧的概念面不用脊弧。舷弧能减少船舶首尾处波浪涌上甲板的可能性，并可改善船舶的稳性和抗沉性。对有些内河船，因内河波浪较小，甲板往往都做成水平的，取消舷弧，这样甲板的施工建造则大大简化。

二、龙骨线

它是指船体型表面的底部与中线面的交线，即平板龙身上缘与中线面的交线。一般运输船和军舰的龙骨线是水平的，这是为了减小吃水和便于修理。拖船和渔船的龙骨线一般都做成向尾倾斜的，这样就可增大尾部吃水，以利装置较大直径的螺旋桨，增大船的推力。有些快艇的船底则做成阶梯形，使其在高速航行时产生水动力将船升举在水面滑行。

三、船首

船首的形状不但直接影响船舶的航行性能、使用性能和建造工艺，而且还影响船的外观。

船首型式很多，有直立型首、前倾型首、飞剪型首、破冰型首、球鼻型首等，如图 2-11 所示。

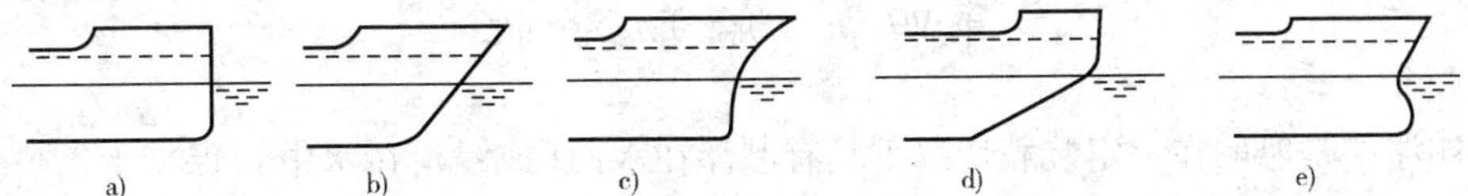

图 2-11　船首形状

a）直立型首；b）前倾型首；c）飞剪型首；d）破冰型首；e）球鼻型首

前倾型首是现代大多数船舶所采用的一种船首。它不但外形美观，建造方便，而且甲板不易上浪。球鼻型首多用在中低速大型船上，可减少阻力，改善快速性，军舰上使用球鼻型首的，主要目的是为了安装声纳。破冰型首，便于船首冲上冰面，靠首部重量将冰压碎。

四、船尾

船尾的型式也较多，有巡洋舰型尾、方尾、球型尾、隧道型尾、双尾等，如图 2-12 所示。

巡洋舰型尾：这是采用较多的一种船尾，其特点是水线较长，有利于减少船的阻力，提高船的航速，另外对螺旋桨和舵也能起到保护作用，但加工工艺较复杂。

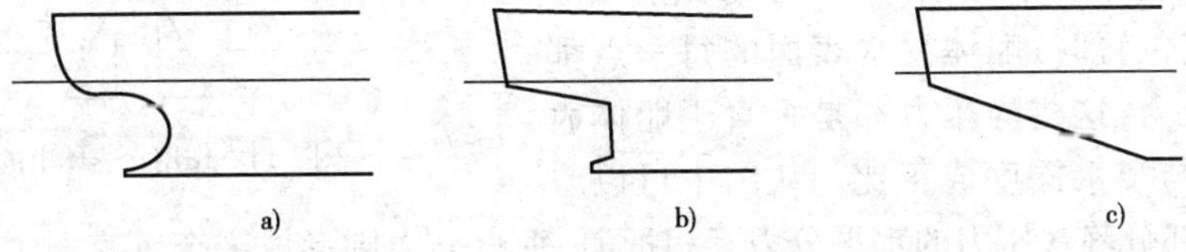

图 2-12　船尾型式

a）巡洋舰型尾；b）改良型巡洋舰型尾；c）方尾

改良型巡洋舰型尾：它既有巡洋舰型尾的优点，又改善了加工工艺。在下部仍保留巡洋舰型尾的特点，在水线以上用一块尾封板封住，外形像方尾。

方尾：主要用于高速船上，特别是军舰。其特点是尾部为一垂直平面或斜平面所截切，可减小高速航行时尾部的下沉，改善快速性，还可增大尾部甲板面积（因为尾部宽度大了），有利于甲板上武备布置和甲板下舵机的布置。

五、横剖面

船的横剖面一般是左右对称，如图 2-13 所示。在船底与龙骨板上缘相切的水平面称为基准面。基准面与中站面的交线（*LM*）称为横向基线。海船的船底一般都自中线向两舷逐渐升高，这高度 *MN* 称为底边升高。许多内河船因受吃水限制，为了在较小的吃水时有较大的载重量而做成平底的。

为了排除积水，船的甲板从中线向两舷逐渐下降，下降高度 *FH* 称为梁拱。船的舷部有垂直的，也有向外展开的（称为外飘）。

低速运输船为了改善货舱的布置和简化制造工艺，将船长中部一段的横剖面的大小和形状保持不变，这段船体称为平行中体。

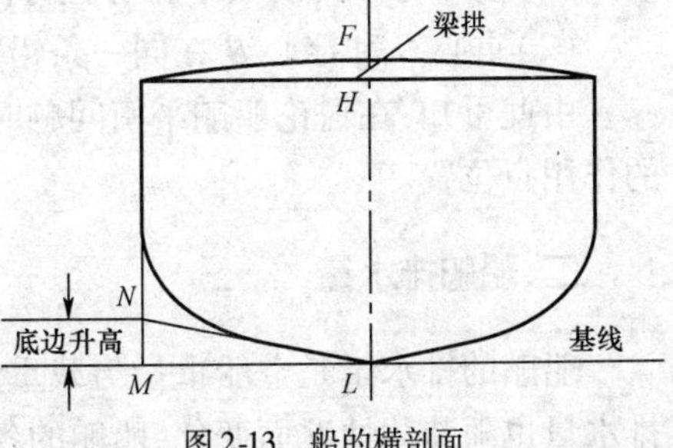

图 2-13　船的横剖面

第四节 船舶浮性

船舶浮性是船舶在一定装载情况下具有漂浮在水面(或浸没在水中),保持平衡位置的能力,它是船舶基本性能之一。

一、船舶平衡条件

船舶在任一装载情况下,漂浮于水面(或浸没于水中)一定的位置时,是一个平衡状态的浮体。这时,作用在船上的力,有船舶本身的重力以及静水压力所形成的浮力。

作用在船上的重力是由船舶本身各部分的重量所组成的,如船体构件、机电设备、货物、人员及行李等的重量,军舰还有武器装备、弹药等。这些重量形成一个垂直向下的合力,此合力就是船舶的重力 W,合力的作用点 G 称为船舶重心。

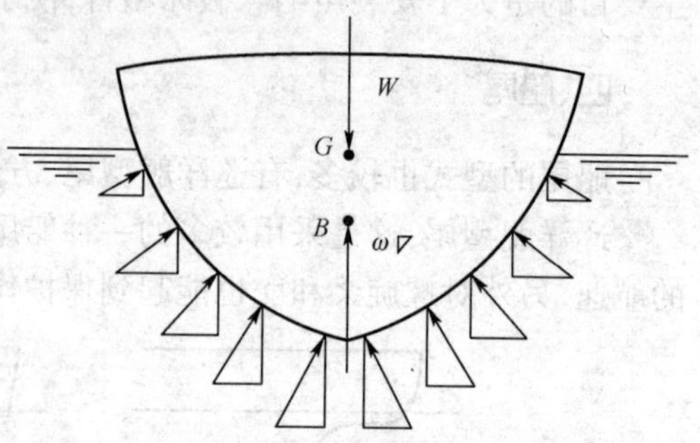

图 2-14 作用在船体上的力

作用在船上的浮力如图 2-14 所示。当船舶漂浮于水面一定位置时,船体浸水表面的每一点都受到水的静压力,这些静压力都是垂直于船体表面的,其大小与浸水深度成正比。从图中可以看出,船舶水下部分静水压力的水平分力互相抵消,垂直分力则形成一个垂直向上的合力,此合力就是支持船舶漂浮于一定位置的浮力。合力的作用点 B 称为船舶的浮心。

根据阿基米得原理,物体在水中所受到的浮力等于该物体所排开的水的重量。因此船舶所受到的浮力就等于船舶所排开的水的重量(通常称为排水量),可写为:

$$\Delta = \omega \nabla$$

式中:Δ——船舶排水量;

∇——船舶排水体积;

ω——水的重量密度;淡水的密度为 1.000t/m^3;海水的密度为 1.025t/m^3;

$\omega\nabla$——浮力。

浮心 B 也就是船舶排水体积 ∇ 的形心。

综上所述,船舶静止漂浮于一定位置时只受到两个作用力,即作用于重心 G 点并垂直向下的重力 W 和作用于浮心 B 点并垂直向上的浮力 $\omega\nabla$。因此船舶的平衡条件必然是:

(1)重力与浮力的大小相等且方向相反,即 $W=\omega\nabla$;

(2)重心 G 和浮心 B 在同一条铅垂线上。

由此可知,在讨论船舶平衡问题时,不仅要考虑重力和浮力的大小,同时还要注意这些力的作用点位置。

二、船舶排水量

船舶的排水量是空船重量与载重量之和。由于船舶在实际使用中载重量总是变化的,其排水量也随装载情况而变化,船舶的各种技术性能也会发生变化。因此需定义出船舶的若干

典型的装载情况及相应的排水量来反映船舶和各种技术性能。现就民用船舶与军用舰艇的排水量的定义,分别叙述如下。

1. 民用船舶

对于民用船舶来说,在最基本的两种典型装载情况下,其相应的排水量有下述两种:

(1)空载排水量:船舶在全部建成后交船时的排水量,即空船重量。此时,动力装置系统内有可供动车用的油和水,但不包括航行所需的燃料、润滑油和锅炉用水的储备以及其他的载重量。

(2)满载排水量:在船舶上装载预先规定的设计载重量(即按照设计任务书要求的货物、旅客和船员及其行李、粮食、淡水、燃料、润滑油、锅炉用水的储备以及备品、供应品等均装载满额的重量)的排水量。

在空载排水量和满载排水量之中又可分为出港和到港两种。前者指燃料、润滑油、淡水、粮食及其他给养物品都按照设计所规定的数量带足,后者则假定这些消耗品还剩余10%。通常所谓满载排水量,如果没有特别注明,就是指满载出港的排水量。一般说来,民用船舶的满载出港排水量就是它的最大排水量。通常作为民用船舶的设计排水量。

2. 军用舰艇

对于军用舰艇来说,规定了五种典型的装载情况,其相应的排水量有下述五种:

(1)空载排水量:建造全部完工后军舰的排水量。舰上装有机器、武器和其他规定的战斗装备,但不包括人员和行李、粮食、供应品、弹药、燃料、润滑油、炉水及饮用水等。

(2)标准排水量:人员配备齐全,必需的供应品备足,作好出海作战准备的排水量。其中包括弹药、给养和其他规定的作战用品,也包括机器、锅炉和管系内的淡水、海水和润滑油,亦即包括准备开动机器装置的各项重量,但不包括燃料、润滑油和锅炉用水的储备量。

(3)正常排水量:正式试航时的排水量,即相当于标准排水量加上保证50%航程所需的燃料、润滑油和锅炉用水的重量,也是舰艇发挥战斗性能的装载状态,将它规定为军用舰艇的设计排水量。

(4)满载排水量:标准排水量加上保证全舰程所需的全部燃料、润滑油和锅炉用水的重量。这是一般情况下出航时舰艇最大装载状态。

(5)最大排水量:满载排水量加上超载的弹药(包括水雷等)和燃料、润滑油、锅炉用水(是指储存这些物品的舱柜装满为止)的重量。这是军用舰艇允许可能达到的最大装载状态。在进行设计时,民用船舶以满载排水量为设计排水量;军用舰艇则以正常排水量为设计排水量。

三、储备浮力与载重线标志

船舶于海上航行,难免会遭到海损事故,当舱室破损而舷外水进入舱内后,船舶的吃水将增加,也就是说浮力损失了。损失的这一部分浮力就要由储备浮力来抵偿,不然的话,船舶就有沉没的危险,可见储备浮力是确保船舶安全航行的一个重要指标。此外,储备浮力对船舶的稳性也有一定的影响。

为了保障航行安全,船舶必须保有一定的储备浮力。所谓储备浮力是指:水线以上船舶主体水密部分的体积所具备的浮力。它通常用满载排水量的百分比来表示,其大小应当根据船舶类型、航行区域以及载重货物的种类而定,内河驳船约为其满载排水量的10%~15%,海船约为20%~25%,而军用船舶往往要求为100%。

为了保证船舶安全航行，船舶检验部门规定在船中央两舷处刻出载重线标志，并在标志上注上代表检验机构名称的符号，以表明该船在不同航区、不同季节中航行所允许的最大吃水线。

图 2-15 为国际航行船舶在船中央舷侧的载重线标志，它由外径为 300mm、内径为 250mm 的一圆环，和横贯圆环中心的长为 450mm、宽为 25mm 的一条水平线，以及在圆环前方 540mm 处的长为 230mm、宽为 25mm 的若干水平线段所组成。各水平线段是船舶按其航行的区域和季节而定的载重水线，从下到上各线段及对应字母所表示的意义是：

(1) WNA——冬季北大西洋载重线。

(2) W——冬季载重线。

(3) S——夏季载重线。

(4) T——热带载重线。

(5) F——夏季淡水载重线。

(6) TF——热带淡水载重线。

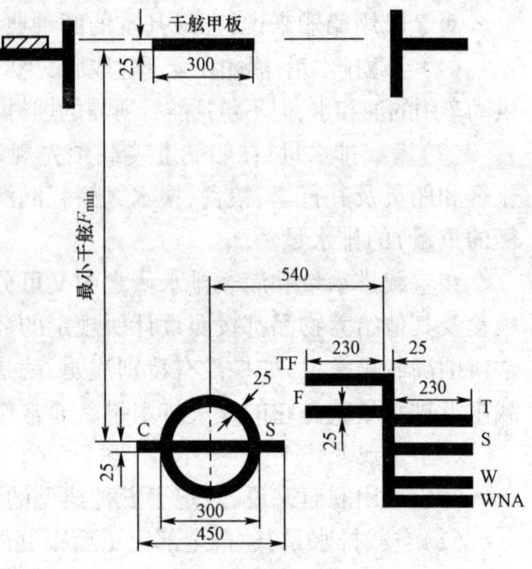

右舷载重线标志(单位为 mm)

图 2-15　载重线标志

圆环两侧的字母“C”、“S”表示勘定干舷的检验机关是“中国船级社”。

国内航行海船的载重线标志不同于国际航行船舶，圆型标志的下方半圆为实心图形，各季载重线字母用汉语拼音表示。“X”为夏季，“R”为热带，“Q”为夏季淡水，“RQ”为热带淡水。内河航行船舶的载重线标志圆环上的字母“CS”是标注在圆环的左方，字母“A”(或“B”、“C”)表示该船航行的区域是内河 A 级(或 B 级、C 级)航区。有的国内航行船舶的载重线标志上的字母用“ZC”字样，则表示该船是由国内各省、市、自治区的地方船舶检验机构执行检验和发证的。

若实际吃水超过规定的载重线上缘(即载重线标志被水淹没)，则表明该船已处于超载状态，其结果造成储备浮力减小，航行的安全性得不到保障，海事部门有权不准船舶出航。

关于航区的划分，最小干舷的确定等，可参阅上述有关规则的规定。

第五节　船舶稳性

船舶受到外力或外力矩的作用(如风、船上载荷的移动)，就会产生倾斜，当外力或外力矩消失后船仍能自行回复到原来的平衡位置，并不倾覆，这是因为船舶在倾斜的过程中自身会产生一种力矩以抵抗外力矩的作用，此力矩叫作复原力矩。

如图 2-16 所示。船舶在外力矩 M 的作用下，缓缓地倾斜一个角度，水线由正浮的 WL 变成倾斜的 W_1L_1。船的重量在倾斜前后无变化，故其排水体积不变，船上的载荷没有变动，因而船的重心仍保持在原来位置。虽然船在倾斜过程中排水体积不变，但其水下体积形状改变了，故浮心从位置 B 点移到 B_1 点。此时浮心和重心不再位于同一铅垂线上，因而浮力和重力形

成一个力偶，其方向与外力矩相反，促使船回复到原来的平衡位置。这力偶就是复原力矩。通常以 M_R 表示，即

$$M_R=\Delta\cdot GZ$$

式中：GZ——复原力臂，亦称静稳性臂。

船舶稳性是船在外力或外力矩的作用下偏离其平衡位置而倾斜，当外力或外力矩消失后，船能自行回到原来平衡位置的能力。

为了研究稳性的方便，常将稳性按其倾角的大小分为小倾角稳性（又称初稳性，倾角一般都小于 10°～15°）和大倾角稳性（倾角大于 10°～15°），前者由静力作用引起，后者由动力作用引起。

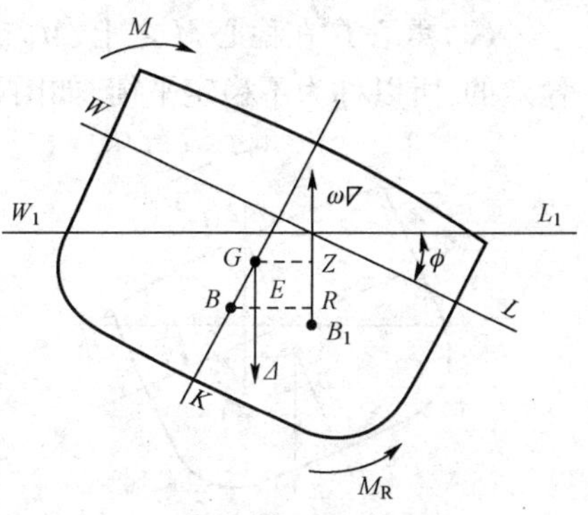

图 2-16　复原力矩

一、初稳性

船舶稳性的好坏主要由复原力矩 $M_R=\Delta\cdot GZ$ 的大小来表征，如何求 M_R，关键是求得复原力臂 GZ，GZ 的大小直接与重力作用线和浮力作用线有关，即与重心和浮心的位置有关。要找出重心和浮心的位置是很复杂的，但若船舶的倾角较小（不超过 10°～15°），则可通过一些假定，使求解 GZ 简化，这样，公式 $M_R=\Delta\cdot GZ$ 可用另外的形式表征。

1. 初稳性公式

图 2-17 上的 M 点称为稳心，它是船舶在正浮位置时的浮力作用线和倾斜一小角度后的浮力作用线的交点。可把 M 点看作圆弧 BB_1 的圆心，BM 则可看作是该圆的半径，称为稳心半径。

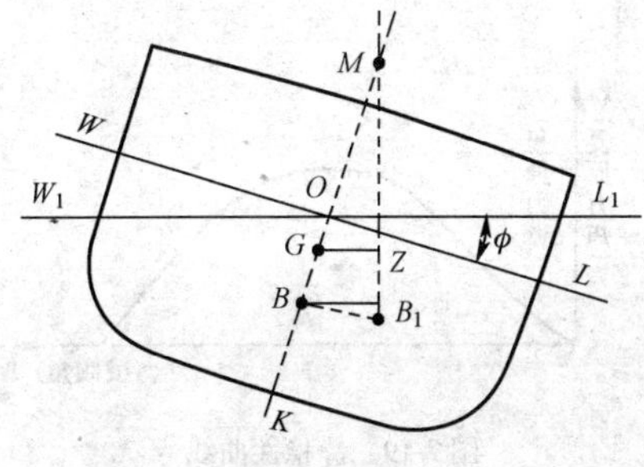

图 2-17　初稳性高

由图可见：

$$M_R=\Delta\cdot GZ=\Delta\cdot GM\cdot\sin\phi$$

公式 $M_R=\Delta\cdot GZ=\Delta\cdot GM\cdot\sin\phi$ 叫初稳性公式，它只适用于小角度倾斜。GM 叫初稳性高。由该式可见，船舶在某一装载情况下（排水量 Δ 一定）和微小横倾时，初稳性高越大，复原力矩 M_R 也越大，也就是抵抗倾斜力矩的能力越强，因此初稳性高 GM 是衡量船舶初稳性的主要指标。但是 GM 过大，船的横摇周期短，在海上遇到风浪时会产生急剧的摇摆。反之，GM 较小的船，抵抗倾斜力矩的能力较差，但横摇周期较长，摇摆缓和。所以 GM 亦是决定船舶横摇快慢的一个重要特征数。各类船舶的横稳性高 GM 数值根据其用途、航区等因素均有一合适的范围。

2. 船舶平衡状态的稳定性

船舶在倾斜力矩作用下倾斜，我们可以从复原力矩 M_R 和倾斜方向（或从稳心 M 和重心 G 的相对位置）之间的关系判断船舶平衡状态的稳定性能，如图 2-18 所示。

（1）重心 G 在稳心 M 之下，M_R 的方向与横倾方向相反，当外力消失后，它能使船回复至原来平衡状态。凡具有这种稳性的船舶，其原平衡状态是稳定的，所以称为稳定平衡，如图 2-18a）所示，此时，GM 和 M_R 皆为正值。

(2)重心 G 在稳心 M 之上，M_R 方向与横倾方向相同，它使船舶继续倾斜，其平衡状态是不稳定的，所以称为不稳定平衡，如图 2-18b) 所示。此时，GM 和 M_R 都为负值。

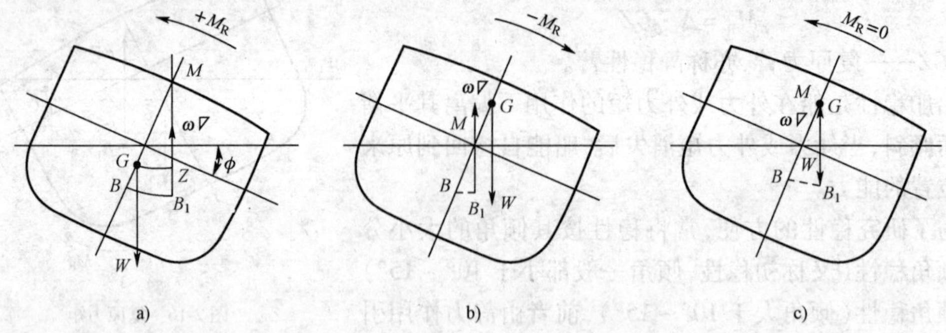

图 2-18　重心与稳心的相对位置关系

(3)重心 G 和稳心 M 重合，$GM=0$，$M_R=0$，当外力消失后，船不会回复到原来位置，也不会继续倾斜，船舶可平衡于任意位置，其平衡状态是中性的，称为随遇平衡，如图 2-18c) 所示。船舶处于水面上的平衡状态不外乎上述三种情况，主要由船的 M_R 性质而决定，即 M 和 G 的相对位置所决定。上面(2)、(3)两种情况的船舶是不允许出现的。

二、大倾角稳性

船舶在航行中常常会遇到大的风浪，在风浪作用下，船舶往往作大角度的摇摆，横摇角可达到 40°~50°，甚至更大。这时，上面讨论的初稳性公式就不再适用。

在讨论大倾角稳性时，我们仍然是研究船舶所受的外力矩和其本身所具有的复原力矩相平衡的问题，不过在大倾角稳性中，外力矩往往具有动力的性质，这就使所要讨论的问题比初稳性复杂很多。

为了表征船的大倾角稳性，要用一定的方法算出不同横倾角时所对应的复原力矩 $M=f(\phi)$ 曲线(图 2-19)，称为某一装载情况下的静稳性曲线图。若以图中复原力矩 M 除以排水量即为静稳性力臂(复原力臂)GZ。ϕ 为横倾角。该图清楚地表示了随着横倾角 ϕ 不同，船复原力矩或复原力臂的变化情况。

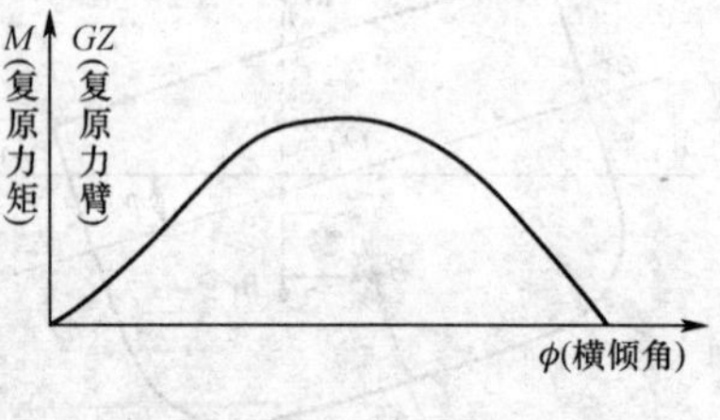

图 2-19　静稳性曲线

大倾角稳性所要研究的问题是诸如船舶在航行中能够抵抗多大的风浪，或者说船舶横倾到什么程度将丧失稳性而倾覆。静稳性曲线的形状及面积范围表征船本身具有的抵抗风浪的能力。根据船舶原理，船的干舷大小、上层建筑形状、船舶主体水下形状及重心位置等，对静稳性曲线图有很大影响。尤其是加大干舷 F 值和降低重心高度 Z_g，可提高船的抗风浪能力。

我国船舶稳性规范对大倾角稳性的计算及衡准都作了具体的规定，在设计船舶时必须满足设计规范要求。

三、纵稳性问题

以上所讨论的皆为横稳性问题，实际上船受外力作用时还会发生纵向(船首尾方向)倾斜，使船的首尾吃水发生变化，如图2-20所示。由实际可知，除水下船舶外，船的纵稳性是足够的，因为纵稳心 M_L 比重心 G 高得多。纵稳性高 GM_L 值很大，所以船舶的纵倾角较小。在实用上，纵稳性主要用来决定纵倾所引起的船首尾吃水变化，以求得船舶的新水线位置。

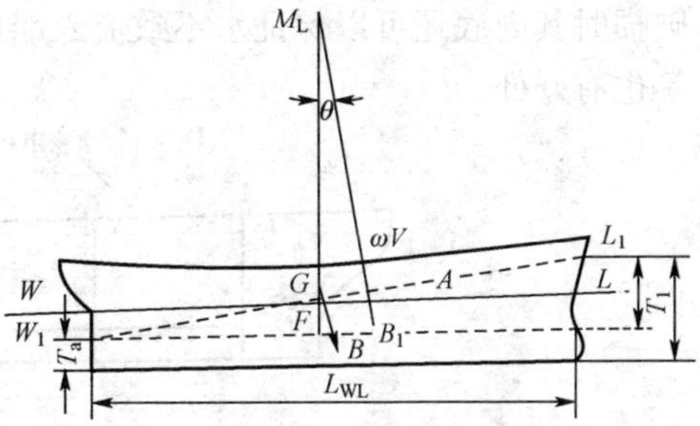

图2-20　船的纵稳性

四、提高稳性的措施

通过以上分析、我们可以采取如下措施来提高稳性：

(1)降低船舶重心。这无论是对提高初稳性或大倾角稳性均是最有效的办法。

(2)增加船宽，可提高初稳性。

(3)加大型深可提高大倾角稳性。型深加大，甲板边缘入水角加大，浮心移动距离亦大，所以GZ也大(这里需要改变其他尺度要素，以满足 ∇不变，而且重心高度也不变，但实际上型深增加后，船的重量和重心都要升高，究竟能否提高稳性，要视具体计算结果而定)。

(4)减小自由液面。

(5)减小受风面积，以使作用在船上的倾斜力矩减小。

第六节　船舶抗沉性

船舶在航行时，有时发生碰撞、触礁、搁浅或在大风浪作用下某些结构遭到破坏，使海水淹进船内，严重时往往会造成船舶的沉没倾覆，这样的例子是不少见的。

所谓抗沉性，是指船舶在一舱或数舱破损进水后保证不沉不翻的能力。也就是说，船舶在破损进水后仍有一定的浮性和稳性，所以抗沉性实质就是研究船舶破损后的浮性和稳性。

船舶某舱破损进水，如图2-21所示，我们可以把进入舱中的水看作是增加到船上的重量，船的重量增加了，船要下沉，吃水增加，当增加吃水所获得的浮力等于淹进水的重量时，船就不再下沉，达到平衡，此时船舶不但吃水增加了，而且还可能产生纵倾和横倾(视破损的位置和破舱情况而定)，稳性也将发生变化(一般说是变坏，特别是具有自由液面时)。

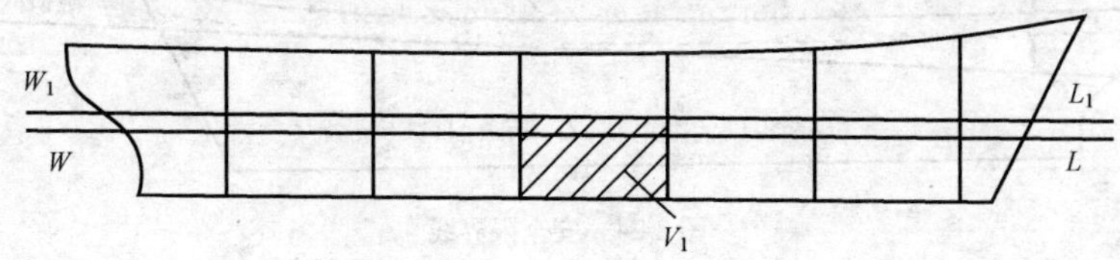

图2-21　船舶破损进水

一、水密舱壁和干舷的作用

船上设置水密舱壁的目的是当船破损进水后，可将水限制在一定范围内而不致漫延到全船；另外，将船舶内部空间分隔成一定区域也便于使用，在不同舱室布置功能不同的设备等，以免相互干扰。

大船一般都设置双层底(外底、内底)，如图2-22所示。其中一个重要作用就是万一外底

破损时其内底还可以保证水不致流入船内，当然设双层底对提高船舶总强度、储放燃油和淡水等也有好处。

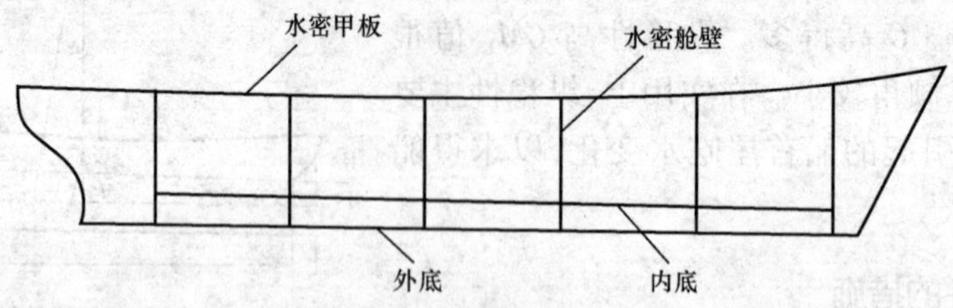

图 2-22　水密舱壁和双层底

船舶都具有一定的干舷，如图 2-23 所示。这就保证了当船舶破损进水，吃水增加时，仍不致使水漫过水密甲板，也就是给船留有一定的储备浮力（水密甲板以下，水线以上的空间，即图上的阴影部分），干舷越大，储备浮力也就越大。

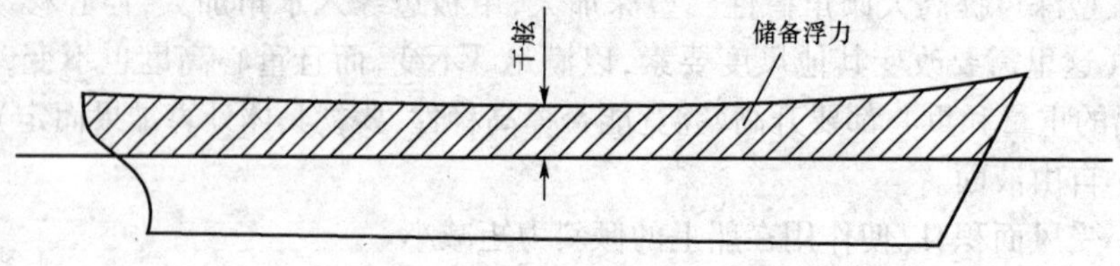

图 2-23　储备浮力和干舷

二、对抗沉性的要求

船舶破损进水量的多少，与破损舱的数目以及破损舱的长度有关。显然，破损舱的数目越多、舱越长，进水量越大，因此在船舶设计阶段就要仔细地考虑船舶舱室的分隔。船舶破损进水后，会发生下沉及倾斜。船舶在下沉及倾斜后，使船舶的储备浮力减少，同时还会使船舶的稳性变坏，造成沉没及倾覆的危险。为保证船舶具有一定的抗沉性，我国有关海船的规范规定了民用船舶因破舱进水而下沉与倾斜后的最高水线不得淹没安全限界线。与水密舱壁甲板边线平行，相距 76mm 的线叫安全限界线。如图 2-24 所示。

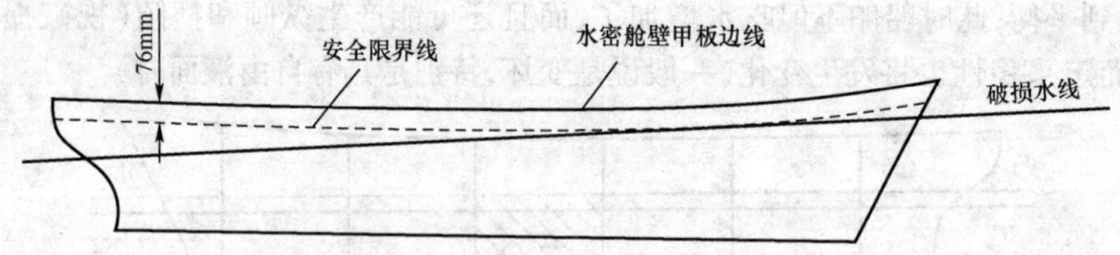

图 2-24　安全限界线

不同的船舶对抗沉性的要求是不同的。对抗沉性的要求，军舰最高，客船次之，货船又次之。船舶在一舱破损后的破舱水线不超过安全限界线，但在两舱破损后，其破舱水线却超过了安全限界线，则该船的抗沉性只能满足一舱不沉的要求，称为一舱制船。相邻两舱破损后能满足抗沉性要求的船称为两舱制船。相邻三舱破损后仍能满足抗沉性要求的船称为三舱制船。

因此，在进行舱室分隔时就要全面考虑：既要满足上面的几舱制要求，又不能把舱室划分得太小，给使用带来不便。例如在考虑主机和辅机的布置时，可设置一个舱，把主辅机放在一个舱内；也可设两个舱，将它们分设在两个舱内。究竟如何设置，除了考虑机舱布置的要求外，

还应考虑满足抗沉性的要求。

第七节　船舶快速性

船舶在水中航行时要受到阻力，为了使船舶以一定的速度航行，必须供给船舶推力以克服阻力。船舶的推力由推进器供给，而推进器的能量则来自船舶的主机。

快速性就是研究船舶尽可能消耗较小的机器功率以维持一定的航行速度。或者说，是在给定的机器功率时，表征船舶航行速度的快慢的一种性能。

快速性是船舶的重要性能之一，其优劣对民船将影响其使用的经济性；对军舰则关系其作战性能。显然，以阻力小、航速高为佳。

船舶快速性分为“船舶阻力”和“船舶推进”两个部分。

一、船舶阻力

船舶在水面航行时，船体在水和空气两种流体介质中运动，受到水和空气对船体的反作用力，这种与船舶运动方向相反的流体作用力称为船舶阻力。

船舶总阻力分为水阻力和空气阻力。水阻力是水对船体水下部分的反作用力；空气阻力是空气对船体水上部分的反作用力。水阻力又可分为船体在静水中航行时的静水阻力和波浪中的阻力增值（即汹涛阻力）两部分。而静水阻力通常又可分成裸船体阻力和附体阻力两部分。裸船体阻力是指不包括任何附属体的光体阻力，包括兴波阻力、摩擦阻力和粘压阻力。附体阻力是指突出于裸船体外的附属体（如舵、舭龙骨、轴支架等）所形成的阻力。空气阻力、汹涛阻力、附体阻力统称附加阻力。船舶阻力构成如图 2-25 所示。

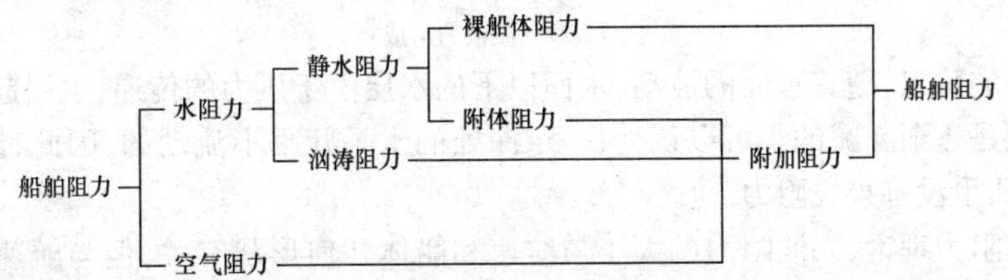

图 2-25　船舶阻力构成示意图

裸船体阻力又称为船体总阻力，是船舶阻力中的主要部分。船体总阻力与各阻力的关系如图 2-26 所示。

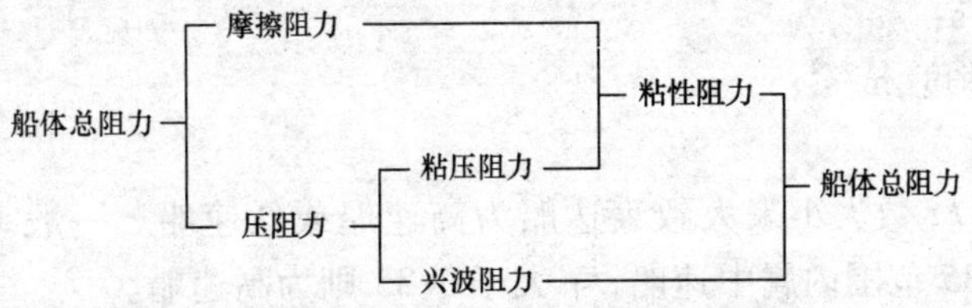

图 2-26　船体总阻力与各阻力的关系

船在水中航行时，船周围的水由原来的平衡状态而发生运动，例如兴起波浪，水与船体产生摩擦作用，船尾产生旋涡等，船就遭受到水的阻力。静水阻力的主要组成部分为摩擦阻力、兴波阻力和旋涡阻力，一般说来，船的航速越高，阻力越大。

1. 摩擦阻力

摩擦阻力的产生是由于水是粘性流体的缘故。船在水中航行，有一部分水粘附在船体表面，随船前进，船体表面与水将发生摩擦，水有一种妨碍船舶向前运动的趋势，形成阻力，即为摩擦阻力。

摩擦阻力的大小除与水的粘性有关外，主要与船体水下表面积（称为湿面积）的大小，船体表面的光滑程度和船的航速有关。船体表面的光滑程度对摩擦阻力的影响较大，焊缝、铆钉头、建造时造成的表面皱折等使粗糙度增加，因而摩擦阻力也增大。再有，船舶在海中航行一段时间后海生物（如贝类、海藻等）都会寄生在船的水下表面，使船的表面粗糙度增加，摩擦阻力增大，船的航速降低。

对于航速较低的船舶，摩擦阻力占总阻力的比例较大，因而在船舶的设计建造时，应从减少船的湿面积和粗糙度着手。

2. 兴波阻力

船舶航行时，水面会不断的兴起波浪。船驶过之后，就留在船后，并不断向外传播。船速越高，波浪就越大。兴波的波能是由船舶提供的，因而就相当于船遭到了阻力，这就是兴波阻力。

波浪的产生原因可以这样来设想：水流流经弯曲船体时，沿船体表面的压力分布不同，高压区水面升高，低压区水面降低，这样，在重力和惯性的作用下形成波浪，如图 2-27 所示。

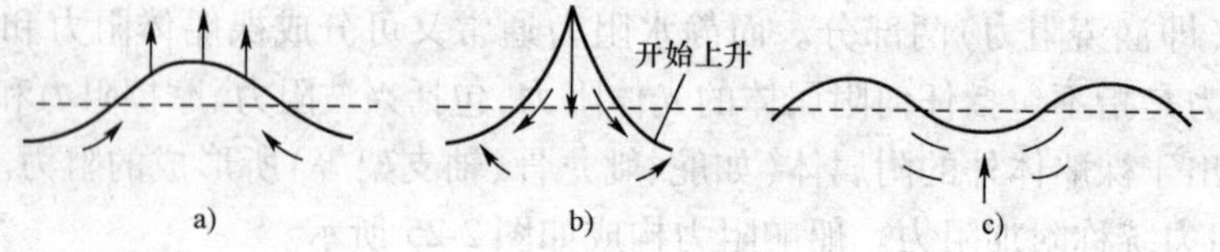

图 2-27　波浪的形成

根据兴波的特点，随着水面的波动，水面以下的水层由于压力的传递，也引起相应的波动，但波动的幅度是逐渐递减的。可以认为，一定深处的水是几乎不流动的，因此，潜艇在一定深度航行时，就几乎没有兴波阻力。

根据兴波阻力理论，兴波阻力的大小与航速和船体几何形状有关，但与航速的关系最大，航速增大时，兴波阻力增加很快，由实践可知，兴波阻力与航速的 6 次方成比例。其变化规律对无因次的傅汝德数 Fr 非常敏感，傅汝德数的表达式为

$$Fr = v/\sqrt{gL}$$

式中：v——航速，m/s；

g——重力加速度，m/s^2；

L——船长，m。

实用上，常常用 Fr 数大小来大致表达船为高速船或低速船。一般 Fr 小于 0.20 为低速船。Fr 在 0.20～0.35 范围内属中速船，Fr 大于 0.35 则为高速船。

3. 旋涡阻力

旋涡阻力是因水的粘性产生的，粘性流体流经船体表面时由于船体曲面的变化而使流体分子发生减速，至尾部时边界层发生分离现象，形成旋涡，旋涡产生后使尾部压力下降，形成首尾压力差，称为旋涡阻力。从能量观点来看，旋涡的能量由船供给，相当于船体遭受阻力，即为

旋涡阻力。旋涡阻力的大小与航速和船体水下形状特别是船的后体形状有关，通常在航速一定时，形状起决定性作用，因而又称为形状阻力。一般瘦长的船体，由于水流能较顺利地流至尾部，不致产生涡流或产生较少的涡流，因而使旋涡阻力大大减少。所以在船舶设计时，为减少旋涡阻力，应注意考虑船舶后体的形状，特别对低速丰满船型的设计更应充分注意。实践证明，一艘优良船型的旋涡阻力，仅占总阻力的5%左右或更低。

4. 总阻力

根据以上所说的船的阻力成分可归结为：船航行时，水下部分遭受的总阻力为摩擦阻力、兴波阻力和旋涡阻力之和，从能量的观点来看，总阻力还可认为是兴波阻力与粘性阻力之和。兴波阻力消耗在兴波上的能量。粘性阻力为克服水的粘性而消耗的能量，摩擦阻力、旋涡阻力都是由水的粘性所引起的，故合起来可称为粘性阻力。兴波阻力可通过波形测量确定，粘性阻力可通过尾流测量法确定。但在阻力的实际计算中，往往采用傅汝德的换算方法，即把总阻力分为两部分：一是摩擦阻力 R_f，二是剩余阻力，以 R_r 表示（兴波阻力与旋涡阻力合并）总阻力 R 的表达式为：

$$R = R_f + R_r$$

摩擦阻力 R_f 可由平板摩擦阻力公式求出，剩余阻力 R_r 由船模试验的办法确定。船模试验是用来研究阻力的重要手段，通过实验还可以确定实船的阻力。试验的船模是根据实船型线按一定比例缩小做成的，试验是在船模试验池内进行。船模试验池是一狭长水池，池中注有淡水，水池两旁轨道上装有拖车，可拖曳船模前进，拖车上装有各种测量仪器。阻力试验时，在某一速度下可测量得到船模的总阻力。减去用公式可以计算出来的船模的摩擦阻力，就可得到船模的剩余阻力。然后根据相似理论，按傅汝德换算法，就可得到实船的剩余阻力。实船的摩擦阻力，可用近似公式求出，两者相加就得到实船的总阻力。

在总阻力中，有关阻力成分占总阻力的比例大小随船的速度大小而变化，一般对低速船舶，总阻力中摩擦阻力是主要的，可占70% ~80%，对高速船舶则兴波阻力是主要成分，可达总阻力的50%以上，而摩擦阻力约占总阻力的40% ~50%。

滑行艇在高速滑行时，在船舷两侧会有明显的飞溅现象，其消耗的能量相当于艇遭受到一种阻力，称为飞溅阻力。

最后应该指出的是：上面所讲的船的总阻力，皆是指船的水下部分主船体所受到的水阻力，所以也叫做裸船体阻力，事实上船的水下部分还有各种附体，如舵、舭龙骨、尾轴架等，它们在航行时，也会受到很大阻力，船的水上部分还会受到空气的阻力，船舶在海洋里航行时，还会受到波涛的影响面增加船的阻力，这些阻力由于情况比较复杂，所以一般用增加10% ~20%的机器功率储备来解决。

二、降低船舶阻力、提高推进效率的一般措施

提高船舶的快速性，降低船舶阻力和提高船舶的推进效率一直是人们研究探索的重要方向。

1. 降低船舶阻力的常用措施

(1)选取适宜的主尺度与船型参数；

(2)在相同载重情况下，注意控制与减少船的排水量，包括选取适宜的浮态；

(3)设计低阻力的船体型线,包括加装有可能减少兴波阻力的附加体(如球首、压浪条等);

(4)研制新的船体表面涂料,以减小摩擦阻力;

(5)在船体与水之间充入气垫以减小阻力。

2.提高推进效率的常用措施

(1)设计适宜的推进器,以取得船、机、桨等的最佳匹配;

(2)研究提高螺旋桨效率的途径,如采用低转速、大直径的螺旋桨等;

(3)改进尾部型线,包括双尾船型、双尾鳍、涡尾等,以提高整个推进效率;

(4)加装提高推进效率的装置,如前置导管、进流补偿导管、舵附推力鳍、导流鳍等;

(5)研制新的推进装置。

第八节　船舶耐波性

船舶大多数情况都是在风浪中航行的,远洋海船尤其如此,船在风浪中航行时,它的运动是很复杂的,因受风浪的影响,往往会使船发生摇荡,航速降低,甲板上浪,船底发生砰击现象,螺旋桨部分露出水面,转速剧增,并伴有强烈振动(称为飞车现象),这些都影响了船的航行性能。所以我们还应研究船在风浪中航行的性能,即船舶的耐波性。有时会发生这样的情况,一艘船在静水中的性能(如稳性、快速性)是优良的,但在风浪中的耐波性不一定优良。所谓耐波性就是指船舶在风浪中遭受由于外力干扰所产生的各种摇荡运动及砰击上浪,失速飞车和波浪弯矩等,仍能维持一定航速在水面安全航行的性能。实践可知,耐波性中船舶的摇荡是主要的,其他现象主要是由摇荡引起的。船的摇荡主要有下列六种形式,如图2-28所示,图中G点为船的重心位置。

(1)横摇:船舶绕纵轴GX的往复摇动;

(2)纵摇:船舶绕横轴GY的往复摇动;

(3)首摇:船舶绕垂直轴GZ的往复摇动;

(4)垂荡:船舶沿GZ轴的上下往复运动;

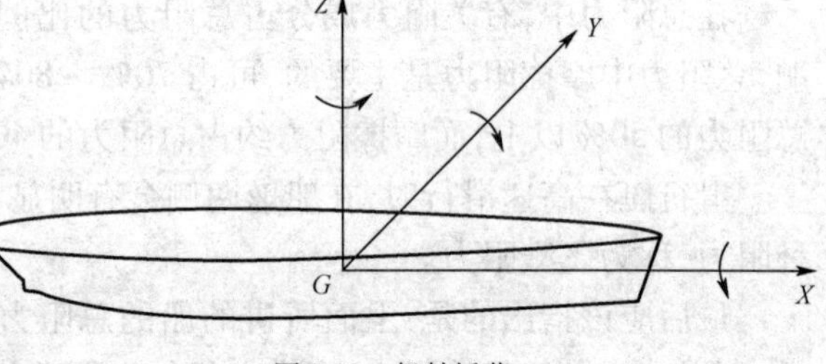

图2-28　船舶摇荡

(5)横荡:船舶沿GY轴的左右往复运动;

(6)纵荡:船舶沿GX轴的前后往复运动。

在这六种形式的运动中,剧烈的横摇、纵摇和垂荡对船舶航行产生一系列的有害影响。

船舶的摇荡会引起下列不良后果:

(1)剧烈的横摇会使船舶横倾过大而丧失稳性,甚至倾覆;

(2)使航行速度降低,从而增加了燃料的消耗;

(3)使甲板淹水造成工作困难,影响机器设备的正常运转;

(4)使船体结构的负荷增加,造成结构和设备的损坏。

(5)使船上的居住条件恶化,引起旅客的呕吐晕船。

(6)影响军舰上武器的正常使用。

由此可见,船的摇荡运动对船的航行性能和使用性能都有影响,摇荡过剧甚至会产生严重的后果,因而在船舶设计中已日益引起人们的重视。

船舶产生摇荡的主要原因是受风浪的作用,风浪是由风形成的海浪。为了表示风和浪的大小,实用上,对风用蒲福氏风级表示,分为0~12共13个等级。风浪级别各国差别很大,表2-1所示为我国国家海洋局浪级表,分为0~9共10个等级,表中$H_{1/3}$称为三一平均波高,即1/3最大浪高的平均值,即在海区测量波高所得值按大小依次排列,将最大的1/3个波高加以平均所得之值,也称有义波高,是表示风浪大小的一个参数。

我国国家海洋局浪级表　　表2-1

浪　级	名　称	浪　高(m)
0	无浪	0
1	微浪	$\leqslant 0.1$
2	小浪	$0.1 \leqslant H_{1/3} < 0.5$
3	轻浪	$0.5 \leqslant H_{1/3} < 1.25$
4	中浪	$1.25 \leqslant H_{1/3} < 2.5$
5	大浪	$2.5 \leqslant H_{1/3} < 4.0$
6	巨浪	$4.0 \leqslant H_{1/3} < 6.0$
7	狂浪	$6.0 \leqslant H_{1/3} < 9.0$
8	狂涛	$9.0 \leqslant H_{1/3} < 14.0$
9	怒涛	$H_{1/3} \geqslant 14.0$

表征船舶摇荡程度的主要参数为摇荡幅值和摇荡周期。因为船在风浪中航行时,横摇最常发生,而且横摇幅值最大,故以横摇为例加以说明,如图2-29所示。当船舶静止浮在水面位置时,中线面的位置是OO_1,设船舶受风浪的作用而向右舷倾侧到最大横摇角位置AA_1,然后船开始向左舷倾侧到最大横摇角位置BB_1,接着又向右舷倾侧,如此往复摇动。船舶由OO_1,摆到AA_1位置返回并越过OO_1位置而到达BB_1位置,再从BB_1位置到OO_1位置,完成这样一个过程所需的时间称为船的横摇周期,图中最大横倾角ϕ_{max}称为横摇幅值。显然如果横摇周期大,横摇幅值小,则船的横摇程度就比较缓和,也可以说是横摇的性能较好,反之,如果横摇周期小,那么船就会产生剧烈的横摇,船舶不停地摇,船的横摇性能就差了。

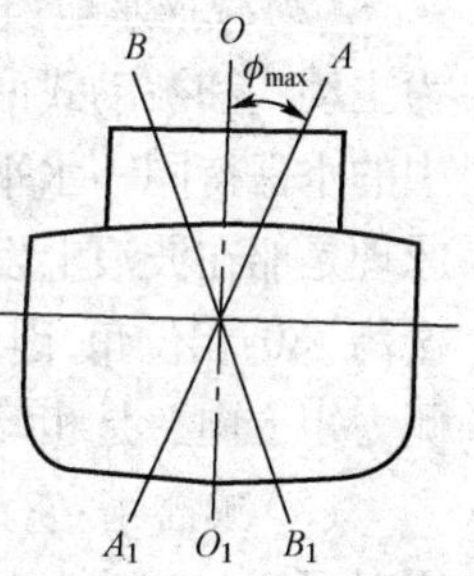

图2-29　船的横摇

根据摇荡理论,横摇由自由横摇和强迫横摇组成。自由横摇是指船在静水中受外力作用产生初始横倾角,外力消失后由惯性作用产生的横摇,这个初始横倾角就是横摇的幅值,但是由于水的阻尼作用,幅值随着时间的推延而逐渐减小,最后趋于零。自由横摇的周期,在整个横摇过程中是不变的,且与外力无关。所以称为船舶固有周期。上面所说的就是自由横摇的情况,船舶固有周期是一个重要的性能参数,可用近似公式计算,如

$$T_{\varphi} = \frac{2\pi}{\omega_{\varphi}} = 2\pi\sqrt{\frac{I'_{xx}}{Dh}} = 0.58\sqrt{\frac{B^2 + 4Z_g^2}{h}}$$

式中：T_{φ}——横摇固有周期(s)；

B——船宽(m)；

Z_g——船的重心垂向坐标(m)；

h(即GM)——初稳性高度(m)。

由上式可以看出，横摇固有周期与船的初稳性高度有关，h值小则横摇周期就大，横摇就较缓和，反之横摇就剧烈，这就说明船的横摇与船的稳性是有矛盾的，在船舶设计时就应根据船舶的用途和航区的情况，兼顾稳性和摇摆，全面地考虑问题，使船舶具有足够的稳性，又能使船在航行时避免剧烈的摇摆，通常是在满足船舶稳性要求后，尽可能增大横摇固有周期。

强迫横摇是由于风浪对船的周期性作用而使船产生的横摇。其横摇周期等于风浪的周期。理论和实践都证明，当船固有周期同风浪的周期相等时，就发生共振现象，此时横摇幅值达到最大值。所以在船舶设计时，要使船的周期避开其航行海区的风浪周期，如我国北方海域的风浪，波长约60m，波浪周期约6s，那么船舶的固有周期就要大于6s，最好大于8.1s，(大于波浪周期的1.3倍)，所以一般货船的横摇固有周期为7～12s，大型客船为10～15s。

鉴于剧烈摇摆所产生的种种不良后果，所以人们除在船舶主尺度及系数等选择时要给予注意外，还常常采取一些具体措施来减小船的摇摆。对横摇来说，常用的减摇装置有下列几种：

(1)舭龙骨：这是装在船中舭部两侧，与外板垂直的长条形板材结构，它结构简单，应用较广，一般海船都有舭龙骨，舭龙骨的长度约为船长的20%～60%，宽度约为船宽的3%～5%。当船舶发生横摇时，舭龙骨就会产生与横摇方向相反的阻力，形成减摇力矩，从而减小船的横摇幅值，如图2-30所示。

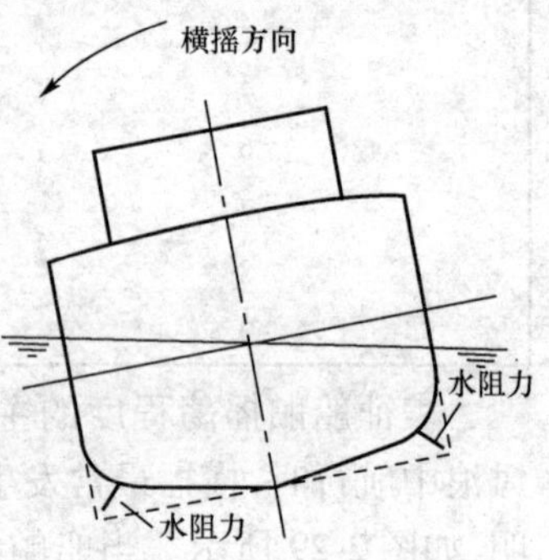

图2-30 船的舭龙骨减摇

(2)减摇水舱：它由船舶内部设在左右两舷的水舱所组成，分为主动式和被动式两种。水舱底部有管子接通两舷，使两边水舱中的水保持同一水平，水舱上面有空气管相通。减摇水舱的减摇原理是船在波浪上发生共振时，使水舱内的水柱振荡滞后于波浪振荡180°相位角，因此水舱内水柱所造成的减摇力矩与波浪的倾侧力矩方向总是相反的，如图2-31所示。减摇水舱能有效地减轻接近共振的横摇。

(3)减摇鳍：它是减摇效果最好的减摇装置，减摇鳍装在船中两舷舭部，剖面为机翼形，使用时可通过船内的操纵机构将它转动，如图2-32所示。当船航行中产生横摇时，使左右两舷鳍产生大小相等，方向相反的外力，形成减摇力矩，从而达到减小横摇的目的。减摇鳍有可收放式和不可收放式两种。减摇鳍机构较为复杂，造价贵，故多用于高速船舶上。

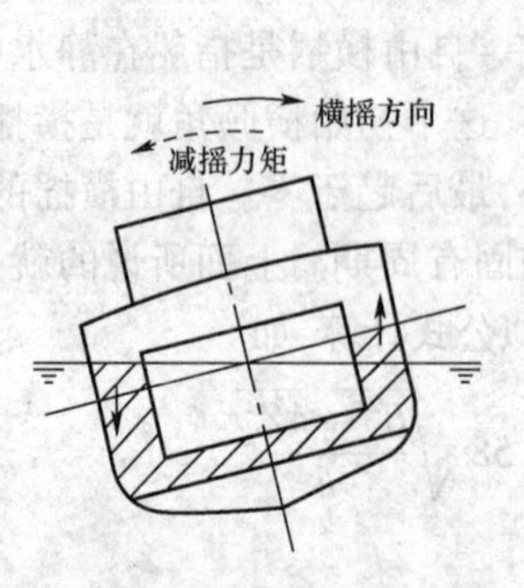

图2-31 减摇水舱减摇

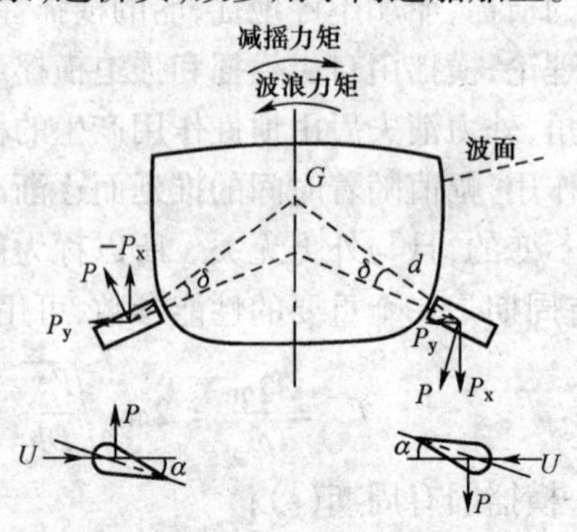

图2-32 减摇鳍减摇

第九节　船舶操纵性

船舶在航行过程中为了保持或改变航行方向，就要对船进行操纵。操纵是按驾驶者的意图通过专门的操纵装置（通常为舵）来达到的，这就是船舶的操纵性问题。所谓操纵性是指船能保持或改变航速、航向和位置的能力。主要包括航向稳定性、回转性和转首性。

航向稳定性是指船在直线航行时，如果受外力干扰而偏离原来航向，当外力消除后保持原有航向的性能。众所周知，航向偏离后，如果不予操舵要它再回到原来的航向上来是不可能的，所以要船保持既定的航向，驾驶者就要不断地操舵。一般说来，如果平均操舵频率不大于每分钟4～6次，平均转舵角不超过3°～5°，那么我们就认为这艘船的航向稳定性是符合要求的。

回转性是指船舶经操纵后（具有一个舵角 δ），船舶改变原航向作圆弧运动的性能。舵是剖面为机翼形的装置，根据机翼理论，当水流以某一角度流向机翼时，就产生一个升力。所以当船以一定航速前进而转动一个舵角后，在舵上也会产生一个升力 Y_p，如图2-33所示。由于 Y_p 的作用，船的运动状态就会发生变化，除了继续前进外，还会绕过船的重心 G 的垂直轴转动，逐渐使船作回转运动。它的运动变化，大致可分为三个阶段。即转舵阶段、过渡阶段和稳定回转阶段（定常阶段）。整个过程，其水动力的变化是很复杂的，开始转舵时，由于船的惯性大，舵力较小，所以船几乎是按原方向航行的。随着时间的推延，船产生回转运动，作用在船体上的水动力一直是变化的，除船回转外，还有横移和横倾，到一定时间后，船才进入稳定回转状态，这时船的重心轨迹成圆形，如图2-34所示。

船舶回转时产生的横倾角是由于舵力、离心力和水动力不是作用在船上同一高度而造成的。开始时向内（回转圆形内侧）倾斜，并且倾角较小，逐渐变为向外侧倾斜，如果船速很高，又有风浪的作用，横倾角可能很大，甚至使船倾覆。所以我国海船稳定性规范中要求计算客船全速回转时的外倾角。

在图2-34中，定常回转时直径 D_r 称为船的回转直径，一般用以表示船舶回转性的好坏，通常为4～7倍的船长。D_r 小则回转性好。

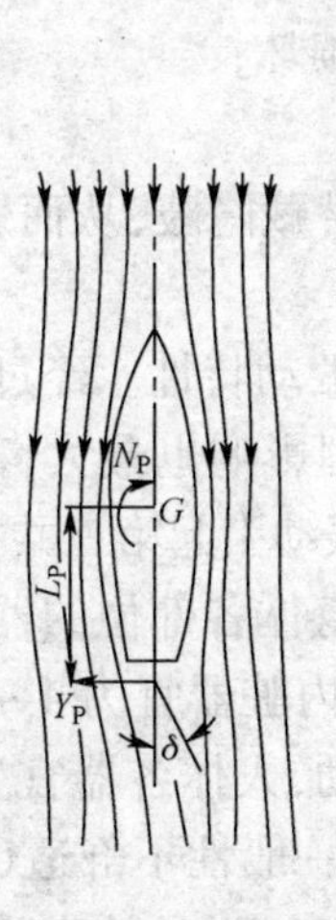

图2-33　舵的作用

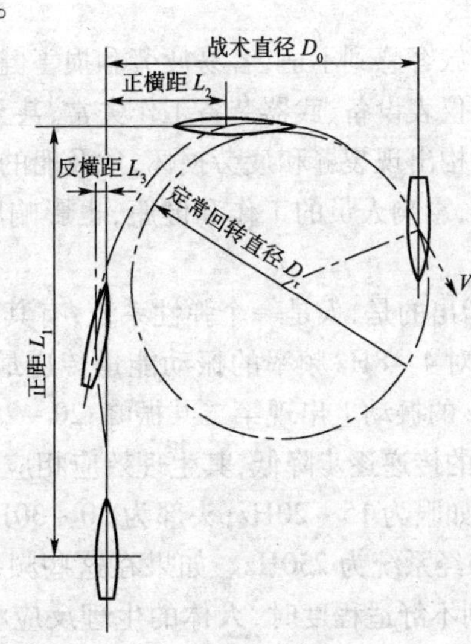

图2-34　船的回转

转首性是指船舶回转初期对舵的反应能力。转首性好,则船在驾驶者操纵后能较快地进入新的航向,或者船偏离航向经操纵后能很快回到原来航向上来。转首性和回转性是有区别的。有的船转首快回转直径小,但有的船转首快,回转直径不一定小。而我们要求船舶既要转首快,又要回转直径小,这对于在狭小河港内掉头及紧急避让都有重要意义。

操纵性是船舶重要的航行性能之一。航向稳定性好的船舶可很少操舵而保持直线航向,不致使航线弯弯曲曲,从而节约燃料。回转性和转首性好的船舶能在狭窄河道航行时减少与来往船舶的碰撞机会,增加安全性,对于军舰来说,那就更重要了。由理论和实践可知,船舶的操纵性与船的主尺度和船体型线有关,但主要靠舵来保证,而且船舶的回转性与航向稳定性是有矛盾的,所以在船舶设计时,应根据不同类型船舶对操纵性的不同要求来进行舵的设计。

第十节　船舶的其他性能

除了上述的航海性能以外,船舶尚有其他一些技术性能,对船的使用与经济性也有重要影响。下面仅对船舶的振动与噪声作简要介绍。

一、船舶振动

1. 船舶振动是一项十分重要的性能

根据物理学的知识,任何固体包括人体,都有固有振动频率,船舶也不例外。船体产生振动及其剧烈程度,取决于船上主机、螺旋桨或波浪作用于船的周期性干扰力以及这些干扰力的频率与船体结构的固有频率之间的关系。若两者频率相同或相近,将发生十分剧烈的“共振”。

随着船舶吨位、航速和主机功率的不断增大,主机和螺旋桨的周期性干扰力相应增大,而船体结构的研究和高强度钢等新材料的采用,又使船体强力构件的尺寸减小,刚度相应也减小。因而在共振与非共振时,船体振动问题都可能很突出。根据船舶的使用经验,过度的振动会带来严重的后果:

(1)使船员与旅客感到不适,容易疲劳和损害健康;

(2)使机电和仪表设备、武器装备工作失常,甚至失灵、损坏;

(3)使船体结构出现裂缝和疲劳损坏,危及船的安全;

(4)引起噪声,影响人员的工作和健康,也影响舰船的潜藏隐蔽,从而影响其作战性能的发挥。

这里要特别指出的是,人是一个弹性系统,有其自己的振动特性。经过大量测量表明,在正常重力下,人体对4~8Hz频率的振动能量传递最大,生理影响也最大,称为人体的第一共振峰;在10~12Hz的振动上出现第二共振峰;20~25Hz的振动引起第三共振峰。随着频率的增高,振动在人体的传递逐步降低,其生理效应相应减弱。身体各部位的器官,相应也有它们自己的共振频率:如眼为15~20Hz;头部为20~30Hz;胸腹内脏器官为4~5Hz;心脏为5Hz;手为30~40Hz;神经系统为250Hz。如果在这些频率上振动,人体各器官生理反应最大。一般当振动强度达到不舒适程度时,人体的生理反应将出现:一般性不舒适(头痛、头晕、疲劳、瞌睡、噩梦、耳鸣、鼻血、鼻背发痒、胸腹痛等症状),注意力分散,视觉效率降低。因此,船体振动是新船设计时应充分注意的重要问题。

2. 防振与减振

随着人们对航行舒适性和对船舶动力装置、仪器设备以及船体结构耐久性等要求的日益提高，船舶振动问题已受到愈来愈多的重视。为了避免振动的危害，我国船舶标准化委员会制定了《海船船体振动衡准》和《内河船船体振动衡准》，作为船上振动的允许标准。

解决船舶振动问题，不外乎三个途径：

(1)避免共振；

(2)减小干扰力；

(3)减小干扰力的传递。

应该指出的是，防胜于治。在设计阶段便应运用船体结构、船体振动等方面的知识，对干扰力、结构响应以及振动衡准三者进行充分的分析，妥善协调处理好船舶性能、船体结构、螺旋桨和主机等要素之间的关系，以使船体振动控制在允许的水平以内。否则，等到船舶建好投入营运后发现振动严重才采取措施，势必耗费较多的人力、物力，极不经济。

从防止船舶振动来说，避免发生共振是最重要的。常用的方法是加强船体结构刚度，改变船体振动的固有频率或设法改变干扰力的频率。在设计新船初期，在选取船舶主机机型、推进器的型式，或在采用常规螺旋桨确定其桨叶数、直径和转速等要素时就要加以考虑，以免引起船体共振。为此常需对船体的固有振动频率加以估算，并根据估算结果采取适当的技术措施。目前，因船舶吨位和主机功率的增大，由于螺旋桨激振力而造成的船体剧烈振动的事例屡有所见，因而日益被人们所重视，并作为螺旋桨设计和船体尾部型线设计的一个重要因素，在设计的初始阶段就应有所考虑。对重要的产品，设计时还应配合试验研究加以解决。

对已建造好的船舶，减振措施有对振动源(内燃机、电动机等)加装隔振器，在螺旋桨上方的船体上开吸振穴，改变螺旋桨的参数(桨叶数、直径、转速等)和改装尾部结构等。

二、船舶噪声

船舶噪声是影响船员与旅客舒适性的重要因素。因此，控制噪声也是设计新船时要注意的一个问题，尤其是对客船及游览船更显得重要。船舶噪声的一个主要来源是螺旋桨，它可以直接产生噪声(空泡噪声和谐鸣声)，也可以引起船体振动而导致结构噪声。此外船舶主机、发电机等各种机械也是船上的主要噪声源，它们在工作时会引起机械噪声。

噪声对人体各部分都会产生生理刺激，主要是刺激自律神经，从而造成烦恼，心情不安与神经质，心跳加快，头昏眼花，失眠，食欲不振，消化不良，疲劳且难于恢复，使人的工作效率下降。长期在噪声大的机舱里工作，人的听觉能力易遭受损害。

噪声控制可以从控制振动和控制噪声两方面着手。例如，设法减小螺旋桨的激振力，通过一些结构、工艺和操作的措施来减小机械振动，从而减小噪声。还可以设置隔振器来阻止振动传播从而减小噪声。此外，还可以采取一些吸收声音或隔离声音的措施，例如在房间装饰中(里子板及天花板内)采用一些吸声材料，在机器周围设置全封闭的围壁以控制噪声的传播等。

根据声学知识，噪声通常以分贝(dB)来表示其强弱，可用声级计直接测量。而按频谱的高低，声级计又带有 A、B、C 三种加权滤波器，其中 A 加权滤波器在低频段的衰减规律是和耳

朵的灵敏度相应的。因此,最常用的是带 A 加权滤波器的测定声压的声级计,结果以 dBA 表示。下面列出日常生活中的噪声 dBA 的值大致情况,以便对噪声级别有些感性认识。

静夜、消声室内:10 ~ 20dBA

轻声耳语,很安静的房间:20 ~ 30dBA

普通室内声音:40 ~ 60dBA

普通谈话声,较安静的街道:60 ~ 70dBA

城市街道,收音机,公共汽车内:70 ~ 80dBA

砂轮机、电锯:100 ~ 110dBA

柴油发动机:110 ~ 120dBA

电铲、螺旋桨飞机:120 ~ 130dBA

喷气式飞机、风洞:130 ~ 140dBA

火箭、导弹、飞船:160dBA 以上

SIKAOYULIANXI

一、简答题

1. 船舶的主尺度有哪些?它们是如何定义的?
2. 船型系数有哪些?它们有何意义?
3. 什么是船体型线图?它是如何形成的?
4. 什么是船体的龙骨线?
5. 什么是船舶的浮性?什么是船舶的储备浮力?
6. 民用船舶的空载排水量和满载排水量的含义是什么?
7. 船舶稳性的含义是什么?如何提高船舶的稳性?
8. 什么是船舶的抗沉性?安全限界线的含义是什么?
9. 船舶阻力包括哪些?降低船舶阻力的措施有哪些?
10. 船舶摇荡主要有哪六种形式?其中哪三种形式对船舶航行产生有害影响?
11. 什么是船舶的操纵性?主要包括哪些方面?

二、选择题

1. 完整描述船体形状和大小,必须用( )来表达。

A. 型线图　　B. 三视图　　C. 表格　　D. 数学函数

2. 将船体分为左右对称两部分的垂直平面是( )。

A. 中线面　　B. 中站面　　C. 基平面　　D. 设计水线面

3. 一组横剖线的投影反映了外板形状( )方向的变化。

A. 船深　　B. 船宽　　C. 船长　　D. 任意

4. 甲板中线在船长方向的曲度称为( )。

A. 梁拱　　B. 脊弧　　C. 舷弧　　D. 折角

5. 组成半宽水线图格子线的除纵剖线外,还有(　　)。

A. 水线　　B. 甲板线　　C. 舷墙线　　D. 横剖线

6. 下列哪个是计算船舶中横剖面系数的表达式(　　)。

A. $C_{wp} = A_w / LB$　　B. $C_M = A_M / Bd$

C. $C_M = A_M / LB$　　D. $C_w = A_w / Bd$

7. 下列哪个是计算船舶水线面系数的表达式(　　)。

A. $C_{wp} = A_w / LB$　　B. $C_M = A_M / Bd$

C. $C_M = A_M / LB$　　D. $C_w = A_w / Bd$

8. 少量装卸平行沉浮的条件是装卸重物的重心位于船舶的(　　)垂线上。

A. 浮心　　B. 重心　　C. 漂心　　D. 稳心

9. 船舶的安全限界线在船侧由舱壁甲板上表面以下至少(　　)处所划的一条曲线。

A. 76cm　　B. 67cm　　C. 76mm　　D. 67mm

10. 水面船舶满足稳定平衡状态的条件为(　　)。

A. 重心低于浮心　　B. 重心低于稳心　　C. 重心低于漂心　　D. 重心等于稳心

11. 当船舶任相邻两舱破舱进水后将不致沉没,则该船舶称为(　　)。

A. 一舱制船舶　　B. 二舱制船舶　　C. 三舱制船舶　　D. 四舱制船舶

12. 影响船舶摩擦阻力的因素为(　　)。

A. 流体的粘性　　B. 船舶速度　　C. 湿表面积　　D. A + B + C

13. 影响船舶粘压阻力的因素为(　　)。

A. 流体的粘性　　B. 船舶速度　　C. 船体形状　　D. A + B + C

14. 影响船舶兴波阻力的因素为(　　)。

A. 重力波　　B. 船舶速度　　C. 船体形状　　D. A + B + C

15. 船舶操纵性中的回转圈是船舶(　　)轨迹曲线。

A. 浮心　　B. 稳心　　C. 重心　　D. 旋心

第三章 船体结构

知识目标

1. 正确叙述船体的基本组成；
2. 正确叙述典型船体横剖面结构；
3. 简述外板、甲板板与甲板结构；
4. 正确叙述船底、舷侧和舱壁结构；
5. 简述首尾端结构；
6. 正确叙述上层建筑；

能力目标

1. 具备船体结构基本知识；
2. 熟悉各类船舶典型结构。

第一节 船体结构的基本知识

一、船体的基本组成

船体结构形式依据船舶的类型而定，一般来说船体大致可分为主船体和上层建筑两部分。主船体部分有船首、船中、船尾；上层建筑部分有首楼、桥楼、尾楼及甲板室。

主船体是船体结构的主要部分，是由船底、舷侧、上甲板围成的水密的空心结构。其内部空间又由水平布置的下甲板、沿船宽方向垂直布置的横舱壁和沿船长方向垂直布置的纵舱壁分隔成许多舱室。货船上通常有货舱、机舱、首尖舱和尾尖舱等。首端、尾端的横舱壁也叫首尖舱舱壁和尾尖舱舱壁。如图 3-1 所示。

二、作用在船体上的力

船舶在建造、下水、停泊、航行及进坞修理等全部过程中，受到各种外力的作用，这些外力常常会使船体结构产生变形或损坏。船体受力主要有总纵弯曲引起的力、横向载荷和其他局部力。

1. 船体的总纵弯曲

船体的总纵弯曲是指作用在船体上的重力、浮力、波浪水动力和惯性力等而引起的船体绕水平横轴的弯曲。它由静水总纵弯曲和波浪总纵弯曲两部分叠加而成。

(1)船体静水总纵弯曲。船舶在静水中受到的外力有船舶及其装载的重力和水的浮力。重力 W 的方向向下，浮力 Δ 的方向向上。重力和浮力在静水中处于平衡状态，即重力和浮力大小相等方向相反，作用在同一铅垂线上，如图 3-2a)所示。

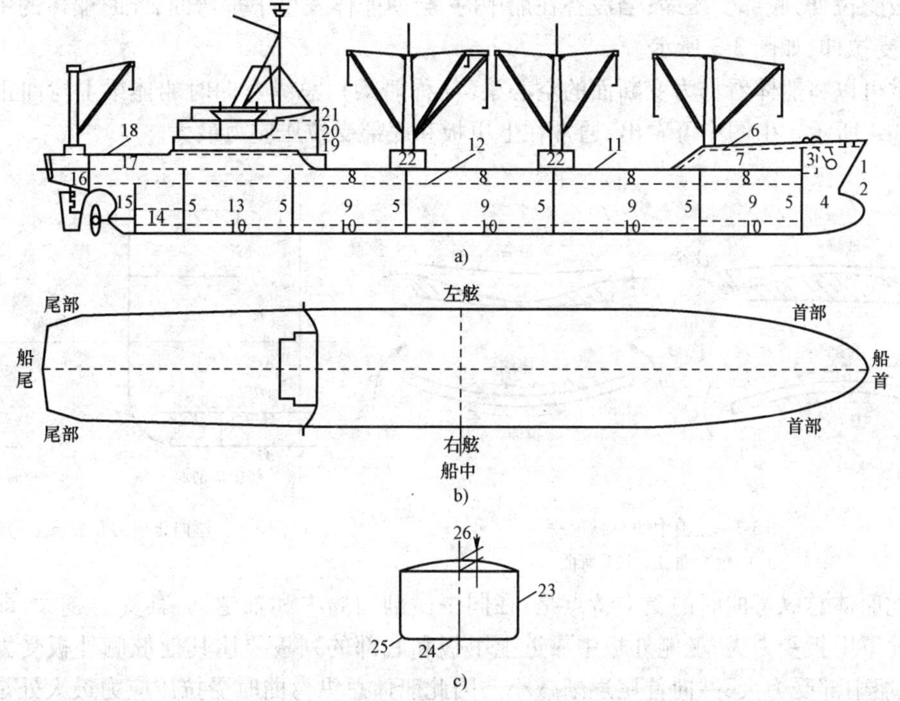

图 3-1　船体的基本构成

1-首柱;2-球鼻首;3-锚链舱;4-首尖舱;5-横舱壁;6-首楼甲板;7-首楼;8-甲板间舱;9-货舱;10-双层底;11-上甲板;12-下甲板;13-机舱;14-轴隧;15-尾尖舱;16-舵机舱;17-尾楼;18-尾楼甲板;19-艇甲板;20-驾驶甲板;21-罗经甲板;22-桅屋;23-舷侧;24-平板龙骨;25-舭部;26-梁拱

但对于船体的某一段,重力和浮力的大小并不相等,如图 3-2b)所示。重力大的一段有下移的趋势,浮力大的一段有上移的趋势。由于船体是一整体结构,各段不可能发生上下移动,在船体结构内必然有内力产生,使船体发生弯曲。当船体中部向上弯曲时,称为中拱弯曲;当船体中部向下弯曲时,称为中垂弯曲。船体弯曲时,在船体内产生弯曲力矩,弯矩的最大值在船体的中部,向首尾部逐渐减小,如图 3-2c)所示。由于船舶装载情况及船体浸水部分形状总是变化的,因而船体各段重力和浮力的不平衡也总是存在的。

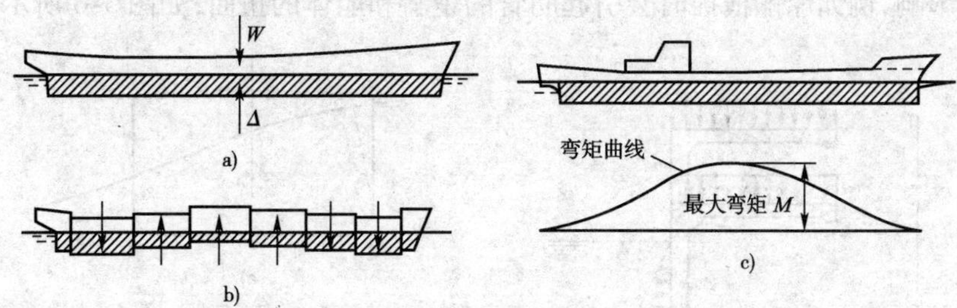

图 3-2　船体静水总纵弯曲

a)在静水中力的平衡;b)船体变形;c)弯矩曲线

(2)船体波浪总纵弯曲。在波浪状况下,船体内产生的总纵弯矩会比静水中大。当波长与船长相等或接近时,船体的弯曲最严重。当波峰在船中时,会使船体发生中拱弯曲,此时船

体的甲板受拉伸，底部受压缩；当波谷在船中时，会使船体发生中垂弯曲，此时船体的甲板受压缩，底部受拉伸，如图3-3所示。

通常可以将船体看作为变断面的空心梁(简称船梁)，总纵弯曲时船体梁上弯曲正应力分布如图3-4所示。由图中可看出，通常在上甲板和底部受拉压应力最大。

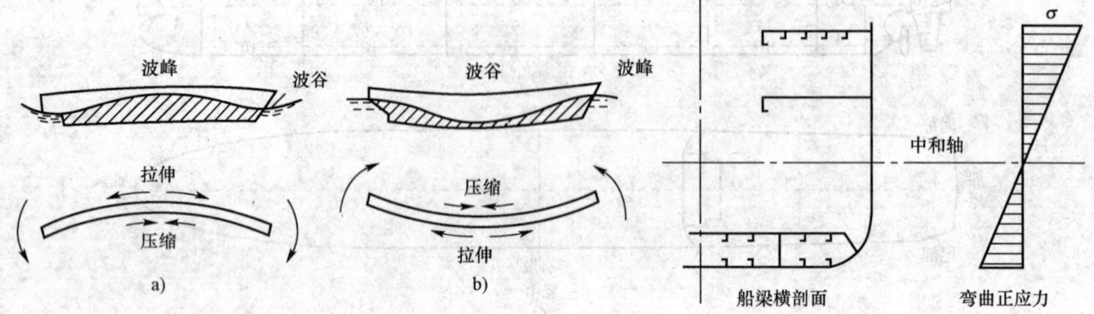

图3-3　波浪中的总纵弯曲

a)中拱弯曲；b)中垂弯曲

图3-4　弯曲正应力在船梁上的分布

因此船体总纵弯曲时的受力特点是：在同一横剖面离中和轴越远，其受力越大，即上甲板和船底比下甲板受力大，舷侧外板中靠近上甲板和底部的列板要比其他舷侧外板受力大。船长方向，船中部受力大，并向首尾逐渐减小。因此船体总纵弯曲时受拉压应力最大处是在船中部的上甲板和底部。

2. 作用在船体上的横向载荷

船体在静水或波浪中，它的各部分结构还受到局部的水压力及货物等横向载荷，会使甲板、内底板、外板等产生局部弯曲。图3-5所示为作用在船体上的横向载荷。

3. 其他局部受力情况

作用在船体上的其他力有船体上机器和螺旋桨运转时的振动力，船首端的波浪砰击和水面漂浮物的撞击等局部的外力，油船的油货舱内液体的晃动载荷，以及船舶进坞或搁浅时受到船底下墩木或河床的反力作用等。

此外，船舶在波浪状态下航行，由于升降、俯仰和摇摆等运动而产生惯性力对船体结构会产生不利的影响，例如船舶横摇时会引起肋骨的歪斜和船体的扭曲，如图3-6所示。

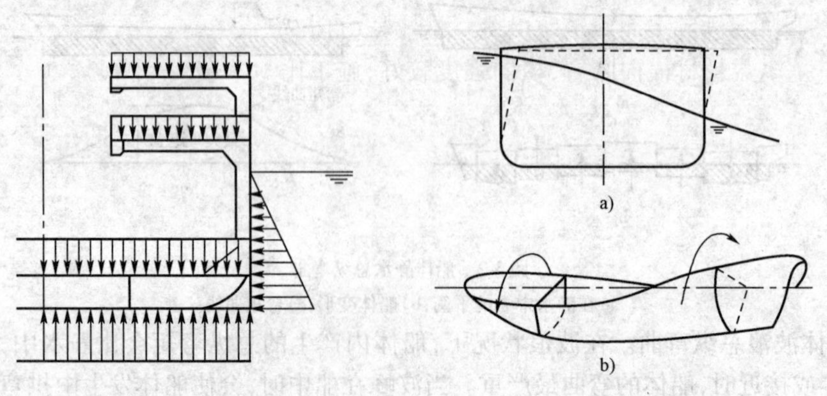

图3-5　船体上的横向载荷

图3-6　肋骨的歪斜和船体的扭曲

三、船体结构的骨架形式

1. 组成船体的板架

船体是由钢板和骨架组成的长箱形结构，整个船的主体可分为若干板架结构，如甲板板架、舷侧板架、船底板架和舱壁板架等，如图 3-7 所示。各个板架相互连接，相互支持，使整个主船体构成坚固的空心水密建筑物。

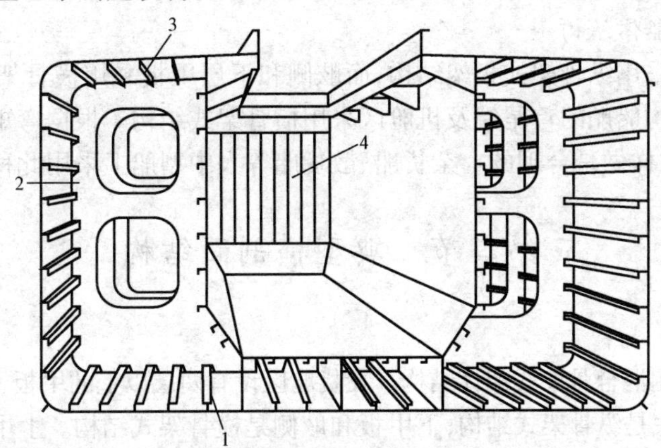

图 3-7　组成主船体的板架

1-底部板架；2-舷侧板架；3-平面板架；4-舱壁板架

2. 板架结构的骨架形式

板架结构通常是由板和纵横交叉的骨材和桁材组成，骨材和桁材可增强板对外力的抵抗能力，如图 3-8 所示。其中较小的骨材数目多，间距小，较大的桁材数目少而间距大。根据较小骨材布置的方向，板架结构可分为纵骨架式、横骨架式和混合骨架式三种类型。

(1) 纵骨架式：数目多而间距小的骨材沿船长方向布置。其优点是多数骨材纵向布置，骨材参与船梁抵抗纵向弯曲的有效面积，提高了船梁的纵向抗弯能力，增加了船体的总纵强度。并且由于纵向骨材布置较密，可以提高板对总纵弯曲压缩力作用时的稳定性。因而相应地可以减小板的厚度，减轻结构重量。缺点是施工比较麻烦。

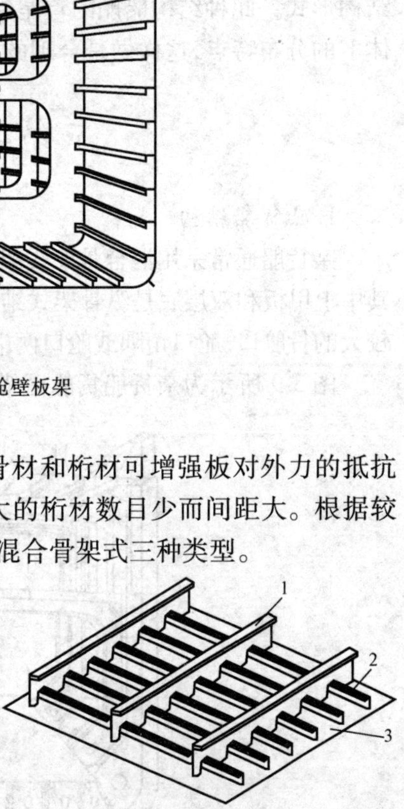

图 3-8　板架结构

1-桁材；2-骨材；3-板

(2) 横骨架式：数目多而间距小的骨材沿船宽方向布置。其优点是多数骨材横向布置，横向强度较好，施工比较方便，建造成本低。缺点是在同样受力情况下，外板和甲板的厚度比纵骨架式的大，结构重量较大。

(3) 混合骨架式：纵横方向的骨材相差不多，间距接近相等。这种骨架式除了在特殊场合，一般很少用到。

四、船体结构的形式

根据强度和使用要求，船体结构可采用纵骨架式板架和横骨架式板架的单一或组合形式。因此，船体结构的形式分为 3 种：

1. 单一横骨架式船体结构

上甲板、船底和舷侧均为横骨架式板架结构的船体结构形式。对总纵强度要求不高的一些小型船舶和内河船多为此种骨架形式。

2. 单一纵骨架式船体结构

上甲板、船底和舷侧均为纵骨架式板架结构的船体结构形式。对总纵强度要求较高的军舰、大型油船及其他大型远洋货船等采用此种结构形式。

3. 混合骨架式船体结构

上甲板和船底采用纵骨架式板架结构,而舷侧和下层甲板采用横骨架式板架结构的船体结构形式。此种结构船舶的首尾端及机舱区采用横骨架式结构。根据弯矩和弯曲正应力在船体上的分布特点,这样做是合理的。杂货船、散货船等大中型船上采用此种形式。

第二节　典型横剖面结构

1. 杂货船结构

杂货船通常采用混合骨架式船体结构。在货舱区设有两层以上的甲板,底部为双层底结构。其中上甲板和双层底是纵骨架式结构,下甲板和舷侧是横骨架式结构。上甲板和下甲板上开有较大的货舱口,舱口角隅或舱口两端中心线处设有支柱,有的设置半纵舱壁或舱口悬臂梁。

图 3-9 所示为杂货船货舱区横剖面结构。

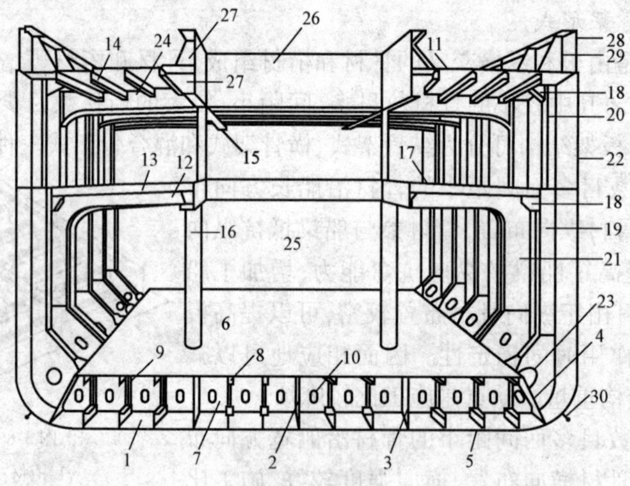

图 3-9　杂货船货舱结构

1-船底板;2-中底桁;3-旁底桁;4-内底边板;5-船底纵骨;6-内底板;7-肋板;8-内底纵骨;9-加强筋;10-减轻孔;11-上甲板;12-强横梁;13-横梁;14-甲板纵骨;15-甲板纵桁;16-支柱;17-下甲板;18-梁肘板;19-舱内肋骨;20-甲板间肋骨;21-强肋骨;22-舷侧外板;23-梁肘板;24-舱口端横梁;25-横舱壁;26-舱口围板;27-肘板;28-舷墙;29-扶强肘板;30-舭龙骨

2. 散货船结构

散货船也采用混合骨架式船体结构。只有一层全通甲板,底部为双层底,甲板下面靠两舷有两个顶边舱,双层底舭部处有向上倾斜的底边舱,便于货物装卸。甲板和舷顶部、双层底和舷侧下部是纵骨架式结构,舷侧中部为横骨架式结构。

图 3-10 所示为装运谷物和煤的散货船货舱结构。

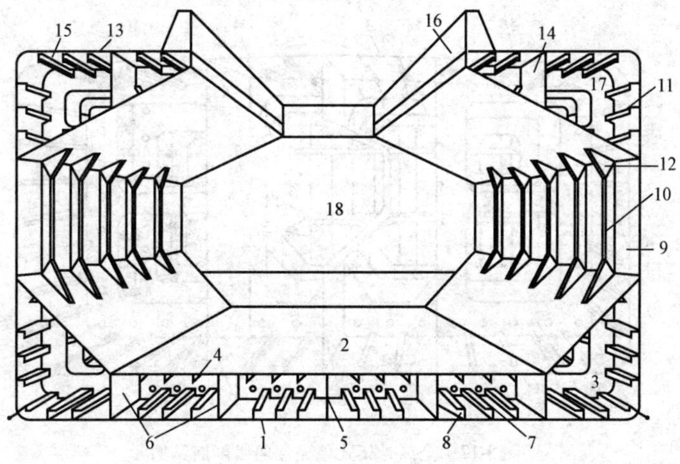

图 3-10　散货船货舱结构

1-船底板;2-内底板;3-底边舱;4-内底纵骨;5-中底桁;6-旁底桁;7-肋板;8-船底纵骨;9-舷侧外板;10-肋骨;11-舷侧纵骨;12-肘板;13-甲板;14-甲板纵桁;15-甲板纵骨;16-舱口围板;17-顶边舱;18-横舱壁

3. 集装箱船结构

集装箱船的结构与一般的货船不同,它的货舱口宽度几乎与货舱宽度一样大,对船体的抗弯、抗扭和横向强度都很不利,在结构上应采取补偿措施。其船体基本结构形式为双层底和双层舷侧结构,且在双层舷侧的顶部设置有效的抗扭箱结构;也可用双层底和具有抗扭箱或其他等效结构的单层壳结构代替。在船的顶部和底部的强力部分均应采用纵骨架式,在其他部位纵骨架式和横骨架式均可采用,两个货舱口之间的舱口端横梁和甲板横梁应给予加强。

图 3-11 为集装箱船货舱的横剖面结构,其中抗扭箱的甲板及双层底采用纵骨架式结构,舷边舱内为横骨架式结构,桁板肋骨上开有人孔或减轻孔,舷边舱内设有平台甲板。

4. 油船结构

油船有单壳结构和双壳结构。油船结构布置最大的特点是在货油舱内设有纵舱壁,沿海小型油船,中线处设一道纵舱壁,分左右两个货油舱。大型的油船设 2 ~ 3道纵舱壁,分成 3 ~ 4 个货油舱。

(1)单壳油船结构。单壳油船的甲板、底部和舷侧均为单层结构,甲板和船底采用纵骨架式,舷侧和舱壁可用横骨架式,也可用纵骨架式,大型油船多采用纵骨架式结构。图 3-12 所示为全纵骨架式单壳油船横剖面结构,两道纵舱壁将货油舱分成中间油舱和左右两个边油舱。为了保证总纵强度和加强甲板及外板的刚性,所有板架上都装置密集的纵骨。甲板和船底的中

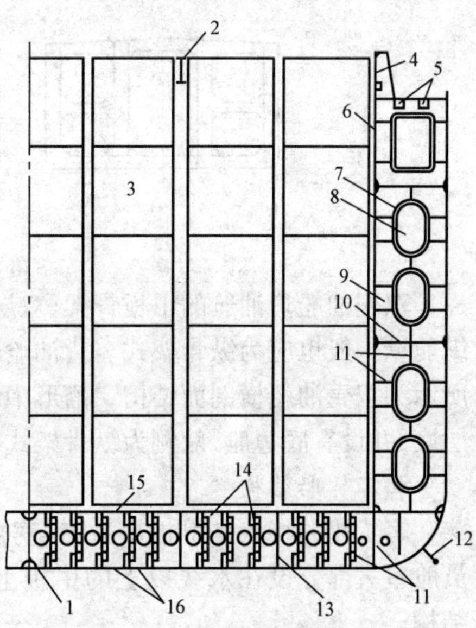

图 3-11　集装箱船货舱的横剖面结构

1-中底桁;2-纵桁;3-集装箱;4-舱口围板;5-甲板纵骨;6-纵舱壁;7-围绕扁钢;8-人孔;9-桁板纵骨;10-平台甲板;11-加强筋;12-舭龙骨;13-旁底桁;14-内底纵骨;15-内底板;16-船底纵骨

线面上还装有高大的纵桁。横向有环形的肋骨框架可增强船体的横向强度和刚性。

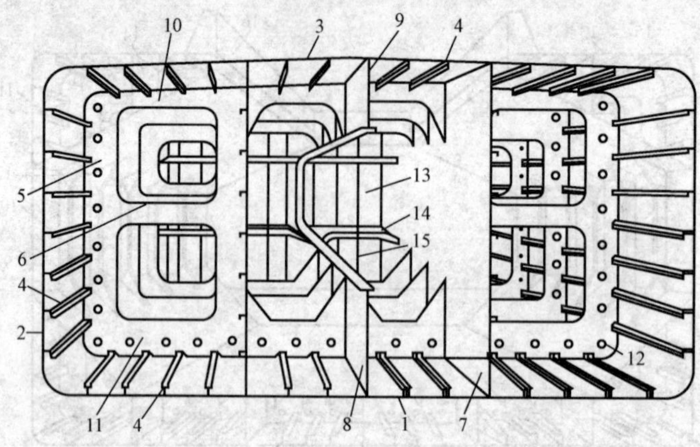

图 3-12　全纵骨架式单壳油船横剖面结构

1-船底板；2-舷侧外板；3-甲板；4-纵骨；5-强肋骨；6-撑杆；7-纵舱壁；8-中内龙骨；9-甲板纵桁；10-强横梁；11-肋板；12-流水孔；13-横舱壁；14-水平桁；15-垂直扶强材

（2）双壳油船结构。双壳油船货油舱由双层底、双壳舷侧、甲板和隔离空舱围成，双层底内和双壳内不允许装货油和燃油。双壳油船的几种典型中剖面如图 3-13 所示。

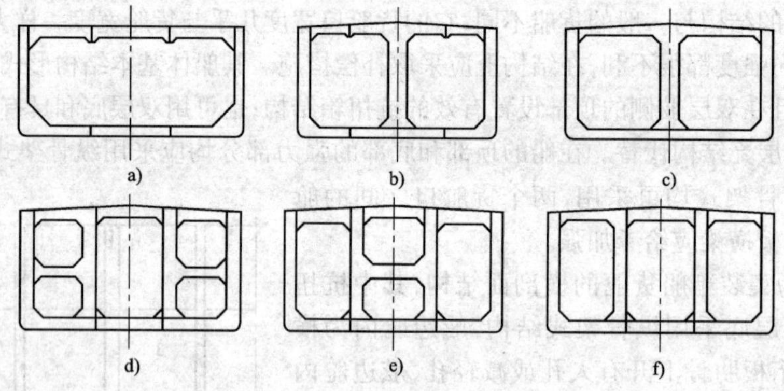

图 3-13　双壳油船典型中剖面

双壳油船货油舱的甲板骨架、双层底骨架应为纵骨架式，船长大于 190m 时，舷侧、内壳和纵舱壁一般也应为纵骨架式。货油舱区域以外的船体结构可为横骨架式或纵骨架式。图 3-14 所示为双壳油船横剖面结构。槽形中纵舱壁将货油舱分为左右两个舱室，底部为纵骨架式双层底，并设有底边舱，舷侧为纵骨架式双壳结构，甲板则为纵骨架式单层结构。

5. 客货船结构

客货船的特点是甲板层数多、房舱多、围壁多，甲板两旁及房舱间设有走廊。旅客和船员舱室大部分设在水线以上的甲板上。图 3-15 是单一横骨架式沿海小型客货船的横剖面结构。

6. 内河船结构

内河船受航道和吃水的限制，船长较短，船型宽而扁平，吃水浅，因此大多数中小型的内河船舶都采用单一横骨架式结构。图 3-16 所示为内河小型货船的横剖面结构。其甲板、底部和舷侧均采用横骨架式单层结构。底部略向两舷升高。

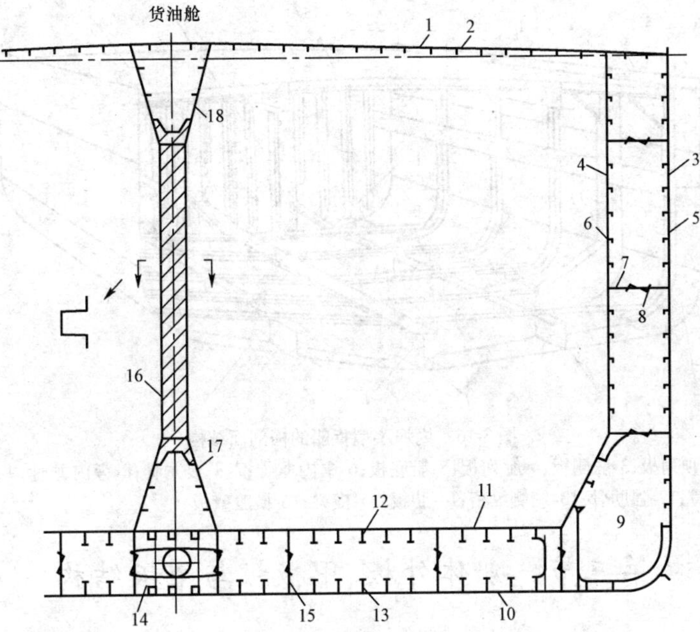

图 3-14　双壳油船横剖面结构

1-甲板板;2-甲板纵骨;3-舷侧外板;4-内壳板;5-舷侧纵骨;6-内壳板纵骨;7 开孔平台;8-平台纵骨;9-底边舱;10-外底板;11-内底板;12-内底纵骨;13-船底纵骨;14-箱形中底桁;15-旁底桁;16-槽形纵舱壁;17-底凳;18-顶凳

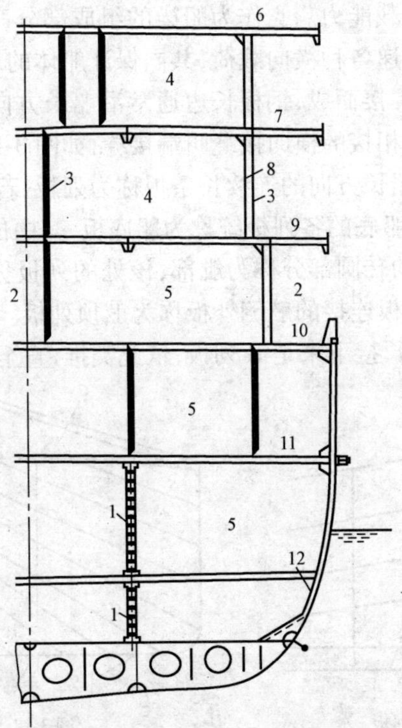

图 3-15　沿海小型客货船的横剖面结构

1-支柱;2-走廊;3-围壁;4-船员舱;5-客舱;6-罗经平台;7-驾驶甲板;8-扶强材;9-艇甲板;10-上甲板;11-下甲板;12-平台甲板

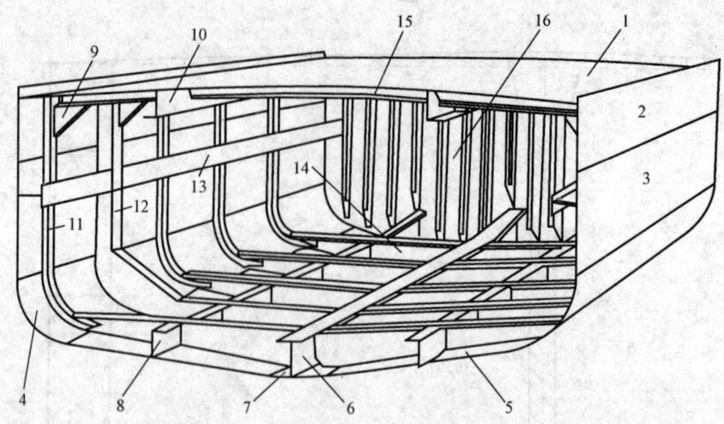

图 3-16　内河小型货船的横剖面结构

1-甲板板；2-舷顶列板；3-舷侧板；4-舭列板；5-船底板；6-中内龙骨；7-平板龙骨；8-旁内龙骨；9-梁肘板；10-甲板纵桁；11-肋骨；12-强肋骨；13-舷侧纵桁；14-肋板；15-横梁；16-横舱壁板

第三节　船体外板、甲板板与甲板结构

一、船体外板

外板是构成船体底部、舭部及舷侧的外壳板，船壳通常为流线形曲面形状。作用是保证船体水密，使舰船具有漂浮及运载能力。它作为船梁的组成部分，参与船体的总纵强度，并与船底及舷侧骨架一起，承受并传递各种横向载荷，共同保证船体的局部强度和刚性。

外板由一块块钢板对合焊接而成，钢板长边通常沿船长方向布置。长边与长边相接的纵向接缝叫边接缝，短边与短边相接的横向接缝叫端接缝，如图 3-17 所示。

钢板逐块端接而成的沿船长方向的连续长条板称为列板，若干个列板组成船体外板，各列板名称如图 3-18 所示。位于船底的各列板统称为船底板，其中位于船体中线的一列板称为平板龙骨。由船底过渡到舷侧的转圆部分称为舭部，该处的列板称为舭列板。舭列板以上的外板称为舷侧外板，其中与上甲板连接的舷侧外板称为舷顶列板。生产图纸中，一般称平板龙骨为 K 列板，相邻列板为 A 列板，接下来是 B 列板，依此类推，直至舷顶列板。

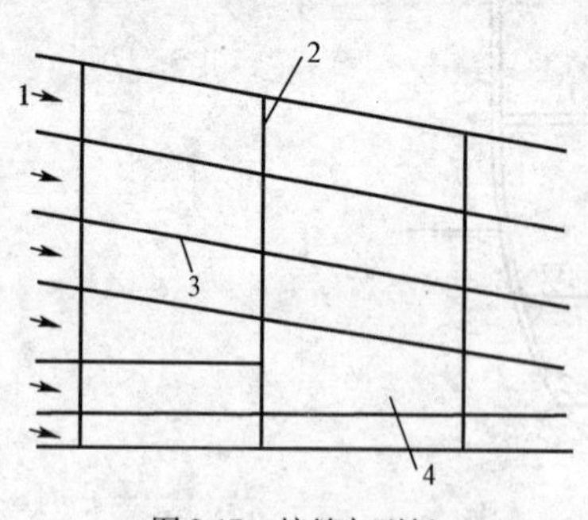

图 3-17　接缝与列板

1-列板；2-端接缝；3-边接缝；4-并板

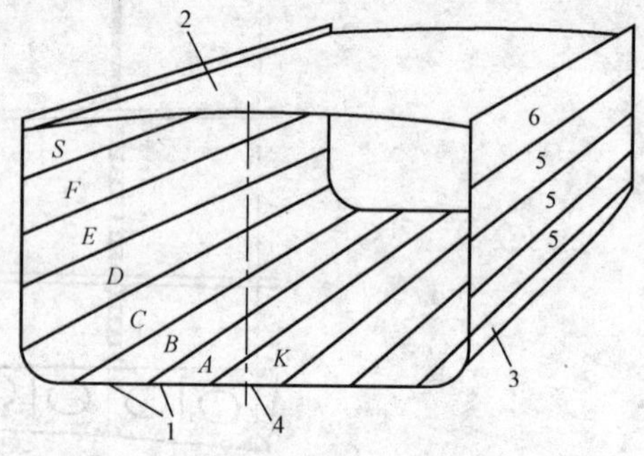

图 3-18　列板的名称

1-船底列板；2-上甲板；3-舭列板；4-平板龙骨；5-舷侧列板；6-舷顶列板

二、甲板板

1. 甲板的名称

船舶的主体部分设有一层或几层全通甲板，小型舰船仅有一层甲板，而大型船舶根据使用要求往往设置二层或多层贯通全船的连续甲板。按自上而下的顺序分别称为上甲板、第二甲板、第三甲板等。根据需要，有时在部分舱室中设置局部间断的平台甲板。

2. 甲板的形状

为了减少上浪及迅速排除积水，船舶上甲板通常为曲面形状，且首尾窄中部宽，船长方向中部低于首尾端，船宽方向中间高于两舷，如图 3-19 所示。上甲板边线沿纵向向首尾端升高的曲线称为舷弧，上甲板沿横向的拱形称为梁拱。非露天甲板和平台，则可做成平直的。

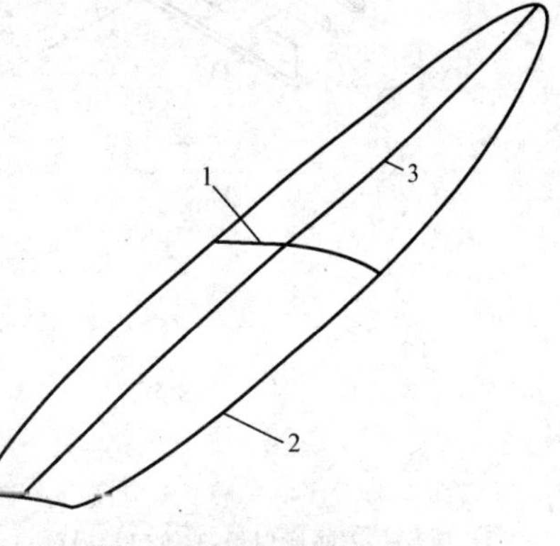

图 3-19　上甲板的形状

1-梁拱；2-舷弧；3-脊弧

甲板与外板和舱壁板共同组成供各种用途的舱室。上甲板作为船体的水密顶板，遮蔽舱室空间，有些船舶的上甲板上也载货。下甲板和平台甲板分层安置设备及各种装载物。上甲板通常是强力甲板，参与船体的总纵强度。同时，甲板板与甲板骨架一起承受并传递各种横向载荷。下甲板和平台板则主要保证局部强度。

3. 甲板板的布置

甲板板由许多钢板并合焊接而成，钢板的长边通常沿船长方向布置，且平行于甲板中线。沿甲板边缘与舷侧邻接的一列甲板板称为甲板边板，甲板边板因需保持一定的宽度，故沿舷边呈折线形状。在首尾端，由于甲板宽度减小，甲板列板的数目也要相应地减少，也可以将钢板沿横向布置。此外，在大开口之间也可将钢板沿横向布置，如图 3-20 所示，图中数字为板厚。

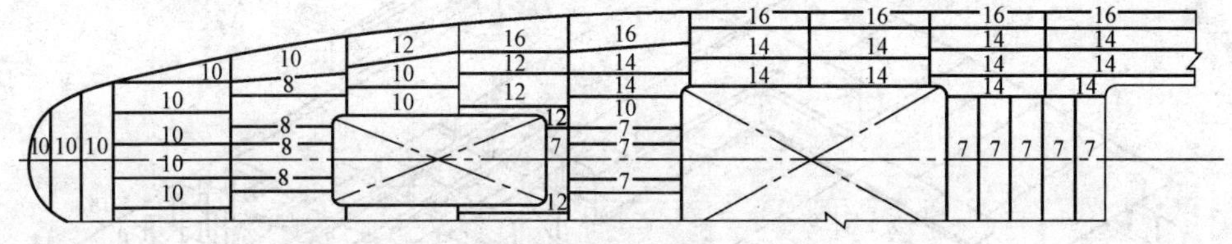

图 3-20　甲板板的布置

三、甲板结构

甲板大部分是单层板架结构，按骨架设置形式可分为纵骨架式和横骨架式甲板结构。甲板上有货舱口、机舱口等大开口及相关的建筑，结构比较复杂。作用在甲板骨架上的力主要有：船体总纵弯曲引起拉伸和压缩应力；甲板上货物、人员、设备及涌上甲板的波浪等横向载荷。

连续的上甲板主要承受总纵弯曲应力，所以大型船舶普遍采用纵骨架式结构；下甲板主要承受横向载荷，因此大多采用横骨架式结构。

1. 横骨架式甲板结构

横骨架式甲板结构由甲板板、横梁和甲板纵桁等构件组成。图 3-21 所示为横骨架式下甲

板结构。横骨架式甲板结构的横向强度好，制造方便，适用于小型船舶、内河船的甲板及大中型船舶的下甲板、平台甲板、上甲板的首尾端等。

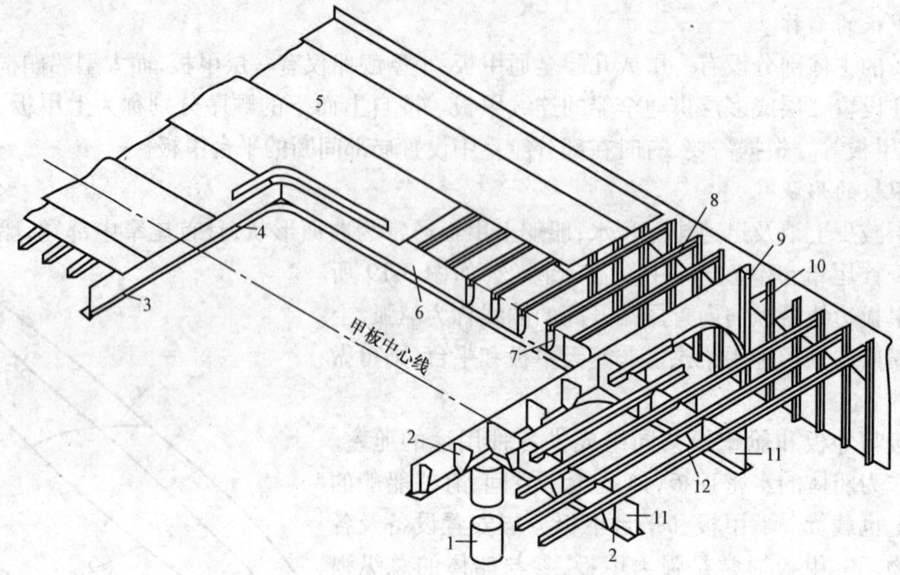

图 3-21　横骨架式甲板结构(下甲板)

1-支柱;2-防倾肘板;3-舱口端横梁;4-圆钢;5-甲板;6-舱口纵桁;7-肘板;8-半梁;9-主肋骨;10-梁肘板;11-甲板纵桁;12-横梁

2. 纵骨架式甲板结构

纵骨架式甲板结构由甲板板、甲板纵骨、甲板纵桁和强横梁等构件组成。图 3-22 所示为

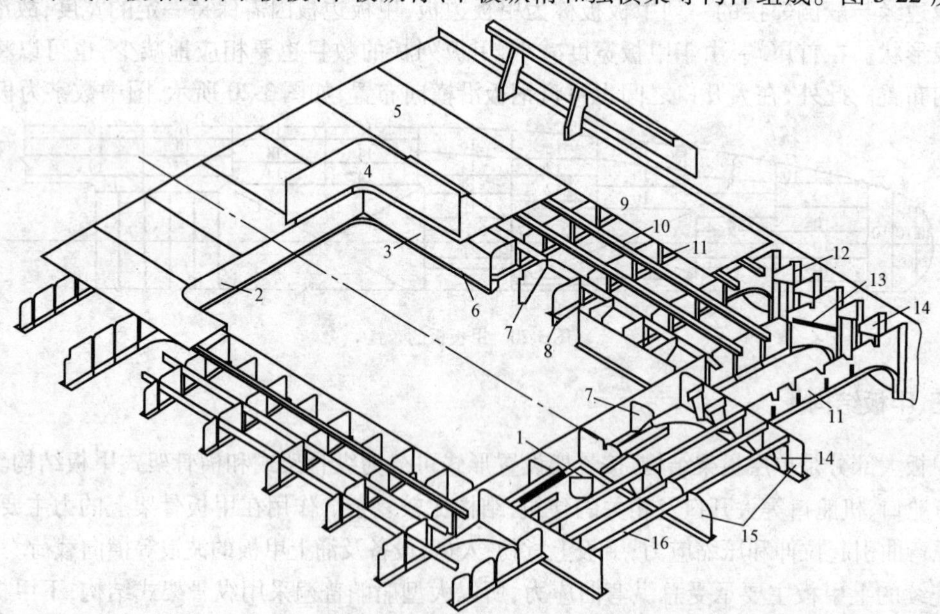

图 3-22　纵骨架式上甲板结构

1-管形支柱;2-舱口端横梁;3-舱口纵桁;4-舱口围板;5-上甲板;6-圆钢;7-防倾肘板;8-小肘板;9-加强筋;10-甲板纵骨;11-强横梁;12-主肋板;13-斜置加强筋;14-肘板;15-甲板纵桁;16-横梁

纵骨架式上甲板结构。其中,舱口之间的甲板仍采用横骨架式结构。

纵骨架式甲板结构的纵向强度好,但装配施工比较麻烦,主要用于总纵强度要求较高的大中型船舶的上甲板。

第四节　船底、舷侧和舱壁结构

一、船底结构

船底可分为单层底和双层底,按骨架形式又可分为横骨架式和纵骨架式。单层底结构只有一层船底板,结构简单,施工方便,但抗沉性差,大多用于小型舰艇、小型民用船舶及民用船的首尾端。双层底除了船底板外,还有一层内底板,当船底在触礁和搁浅等意外情况下遭到破损时,双层底能保证船舶的安全。双层底舱的空间可装载燃油、润滑油和淡水,或用作压载水舱。海船从首尖舱舱壁到尾尖舱舱壁都采用双层底,小型舰艇和内河船仅在机舱等局部区域采用双层底。船底位于船体的最下部,是保证船体总纵强度和局部强度的重要板架结构。

1. 单层底结构

单层底结构有横骨架式与纵骨架式两种型式。横骨架式单层底由于结构简单、建造方便。主要用于拖船、渔船、内河船等小型船舶上,其船长小于 50m。此外在大型船舶首尾尖舱内也采用横骨架式单层底结构。纵骨架式单层底结构纵向强度好、结构质量小,但工艺较复杂,常见于小型舰艇和单层底油船上。

(1)横骨架式单层底结构。横骨架式单层底结构由船底板、内龙骨和肋板等组成,如图 3-23所示。

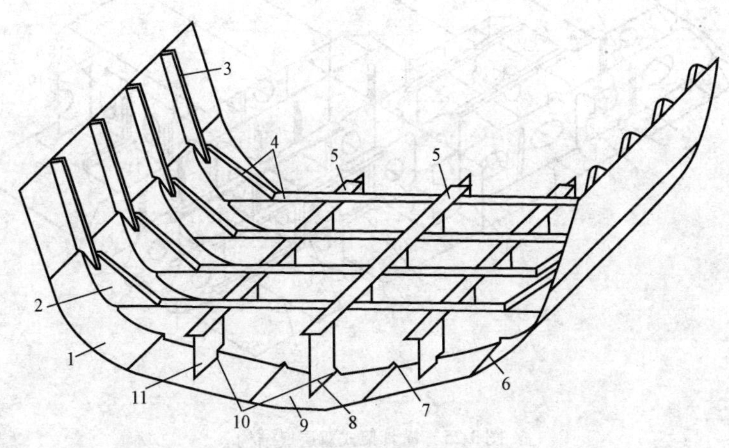

图 3-23　横骨架式单层底结构

1-舭列板;2-舭肘板;3-肋骨;4-折边;5-面板;6-焊缝;7-流水孔;8-中内龙骨;9-平板龙骨;10-焊缝切口;11-旁内龙骨

(2)纵骨架式单层底结构。纵骨架式单层底结构由船底板、内龙骨、肋板和数量较多的船底纵骨等组成,如图 3-24 所示。

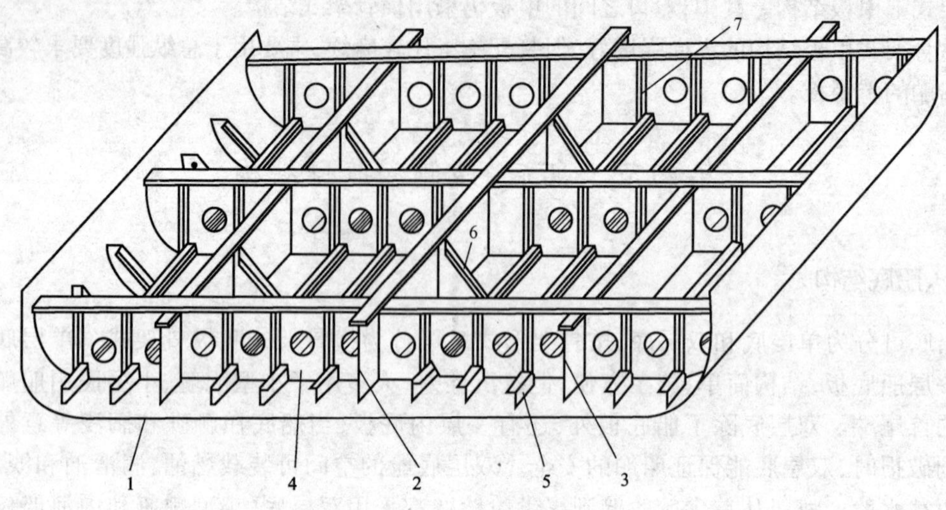

图 3-24　纵骨架式单层底结构

1-船底板;2-中内龙骨;3-旁内龙骨;4-肋板;5-船底纵骨;6-肘板;7-加强筋

2. 双层底结构

(1)横骨架式双层底结构。横骨架式双层底结构由外底板、内底板、底纵桁和各种形式的肋板等组成,如图 3-25 所示。

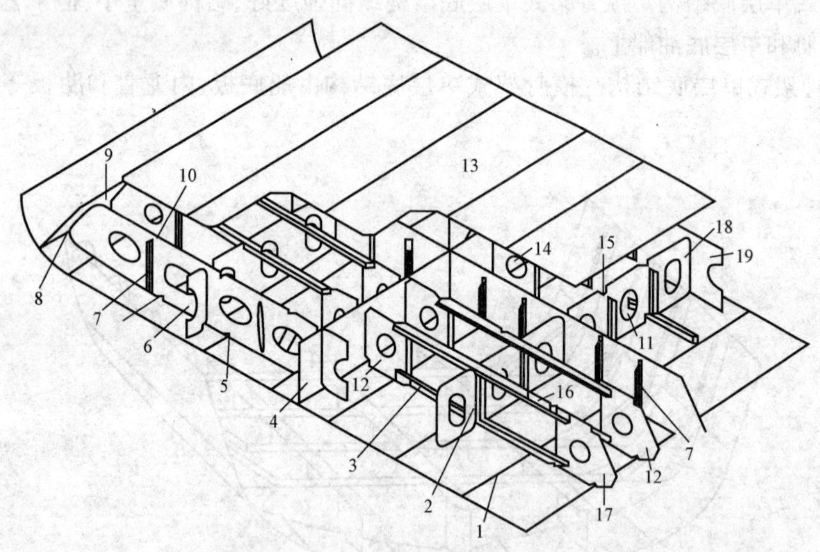

图 3-25　横骨架式双层底结构

1-边接缝;2-扶强材;3-船底肋骨;4-中底桁;5-流水孔;6-主肋板;7-加强筋;8-焊接切口;9-内底边板;10-透气孔;11-人孔;12-肘板;13-内底板;14-减轻孔;15-切口;16-内底横骨;17-框架肋板;18-旁底桁;19-主肋板

(2)纵骨架式双层底结构。纵骨架式双层底结构由外底板、内底板、肋板、底纵桁、船底纵骨和内底纵骨等组成。内外底板由密集的纵骨支持,增加了板的刚性和稳定性,提高了底部的

纵向强度。因此纵骨架式的内外底板可以比横骨架式薄些，这样可以减轻结构重量。现代大中型船舶普遍采用此种骨架式。

图 3-26 为杂货船纵骨架式双层底结构。

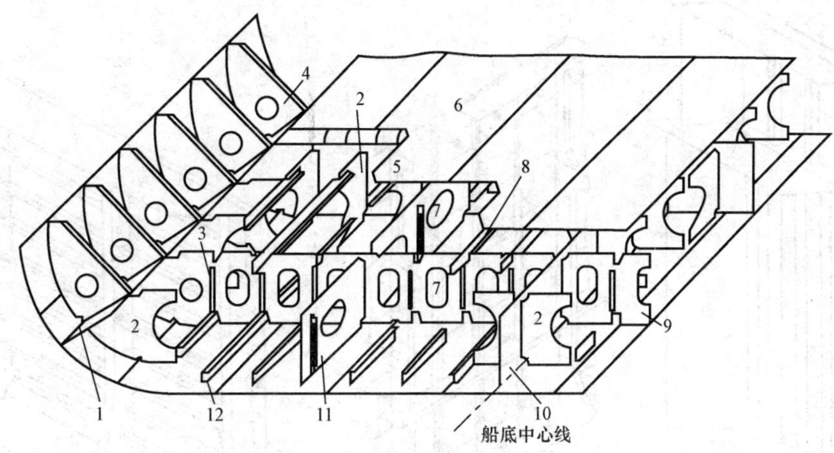

图 3-26　纵骨架式双层底结构

1-内底边板；2-肘板；3-加强筋；4-舭肘板；5-水密肘板；6-内底板；7-人孔；8-内底纵骨；9-主肋板；10-中底桁；11-旁底桁；12-船底纵骨

二、舷侧结构

舷侧分单层舷侧、双层壳舷侧和多层壳舷侧，按骨架形式舷侧结构可分为纵骨架式和横骨架式，民用船大多采用横骨架式舷侧结构。单层舷侧只有一层舷侧外板，一般船舶都采用此种型式；双层壳舷侧除了舷侧外板，还有一层内壳板，这种型式用于甲板大开口的船（如集装箱船和分节驳）及现代大型油船上；此外，大型军舰的机炉舱等重要舱位也有做成壳的舷侧结构。

1. 横骨架式舷侧结构

横骨架式舷侧结构由舷侧外板、普通肋骨（包括主肋骨和甲板间肋骨）、强肋骨和舷侧纵桁等组成。横骨架式舷侧结构的主要优点是制造方便，横向强度好，适用于内河船和一般货船。

(1)普通肋骨。普通肋骨（简称肋骨）是横骨架式舷侧结构中的主要横向构件。为了避免高腹板的舷侧构件占去过多的舱容，在货舱区域（通常是杂货船和散货船）的舷侧全部采用尺寸相同的肋骨，如图 3-27 所示。多层甲板船上的肋骨有主肋骨和甲板间肋骨。

(2)由强肋骨、舷侧纵桁和主肋骨组成的舷侧结构。由强肋骨、舷侧纵桁和主肋骨组成的结构主要用于海船的机舱区域、长江船和内河船的舷侧，如图 3-28 所示。

2. 纵骨架式舷侧结构

纵骨架式舷侧结构由舷侧外板、舷侧纵骨、舷侧纵桁和强肋骨等组成，图 3-29 所示为纵骨架式舷侧结构。纵骨架式舷侧结构的优点是骨架形式与船底和甲板一致，有利于保证船体

总纵强度和外板的稳定性,常用于军舰、油船和一些矿砂船上。采用纵骨架式舷侧结构可以使外板的厚度减薄,从而减小结构质量。

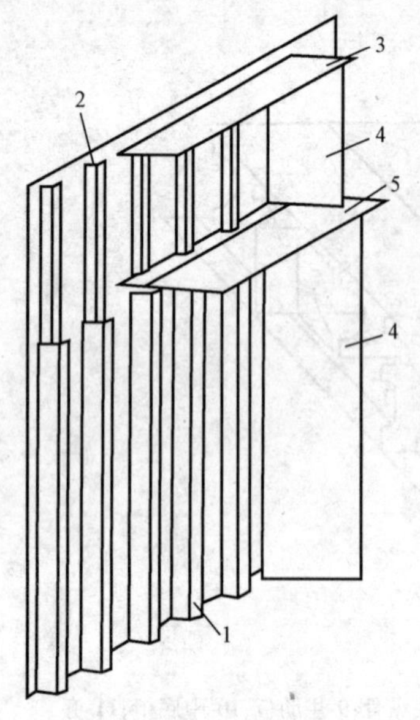

图 3-27　单一肋骨的舷侧结构

1-主肋骨;2-甲板间肋骨;3-上甲板;4-横舱壁;5-下甲板

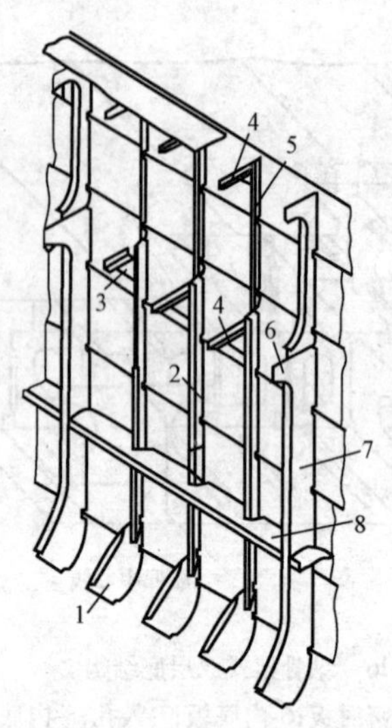

图 3-28　由强肋骨、舷侧纵桁和主肋骨组成的舷侧结构

1-舭肘板;2-主肋板;3-梁肘板;4-横梁;5-甲板间肋骨;6-强横梁;7-强肋骨;8-舷侧纵桁

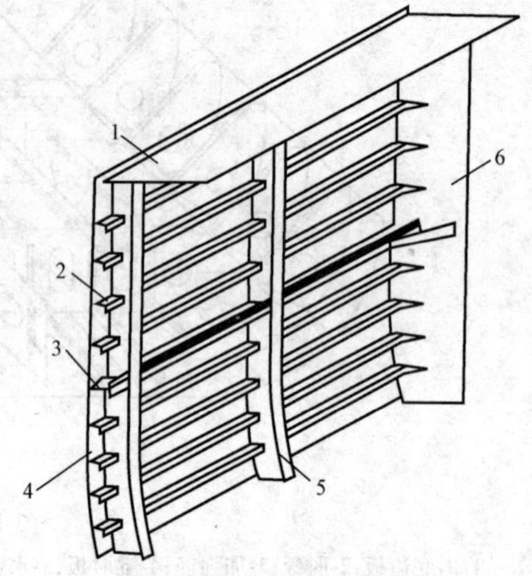

图 3-29　纵骨架式舷侧结构

1-甲板;2-舷侧纵骨;3-舷侧纵桁;4-舷侧外板;5-强肋骨;6-横舱壁

三、舱壁结构

船上有许多横向和纵向布置的舱壁,将船体内部分隔成许多用途不同的舱室。同时舱壁还是保证船舶安全不可缺少的部分。根据抗沉性要求,用舱壁将船体分成若干个水密舱室,纵舱壁能增强船的总纵强度,还可限制液体摇荡,减少自由液面对船舶稳性的影响。舱壁也可起防火、防毒气蔓延的作用。横舱壁对保证船体的横向强度和刚性有很大作用,对纵骨架式船尤为重要。

舱壁按其用途有水密的、油密的和防火的等各种类型。舱壁结构由舱壁板和骨架组成。骨架有扶强材和桁材两种,扶强材是较小的骨架,桁材是较大的骨架。骨架一般用角钢、T 型材或折边板做成。水密舱壁板越往下越厚,因为它承受的水压越大。扶强材通常是垂直布置的,仅对又高又窄的舱壁板,才在水平方向布置。

上层建筑的舱壁多为轻舱壁,一般用薄钢板制成,也可用铝合金制成。有一类舱壁是用钢板压制成槽形舱壁的,称为槽形舱壁。这种槽形舱壁能省掉扶强材。槽形舱壁一般仅用于散货船和油船,其优点是在同等强度条件下,可减轻结构重量,节约钢材。图 3-30 为平面横舱壁结构,图 3-31 为槽形舱壁的剖面形状。

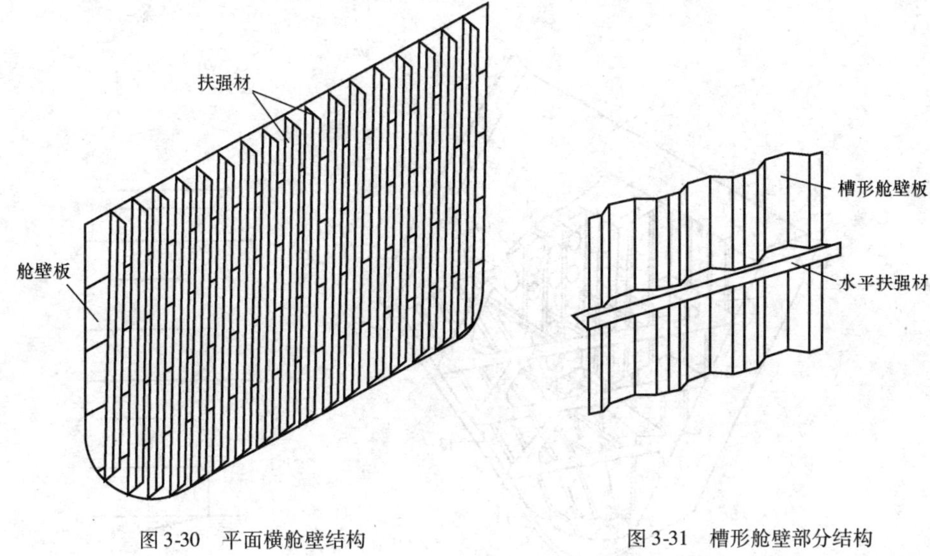

图 3-30 平面横舱壁结构

图 3-31 槽形舱壁部分结构

第五节 首尾端结构

首尾位于船舶的最前端和最后端，线型变化复杂，主要受局部外力作用，因此结构与船体中部有很大不同。

一、船首结构

船首结构也包括船底、舷侧、甲板等部分，船首最前端有首柱，船体两舷结构在此相会合。从首柱到防撞舱壁之间的舱室叫首尖舱。由于船首线型比较尖瘦，首尖舱内不宜装载货物，一般作为压载舱，防止船体纵倾。首尖舱内设有锚链舱，用来存放锚链。首尖舱上面的空间，一般作为放置工具和设备的储藏室。

1. 船首形式

船首形状与船舶的用途和性能有关。船舶首端所采用的形状不同，其内部结构就不完全相同。船首形状见图 2-11。

2. 船首加强

船舶在波浪中航行时，首部甲板上浪、舷侧和底部受波浪的冲击，波浪对船体产生动压力，这些力的作用部位约在 1/4 船长范围内。波浪冲上甲板和对船底的砰击作用常对船体首端结构造成严重损害，必须采取加强措施。

从首柱至防撞舱壁肋位上均设升高肋板，其高度逐渐升高。首尖舱内的肋骨要求延伸至上甲板，肋骨间距不超过 600mm。每隔一档肋位设置上下间距不大于 2m 的强胸横梁，沿每列强胸横梁必须设置舷侧纵桁。如图 3-32 所示为首端结构。

二、船尾形状

船尾形状常见的主要有如图 3-33 所示的几种形状。

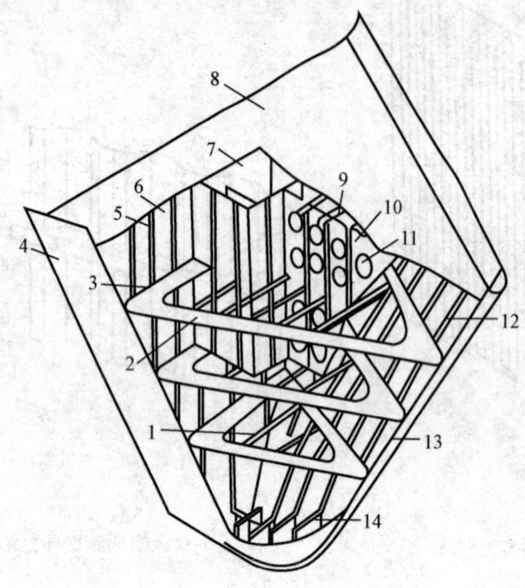

图3-32 首端结构

1-强胸横梁;2-舷侧纵桁;3-水平桁;4-外板;5-扶强材;6-首尖舱壁;7-锚链舱;8-甲板;9-横梁;10-制荡舱壁;11-减轻孔;12-肋骨;13-首柱;14-升高肋板

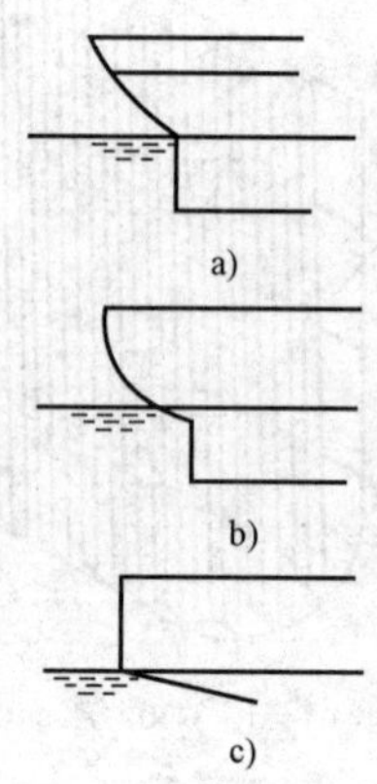

图3-33 船尾形状

a)椭圆型尾;b)巡洋舰型尾;c)方型尾

船尾除受静水压力外,还承受舵和螺旋桨的质量和螺旋桨运转时的水动压力。螺旋桨工作时产生周期性脉冲振动,机舱在船尾时,主机功率大的船常产生激振,严重时会造成局部结构的破坏。因此尾端结构应有较好的防振加强措施。典型结构如图3-34所示。

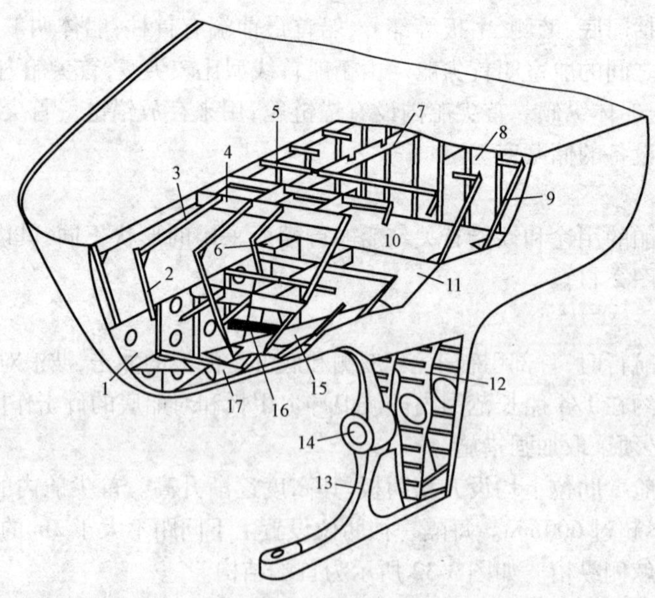

图3-34 巡洋舰型尾端结构

1-制荡舱壁;2-斜肋骨;3-斜横梁;4-强横梁;5-横梁;6-舵杆管;7-甲板纵桁;8-横舱壁;9-肋骨;10-舵机舱平台;11-尾尖舱壁;12-尾升高肋板;13-尾柱;14-轴毂;15-舷侧纵桁;16-强胸横梁;17-肋板

第六节　上层建筑概述

上层建筑是指上甲板以上的各种围蔽建筑物，有船楼和甲板室两种形式。

船楼是指两侧伸至船的两舷或距舷边的距离小于船宽的4%的上层建筑。根据所在的位置分为首楼、桥楼和尾楼，如图3-35a）所示。

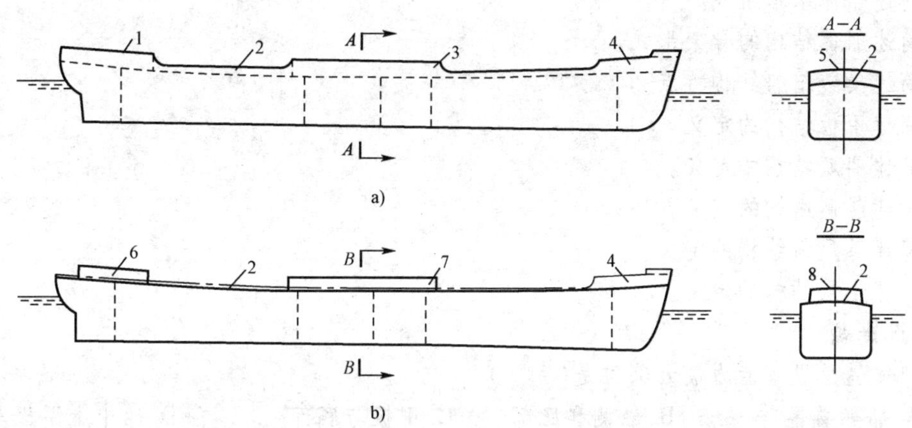

图3-35　船楼和甲板室

a）船楼；b）甲板室

1-尾楼；2-上甲板；3-桥楼；4-首楼；5-桥楼甲板；6-尾甲板室；7-中甲板室；8-甲板室甲板

甲板室是指宽度较该处的船宽为小，其侧壁位于舷内甲板上的围蔽建筑物。甲板室根据所在的位置分为中甲板室和尾甲板室，如图3-35b）所示，首甲板室极少采用。

老式货船上层建筑采用首楼、桥楼、尾楼的“三岛式”布置形式，现代大中型的中机型货船多采用首楼、中甲板室、尾甲板室的布置形式，而尾机型货船多采用首楼、尾楼（或尾甲板室）的布置形式。目前货船大多是尾机型和中后机型的，桥楼形式的上层建筑已很少见。

首楼只有一层空间，其上的甲板叫首楼甲板。尾楼部分是船员生活及日常活动的场所，它由若干层甲板分隔而成。按自下向上的顺序通常有如下几层：尾楼甲板，其中居住舱所在的甲板也叫起居甲板；救生艇所在的甲板叫艇甲板；驾驶台所在的甲板叫驾驶甲板，或称为罗经甲板，如果是平台，则称为罗经平台，它是船楼中最高的一层。货舱之间设置的甲板室有桅室（或桅屋），它的上面通常布置起货机，称为起货机平台。

上层建筑内除了可设客舱及船员的生活舱室，有的地方如首楼的甲板间还可以作为部分货舱使用，或存放缆绳、灯具和油漆等。在船中部和尾部上层建筑的顶部，可设置驾驶室以扩大驾驶视野。上层建筑还能增加船舶的储备浮力，首楼可减少上浪，上层建筑设于机舱上方，可围蔽机舱开口。此外，当上层建筑足够长时，可全部或部分地参与主船体的总纵弯曲，提高船体的总纵强度。

思考与练习 SIKAOYULIANXI

一、简答题

1. 简述船体基本组成。
2. 简述船体结构的骨架形式。
3. 简述集装箱船结构特点。
4. 简述甲板结构的定义。
5. 简述船底结构的定义。
6. 简述舷侧结构的定义。
7. 简述首尾断结构的定义。
8. 简述上层结构的定义。

二、选择题

1. 船体受总纵弯曲力最大部位是(　　)。

A. 船舶首尾　B. 舷侧和底部　C. 甲板与底部　D. 船中上甲板与底部

2. 甲板板的排列通常是板的长边(　　)。

A. 沿横向布置　B. 沿船长布置　C. 舱口间沿船长布置　D. 首尾处沿船长布置

3. 纵骨架式双层底结构内外底板由密集的纵骨支持,船体纵骨的作用(　　)。

A. 抵抗舷外水压力　B. 抵抗局部压力　C. 抵抗总纵弯曲力　D. 抵抗货物压力

4. 横骨架式甲板结构一般用于(　　)。

A. 下甲板和小型船舶甲板　B. 上甲板

C. 大型船舶甲板　D. 散货船甲板

5. 首端受力主要为(　　)。

A. 振动　B. 波浪冲击力　C. 总纵弯曲力　D. 横向水压力

三、写出图 3-36 所示杂货船各部名称

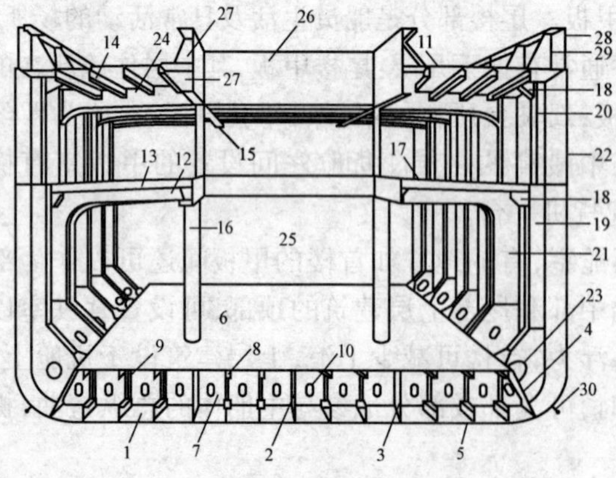

图 3-36

第二篇　船舶轮机概论

第四章　船舶动力装置概述

知识目标

1. 熟悉船舶动力装置的含义和组成；
2. 熟悉船舶动力装置的主要类型；
3. 熟悉船舶辅机的用途和类型。

能力目标

1. 初步具备识别船舶主要动力装置、辅机设备的能力；
2. 初步了解船舶主要动力装置、辅机的类型、作用和特点。

第一节　船舶动力装置的含义和组成

船舶动力装置是推进船舶和为船舶提供其他所需的动力和能源(电、蒸汽、热水、压缩空气、压力液体等)的全部动力设备。船舶动力装置也称“船舶轮机”,其主要组成有由推进动力装置和辅助动力装置组成。

一、推进动力装置

推进动力装置,也称主动力装置,是产生和提供推进动力的成套动力设备,由主机、主锅炉、传动装置(离合器、联轴器和减速齿轮箱等)和轴系、推进器以及为这些推进设备服务的辅助设备、管系和仪表所组成。

如图 4-1 所示为主机(柴油机)、传动设备、轴系及螺旋桨的连接情况。起动主机 2,即可驱动传动设备 3 和轴系 4,使螺旋桨 5 旋转。当螺旋桨在水中旋转时,螺旋桨产生推力,使船舶前进或后退。图中驾驶员从驾驶室 1 通过车钟与机舱中的值班轮机员取得联系(或直接遥控机器),改变主机的转速和轴系的转动方向,从而控制船舶航行的快、慢和进、退。

1. 主机

用于船舶推进的热力发动机,一般有蒸汽机、汽轮机、柴油机、汽油机和燃气轮机等。对于无推进器的工程船舶,用于驱动主发电机、液压油泵或工程机械(如泥浆泵)等的发动机也称为主机。

2. 主锅炉

在蒸汽动力装置中利用燃料燃烧的热量产生蒸汽,主要供给主机作功的蒸汽发生器。现

代汽轮机动力装置均采用水管式锅炉。

3. 传动装置

将主机功率传递给轴系和推进器，并根据需要起减速、倒顺车、调速、并车或分车、离合等作用的装置。传动装置主要包括减速齿轮箱、离合器和联轴器等。

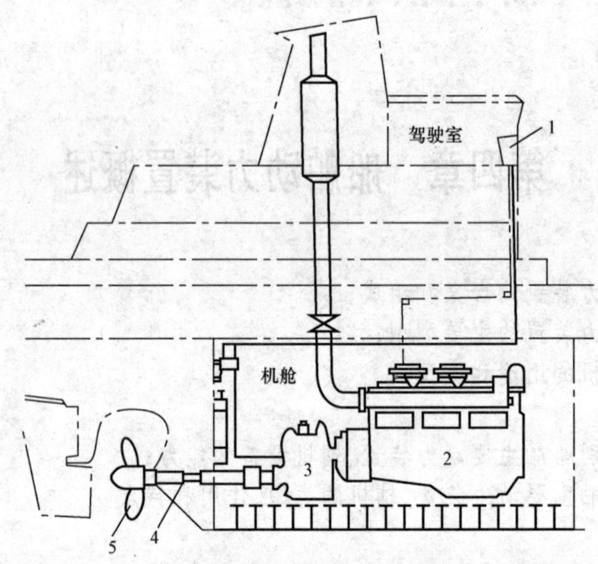

图 4-1 船舶推进装置示意图

1-遥控操纵台；2-主机（柴油机）；3-传动设备；4-轴系；5-推进器（螺旋桨）

4. 轴系

从主机（或传动装置）输出法兰到螺旋桨之间的传动轴设备。它的作用是将主机的能量传给螺旋桨，螺旋桨产生的推力又传给船体，从而推动船舶运动。

5. 推进器

它将主机的能量（或风力、人力）转换成使船舶运动的能量。推进器有反作用式和主作用式两种。明轮、喷水推进器和螺旋桨等均为反作用式，即利用水给推进器的反作用力推动船舶运动，而风帆则属主作用式。螺旋桨是使用最广泛的一种推进器，可分为普通螺旋桨（即定螺距螺旋桨）和特种螺旋桨（如调距螺旋桨、导管螺旋桨、立桨等）。螺旋桨的转速越低、直径越大，效率就越高。螺旋桨的数目一般为 1 ~4 只，由船舶的类型、用途、排水、主机功率及型式等因素决定。运输船舶一般采用单桨，大、中型客船和军舰则采用双桨或多桨。

6. 辅助设备和管系

用以保证主机、主锅炉、传动装置和轴系等主要部件正常工作。包括输送油、水、气体、蒸汽等工质的油泵、水泵、风机和管道；传递热量的各种换热器；储存工作介质的容器、压缩空气瓶和箱柜等；油、水的处理和净化设备，如分油机、过滤器、水处理设备等；海水淡化装置、冷凝蒸汽的设备等。

7. 操纵调节设备和仪表

包括推进动力装置各组成部件的操纵设备、自动控制设备、监控仪表、操纵台和仪表屏等。

二、辅助动力装置

辅助动力装置为船舶的正常运行、作业、生活杂用和其他需要提供各种能量的成套动力设备。一般包括船舶电站、辅助锅炉和废气锅炉装置、供应其他能源的辅助装置和系统等。

1. 船舶电站

它是提供船上电能的动力装置，由发电机组及其辅助机械设备和管系、电缆、操纵控制设备和仪表等组成。电站除提供照明和生活用电外，主要是提供电动辅机、通信、雷达、航海仪器、报警、检测和控制设备所需的电能。电站对船舶的运行和安全至关重要。发电机组的台数和容量选择应考虑安全性和经济性，通常是设置 2 ~ 3 台以上的发电机组，其中包括备用机组。发电机的原动机有蒸汽机、汽轮机、柴油机和燃气轮机。在汽轮机动力装置中一般采用汽轮机，而在柴油机动力装置中则采用柴油机。为了节约能源，柴油机船舶可采用主机轴带动发电机，或利用以主机排气作为能源的小型汽轮机带动发电机，但这时须有备用电源，以便在主机停车或倒车时保证船舶的正常安全航行。此外，客船和较大的货船上还须设有独立的应急电源，如应急发电机组或应急蓄电池组。

2. 辅助锅炉和废气锅炉装置

利用燃料燃烧的热量或主机废气的能量产生蒸汽，以满足汽轮发电机或其他辅机的原动力、燃油和润滑油的加热、空气调节和取暖、生活杂用等需要的蒸汽发生装置。由辅锅炉或废气锅炉及其辅助设备和管系、调节设备和仪表等组成。

3. 供应其他能源的辅助装置和系统

一般包括供应各种液压作业高压液体的液压系统、供应作业压缩空气的压缩空气系统和热水器装置等。在有些船上（如挖泥船、消防船等）还应包括提供作业动力的装置。

习惯上，船舶动力装置还包括如下设备：疏水、压载水、舱底水等管系，消防设备，检修设备等保证航行安全的设备；通风、空调、制冷、照明、生活用水等保证正常生活所需的设备；操舵、收放锚、装卸货、污油水分离等甲板机械和环境保护设备等。

第二节　船舶动力装置的类型

在船上，产生推进力的原动机称为船舶主机。船舶动力装置的类型就是以主机的型式来区分的。根据主机采用燃料的性质，燃烧的场合（原动机的内部或外部），使用的工质及其工作方式的不同，船舶动力装置主要可分为蒸汽动力装置、内燃机动力装置和核动力装置三大类。

一、蒸汽动力装置

蒸汽动力装置是以水蒸气作为工作介质，推动主机对外做功的一种动力装置。基本类型有往复式蒸汽机和旋转式蒸汽机两种。往复式蒸汽机由于热效率原因已淘汰，常见的是旋转式蒸汽机，也称蒸汽轮机。蒸汽轮机动力装置由锅炉、蒸汽轮机、轴系、管系及冷凝器等设备组成。燃料的燃烧是在发动机的外部即锅炉中完成的，是外燃式动力装置。其基本工作原理如图 4-2 所示。燃料在锅炉 1 的炉膛中燃烧，放出的热量被汽鼓中的水吸收。水汽化成饱和蒸

汽,饱和蒸汽在蒸汽过热器2中继续吸热成为高压过热蒸汽,过热蒸汽经过管路3先后进入高压和低压汽轮机4,两次膨胀作功,带动汽轮机叶轮高速旋转,经减速齿轮5使转速降低,最后带动螺旋桨工作。为反复使用淡水,已作功的废汽在冷凝器7中将热量传给冷却水,凝结成水后由凝水泵9抽出,并经给水泵10,通过给水预热器11后重新进入锅炉1的水鼓内,从而完成一个工作循环。冷凝器的冷却水用循环泵8由舷外打入,在冷却凝器内吸热后排出舷外,不断循环。

在汽轮机内部,如图4-3所示,高压过热蒸汽自喷嘴喷出时,形成具有很大动能的高速汽流,冲到汽轮机4的叶片上使汽轮作高速旋转。

蒸汽动力装置具有单机功率大、工作可靠、振动、噪声和磨损小,使用寿命长,能燃用劣质燃料的优点。但与之配套的锅炉、冷凝器、减速齿轮箱以及其他配套装置的重量和体积都比较大,热效率较低,约为25%~35%,耗油率较高,一般为232~313g/(kW·h),经济性较差。现在已经逐渐被其他船用动力装置所替代。

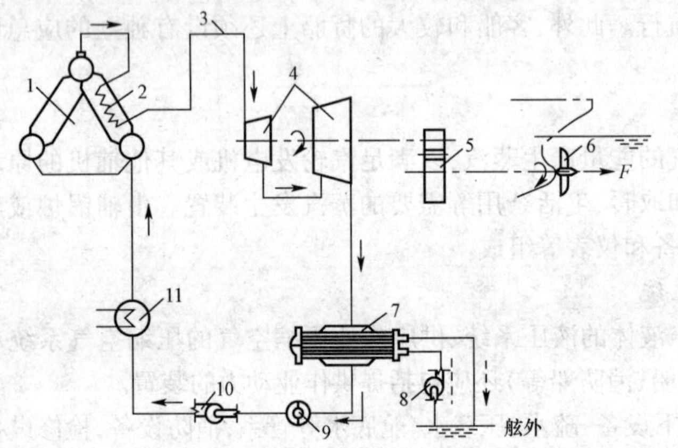

图4-2　蒸汽动力装置原理图

1-锅炉;2-过热器;3-蒸汽管路;4-高、低压汽轮机;5-齿轮减速器;6-螺旋桨;7-冷凝器;8-冷却水循环泵;9-凝水泵;10-给水泵;11-给水预热器

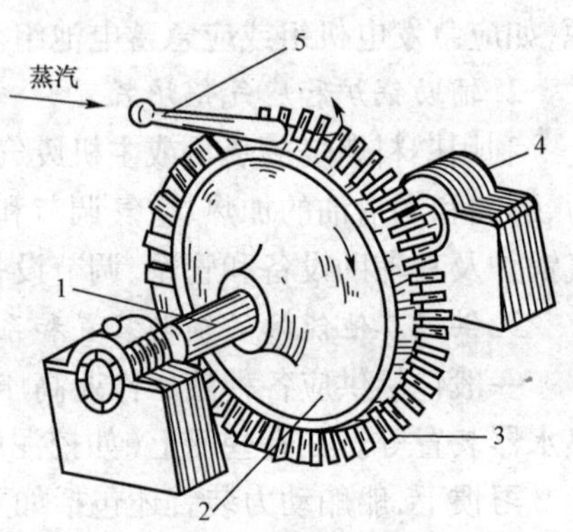

图4-3　汽轮机的汽轮

1-转轴;2-汽轮;3-叶片;4-轴承;5-喷嘴

二、内燃机动力装置

内燃机动力装置是以燃料在主机内部燃烧形成的燃气作为工作介质,推动主机对外作功的一种动力装置。按照船舶主机的结构和工作方式的不同,可分为柴油机和燃气轮机两大类。

1. 柴油机动力装置

船舶动力推进装置以柴油机作为主机的称为柴油机动力装置。柴油机是一种往复式内燃机。其基本工作原理是在喷入气缸内的燃料(柴油)燃烧时,膨胀作功,使活塞作上下往复运动,通过连杆把动力传递给曲轴,使曲轴作回转运动对外作功。

柴油机动力装置的主要特点有:

(1)热效率高,一般约为40%~50%,耗油量低,一般在160~180g/kW·h;

(2)功率适应范围广,从几个千瓦到几万千瓦的功率均可采用;

(3)操纵灵活机动,体积小,质量轻,辅助设备少;

(4)噪声、振动和磨损较大。

由于柴油机的各方面特点比较适应船舶动力装置的要求,故而,现代船舶的主机以及发电机的原动机(又称副机)大多采用柴油机。目前,在中、大功率商船上使用的柴油机可分为大功率低速和大功率中速两大类。

大功率低速柴油机在20世纪60年代发展迅速,废气涡轮增压技术的进步,使大功率低速机的发展有了条件。目前,从节能的需要,船舶的航速已不再一味要求提高。为此,大功率低速柴油机的缸径尺寸不但不再增加,而且有所减小。

大功率中速柴油机的重量和尺寸较小,成为低速机的强有力竞争者。特别是在机舱尺寸要求严格的滚装船和客船上,中速机的应用就更为广泛了。目前,中速机的耗油率还略高于低速机,运转的噪声也比较大,维护和管理还不如低速机方便。

柴油机动力作为船舶动力的主要种类已持续了很多年,而且可以预测,这种状况还将持续很长的时间。柴油机自身的热效率已经可以提高到50%以上,进一步提高的步伐已经放慢了。但是,可以通过对整个装置的配套优化,加大对废热利用的深度和广度,进一步提高整个装置的经济性。

对于柴油机来说,提高柴油机装置的可靠性和维修性,减少排放污染是值得着重研究的问题。

2. 燃气轮机动力装置

燃气轮机动力装置以燃气轮机为主机的动力装置。燃气轮机又称燃气透平。它的基本结构和工作原理与蒸汽轮机相似,只是作功的工质不同。蒸汽轮机的工作介质是蒸汽,燃气轮机的工作介质是燃气,燃气轮机是利用燃料在燃烧室内燃烧,所产生的高温燃气进入燃气轮机推动叶轮旋转作功。

图4-4为燃气轮机动力装置示意图。它主要由以下三部分组成:

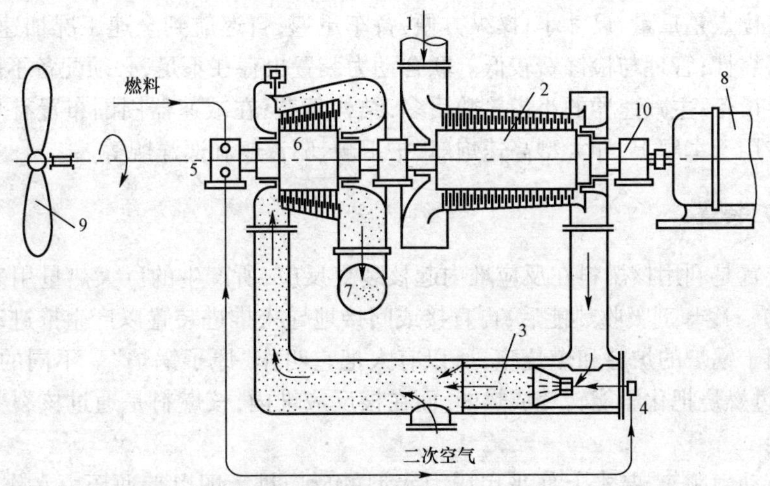

图4-4　燃气轮机动力装置示意图

1-进气管;2-压缩机;3-燃烧室;4-喷油嘴;5-燃料泵;6-燃气轮机;7-排气管;8-起动电机;9-螺旋桨;10-联轴器

(1)压缩机2:用来压缩进入燃烧室3的空气;

(2)燃烧室3:为燃料燃烧产生燃气的空间;

(3)燃气轮机6:将燃气的热能转变为机械能对外作功。

燃气轮机装置的工作过程如下:空气由进气管1被吸入压缩机2,经压缩的空气温度升高到100~200℃,再送入燃烧室3。与此同时,油泵5将燃料通过喷油嘴4喷入燃烧室,燃料在燃烧室中进入燃烧,所产生燃气的温度可高达2000℃,该高温燃气与二次空气混合后,温度一般为600~700℃,然后进入燃气轮机6,在燃气轮机的叶片槽道内膨胀,将其所获得的动能转化为机械功,使气轮高速旋转。再通过减速齿轮装置和传动轴,带动螺旋桨工作。燃气轮机的起动是利用电动机8进行的,电动机通过联轴器10与压缩机2相连接,排气管7将燃气轮机工作后的废气排至大气中。

在船舶动力装置中,燃气轮机是单机功率大、单位重量轻和尺寸最小的一种。轻型燃气轮机,本身重量仅为0.1~0.435kg/kW,整机重量也仅为22kg/kW。更为突出的是,它可以随时起动,并且在很短时间内发出最大功率。在2~3min内,可由冷车状态起动达到全负荷的工作状态,加速性能极好。

燃气轮机也存在如下缺点,对燃油品质要求高,耗油率较高,热效率较低,所以经济性较差。同时,由于燃气轮机的叶片及燃烧室均在高温下工作,使用寿命不长。此外,该装置不能直接倒车,需增设换向设备,致使整个装置复杂化。

20世纪60年代以来,燃气轮机的设计制造已经取得较大进展,性能已有明显提高。单机功率已由5520kW提高到了18400kW。耗油率由367g/(kW·h)下降到258~272g/(kW·h)。机组使用寿命由1000h提高到10000h。目前,燃气轮机装置在军用舰艇和气垫船上应用较为广泛。民用船舶采用燃气轮机也日见增多。

三、联合动力装置

所谓联合动力装置是由两种不同型式的动力装置组成。如汽轮机—加速燃气轮机联合动力装置、柴油机—加速燃气轮机联合动力装置、燃气轮机—加速燃气轮机联合动力装置。联合动力装置具有优点是重量、尺寸小;操纵方便,备车迅速;自巡航到全速工况加速迅速;具有多机组并车的可靠性;管理与检修费较低。联合动力装置也存在不足,必须配备不同燃料及相应的管路及贮存设备;主减速器的小齿轮数目多,结构复杂;在减速器周围布置有难度。联合动力装置主要应用于军舰上,如大型高速炮艇、护卫舰、驱逐舰和巡洋舰等。

四、核动力装置

核动力装置是利用核燃料在反应堆内起核裂变反应,所产生的巨大热量用来加热冷却剂(液体或气体)。冷却剂吸收热能后,再直接或间接地导入推进装置以产生推进动力。核反应堆的作用相当于锅炉的炉膛和燃烧室,所以有人把它叫作"原子锅炉"。不同的是,在普通锅炉内,燃料通过燃烧把化学能转变成热能,而在核反应堆内,核燃料是通过核裂变反应把原子能转变为热能。

现有的核动力舰艇,基本上部采用压力水型的反应堆。即以普通压力水作冷却剂(也称载热剂),以蒸汽作为工作介质,推动汽轮机工作。

图4-5为压力水堆核动力装置示意图。核反应堆2的堆芯中存放着核燃料如浓缩的U^{235},控制棒1可以控制核裂变速度及释放出的能量,控制棒同时也用于反应堆的起动和停堆。核裂变时释放出的热能被压力水带走。压力水由一次回路泵(即冷却剂循环泵)16供给。压力

水经过反应堆时自身被加热后温度升高,(它同时对反应堆起冷却作用,所以又称冷却剂)。然后进入蒸汽发生器7、将热量传递给水而使之产生蒸汽。压力水温度随之下降,放热后的压力水(即冷却剂)又进入冷却剂循环泵,重新被送入反应堆加热,或者说对反应堆进行冷却。因此,压力水形成一个闭合回路,称为第一回路或一次回路。由蒸汽发生器产生的蒸汽,一路进入高、低压汽轮机10膨胀作功,通过减速器12后,驱动螺旋桨12工作。另一路蒸汽进入辅助汽轮机8膨胀作水。凝水由二次回路泵(即主给水泵)15送入蒸汽发生器7。这样也完成一个工作循环,称为第二回路或二次回路。在第一回路中的加压器6(也称稳压筒)的作用是使一次回路中的水有足够的压力,即使在高温下也不产生汽化。

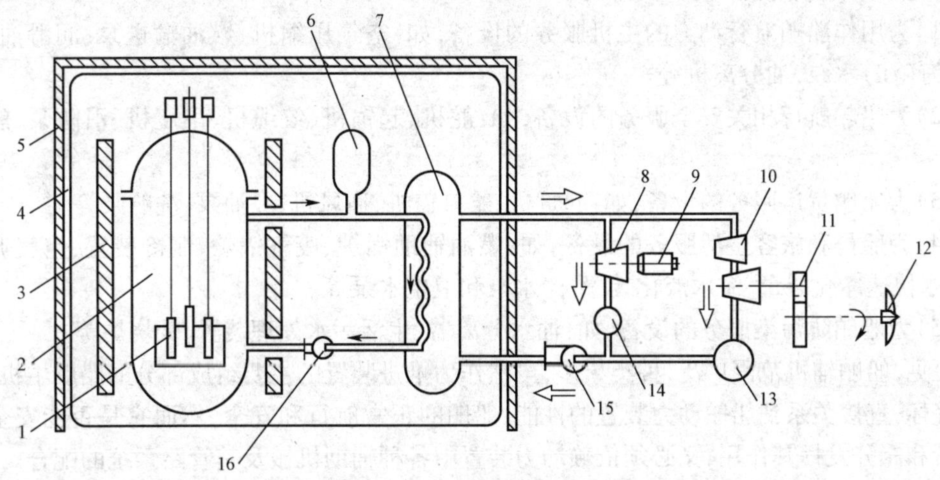

图4-5　压力水堆核动力装置示意图

1-控制棒;2-核反应堆;3-一次屏蔽物;4-密封外壳;5-二次屏蔽物;6-加压器;7-蒸汽发生器;8-辅助汽轮机;9-发电机;10-汽轮机;11-减速器;12-螺旋桨;13-主冷凝器;14-辅冷凝器;15-主给水泵(二次回路泵);16-冷却循环泵(一次回路泵)

核动力装置的主要优点是:

(1)消耗极少量的核燃料就能释放出巨大的能量,并产生极大的功率,从而使船舶获得足够高的航速和续航力。例如载重为3万吨的油船,航行1万海里,只消耗1kg核燃料。

(2)在核裂变过程中不消耗空气,这对于潜艇是有极重要意义的,它可以长时间在水下航行而不必浮出水面。所以,核动力潜艇在现役潜艇中占有相当大的比例。

(3)核反应堆由于要设置厚实的防护层,整个装置的重量和尺寸都比较大。但由于科学技术的进步,防护设施的重量和尺寸已有所减小。核动力装置的总重量还是小于普通动力装置。而且由于燃料储备重量的大幅度减小,对于军舰可相应减小排水量提高航速,或加强军舰的武器装备。对于民用船舶可增加其净载重量。

但由于核裂变反应具有放射性,对人体有严重杀伤作用,也污染环境,且核动力装置造价昂贵,操纵管理检测系统比较复杂,技术要求较高,故常用于大中型潜艇、航空母舰及破冰船等,一般民用船舶应用较少。

五、特种动力装置

特种动力装置是指在特种用途船舶上应用或正在研究发展的动力装置,如高速船上的喷

水推进装置,正在研究的燃料电池推进装置等等。

第三节 船舶辅机概述

船舶上除主机和主锅炉以外的其他辅助机械和动力设备统称为船舶辅机。各种船舶辅机的正常运行,也是船舶高效、安全、经济运行的不可缺少条件。船舶辅机为数众多,类型各异,在船舶用于完成各种特殊任务。

根据服务对象,船舶辅机可分为:

(1)为用作船舶航行动力的主机服务的设备,如:空气压缩机、燃油输送泵、润滑油泵、淡水泵、海(江)水泵,油分离机等。

(2)为船舶航行相关安全服务的设备,如:舵机、起锚机、绞缆机、吊艇机、消防泵、舱底水泵等。

(3)为船舶货运服务的设备,如:起货机、舱口盖机、通风机、驳油泵、洗舱泵等。

(4)为船员和旅客生活服务的设备,如:燃油辅助锅炉、废气锅炉、制冷装置、空气调节装置、江水快速净化装量、海水淡化装置、清水泵和卫生水泵等。

(5)为船舶防污染服务的设备,如:油水分离器、生活污水处理装置、焚烧炉等。

可见,船舶辅机范围广泛,种类繁多,虽然作为推进装置的主要组成部分的船舶主机,其工作的好坏,直接关系到船舶动力装置的性能、船舶的正常航行和安全,然而它是否能安全可靠地运行和充分发挥其作用,又必须依赖动力装置中各种辅助机械及其管路系统的配合。例如,船舶辅机中用于控制船舶航行方向的舵机,其技术状况的好坏,更是直接影响船舶航行的安全,很多船舶往往因舵机失灵而发生海损事故,所以,舵机被称为船舶的“命根子”。

船舶辅机又是消耗功率的机械,它的工作机构必须靠原动机(如柴油机、汽油机、蒸汽机、电动机等)驱动。所以,船舶辅机一般由工作机械和原动机两部分组成。现代船舶上的各种辅机主要采用电动机作原动机。

船舶辅机大多实现自动控制,并朝着标准化、系列化、小型化、自动化和采用电子计算机控制的方向发展。

SIKAOYULIANXI

一、选择题

1. 现代民用船舶动力装置应用最广泛的类型是( )。

A. 汽轮机　　B. 柴油机动力装置　　C. 核动力装置　　D. 往复式蒸汽机

2. 现代船舶主机的能量转换形式是( )。

A. 将各种燃料燃烧所产生的热能转化为电能

B. 将各种燃料的化学能直接转化为热能

C. 将各种燃料热能转化为化学能

D. 将各种燃料燃烧所产生的热能转化为机械能

3. 下列哪一点是核动力装置船舶所独有的特点(　　)。

A. 热效率高,耗油量低

B. 不需要空气助燃,无进排气问题

C. 结构简单,运转可靠

D. 单机功率大,运转平稳,摩擦小、噪声低

4. 下列船舶设备不属于辅机的是(　　)。

A. 起锚机　　B. 绞缆机　　C. 燃油辅助锅炉　　D. 同步电动机

5. 蒸汽轮机的工作介质是(　　),燃气轮机的工作介质是(　　)。

A. 蒸汽/空气　　B. 空气/燃油　　C. 蒸汽/燃气　　D. 空气/燃气

二、简答题

1. 何谓船舶动力装置? 其主要任务是什么?

2. 船舶动力装置的主要类型有哪些? 简述其各自特点。

3. 简述为什么燃气轮机无法在现代船舶上得以广泛应用。

4. 船舶辅机的主要类型有哪些?

第五章 船舶柴油机动力装置

知识目标

1. 正确描述船舶柴油机的结构特点和主要优缺点；
2. 简述船舶柴油机的基本结构组成；
3. 简述四冲程柴油机基本工作原理；简述二冲程柴油机基本工作原理；
4. 简述柴油机各项性能指标的定义、意义；
5. 正确叙述柴油机的主要部件功用、组成和结构特点；
6. 正确描述配气系统、燃油系统、润滑系统、冷却系统的功用、组成及工作过程；
7. 正确描述船舶柴油机的起动装置、换向装置、调速装置的功用、类型；了解操纵系统的要求类型、特点；
8. 正确描述柴油机增压的作用，增压系统的类型；简述废气涡轮增压器的结构和工作原理。

能力目标

1. 准确解释柴油机的工作原理，基本识别柴油机主要部件，懂得柴油机主要部件的功用，了解柴油机的型号及有关性能指标的含义；
2. 阐述柴油机的各工作系统的作用、组成及工作过程；具备柴油机各工作系统应知应会能力；
3. 基本熟悉船舶操纵控制系统，初步具有操作柴油机的能力；
4. 初步描述增压柴油机增压方法，性能的变化，结构特点；初步具备增压柴油机的应用能力。

第一节 柴油机概述

柴油机是内燃机的一种，而内燃机又是热机的一种。所谓热机是指把热能转换为机械能的动力机械。热机根据燃料燃烧场所的不同，可分为外燃机和内燃机两大类。外燃机中燃料的燃烧发生在气缸的外部，而燃烧产物（工质）膨胀作功是在气缸内部进行的，如蒸汽机、汽轮机等，外燃机存在着工质传递过程的热损失。内燃机燃料的燃烧（化学能转变为热能）发生在机器气缸的内部，它以燃气为工质，直接利用燃烧产生的高温高压燃气在气缸中膨胀做功（热能转换为机械能）。由于内燃机的两次能量转换过程都发生在气缸内部，能量损失小，所以其热效率较高。典型的内燃机有柴油机、汽油机等。

柴油机是以柴油为燃料压缩发火的往复式内燃机。它使用柴油或劣质燃油做燃料，在气缸内与空气混合形成可燃混合气，缸内燃烧采用压缩发火，将燃油的化学能转变为热能，并利用燃气为介质，再将热能转变为机械能，向外输出做功，驱动工作机械。

柴油机热效率高，功率范围宽广，具有启动迅速、维修方便、运行安全、使用寿命长等特点，因而得到广泛应用，在国民经济和国防建设中处于重要地位。柴油机在船舶上除用作主推进发动机（主机）外，还广泛用作发电机的原动机、救生艇发动机、应急发电机原动机和应急消防泵原动机等。

一、柴油机的总体构造

柴油机由主要部件（包括固定部件和运动部件）、配气机构、燃油系统、润滑系统、冷却系统、起动系统与换向系统、调速装置、增压系统等组成，这些机构和系统保证了柴油机连续不断地正常工作。

1. 主要部件

柴油机的主要部件按工作时所处状态不同，可分为固定部件和运动部件两大类。如图5-1所示，固定部件包括机座1、机体4、气缸套6、气缸盖7和主轴承3等，机座1支承着柴油机所有部件的质量，并与船体上的基座固定连接，主轴承3置于机座上。机体4内装气缸套6，机体外安置各种附件，如喷油泵、冷却器等。机座、机体、气缸盖由下而上依次相叠并用螺栓紧固，从而组成柴油机的骨架。气缸盖7、气缸套6及气缸套内的活塞组件8三者组成燃烧室和工作空间。气缸盖上装有进排气阀17、18及其摇臂机构16、喷油器2、示功阀、空气启动阀等附件。

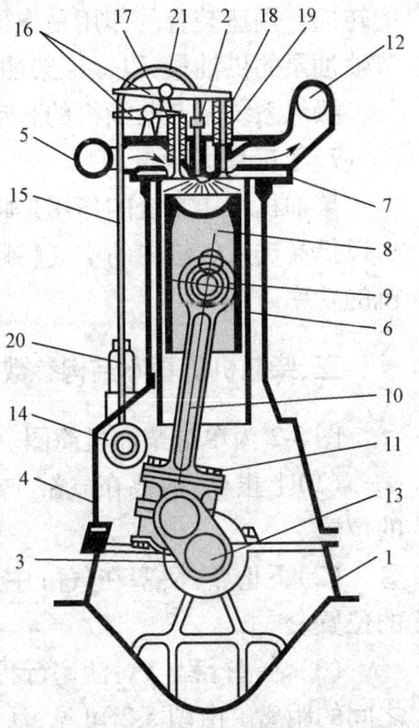

图5-1　柴油机的基本结构

1-机座；2-喷油器；3-主轴承；4-机体；5-进气管；6-气缸套；7-气缸盖；8-活塞；9-活塞销；10-连杆；11-连杆螺栓；12-排气管；13-曲轴；14-凸轮轴；15-推杆；16-摇臂；17-进气阀；18-排气阀；19-气阀弹簧；20-高压喷油泵；21-高压油管

运动部件包括活塞8、活塞销9、连杆10、曲轴13和飞轮等；活塞8套装在气缸套6内，并沿气缸套内壁作往复运动；连杆的小端与装在活塞中的活塞销9铰接，而其大端与支撑在主轴承上的曲轴13铰接。柴油机通过这样的机构（称为曲柄连杆机构）将活塞的往复运动转变成曲轴回转运动，输出动力。

2. 配气机构

配气机构的功用是按工作循环的要求，定时地启闭进、排气阀，排出气缸的废气，吸入新鲜气体，完成换气过程。其组成主要有气阀组件、气阀传动组件、凸轮轴和凸轮轴传动机构等。

3. 燃油系统

柴油机燃油系统的功用是将符合使用要求的燃油输送并以一定的压力，定时、定量地喷入气缸，与缸内的空气形成可燃混合气。它是由油柜（或柴油箱）、柴油滤清器、燃油输送泵和加热设备等组成的低压系统，进行燃油储存净化输送；由喷油泵、高压油管和喷油器等组成喷射高压系统，将规定量的燃油以规定的雾化质量喷入气缸。

4. 润滑系统

润滑系统的功用是在柴油机运转时，连续不断地将润滑油输送到各摩擦表面，以减小零件

的磨损和摩擦阻力。在柴油机中需要润滑的主要零件有:曲轴的主轴颈和曲柄销,活塞和气缸,凸轮轴承及凸轮,传动轴轴承及传动齿轮等。润滑系统的组成主要有润滑油泵、滑油滤清器和滑油冷却器等。

5. 冷却系统

冷却系统的功用是将柴油机受热机件的热量散发出去,以保证内燃机正常的工作温度。柴油机冷却方式分为风冷和水冷两大类,风冷多用于小型柴油机上,船用柴油机多采用水冷却系统。

6. 起动换向调速装置与操纵系统

起动装置的功用是使静止的柴油机起动运转。柴油机最常用的起动方法有三种:手起动、电力起动、压缩空气起动。船用柴油机大多数采用压缩空气起动。换向装置用来改变柴油机的转向。调速装置的作用是在柴油机各种工况运转中,当外界负荷发生变化时能够自动地调节喷油泵的供油量,以保证柴油机在规定的转速下稳定地运转。

操纵系统是对柴油机的起动、换向、调速进行集中控制操纵。

7. 增压系统

柴油机增压系统的作用是将新鲜空气在内燃机工作气缸外面事先进行压缩,提高进气压力以提高进入气缸内的空气(或可燃混合气)的密度,供更多的燃料进行燃烧,从而提高发动机的功率。

二、柴油机的基本结构参数

图 5-2 为单缸柴油机简图。表示柴油机工作过程的基本术语有:

(1)上止点:活塞在气缸中运动到离曲轴回转中心线最远的位置。

(2)下止点:活塞在气缸中运动到离曲轴回转中心线最近的位置。

(3)活塞行程(S):活塞行程也称为活塞冲程,指上、下止点之间的距离。由图 5-2 可见,活塞行程与曲柄半径之间的关系为:$S=2R$。活塞移动一个行程,相当于曲轴转动 180°CA(曲轴转角)。

(4)曲柄半径(R):曲轴回转中心线与曲柄销中心线之间的距离。

(5)缸径:气缸的内径(D)。

(6)压缩室容积(V_c):活塞位于上止点时,活塞顶部与缸盖间的容积,又称燃烧室容积。

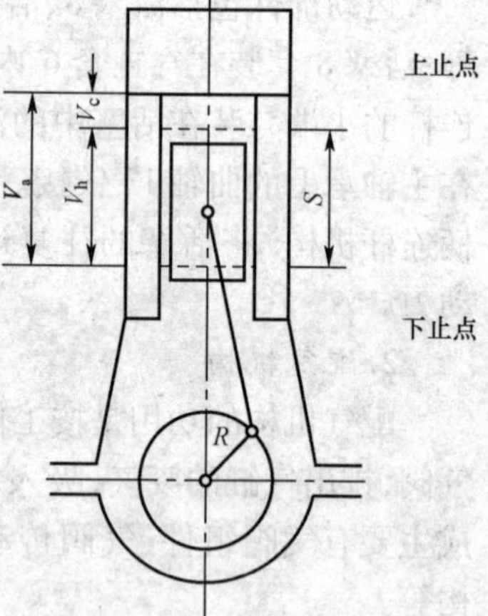

图 5-2 柴油机基本结构参数

(7)气缸工作容积(V_h):活塞在气缸中从上止点移动到下止点时,其顶面所扫过的容积。其大小为:

$$V_h = \pi D^2 S/4$$

式中:D——气缸直径,mm;

S——活塞行程,mm;

V_h——气缸工作容积,L。

柴油机所有气缸工作容积的总和,称为柴油机的排量 V_H,即:

$$V_H = V_h i$$

式中:i——气缸数。

(8)气缸总容积(V_a):活塞在下止点时,其顶部与缸盖之间的空间容积。它等于燃烧室容积与气缸工作容积之和,即:$V_a = V_h + V_c$

(9)压缩比(ε):气缸总容积与压缩室容积之比值。其大小:

$$\varepsilon = V_a / V_c = (V_h + V_c) / V_c = 1 + V_h / V_c$$

压缩比是柴油机的一个重要性能参数,它表示气缸内空气被活塞压缩的程度。压缩比越大,压缩终点的压力和温度就越高,燃油就越容易燃烧,柴油机就越容易起动。压缩比对柴油机的燃烧、热效率、起动性能和机械负荷都有一定影响,其大小随柴油机的型式而定,一般柴油机的压缩比在 13 ~22 之间。

三、船舶柴油机的类型

根据柴油机所使用的场合、目的不同,对其要求也不同,因而种类繁多。其主要分类有以下几种。

1. 按气缸排列方式分类

船用柴油机通常均为多缸柴油机。其气缸的排列有直列式、V 型和 W 型等。如图 5-3 所示,为直列式柴油机与 V 型柴油机。

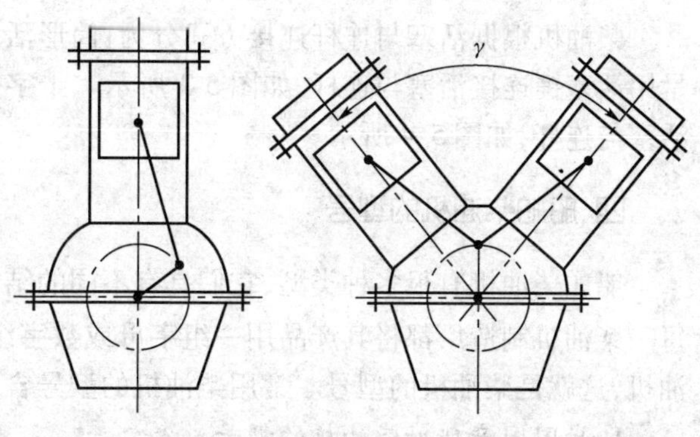

图 5-3　直列式柴油机与 V 型柴油机

具有两个或两个以上直列缸,并且一列布置的柴油机称为直列式柴油机。具有两个或两个以上气缸,中心线夹角呈 V 型,并共用一根曲轴输出动力的称为 V 型柴油机。

直列式柴油机气缸数一般不超过 12 缸,气缸数超过 12 缸通常用 V 型机,V 型机一般用于中、高速柴油机。

2. 按冲程数分类

根据柴油机工作时,完成一个工作循环所需要的冲程数,柴油机可分为四冲程和二冲程柴油机两类。

3. 按冷却方式分类

根据柴油机气缸的冷却方式,柴油机可分为水冷和风冷两种。

4. 按转速分类

柴油机的转速可以用曲轴转速 n 或活塞平均速度 C_m 来表示。其指标一般为:

低速机	$n \leqslant 300$r/min	$C_m = 6.0 \sim 7.2$m/s
中速机	$300 < n \leqslant 1000$r/min	$C_m = 7.0 \sim 9.4$m/s
高速机	$n > 1000$r/min	$C_m = 9.0 \sim 14.2$m/s

中、低速柴油机一般用作船舶的主机。高速机一般用作发电机的原动机、救生艇发动机、应急发电机的原动机和应急消防泵原动机等。

5. 按进气是否增压分类

柴油机根据进气是否增压分为:非增压柴油机和增压柴油机。增压柴油机按增压压力大小又可分为:低增压 $P_k < 0.15$MPa(进气空气被压后达到的压力称为增压压力,一般以 P_k 表示),中增压 $P_k = 0.15 \sim 0.25$MPa,高增压 $P_k = 0.25 \sim 0.35$MPa,超高增压 $P_k > 0.35$MPa。

6. 按柴油机本身能否逆转分类

柴油机根据本身能否逆转分为:可逆转柴油机和不可逆转柴油机。可逆转柴油机可由操纵机构改变自身转向。不可逆转柴油机其曲轴仅能按同一方向转动。

7. 按柴油机在船舶的布置位置分类

从柴油机功率输出端向自由端看,正车时沿顺时针旋转的柴油机称为右旋机,一般布置在右舷。

从柴油机功率输出端向自由端看,正车时沿逆时针旋转的柴油机称为左旋机,一般布置在左舷。

单机布置的柴油机通常为右机。

8. 按柴油机的活塞与连杆连接方式分类

柴油机根据活塞与连杆连接方式分为:筒形活塞式和十字头式柴油机筒形活塞式柴油机是用活塞销连接活塞与连杆,如图 5-3 所示。十字头式柴油机用沿着导板滑动的十字头连接活塞与连杆,如图 5-4 所示。

四、船舶柴油机的型号

船舶柴油机有很多种类型,它们具有不同的结构和性能。为了便于柴油机的选用和使用,每一柴油机制造厂都将其产品用一组字母或数字组成的字符串来命名柴油机,这就是柴油机的型号。常用柴油机的型号含义介绍如下:

1. 我国国产船舶柴油机的型号

(1)国产大型低速柴油机型号。国产大型低速柴油机型号表示方式,主要包括:气缸数、技术特征、气缸直径和活塞行程、改进序号等。

例如:

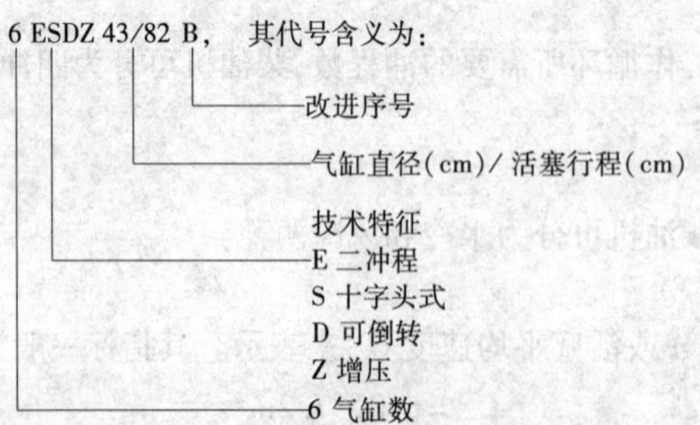

图 5-4 十字头柴油机结构简图

1-活塞;2-活塞杆;3-十字头;4-滑块;5-正车导板;6-倒车导板;7-连杆

(2)国产中小型柴油机。国产中、小型柴油机系列品种很多,其型号表示方式,主要包括:气缸数、技术特征、气缸直径和活塞行程、设计变型

等。气缸数、气缸直径用数字表示；冲程数用 E 表示二冲程，如无 E 表示四冲程；技术特征：C 表示船用右机，Ca 表示船用左机；Z 表示增压；G 表示高增压；D 表示可倒转或发电；V 表示气缸 V 型排列；

例如：

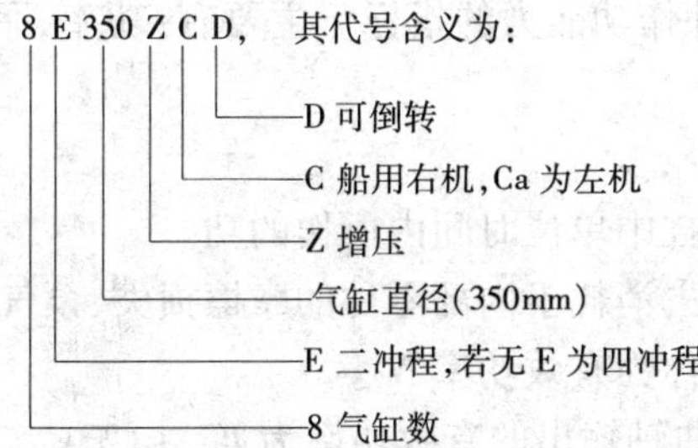

2. 常见的国外船用柴油机

国外各柴油机制造厂沿用该厂历史上机型的发展型号，并在机型发展中不断更改型号以资识别，我国对外开放后，引进多种国外名牌船用柴油机专利许可证，这些柴油机一般沿用专利厂的原型号标志，并在机名前附注我国的厂名以示区别。如 HD-B&W、L35MC/MCE 型柴油机，其中 HD 表示上海沪东造船厂，B&W 表示 MAN-B&W 公司。表 5-1 列出了国外典型船用柴油机的型号。

典型国外船用柴油机的型号　　表 5-1

国家	公司	机型及型号含义		技术特征
瑞士	Sulzer	6RTA84M	6—气缸数 R、T、A 技术特征 84—气缸直径(cm) M—设计改进代号(N：新型，M：改进型，A：变型)	R—焊接结构、二冲程、十字头式 T—超长冲程，直流扫气 A—机型发展序号
德国	MAN	K9Z60/105E	9—气缸数 K、Z 技术特征 60—气缸直径(cm) 105—活塞行程(cm) E—设计改进代号	K—十字头式 Z—二冲程、单作用
丹麦	B&W	1284VT2BF-180	12—气缸数 84—气缸直径(cm) VT2—二冲程、单作用、十字头式 B—设计特征 F—船用	
德国	MAN-B&W 公司	6L60MC/MCE	6—气缸数 L—冲程形式(L：长冲程，S：超长冲程) 60—气缸直径(cm) MC/MCE—技术特征	MC—船用等压增压 E—经济型
日本	三菱重工公司	6UEC85/160C	6—气缸数 UEC—技术特征 85/160—气缸直径(cm)/活塞行程(cm) C—改进型号	U—二冲程、直流扫气 E—废气涡轮增压 C—十字头式

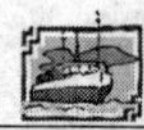

五、柴油机的主要技术指标

柴油机的主要技术指标包括:动力性指标、经济性指标、重量和外形尺寸指标等。

1. 动力性指标

动力性指标是柴油机对外作功能力的指标。主要有:功率,平均有效压力,转速和活塞平均速度。

(1)有效功率 N_e

①指示功率:柴油机在气缸中单位时间内所作的功。

②有效功率:指示功率减去消耗于内部零件的摩擦损失、泵气损失和驱动附件等机械损失后,从柴油机曲轴输出的功率称为有效功率 N_e。

如果柴油机的转速为 n,曲轴输出的有效功率为 W_e,由于:

$$W_e = 2n\pi M_e/60 \qquad \text{N} \cdot \text{m}$$

则柴油机的有效功率为:

$$N_e = n\pi M_e/3000 \qquad \text{kW}$$

式中:M_e——有效扭矩。

有效功率可以利用测功器测定,水力测功器可先测出有效扭矩 M_e,再用上式计算出有效功率。

(2)标定功率:柴油机出厂时铭牌上写明厂方标定的有效功率。

①15 分钟功率:柴油机允许连续运转 15 分钟的最大有效功率。适用于需要较大功率储备或瞬时需要发出最大功率的军用车辆和快艇等用途的柴油机。

②1 小时功率:内燃机允许连续运转 1 小时的最大有效功率。适用于需要一定功率储备以克服突增负荷的船舶主机、机车等用途的柴油机。

③12 小时功率:内燃机允许连续运转 12 小时的最大有效功率。适用于需要在 12h 内连续运转而又需要充分发挥功率的拖拉机、移动式发电机组和铁道牵引等用途的柴油机。

④持续功率:内燃机允许长期运转的最大有效功率。适用于需要长期连续运转的固定动力、船舶电站等用的途柴油机。

(3)其他有效功率:

①升功率 N_L:每升气缸工作容积发出的有效功率。

②单位活塞面积功率 N_A:衡量燃烧室组件热负荷的尺度,表征发动机的热负荷特性。

③经济功率:在燃油消耗率较少的功率区运转时的有效功率。

④极限功率:冒黑烟时的功率。

(4)平均有效压力 p_e:作用于活塞顶上的假想的大小不变的压力,它使活塞移动一个行程所作的功,等于每循环所作的有效功。

有效功率也可以用下式表示:

$$N_e = iV_h p_e n/30t \qquad \text{kW}$$

式中:i——气缸数;

V_h——气缸工作容积,L;

p_e——平均有效压力,MPa;

n——柴油机转速，r/min；

t——发动机冲程数，对于四冲程柴油机 $t=4$，对于二冲程柴油机 $t=2$。

于是

$$p_e = 30tN_e/iV_h n$$

可见 p_e 代表了单位气缸工作容积所发出的功率。p_e 是一个很重要的指标，它不仅说明工作循环进行的好坏，而且还包括了机械损失的大小，在其他相同的条件下，p_e 值越高，柴油机输出的有效功率就越多。p_e 的数值，一般如下：

非增压柴油机：0.5～0.8MPa；

增压柴油机：0.8～3.2MPa。

(5)转速和活塞平均速度：

①转速：柴油机曲轴每分钟的转速，用 r/min 表示。转速对柴油机性能和结构影响很大，而且转速范围十分宽广(86～6000r/min)，其中两个转速值得注意：

最高转速 n_{max}：受调速控制时，柴油机所能达到的最高转速。

最低稳定转速 n_{min}：柴油机能稳定工作的最低转速。

转速的工作范围：$n_{min} \leqslant n \leqslant n_{max}$

②活塞平均速度 C_m：活塞在气缸中运动的速度是不断变化的，在行程中间较大，在止点附近速度较小，止点处为零。若已知柴油机的转速 n 时，则活塞的平均速度可由下式计算：

$$C_m = 2Sn/60 = Sn/30 \quad \text{m/s}$$

式中：S——行程，m。

活塞平均速度是表征柴油机高速性能的一项主要指标。

2. 经济性指标

经济性指标一般指柴油机的燃油消耗率和滑油消耗率。

(1)燃油消耗率。燃油消耗率简称比油耗或耗油率，它是柴油机工作时每千瓦小时所消耗燃油量的克数，单位为 g/kW·h。以指示功率计的每千瓦小时的燃油消耗率称为指示燃油消耗率，以有效功率计的每千瓦小时的燃油消耗率称为有效燃油消耗率。前者表示柴油机的经济性的指示指标，后者表示柴油机经济性的有效指标。在柴油机产品说明书中所指的燃油消耗率都是指有效燃油消耗率。可以在试验台上测出扭矩 M_e 和转速 n，同时计算出每小时的燃油消耗量 B(kg/h)和有效功率 N_e 后，用下式求出有效燃油消耗率 b：

$$b = (B/N_e) \times 1000 \quad \text{g/(kW·h)}$$

现代柴油机的 b 值[g/(kW·h)]范围大致如下：

高速柴油机：$b=212～251$；

中速柴油机：$b=197～281$；

低速柴油机：$b=160～190$。

(2)滑油消耗率。柴油机在标定工况时，每千瓦小时所消耗滑油量的克数，称为滑油消耗率，单位为 g/kW·h。

柴油机的滑油是在机内不断循环使用的，其消耗的主要方式有：

①滑油经活塞环窜入燃烧室或由气阀导管流入缸内烧掉，未烧掉的则随废气排出。

②有一部分滑油在曲轴箱内雾化或蒸发，而由曲轴箱通风口排出。

一般滑油消耗率为0.5~4g/(kW·h)。

3. 柴油机的重量和外形尺寸

柴油机的重量和外形尺寸是评价柴油机结构紧凑性和金属材料利用率的一项指标。各种类型的柴油机对重量和外形尺寸的要求是不同的。

(1)重量指标。柴油机的重量指标通常以比重量来衡量。比重量(g_w)又称单位功率重量，是柴油机的净重(G)与标定功率(N_e)的比值，即：

$$g_w = G/N_e \qquad \text{kg/kW}$$

净重量不包括滑油，燃油，冷却水及其他未直接装在内燃机本体上的附属设备与辅助系统的重量。

比重量的大小，除了和柴油机的类型、结构、附件的大小有关外，还和所用的材料和制造技术有关。

各种用途的柴油机比重量(kg/kW)的一般范围如下：

船用高速机：1.4~3.7；

船用中速机：10~19；

船用低速机：20~35。

(2)外形尺寸指标。外形尺寸指标又称紧凑性指标，是指柴油机总体布置紧凑程度的指标。通常用柴油机的单位体积功率来衡量。

单位体积功率N_v是柴油机的标定功率N_e与柴油机外廓体积V的比值，即

$$N_v = N_e/V \qquad \text{kW/m}^3$$

式中：$V = LBH$，其中L、B、H为柴油机的长、宽、高尺寸。

六、船舶柴油机的发展及应用现状

1. 船舶柴油机的发展

任何一门科学技术的发展，总是与社会生产力的需要和当时科学的发展水平相适应的。18世纪初，英国资本主义生产力的发展促进了1776年瓦特蒸汽机的发展，并由此开始了产业革命，推动了生产力的发展。随着生产力的发展，这种热机由于热效率低以及过于笨重而又不适应社会生产力的发展，对新型动力机械的需求增加。1876年，德国人奥托(N. A. Otto)第一次提出了四冲程循环(即进气、压缩、膨胀、排气)原理，并发明了电点火的四冲程煤气机。该煤气机运转平稳，热效率可高达14%，在当时曾得到普遍使用。之后，在1880年一些工程师，如英国的D. Clerk和J. Robson，以及德国人K. Benz等成功地开发了二冲程内燃机。

1892年德国工程师Rudolf Diesel申请了压缩发火内燃机专利，并于1897年在MAN公司制成第一台实际使用的柴油机(压燃式、空气喷射、定压燃烧)，其效率因可采用较大的压缩比而比煤气机有显著提高。1904年柴油机首次用于船舶推进装置(29.4kW，260r/min)。从此在船舶领域里开始了与蒸汽推进装置的竞争局面。在此后40多年中，柴油机在自身逐步完善中有了很大发展，如1927年在柴油机上正式使用了由R. Bosch发明的喷油泵(回油孔式)——喷油器喷射系统，代替了原需用7MPa压缩空气喷油的空气喷射系统，实现了混合燃

烧。1926 年瑞士人 Alfred Buechi 设计了一台废气涡轮增压柴油机，当时由于增压器制造水平的限制，此项技术未能迅速推广。但总的来看在与蒸汽推进装置竞争中无突破性进展，在船舶使用中，蒸汽推进装置仍占据领先地位。

从第二次世界大战到 20 世纪 50 年代中后期，由于社会生产力的迅速发展，对船舶推进装置提出了新的要求。柴油机在此期间完成了大缸径、焊接结构、废气涡轮增压以及使用劣质燃油等四项重大技术成果，并逐步发展了船用低速柴油机系列。此期间在国外大致有八种船用低速柴油机型号（由八大船用柴油机制造厂生产）。在这些技术成就中，废气涡轮增压技术在船用二冲程柴油机上的成功使用是船用低速柴油机发展中的重要里程碑。国外称这一时期是船用低速柴油机的第一次飞跃，其技术特征是废气涡轮增压技术的普及。至此，在与蒸汽动力装置的竞争中柴油机逐渐取得了领先地位。

从 20 世纪 60 ~ 70 年代船用低速柴油机进入了黄金时代，它在船舶动力装置中取得了明显的压倒优势。各船用柴油机厂之间开始进行调整、合并、淘汰。柴油机技术趋于完善。此期间的船用低速柴油机的性能参数大致范围为缸径 $D = 600 \sim 1050$mm，行程 $S = 1000 \sim 1800$mm，单缸有效功率达 3000kW（整机达 36000kW），油耗率约为 210g/kW · h（有效热效率 $\eta_e = 40\%$）。此期间内船用低速柴油机发展的特点按顺序大致为增大机组功率，提高可靠性，提高经济性。

20 世纪 70 年代的两次石油危机诱发了世界范围内的能源危机。石油产品价格大幅度上涨使船舶柴油机的燃油费用支出一跃占总营运成本的 40% ~ 50%。由此，改变了人们长期以来的传统观念，降低柴油机的燃油支出费用，提高柴油机经济性已成为第一要求。20 世纪 70 年代末到 80 年代，各类节能型柴油机大量出现，机型更新周期大大缩短（甚至仅为 2 ~ 3 年），各类柴油机均采用各种节能措施降低油耗率，努力提高柴油机的有效热效率；同时，由于供给船用柴油机的燃油质量日益低劣，使得船用柴油机在使用劣质燃油的技术上又有了新的发展。目前，现代船用低速柴油机的油耗率已降低到 155 ~ 160g/kW · h，有效热效率可高达 55%。国外把这一时期船用柴油机的发展称为第二次飞跃。其主要技术特征是节能技术的普及。随着柴油机节能技术的发展，柴油机的可靠性（在规定的使用期间按规定的负荷运转，不因故障而停车或降功率使用的能力）也有了长足的发展。各种先进技术（如材料、加工、结构等）的运用大大提高了船用柴油机的可靠性。当前现代船用低速柴油机的吊缸周期已从 20 世纪 60 年代的 5000 ~ 6000h 提高到 8000 ~ 12000h，甚至高达 20000h。现代船用柴油机发展中的第三个特点是控制与操纵自动化，即对船用柴油机及其附属设备进行自动控制及自动监视。在 20 世纪，60 年代初曾进行在控制室内对主机集中控制与集中监视，70 年代电子技术开始在柴油机上使用，80 年代柴油机的电子控制技术已有了很大发展，除可监视柴油机的运行工况外，还可保持柴油机各运行参数的最佳值，以求得柴油机功率、燃油消耗率和其他有关性能的最佳平衡，并由此发展了对柴油机的故障诊断、未来趋势预报等技术，把柴油机的管理技术提高到一个崭新的水平。2000 年，Wartsila 公司成功地推出了 SULZER RT-flex 全电子控制的智能型柴油机，并开始装船使用。

在船用低速二冲程柴油机发展的同时，大功率四冲程中速柴油机自 20 世纪 50 年代开始也得到了稳步发展，至今已经历了四代机型。它的最大优点是重量轻，尺寸小，可选用最佳的螺旋桨转速。在工作可靠性、使用寿命、经济性及对劣质燃油的适应性方面均有明显改进，基

本上达到与低速机相近的水平。近年来建造的 2 000 总吨以上船舶中,使用中速机做主机者占 25% 左右。

一般对船用主机来讲,经济性、可靠性和使用寿命是第一位的,重量和尺寸是第二位的。据此,低速二冲程柴油机因其效率高、功率大、工作可靠、寿命长、可燃用劣质油以及转速低(通常为 100r/min 左右,最低可达 56r/min)等优点适于作船舶主机使用。大功率四冲程中速柴油机因其尺寸与重量较小,适于作为滚装船和集装箱船舶主机。船舶发电柴油机(称副机)因其发电机要求功率不大,转速较高以及结构简单,因而均采用中、高速四冲程筒形活塞式柴油机。

经过近几十年尤其是近十多年的发展,现代船用柴油机已经发展到一个较高的技术水平。今后,随着生产力的发展,将会对船用柴油机提出更高的要求,船舶柴油机也将继续发展改进。当前柴油机的发展可以概括为:以节能为中心,充分兼顾到排放与可靠性的要求,全面提高柴油机性能。根据此发展目标,今后的研究趋势大致为:

(1)提高经济性的研究,包括燃烧、增压、低摩擦、低磨损等的研究;

(2)降低柴油机排放的研究,排放是现代柴油机面临的严重挑战,随着对船舶柴油机排放控制的限制,使得经济性的提高更加困难,这也是船舶柴油机发展中的新课题;

(3)提高可靠性与耐久性的研究;

(4)电子控制技术的研究;

(5)代用燃料的研究。

2. 船舶柴油机的应用现状

(1)船用低速柴油机的应用现状。船用低速柴油目前主要由 MAN B&W、Wartsila 瑞士公司和日本三菱三家公司生产,据 1998 年世界各国造船企业统计显示,MAN B&W 公司占市场份额的 64.54%,Wartsila 瑞士公司占市场份额的 27.6%,日本三菱不足 8%。MAN B&W 和 Wartsilar 瑞士公司近年主要机型的工作参数如表 5-2 所示。

船用低速油机的主要参数 表 5-2

机型	RTA48T	RTA58T	RTA68T	S46MC-C	S50MC-C	S60MC-C
缸径(mm)	480	580	680	460	500	600
行程(mm)	2000	2416	2720	1932	2000	2400
缸径行程(*S/D*)	4.17	4.17	4.0	4.2	4.0	4.0
转速(r/min)	124	103	92	129	127	105
活塞平均速度(m/s)	8.3	8.3	8.3	8.3	8.5	8.4
平均有效压力(MPa)	1.82	1.82	1.82	1.9	1.9	1.9
最大燃烧压力(MPa)	14.2	14.2	14.2	14.5	15.0	
单缸功率(kW)	1360	2000	2750	1310	1580	2255
燃油消耗率(g/kW·h)	171	170	169	174	171	170

从上述参数可以看出,目前新型船用低速柴油机的 *S/D* 值已达到 4.0 以上,活塞平均速

度在 8.3 ~ 8.5m/s 左右，平均有效压力高达 1.9MPa，最大燃烧压力在 14MPa 以上，而燃油消耗率则下降到 169g/kW · h，其动力性和经济性已经达到了相当高的水平。

(2)船用中速柴油机的应用现状。船用中速柴油机目前虽然生产厂家较多，但主要集中于几家在公司，据 1998 年世界各国造船企业统计显示，Wartsila 公司占市场份额的 40%，MAN B&W 公司占市场份额的 22.4%，Mak 占市场份额的 11.2%。其余公司占 26.4%。Wartsila 和 MAN B&W 公司近年主要机型的工作参数如表 5-3 所示。

船用中速油机的主要参数　　表 5-3

机型	MAN B&W L27/38	WARTSILA L32	WARTSILA L64
缸径(mm)	270	320	640
行程(mm)	380	400	900
S/D	1.4∶1	1.25∶1	1.4∶1
压缩比	16.5	16.0	
活塞平均速度(m/s)	10.1	10.0	9.8
平均有效压力(MPa)	2.35	2.33	2.55
最大燃烧压力(MPa)	20	19	20
燃油消耗率(g/kW · h)	185.3	182	171
燃油喷射压力(MPa)	160	200	
功率范围(kW)	2040 ~ 3060	2700 ~ 8280	10050 ~ 18090

第二节　柴油机的工作原理

柴油机的基本工作原理是采用压缩发火方式使燃料在气缸内部燃烧，以高温、高压的燃气工质在气缸中膨胀推动活塞作往复运动，再通过活塞—连杆—曲柄机构将活塞往复运动转变为曲轴的回转运动，从而带动工作机械。

根据柴油机的工作特点，燃油在柴油机气缸中燃烧作功必须通过进气、压缩、燃烧、膨胀和排气五个过程。柴油机每完成从进气到排气这五个过程一次称为一个工作循环，然后进入下一个工作循环，从而周而复始的运行下去。

柴油机的一次工作循环完成两次能量的转换有几个热力过程：

(1)进气过程：向气缸内充入足够的新鲜空气，为燃油的燃烧提供氧气。

(2)压缩过程：升高气缸内气体的温度和压力，加速喷入气缸内的油滴的蒸发及其油气与空气混合，为燃油自行燃烧创造良好条件。

(3)燃烧和膨胀过程：将柴油喷散成很细的雾状，使柴油与新鲜空气均匀混合的燃烧。高温高压的燃气膨胀对活塞做功，并借助于曲柄连杆机构，把活塞往复运动转为曲轴的回转运动。

(4)排气过程：把做功后的废气排出气缸之外，使气缸能再进行进气、压缩和排气，以保证柴油机能连续地进行工作。

如果柴油机的一个工作循环分别在四个活塞行程中完成(即曲轴回转720℃A),称为四冲程柴油机。若柴油机的一个工作循环分别在二个活塞行程中完成(即曲轴回转360°CA),称为二冲程柴油机。

一、四冲程柴油机的工作原理

如图5-5所示为四冲程柴油机工作原理示意图。

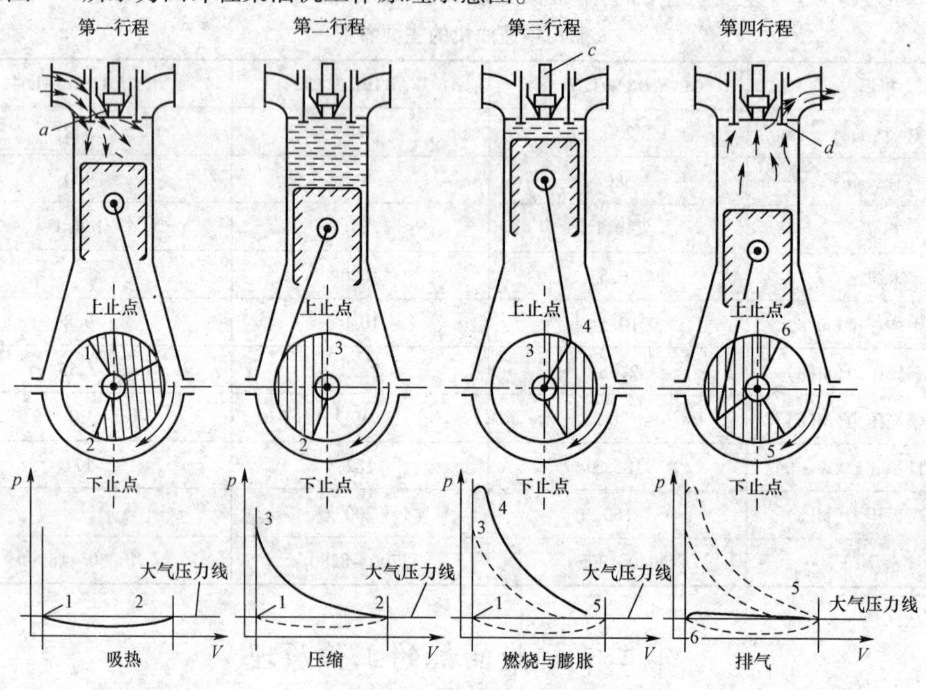

图5-5　四冲程柴油机工作原理图

第一行程:进气冲程

进气冲程活塞从上止点下行,进气阀 a 已打开,由于气缸容积的不断增大,缸内压力下降,依靠缸内气体与大气的压差,新鲜空气经进气阀 a 被吸入气缸。进气阀一般均在活塞到达上止点前即提前打开(曲柄位于点1),进气阀提前在上止点前开启的曲轴角度称进气阀开启提前角,活塞到下止点后延迟关闭(曲柄位于点2),进气阀延迟在下止点后关闭的曲轴角度称进气阀关闭延迟角。曲轴转角 ϕ_{1-2}(图中阴影所占的角度表示进气持续角)为进气冲程,约为220°~250°CA,其作用是使气缸内充满新鲜空气。

第二行程:压缩行程

活塞从下止点向上运动,自进气阀 a 关闭(点2)开始对气体进行压缩,一直到活塞到达上止点(曲柄到达点3)为止。第一行程吸入的新鲜空气经压缩后,压力增高到3~6MPa,温度升至600~700℃(燃油的自燃温度为210~270℃)。压缩终点的压力和温度分别用符号 p_c 和 t_c 表示。在压缩过程的后期,喷油器在活塞运行到上止点前某一角度(喷油提前角)将燃油喷入气缸,使高压燃油与高温空气混合,并自行发火燃烧。曲柄转角 ϕ_{2-3} 表示压缩过程持续角,约为140~160°CA。压缩行程的作用是通过活塞的压缩,使气缸内的空气达到一定的压力和温度,从而为燃油的燃烧和工质的膨胀作功创造条件。

第三行程:燃烧和膨胀行程

活塞在上止点附近,由于燃油猛烈燃烧,使气缸内的压力和温度急剧升高,压力约达5~8MPa(最高可达到14MPa以上),温度约为1400~1800℃或更高些。将燃烧产生的最高压力称最高爆发压力,用p_z表示,最高温度用t_z表示。高温高压的燃气膨胀推动活塞下行而作功。由于气缸容积逐渐增大,而压力下降,在上止点后的某一时刻(曲柄位于点4)燃烧基本结束,膨胀一直持续到排气阀b开启时结束。膨胀终了时缸内气体压力p_b约为0.25~0.45MPa,温度t_b约为600~700℃。由于排气阀流通截面积在开启过程中只能逐渐地增大,因此与进气阀相同,排气阀b总是在活塞到达下止点前(点5)提前开启,实现充分排气。曲柄转角ϕ_{3-4-5}表示燃烧和膨胀过程持续角,约为140~160°CA。其作用是将燃油燃烧产生的热能转变成机械能向外输出。

第四行程:排气行程

为使下一循环的新鲜空气再次进入,应先将气缸内的废气排出。在上一行程末,排气阀b开启时活塞尚在下行,废气靠气缸内外压力差,经排气阀排出,当活塞由下止点上行时,剩余废气可被上行活塞强行推挤出气缸,此时的排气过程是在略高于大气压力(约1.05~1.1大气压)且在压力基本不变的情况下进行的。为使缸内废气排出得更干净,并减少排气过程的耗功,排气阀一直延迟到上止点后(点6)才关闭。曲柄转角ϕ_{5-6}表示排气过程持续角,约为230~260°CA。其作用是将作功后的废气排出气缸。

进行了上述四个行程后,柴油机就完成了一个工作循环。当活塞继续运动时,另一个新的工作循环又按同样的顺序重复进行。

四冲程柴油机每完成一个工作循环,曲轴要回转两转(凸轮轴回转一圈)。每个工作循环中只有燃烧膨胀行程对外作功,其他三个行程都是为燃烧膨胀行程服务的,都需要由外界供给能量。因此柴油机常做成多缸的,这样,进气、压缩、排气行程所需的能量可由其他处于作功行程的气缸供给。如果是单缸柴油机,那就由较大的飞轮储存和提供能量。

图5-5下方$p \sim V$图表示一个工作循环内气缸中气体的压力随活塞位移(或气缸容积)变化的情况,称$p \sim V$示功图。可用来研究柴油机工作过程进行的情况。并可用来计算柴油机一个工作循环的指示功。

二、二冲程柴油机工作原理

在二冲程柴油机中,曲轴每转一转,即活塞每两个冲程就完成一个工作循环。没有单独的进气和排气过程,其进气和排气过程几乎重叠在下止点前后120°~150°内同时进行。因此,二冲程柴油机结构上有别于四冲程柴油机,这种二冲程柴油机的构造主要有以下特点:

(1)在气缸套下部设扫气口(即进气口)、排气口,进排气口的打开和关闭,由气缸内运动的活塞来控制;或气缸套下部设扫气口,气缸盖上设排气阀的换气机构,进气口的启闭,由气缸内运动的活塞来控制,排气口的启闭由排气阀控制。

(2)而且还必须设置一个专门的扫气泵(增压器)以提高进气压力,使进气能从扫气口进入气缸并清扫废气出气缸。

现以扫气泵为罗茨式泵的二冲程柴油机为例来说明其工作原理。

如图5-6所示,采用扫气口—排气口换气形式。机带扫气泵b设在柴油机一侧,空气由泵

的吸入口 a 吸入，经压缩后储存在具有较大容积的扫气箱 d 中并保持一定压力(105～140kPa)。

第一冲程：扫气—压缩冲程，活塞从下止点向上止点运动。

当活塞处于下止点时，进气口 e 和排气口 f 早已打开，扫气箱 d 中的压缩空气便进入气缸内，并冲向排气口 f，清除气缸内废气，同时也使气缸内充满新空气。当活塞由下止点向上止点运动时，进气口 e 首先由活塞关闭，然后排气口 f 也关闭；空气在气缸内受到压缩。

第二冲程：膨胀—扫气冲程，活塞从上止点向下止点运动。

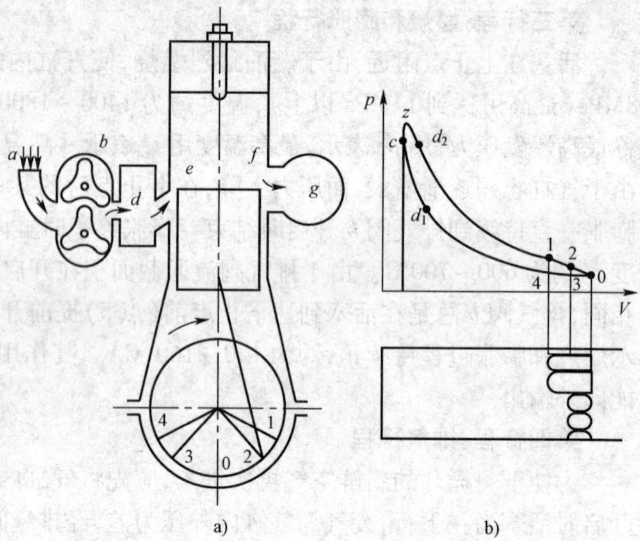

图 5-6　二冲程柴油机工作原理图

活塞行至上止点前，喷油器将燃油喷入燃烧室中，压缩空气所产生的高温，立刻点燃雾化的燃油，燃烧所产生的压力，推动活塞下行，直到排气口再打开时为止。燃烧后的废气在内外压力差的作用下，自行从排气口 f 排出。当进气口 e 被活塞打开后，气缸内又进行扫气过程。曲轴每转一转，活塞走了两个冲程就完成一个循环，因此叫二冲程柴油机。

图 5-6b)所示的二冲程柴油机的 $p \sim V$ 示功图，其曲线 1-2-0-3-4 即为它的排气、进气过程(称换气过程)。曲线形状明显不同于四冲程柴油机。二冲程柴油机的 $p \sim V$ 示功图上，喷油在上止点前 d_1 开始，在上止点 c 开始燃烧，到点 d_2 时燃烧结束。

三、二冲柴油机与四冲程柴油机的比较

与四冲程柴油机相比，二冲程柴油机有如下优点：

(1)二冲程柴油机曲轴每转一转作一次功。因此，当气缸数、缸径、活塞行程及转速相同时，理论上二冲程柴油机的功率是四冲程柴油机的两倍。实际上，由于存在气口产生的气缸冲程损失和扫气泵消耗的有效功，二冲程柴油机的功率只是四冲程内燃机的 1.6～1.8 倍。

(2)当转速相同时，二冲程柴油机作功次数比四冲程柴油机多一倍，因此运转平稳，并可以使用较小的飞轮；

(3)结构简单，维护、保养方便。

但二冲程柴油机也存在一些缺点，主要有：

(1)二冲程内柴油机由于新鲜气体与废气掺混严重，换气效果较差，且转速越高越明显，因此燃烧不良，经济性较差；

(2)二冲程柴油机作功频率高，所以燃烧室部件的热负荷较高。

第三节　柴油机的主要部件

柴油机的主要部件包括固定部件和运动部件。柴油机的固定件主要包括气缸盖、气缸套、

机架(气缸体与曲轴箱)及机座。它们构成了发动机的骨架,支承发动机运动件,保证运动件之间保持相互准确的位置关系,并形成燃烧室空间、气道、水道、油道等,以保证发动机燃烧、换气、冷却和润滑的需要。发动机其他辅助机件和机构都要安装在固定机件上。

运动机件是在内燃机中运动机件,主要指曲柄连杆机构。由活塞组、连杆组和曲轴等部分组成。曲柄连杆机构的功用是将热能转变为机械功,也就是说燃料燃烧时的气体压力使活塞做直线运动,通过连杆变成曲轴的旋转运动而对外输出有效功。

一、固定部件

1. 气缸盖

气缸盖安装在气缸套的上方,用螺栓与机身牢固地连接在一起,其间设有气缸垫或密封圈,以保证气缸的气体密封和防止冷却水的外泄。如图 5-7 所示是 B&W L-GB 二冲程柴油机气缸盖,这种气缸盖,结构相对简单。如图 5-8 所示是 G8300 四冲程柴油机气缸盖,这种缸盖上除排气阀外还有进气阀,其体积较小、阀件多,结构复杂。

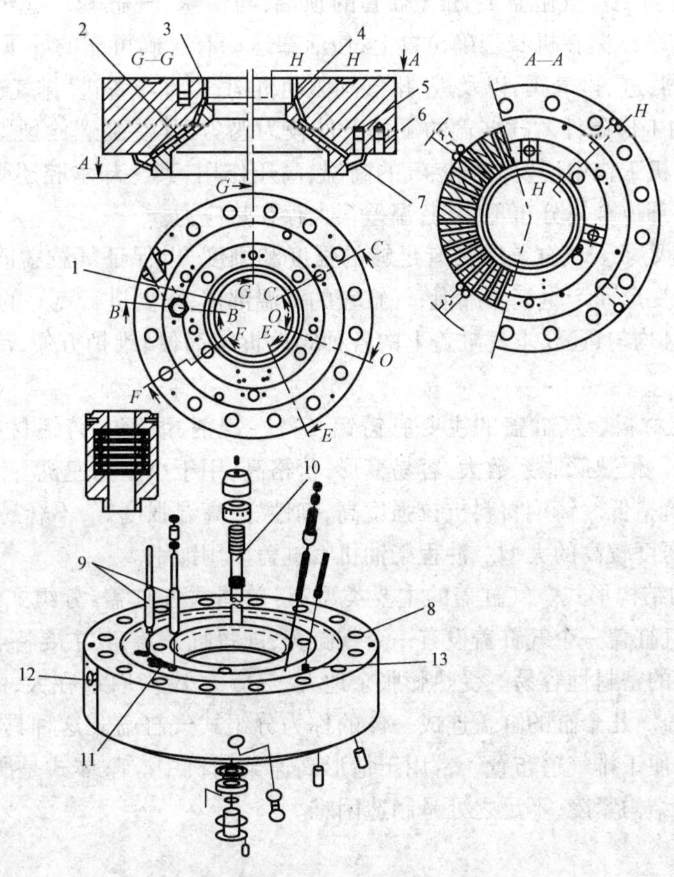

图 5-7　B&W L-GB 二冲程柴油机气缸盖

1-排气阀孔;2、3、4、5、6-冷却水孔;7-冷却水腔;8-缸盖螺栓孔;9-起动阀螺栓;10-排气阀螺栓孔;11-起动阀孔;12-起动空气通道;13-喷油器孔

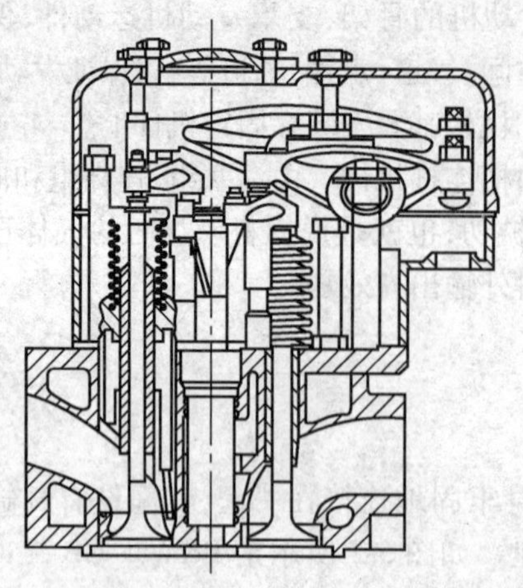

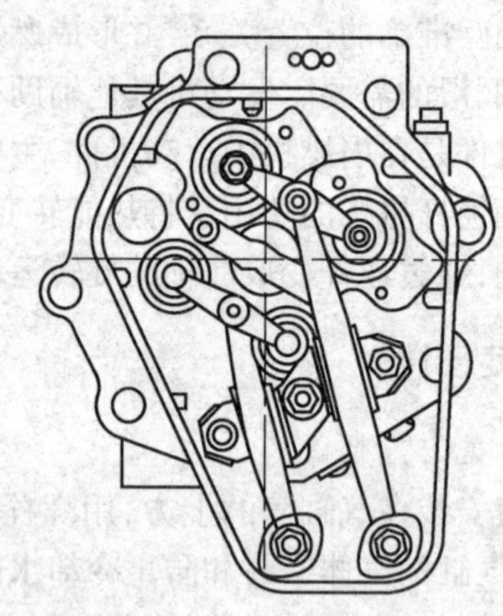

图 5-8　G8300 四冲程柴油机气缸盖

(1)气缸盖的功用。气缸盖封闭气缸套的顶端,与活塞、气缸套一起组成气缸工作空间(燃烧室);把气缸套压紧在机身正确位置上,使活塞运动有正确可靠的导承;在气缸盖上安装各种附件如喷油器,进、排气阀,以及进、排气阀驱动机构;内部布置进、排气道,冷却水腔。

(2)气缸盖的工作条件。气缸盖的工作条件较为恶劣,其受到螺栓预紧力和缸套支承反力的作用,在柴油机工作中还要受到燃气的高温、高压作用;其冷却水腔还受到水的腐蚀。气缸盖结构复杂,各部位金属分布不均匀,温差很大存在热应力。

(3)对气缸盖要求。气缸盖应具有足够的强度和刚度,以保证气缸盖既不会因应力过大而损坏,也不会因变形而产生气体漏泄;气缸盖的高温部位,需要进行良好的冷却,力求做到各部位的温度合适且均匀;还要求气缸盖上的各种阀件拆装简便、维护方便,冷却水腔的水垢容易清除。

(4)气缸盖的材料。气缸盖的主要有铸铝、铸铁、铸钢、锻钢。铸铝材料导热性好,重量轻,铸造工艺性好。但热膨胀系数大,容易变形,价格高,用于小型高速机。铸铁材料抗高温性好,铸造工艺好,价格低。铸钢材料抗拉强度高,韧性好,高温强度好,不容易产生疲劳裂纹,工艺性差。现代增压度较高的大型二冲程柴油机气缸盖多用锻钢。

(5)气缸盖的结构形式。气缸盖的主要类型有:单体式气缸盖、分组式气缸盖、整体式气缸盖等。单体式气缸盖一个气缸盖设有一个气缸盖,即每缸一盖,其主要特点是:制造容易,维修方便,解决气缸的密封性容易。受热膨胀余地大,热应力小。所以,在大、中型柴油机中普遍采用单体式气缸盖。几个缸的缸盖连成一体的称为分组式气缸盖。这种具有良好的刚性,较小的气缸中心距,便于排气道布置。常用于情形高速柴油机中。整体式是所有气缸的缸体铸成一体,这种缸盖结构紧凑,不足之处是制造困难。

2. 气缸套

气缸套是一个筒形零件,置于机体的气缸体孔中,由气缸盖压紧轴向定位,活塞在气缸内作往复运动,其外表有冷却水冷却。如图 5-9 所示为 RTA 型柴油机气缸套。

(1)气缸套作用。柴油机的工作循环是在气缸的工作空间里进行的,活塞在气缸内部往复运动。在筒形活塞式柴油机中,气缸起导向作用,承受活塞的侧推力;二冲程柴油机的气缸

开有扫气口、布置气道,有些十字头式柴油机还要把气缸下部空间作为增压泵空间。此外,有的柴油机还在气缸的外部安装扫气箱、排气管、凸轮箱和增压器等。

(2)气缸套工作条件。气缸上部将受到气缸安装预紧力的作用;气缸内壁受到高温、高压燃气的反复作用,以及活塞的摩擦、敲击和侧推力作用;外表面受冷却水的冲刷和腐蚀。当采用贯穿螺栓把气缸体、机架和机座紧固到一起时气缸承受压力。在非贯穿螺栓结构中,气缸体承受作用在气缸盖和活塞上的气体力所形成的拉力。

(3)对气缸套要求。由气缸所起的作用和所处的工作条件可知,要求它具有足够的强度和刚度,要有良好的耐磨性和抗腐蚀性,并要求对它进行良好的润滑和冷却,在气缸套和气缸盖的结合面、气缸体和气缸套的结合面要有可靠的气封和水封。

(4)气缸套的结构类型。按气缸套在气缸内安装形式的不同分干式气缸套和湿式气缸套。干式气缸套的外壁不直接与冷却水接触,冷却水腔设在机身内。干式缸套的特点是具有良好的水密封性和较大的机体刚度,其缺点是散热效果较差,拆装不方便。湿式气缸套外壁直接与冷却水接触,散热条件好,厚度大,制造和更换方便,广泛应用于船舶柴油机中。

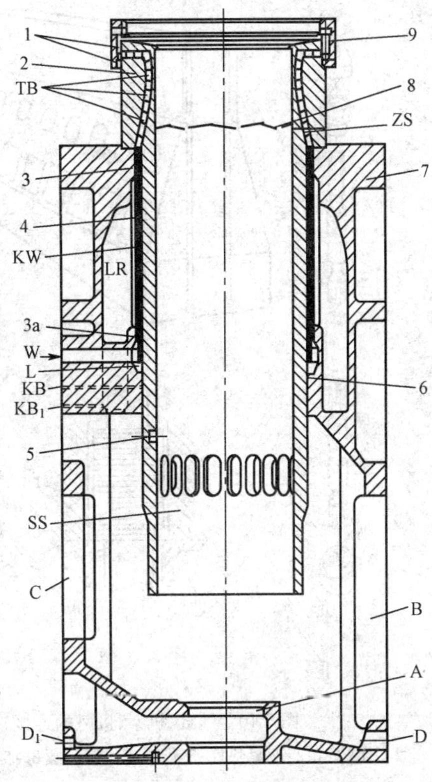

图5-9　RTA型柴油机气缸套

1、3、6-O型密封圈;2-气缸套;4-导水环;5-传感器;7-气缸体;8-布油槽;9-冷却水导套;D、D_1-放泄孔;L-进水孔;KB、KB_1-检漏孔;KW-冷却水腔;LR-空腔;TB-冷却水孔;SS-扫气口;ZS-注油孔;A-填料函座孔;B-扫气通道;C-人孔

3.机架、机座和贯穿螺栓

十字头式柴油机中,气缸、机架和机座是分开制造,然后由贯穿螺栓连成一刚性整体。这一刚性整体构成了柴油机的主体部分如图5-10所示。而筒形活塞式柴油机的气缸体、机架和机座,由于刚性、尺寸和重量等方面的要求不同,有三者分开制造用贯穿螺栓连接的结构,有两个造在一起(气缸体与机架造在一起,或机架与机座造在一起)的机体结构,还有的去掉了机座代之以油底壳,形成倒挂式主轴承的结构。在二冲程柴油机中,由气缸体、机架和机座构成的箱体内部要安装运动部件的导承,支承气缸套、导板、主轴承等,形成运动部件与传动部件(齿轮、链轮)的运行空间,并且是布置水、油、气的空间。其外部则安装喷油泵、起动、换向等设备。机座底面则紧固于船体的基座或机舱底板上。

(1)机架。机架是柴油机的支架,它与机座形成的空间(曲轴箱空间)是柴油机运动部件的运行空间。机架分为A字型机架与箱型机架两种。箱型机架的刚度优于A字型机架,但制造加工困难,图5-11所示L-MC柴油机机架立体图。它由上面板、底板、横向隔板和左右侧板焊接而成。这种结构的机架称焊接箱式机架,具有结构紧凑、重量轻、刚性好等优点。在隔板上设有导板2,在侧板上开有检修道门7。由于整个机架为刚性整体,使安装简单,找正容易,结合面少,曲轴箱密封性好。

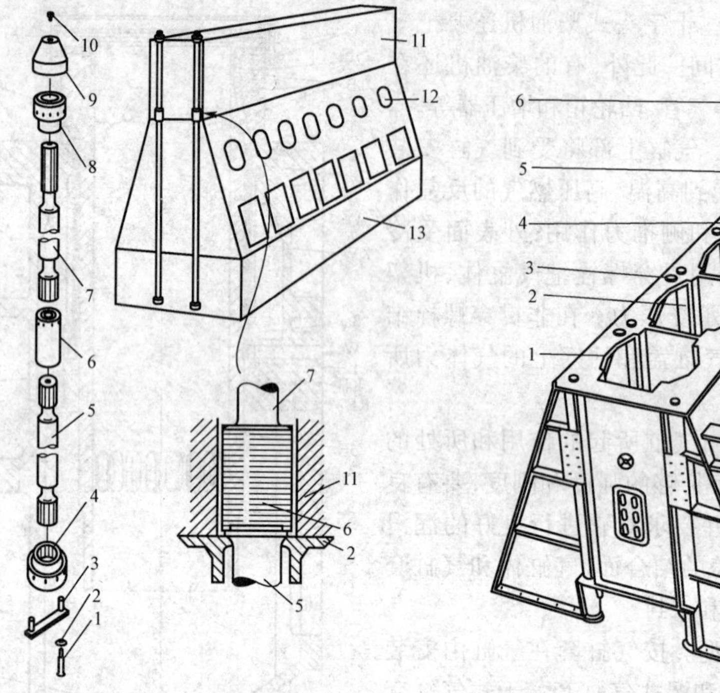

图 5-10　气缸、机架、机座的连接

1、10-螺钉;2-锁紧垫片;3-保护架;4-下螺母;5-贯穿螺栓下面部分;6-连接套;7-贯穿螺栓上面部分;8-上螺母;9-保护罩;11-气缸体;12-机架;13-机座

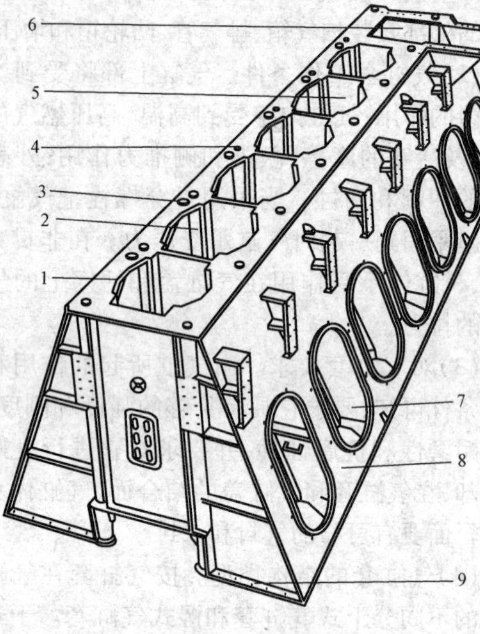

图 5-11　机架

1-上面板;2-导板;3-活塞冷却油管插入孔;4-贯穿螺栓;5-横向隔板;6-链条箱(输出端);7-检修通道;8-侧板;9-底板

(2)机座。机座位于柴油机的最底部,是整台柴油机的基础,也是柴油机装配时的基准件。它的作用除了支撑机器的全部重量之外,还要承受燃气的压力和运动部件的惯性力;十字头式柴油机的机座多为由纵梁、横梁和油底壳焊接组成的箱式结构,并用贯穿螺栓把它与机架和气缸体装配在一起形成一个抗弯、抗扭的刚性整体。筒形活塞式柴油机的机座多采用气缸体与机架整体制造的机体结构。图 5-12 所示为 L-MC/MCE 机座。

(3)贯穿螺栓。在十字头式柴油机中,都采用贯穿螺栓把气缸体、机架和机座连在一起。在大功率筒形活塞式柴油机中,大尺寸的固定机件之间也广泛采用贯穿螺栓连在一起。这是因为固定机件的结构比较复杂,如果在结合面处用短螺栓连接,在拉力作用下,各部分受力很不均匀,难以准确计算。采用贯穿螺栓结构,拉力由贯穿螺栓承担,螺栓的作用力可以准确计算。而且在安装后气缸体、机架与机座三者只受压应力不受拉力,既合理利用用材料抗压不抗拉的性能,又提高了柴油机整体的刚度。

贯穿螺栓都是采用液压专用工具紧固的。为了尽可能减小在固定机件中产生的附加应力,紧固应当从中央向两端交替成对地进行,紧固一般分为两个阶段进行,每个阶段应达到的螺栓伸长量或泵油压力要遵守说明书规定。对紧固情况要定期检查。

二、运动部件

运动部件是指在柴油机工作中产生运动机件,主要指曲柄连杆机构。由活塞组件、连杆组件、曲轴和飞轮等部分组成。如图 5-13 所示为曲柄连杆机构的组成。

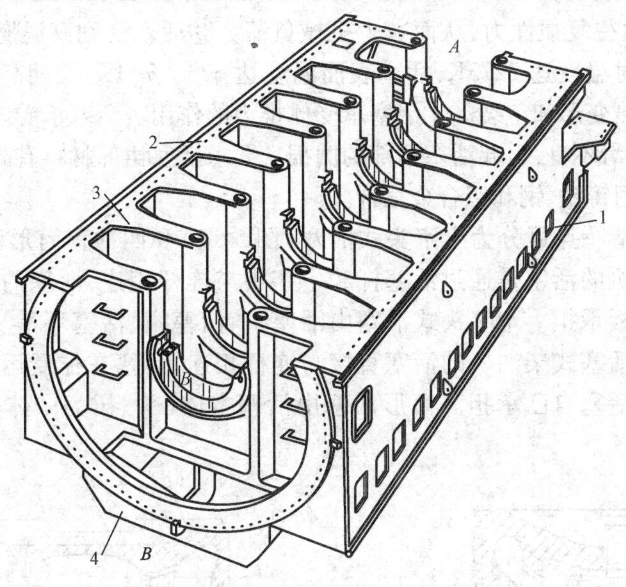

图 5-12　L-MC/MCE 机座

1、2-纵梁；3-横梁；4-油底壳；A-功率输出端；B-自由端

曲柄连杆机构的功用是将热能转变为机械功，也就是说燃料燃烧时的气体压力使活塞做直线运动，通过连杆变成曲轴的旋转运动而对外输出有效功。旋转着的曲轴又使活塞不断的往复运动从而保证了连续地实现柴油机的工作循环。

1. 活塞组件

活塞组件包括活塞、活塞销、活塞环等零件。如图 5-14 所示。

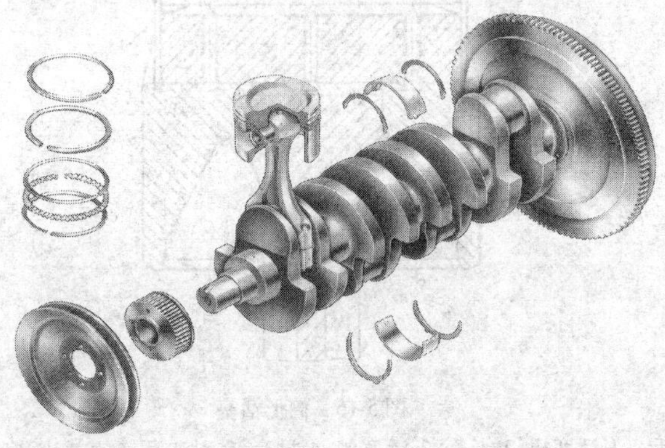

图 5-13　曲柄连杆机构的组成

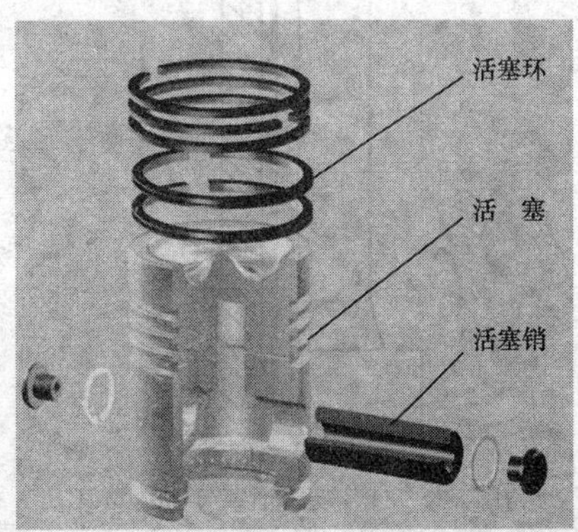

图 5-14　活塞组件

（1）活塞。活塞的主要作用是活塞与气缸、气缸盖共同构成柴油机的密闭的工作空间，防止燃气漏入曲轴箱，阻止过多的润滑油窜入气缸内。工作时活塞承受燃气压力，并将其传给连杆和曲轴，并承受侧推力，起到了导向作用。二冲程发动机中还有控制气口的启闭作用。

活塞的工作条件恶劣对其有特殊要求：①活塞承受很高的气体压力作用近代中高速强载柴油机的最高燃烧压力已达 13 ~ 15MPa。且受力为周期性的冲击力，容易产生交变应力和变形。引起疲劳破坏。因此要求：活塞应具有足够的强度和刚度。②活塞承受往复惯性力的作用。对于中高速机往复惯性力已经达到相当可观的程度。因此要求：在保证强度的前提下，尽

量减轻重量，以见效往复惯性力，从而减少机械负荷。③活塞受到高温燃气周期性的加热作用。高速大功率瞬时温度达 2273K，活塞表面温度达 623 ~ 773K，长期高温会使材料强度下降，会出现热疲劳，热变形和龟裂。④活塞承受侧推力的作用。活塞承受侧推力作用并在气缸内高速往复运动，润滑不良，引起活塞裙部的磨损。要求活塞裙部材料有高的耐磨性。

活塞的材料常用铸铁、钢和铝合金三种。

活塞根据其构造特点可分为十字头式活塞（图 5-15）和四冲程筒形活塞（图 5-16）两大类。十字头式柴油机的活塞是通过活塞杆和十字头与连杆相连，活塞的导向作用和侧推力由十字头滑块和导板承担。十字头式活塞由活塞头、活塞裙、活塞环槽、活塞杆和活塞冷却机构等组成。筒状活塞式柴油机的活塞直接与连杆相连，活塞在往复运动中的导向作用和产生的侧推力都由活塞自己承担。筒形活塞由活塞本体（头、裙为一体）、活塞环槽和活塞销孔等组成。

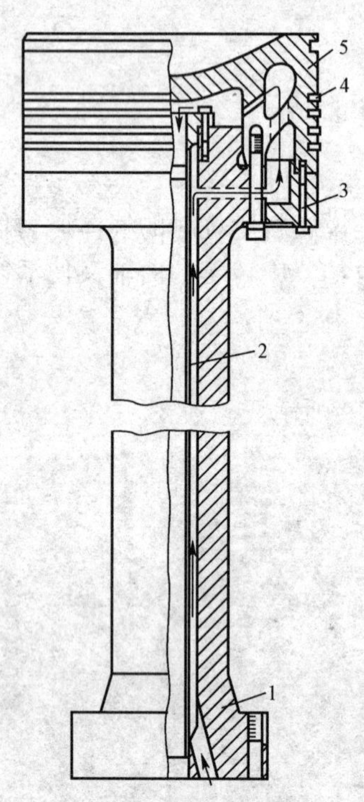

图 5-15　十字头式活塞（L-MC/MCE）

1-活塞杆；2-冷却油管；3-活塞裙；4-活塞环；5-活塞头

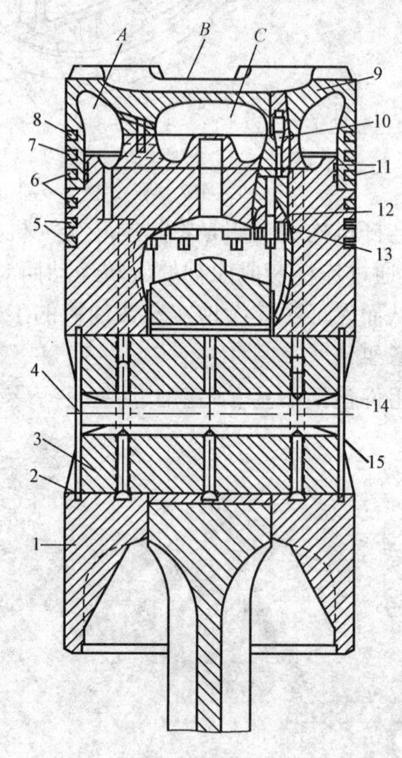

图 5-16　筒形活塞

1-活塞裙；2-卡簧；3-活塞销；4-衬套；5-刮油环；6、7、8-压缩环；9-活塞头；10-柔性螺栓；11、15-密封圈；12-垫块；13-螺母；14-衬管端盖；*A*、*C*-冷却腔；*B*-避让坑

（2）活塞销。活塞销的功用是连接活塞和连杆小头，充当连杆的摆动轴，并将活塞承受的作用力传递给连杆。

活塞销在较高的温度下工作，承受着周期性变化的冲击载荷，润滑条件也较差。因此，要求活塞销有足够的刚度和疲劳强度，表面要耐磨，材料具有一定的韧性，重量要轻。

活塞销通常用优质低碳钢或低碳合金钢制成空心圆管形。其结构形式有直内孔、圆锥形内孔、圆柱圆锥组合形。无论何种形式，都要求有很高的加工精度和光洁度。

(3)活塞环:

①活塞环功用、工作条件和要求。活塞环有气环和油环两种。气环也称压缩环,它的主要功用是密封气缸,防止气缸中的高温、高压气体漏入曲轴箱,并将活塞头部的大部分热量传递给气缸壁,保持活塞正常的工作温度。油环的功用是布油和刮油,当活塞上行时,油环将飞溅在气缸壁上的机油均匀分布;当活塞下行时,将缸壁上多余的机油刮下,流回油底壳。

活塞环在工作中由于受到高温高压气体的压力、往复运动惯性力和摩擦力的作用,使活塞环在工作中受到强烈的振动和冲击;润滑条件较差使得活塞环在工作中磨损严重,其中第一道气环的工件条件尤为恶劣。因此,活塞环应具有良好的弹性、耐磨性、耐热性、传热性能以及与气缸材料的良好磨合性等。

②活塞环的结构与材料。活塞环是具有切口的弹性圆环,在自由状态下,环的外径略大于气缸内径。活塞环装入气缸后,在弹力作用下压紧在气缸内壁上,此时在环的切口处仍要留有一定的间隙,称为搭口间隙,以防止活塞环在工作中受热膨胀卡死在气缸中。活塞环装入环槽后,在高度方向上也要有一定的间隙,称为侧隙(也称天地间隙),以防止活塞环受热时卡死在环槽内。另外,活塞与活塞环一起装入气缸后,活塞环背面与环槽底面之间的间隙称为背隙。

活塞环一般采用灰铸铁、球墨铸铁、合金铸铁等材料制成。

2. 连杆组件

连杆组件的功用是将作用在活塞上的气体压力和惯性力传给曲轴,并把活塞或十字头与曲轴连接起来,将活塞的往复运动变成曲轴的回转运动。

柴油机连杆组件一般由小端、杆身和大端三部分组成,主要包括:连杆杆身,连杆盖,连杆螺栓螺母,连杆轴瓦等零部件。如图5-17a)所示是RTA-T-B柴油机十字头式连杆,图5-17b)所示是Wartsila 38型筒形活塞柴油机连杆。

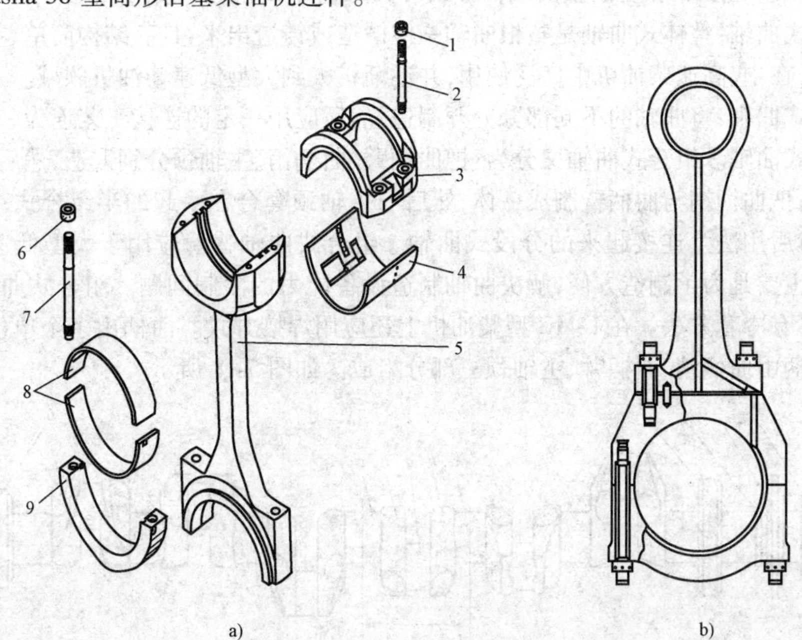

图5-17　柴油机连杆组件

1、6-连杆螺栓螺母;2、7-连杆螺栓;3-小端轴承盖;4、8-薄壁轴瓦;5-连杆杆身;9-大端轴承盖

连杆在工作时小端作往复直线运动，大端作回转运动，杆身作复杂的平面运动。连杆在工作中承受周期性变化的气体力和往复惯性力等冲击载荷作用，在连杆的摆动平面内还存在摆动力矩的作用。因此，要求连杆材料要耐冲击、抗疲劳性能强，在质量尽可能轻的前提下，要具有足够的强度、刚度和摆动面内的抗弯能力。要求连杆轴承工作可靠、寿命长。此外还要求连杆重量轻，加工容易，拆装维修方便。

一般连杆的材料，在十字头式柴油机中连杆多用中碳钢，筒形活塞式柴油机连杆采用优质碳钢或合金钢制造。

3. 曲轴

(1)曲轴的作用、工作条件及要求：曲轴的主要作用是把活塞的往复运动通过连杆变换成回转运动；把各缸所作的功汇集起来向外输出和带动柴油机的附属设备。在曲轴带动的附属设备中，柴油机的喷油泵、进排气阀、起动空气分配器等均因正时的要求，必须由曲轴来驱动。离心式调速器要根据柴油机转速的变化自动调节柴油机的喷油量，也必须由曲轴带动。此外，在中、小型柴油机中，为了简化系统，布置紧凑，曲轴还带动润滑油泵、燃油输送泵、淡水泵和海水泵，也有少数柴油机曲轴带动空气压缩机。

曲轴因受力复杂、应力集中现象严重、轴颈磨损也较为严重甚至会因振动的缘故容易产生很大的附加应力，所以，其工作条件是比较苛刻的。因而对曲轴的要求较为严格：疲劳强度高，工作安全可靠；有足够的刚性，工作时变形小，使轴承负荷均匀；有足够的轴颈承压面积，以保证较低的轴承比压；曲轴的轴颈要有良好的耐磨性能，并允许多次车削修复；曲轴的布置要兼顾动力均匀、主轴承负荷低、平衡性好、扭转振动小、有利于增压系统的布置。以上这些要求是互相关联的，有些又是相互矛盾的，要权衡利弊妥善解决好。

(2)曲轴的类型及构造：曲轴的结构形式可分为整体式和组合式两大类。

①整体式曲轴：整体式曲轴是整根曲轴一体锻造或铸造出来，具有结构简单、重量轻、工作可靠的优点，在中、高速柴油机中广泛使用，并逐渐扩大到大型低速柴油机领域。

②组合式曲轴：将曲轴的不同部分分开制造，然后应用一定的连接工艺连为一个整体的曲轴称为组合式曲轴。组合式曲轴又分为：把曲柄臂、曲柄销、主轴颈分别锻造，然后红套在一起的全套合式；把曲柄销与曲柄臂制成一体，然后与主轴颈套合在一起的半组合式；把曲轴分成两段制造，然后用法兰连接起来的分段式曲轴。组合式曲轴普遍应用于大型低速柴油机中。采用组合式主要是为了制造方便，解决曲轴制造设备能力的限制问题。组合式曲轴套合方法除红套外，还有冷套方法。在 L-MC 型柴油机上还应用焊接方式。曲柄由多个单位曲柄组成，每个单位曲柄由曲柄销、曲柄臂、主轴颈三部分组成。如图 5-18 所示。

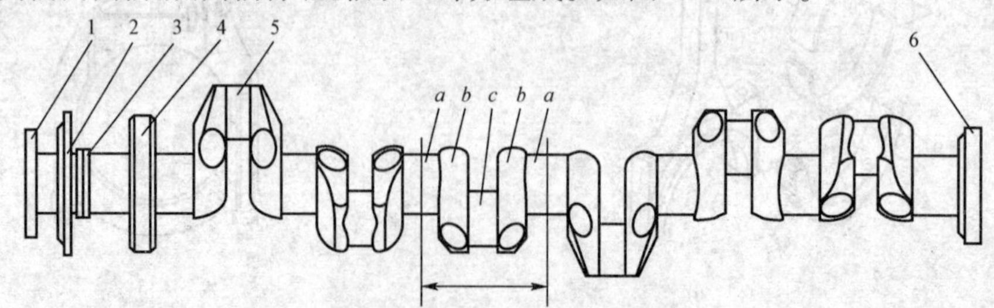

图 5-18　Sulzer RLA56 型机曲轴

1-动力输出端法兰；2-飞轮固定法兰；3-油封；4-推力盘；5-单位曲柄；6-法兰；*a*-主轴颈；*b*-曲柄臂；*c*-曲柄销颈

(3)曲轴的曲柄排列:曲轴的曲柄都是以气缸的号数命名的。气缸的排号有两种方法,一种是由自由端排起,另一种是由动力端排起。我国和大部分国家都是采用自由端排起。曲柄的排列是由气缸的发火间隔角和发火顺序决定的,而气缸的发火间隔角和发火顺序又要按照下列原则决定。

①柴油机的动力输出要均匀,即发火间隔角要相等。这样,相邻发火的两个缸的曲轴夹角,二冲程柴油机为 $360/i$,四冲程柴油机为 $720/i$,i 为气缸数。

②要避免相邻的两个缸连续发火,以减轻相邻两个缸之间的主轴承的负荷。为此,最好在柴油机的首、尾两端轮流发火。

③要使柴油机有良好的平衡性。柴油机存在振动,曲轴合理的排列可使引起振动的力和力矩减至最小。

(4)要注意发火顺序对轴系扭转振动的影响。发火顺序不同,各段轴上扭矩的交变情况也不同,对轴系扭转振动的影响也不同。要力求减轻扭转振动。

(5)在脉冲增压式柴油机中,为了防止排气互相干扰,各缸的排气管要分组连接。为了既使相邻的气缸排气管接到一起,共用一台增压器,又使这些气缸的排气不会互相干扰,要求柴油机有相应的发火顺序。

要同时满足上述要求,往往是不可能的,而只能满足某些主要要求,兼顾其他要求。

4. 飞轮

飞轮的主要作用是在作功冲程中把曲轴的一部分能量贮存起来,用以克服非作功冲程的阻力,使曲轴运转均匀。在气缸数较少的柴油机中,飞轮还起协助柴油机起动的作用。在大、中型柴油机中,飞轮缘上设有供盘车用的插孔或与盘车机相啮合的齿轮(蜗轮)。

飞轮的基本结构如图 5-14 所示,为铸铁制成的圆盘,圆盘的边缘厚而中间薄,以获得较大的转动惯量,飞轮外缘常压装一个钢制齿圈,起动时与起动机的驱动齿轮啮合,起动发动机。在飞轮缘上也刻有(配气或喷油)定时的记号,供检查调整时使用。

单缸机与多缸机相比,其飞轮的相对重量较大,因为单缸机的进气、压缩和排气等辅助冲程全靠飞轮带动。随着气缸数的增多飞轮尺寸相对减小。但在同功率同缸数的情况下,二冲程机飞轮要比四冲程机的飞轮小而轻些。这是因为二冲程机的发火间隔时间短,运转平稳。

第四节　柴油机的工作系统

为保证柴油机正常工作,必须有各种各样的系统,其中柴油机配气系统、燃油系统、润滑系统、冷却系统是非常重要的系统。下面分别对各系统予以介绍。

一、配气系统

1. 柴油机的换气

无论是四冲程柴油机还是二冲程柴油机,在柴油机工作工作当中,每完成一个工作循环都必须把废气排出气缸,并将新鲜空气吸入气缸。从排气过程、扫气过程到进气过程结束的整个气体交换过程称为换气过程。换气过程的质量将影响柴油机的功率、经济性、可靠性以及排气

污染,它是柴油机工作优劣的先决条件。换气过程的基本要求是:进气充分,排气干净。

由于四冲程柴油机的进排气过程是分别在进气过程和排气过程中完成的,新气与废气互不掺混,换气质量好,而二冲程柴油机换气时间短,换气与排气同时进行,新气与废气掺混,换气质量差,缸内新气少,残留废气多。所以对二冲程柴油机而言对换气形式要求较高。下面我们就简单地介绍一下二冲程柴油机中常见的换气形式。二冲程柴油机常见的换气形式一般为:

(1)简单横流扫气。如图5-19a)所示,进气口位于气缸中心线的两侧,空气从进气口一侧沿气缸中心向上,然后在靠近燃烧室部位回转到排气口一侧,再沿气缸中心线向下把废气从排气口清扫出气缸。

(2)回流式扫气。如图5-19b)所示,进排气在气缸下部的同一侧且进气口在排气口的下方,进气沿活塞顶面向对侧的缸壁流动,到气缸盖再转向下流动,把废气从排气口清扫出气缸。在船用大型柴油机中,MAN、KZ型柴油机为回流式扫气。

(3)半回流式扫气。如图5-19c)所示,进气口布置在排气口的下方及两侧,气流在缸内的流动特征兼有横流与回流的特点。某些早期的半回流扫气形式,在排气管中装有回流控制阀。在船用大型柴油机中Sulzer、RD、RND、RLA、RLB等型柴油机均为半回流扫气形式。

(4)排气阀—扫气口直流扫气。如图5-19d)所示,气缸下部均匀布置一圈进气口,在气缸口有一圈排气阀(1~6个)。空气从气缸下部进气口进入气缸,沿气缸中心线上行驱赶废气从气缸盖上的排气阀排出气缸。该扫气型式使空气与废气不易掺混,扫气效果较好。同时排气阀的启闭由排气凸轮控制,不受活塞运动的限制。在船用柴油机中MAN-B&W、Sulzer RTA等机型采用了排气阀—扫气口直流扫气形式。

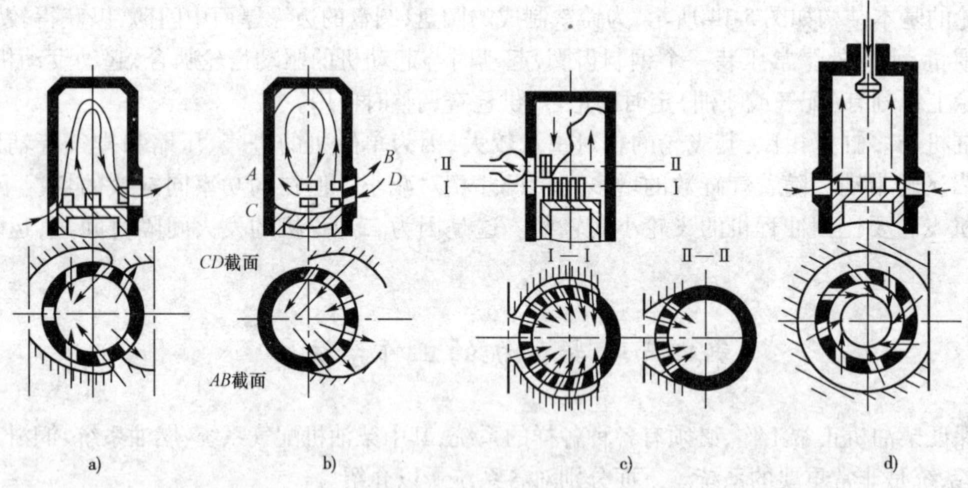

图5-19 二冲程柴油机不同的换气形式

a)简单横流扫气;b)回流扫气;c)半回流扫气;d)排气阀—扫气口直流扫气形式示意图

2. 配气机构

保证柴油机按规定顺序和时刻完成进、排气过程的机构称配气机构。它是柴油机的重要组成部分。对配气机构的要求:减小进气和排气的阻力,使进气和排气都尽可能充分和完善。

柴油机采用的配气方式有气阀式、气口式、气口—气阀式。

四冲程柴油机进、排气均采用气阀式配气机构，通常是由气阀机构、气阀传动机构、凸轮轴和凸轮轴传动机构组成的。二冲程一般采用气口式、气口—气阀式配气。二冲程气口式配气的柴油机不需要用专门的换气机构，因而没有气阀配气机构，配气工作由活塞和气缸上的进、排气口来完成；二冲程气口—气阀式直流扫气中气缸上设有进气口，进气的启闭由活塞运动来控制，排气由设在气缸盖上的排气阀配气机构控制。

1）气阀式配气机构的布置及传动

（1）气阀式配气机构的布置型式。气阀式配气机构，因为结构比较简单和工作可靠，得到最广泛的应用。气阀式配气机构可分为多种型式：按气阀布置位置可分为顶置式气阀和侧置式气阀；按凸轮轴位置可分为上置式凸轮轴、下置式凸轮和顶置式凸轮轴；按曲轴和凸轮轴的传动方式可分为齿轮传动和链条传动。

（2）凸轮轴的传动方式。凸轮轴在柴油机上安装的位置不同，则传动关系和零件也就不同。一般有下置式凸轮轴配气机构、上置式凸轮轴配气机构和顶置式凸轮轴配气机构。

①下置凸轮轴式配气机构如图5-20所示。凸轮轴置于气缸的侧面，其进、排气阀都倒置在气缸盖上。柴油机工作时，曲轴通过正时齿轮副驱动凸轮轴旋转，凸轮轴再通过挺柱、推（顶）杆及摇臂控制气阀的开启和关闭。当凸轮轴上的凸轮转动到上升段时，气阀被打开；当凸轮轴上的凸轮转动到下降段时，由气阀弹簧的回复弹力使气阀关闭。在这个过程中实现进气和排气过程。

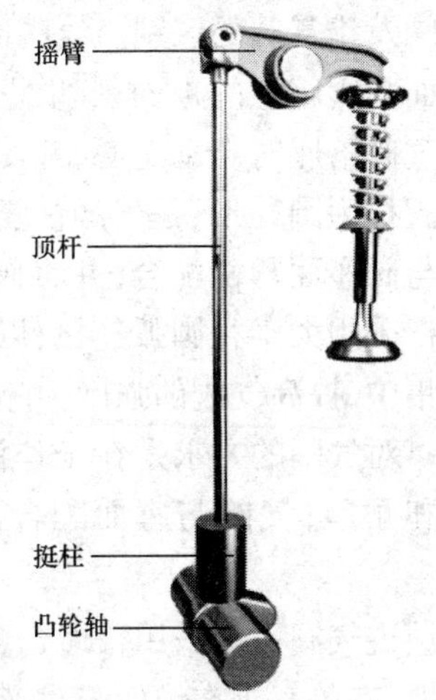

图5-20　下置凸轮轴式的配气机构

下置凸轮轴式的配气机构由于凸轮轴距离曲轴较远，有的也采用链条传动。链条传动是在曲轴和凸轮轴上各布置一个链轮，由链条驱动凸轮轴转动。常用的链条传动有单列链和双列链。链条传动的优点是可靠性好、传动阻力比齿轮小、在柴油机上的布置比较容易，缺点是润滑要求高、传动噪声较大、维护保养比较麻烦。

下置凸轮轴式配气机构的主要特点：凸轮轴传动机构凸轮轴与曲轴距离近，传动方便。但因凸轮至气阀的距离较远，传动组件多，惯性大，加剧了零件的震动和磨损。因此整个系统的刚度较差。

②上置式凸轮轴配气机构如图5-21所示。凸轮轴置于气缸盖上，凸轮轴通过中间部件（如摇臂）来控制气门的启、闭。这种配气机构凸轮直接作用于摇臂，省去了挺柱和顶杆，使整个系统的刚度大大加强，工作可靠性好。但曲轴到凸轮轴传动机构复杂。

③顶置式凸轮轴配气机构如图5-22所示。凸轮轴上的凸轮直接驱动气阀。这种配气机构无惯性载荷的作用，但气阀杆受侧推力的作用磨损大。曲轴与凸轮轴传动复杂，拆装气缸盖也较麻烦。

2）气阀式配气机构

气阀式配气机构的组成可分为气阀机构及传动机构。

（1）气阀机构。气阀机构由气阀、气阀座、气阀导管和气阀弹簧等零件组成，如图5-23所示。

图 5-21　上置凸轮轴式的配气机构

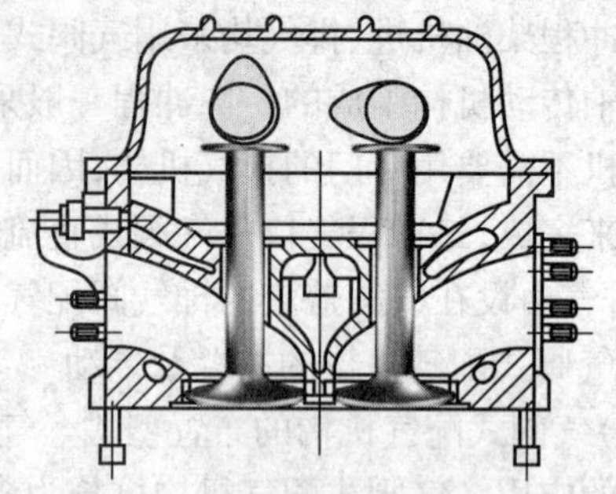

图 5-22　顶置凸轮轴式的配气机构

①气阀。气阀用来控制进、排气道的开启和关闭，因此有进气阀及排气阀的区别。气阀由阀盘和阀杆两部分组成。阀盘的锥面与阀座上的锥面密切配合，用以密封气缸。锥形支承面保证气阀落座时自动定心，并使阀盘上的热量更好的传到阀座上。气阀杆为圆柱形，是气阀往复运动的导向部分，用以保持阀盘锥面与阀座面紧密配合，并将阀盘的部分热量传给导管。阀盘与阀杆采用大半径圆弧连接，以改善由阀盘到阀杆的导热，减少应力集中，提高气阀的强度，并减少气体流通阻力。

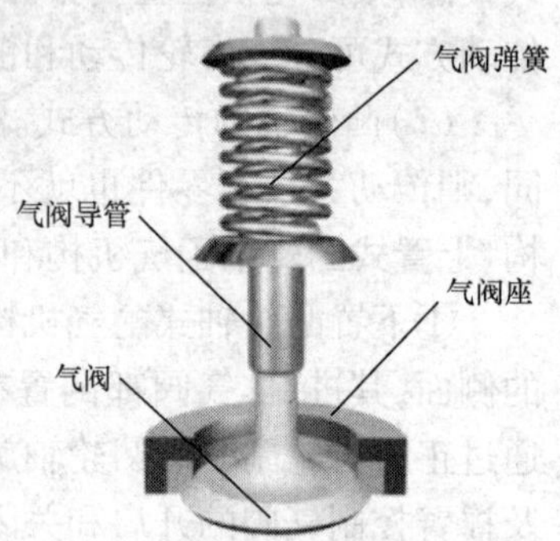

图 5-23　气阀机构的组成

对气阀的要求是在工作温度下能保持较高的机械性能，耐热和耐磨；气阀与座面配合的密封性好；外形合理，气流阻力要小。

进气阀一般采用普通合金铜、铬钢或镍钢制造，排气阀则采用耐热合金钢制造。为提高耐磨性，有的气阀在锥面密封带处堆焊有特种合金。

②气阀座。气阀座是气阀座合的支承面，和气阀锥面配合对气缸起密封作用，并对阀盘起散热作用。为了提高气阀座支承面的耐磨性，对排气阀通常采用嵌入的气阀座圈。铝合金气缸盖或强化内燃机的进气阀也配用嵌入的气阀座圈。座圈材料为耐热钢或合金铸铁或特种青铜。嵌入的气阀座和座孔表面均制成圆锥形或圆柱形，将座圈冲入或压入到座孔底面为止，然后扩口挤紧。压入到铝合金气缸盖的气阀座的配合表面常车出沟槽，当对气网孔扩口时，气缸盖上的金属便挤入沟内牢固结合。导热性差是嵌入气阀座的缺点，同时加工精度要求高，使成本增加，并且如果配合不好，工作中座圈易脱落造成事故。

③气阀导管。气阀导管的功用是保证气阀作往复直线运动，使阀与阀座正确配合，此外还将阀杆传来的热量传递给冷却介质。气阀导管在较高温度（520 ~ 570K）及润滑不良条件下工作的，而导管和阀杆之间靠配气机构飞溅出来的机油润滑，因此容易磨损。气阀导管通常用铸铁或耐热青铜制成，为带或不带支撑凸缘的圆柱形管，内外表面经加工后压入气缸盖中，再将内孔精铰。

④气阀弹簧。气阀弹簧用于保证气阀对阀座的紧密配合，和在打开气阀的作用力停止后，以及在气缸内压力很低时都能保持气阀处于关闭状态。弹簧应具有足够的刚度，以防止在工作中因气阀、挺柱和顶杆等运动件的惯性力而产生彼此脱开的现象。

气阀弹簧用高碳锰钢、硅锰钢或镍铬钢丝以冷卷法制造，并经喷丸或喷沙表面处理，以提

高其可靠性。

(2)气阀的传动机构。气阀的传动机构的功用是按规定的时刻开启或关闭气阀,并保证气阀有足够的开度。气阀传动机构可分为机械式和液压式两种。

机械式传动机构运用广泛,一般采用齿轮传动和链传动。四冲程船舶柴油机通常采用齿轮传动,大型低速二冲程柴油机根据凸轮轴的位置有二种传动方式:一种是凸轮轴布置于机架的中部,因曲轴与凸轮轴的距离较近,采用齿轮传动;另一种凸轮轴布置于气缸体的中部,因曲轴与凸轮轴的距离较远,采用链传动。还有采用齿轮与链条联合传动。无论采用那何种传动,其传动机构必须保持正确的定时关系。此外,还应尽量减少扭振及凸轮轴扭转变形引起的定时偏差。

如图 5-24 所示为气阀的传动机构,采用齿轮传动,其主要零件有挺柱、顶杆、摇臂、传动齿轮及凸轮轴。曲轴通过传动齿轮驱动凸轮轴转动,凸轮轴再通过挺柱、推杆及摇臂控制气阀的开启和关闭。当凸轮转动到上升段时,气阀被打开;当凸轮转动到下降段时,由气阀弹簧的回复弹力使气阀关闭。

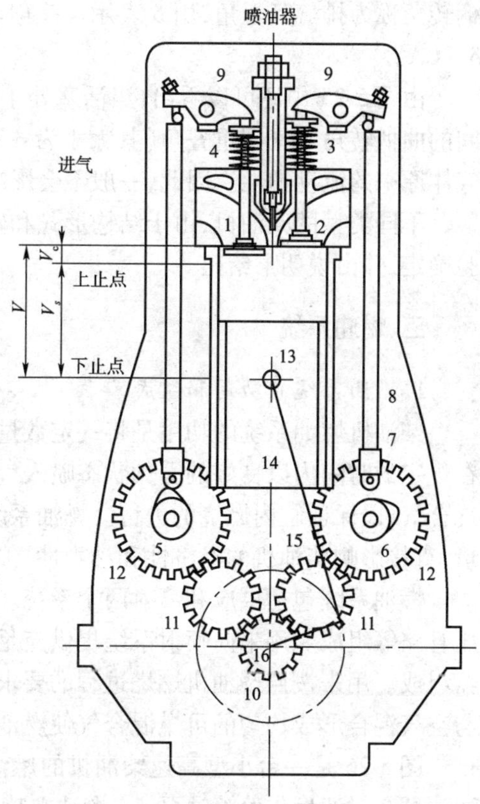

图 5-24　机械式齿轮气阀传动机构

1-进气阀;2-排气阀;3-弹簧;4-弹簧承盘;5-进气凸轮;6-排气凸轮;7-挺柱;8-推杆;9-摇臂;10-主动齿轮;11-过桥齿轮;12-从动齿轮;13-活塞;14-连杆;15-曲柄;16-曲轴

3. 配气相位

柴油机在实际工作中,为使气缸尽量多地吸入新鲜气体,并尽可能彻底地排出废气,进、排气阀均相对于上、下止点提前开启,延迟关闭。气阀的启、闭时刻通常用该缸的曲柄所在位置相对于上、下止点之间的曲柄转角(°CA)来表示,称为配气相位。用曲柄转角表示配气相位的几何圆图称为配气相位图,如图 5-25 所示。

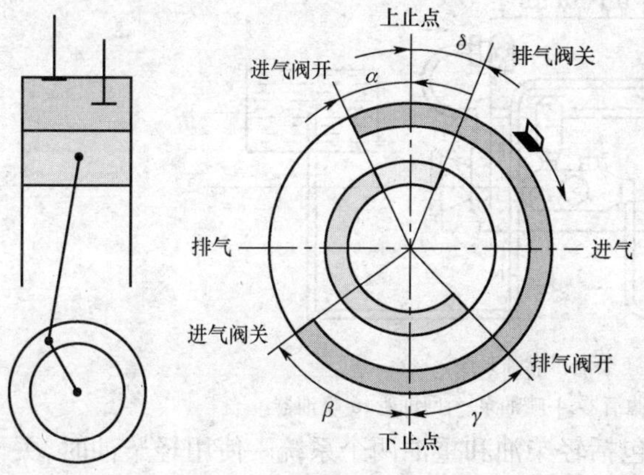

图 5-25　柴油机配气相位图

进气阀开启时刻曲柄位置距上止点的曲柄转角称为进气提前角,用 α 表示。一般内燃机的 α 角为 0 ~ 40°CA。

下止点距进气阀关闭时刻曲柄位置的曲柄转角称为进气延迟角,用 β 表示。一般 β 角为 20 ~ 60°CA。进气过程持续角为$(180+\alpha+\beta)$°CA。

排气阀开启时刻曲柄位置距下止点的曲柄转角称为排气提前角,用 γ 表示。一般 γ 角为 30 ~ 80°CA。

上止点距排气阀关闭时刻曲柄位置的曲

柄转角称为排气延迟角,用 δ 表示。一般 δ 角为 10 ~ 35°CA。排气过程持续角为 $(180+\gamma+\delta)$°CA。

由图 5-25 中还可以看出,当活塞处于换气上止点时,进、排气阀同时开启着,对应这段时间的曲柄转角叫气阀重叠角(其大小为 $\alpha+\delta$)。适当大小的气阀重叠角不会影响废气和进缸气体原来的流动惯性。因此,一般不会影响换气过程的完善性。

不同类型的柴油机,由于结构形式和转速的不同,对配气相位的要求也不同,需要经过实验确定,并由说明书给出。

二、燃油系统

1. 燃油系统的功用和组成

柴油机燃油系统的功用是将一定数量的洁净燃油,以足够的压力,按照严格的喷油定时,在规定的时间内以良好的雾化状态喷入气缸,与燃烧室内的压缩空气相混合形成均匀的可燃混合气,以保证缸内燃烧的进行。燃油系统工作性能的好坏,将直接影响气缸内燃油的燃烧质量,直接影响柴油机的经济性和动力性。

燃油系统包括供应和喷射两个系统。供应系统一般由日用油柜、输油泵、燃油滤清器和低压管路等组成。用来向喷射系统提供充足、清洁的燃油。喷射系统由喷油泵、高压油管和喷油器组成。用来按照柴油机燃烧过程的要求,定时、定量、定压地向气缸内喷入雾化良好的燃油,与空气混合形成均匀的可燃混合气使燃油燃烧,将燃烧的化学能转化为热能。

图 5-26 是一台小型高速柴油机的燃油系统。燃油从日用油柜 1 被输油泵 2 压送经燃油滤清器 3 过滤后供给喷油泵 4。燃油在喷油泵中建立高压后经喷油器 6 以雾状喷入气缸。供给喷油泵多余的燃油流回输油泵进口端。从喷油器泄漏的燃油沿着回油管 5 流回日用油柜。

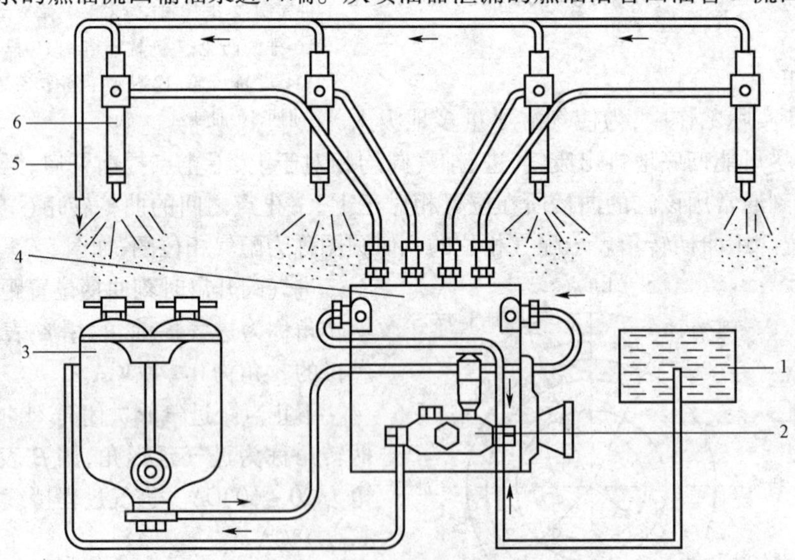

图 5-26 小型高速柴油机燃油系统

1-燃油日用油柜;2-输油泵;3-燃油滤清器;4-喷油泵;5-回油管;6-喷油器

图 5-27 是 6250C 型柴油机燃油系统。它包括轻柴油和重油两个系统。使用轻柴油时,关闭重油供给阀 A,开启轻柴油供给阀 B,有输油泵从轻柴油日用油柜吸出轻柴油,经燃油滤清

器过滤后供给喷油泵。改用重油时，关闭阀 B 开启阀 A，输油泵从重油日用油柜将加热后粘度降低且已净化的重油吸出压送至喷油泵。

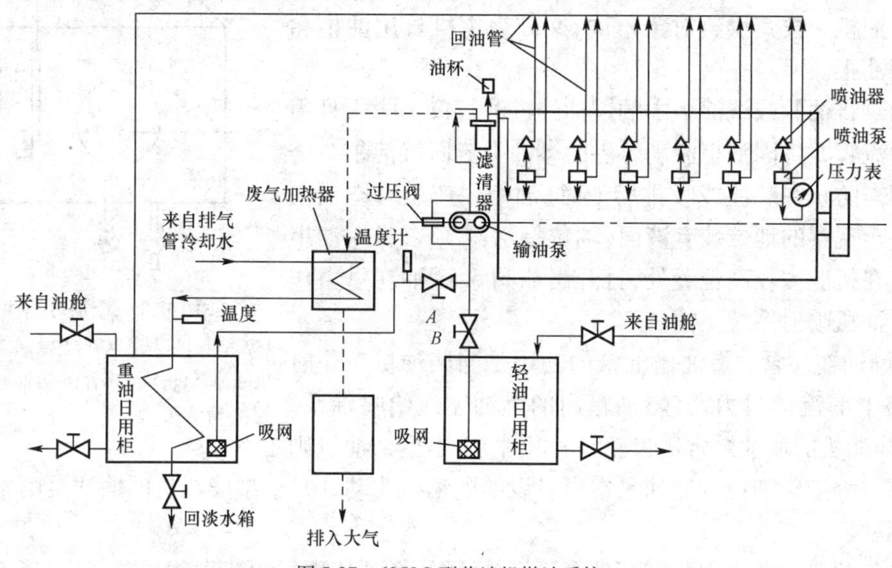

图 5-27　6250C 型柴油机燃油系统

2. 对喷射系统的要求

柴油机工质的形成属于内部混合方式，燃油与空气的混合是在极短的时间内完成的，因此，柴油机对喷射系统要求十分严格。为保证柴油机运转的可靠性、动力性和经济性，喷射系统应满足以下要求。

(1) 良好的雾化状态。为克服柴油因挥发性差及混合时间短，对混合气形成带来的困难，要求喷入气缸的燃油必须雾化良好，油滴细小均匀，具有足够的穿透力，且与燃烧室形状相配合；在喷射开始和结束时要干脆利落，不得有滴油现象。燃油的雾化程度取决于喷油压力和喷孔直径等因素。

(2) 正确的喷油定时。燃油要在规定的喷油始点和喷油持续角内喷入气缸。这包括准确的喷油提前角及适当的持续时间，以及各缸的一致性。此外，在供油期间，不同时刻的供油量应符合燃烧规律的要求。

当使用的燃油品质发生变化时，所要求的最佳喷油提前角需要重新调节。在多缸柴油机机中，由于喷油泵和凸轮制造上的差别以及使用中磨损的不同，尽管各喷油凸轮的安装角度相同，但各缸的实际喷油时刻仍有差别。故要求柴油机各缸喷油正时能单独调节。

(3) 可以调节的供油量。柴油机功率的大小取决于每一循环喷入气缸的燃油量。喷油泵应能根据柴油机负荷的变化调节供油量（总调）。多缸柴油机各缸的喷油量应均等，否则在高负荷时，某些气缸会因供油量太大而超负荷；而在低负荷时，某些气缸又可能因供油量太少而不能正常工作。因此，要求除能对各喷油泵的供油量进行总体调节外，还能对各喷油泵的供油量进行单独调节。

3. 燃油系统的主要设备

燃油系统由日用油柜、燃油输油泵、低压油管、燃油滤清器、喷油泵、高压油管、喷油器和回油管等组成。其中日用油柜、输油泵、燃油滤清器、喷油泵、喷油器是最主要设备。

(1)日用燃油柜。日用燃油柜专供柴油机日常用油,如图5-28所示。按所装燃油品种不同,可分为重油日用油柜和柴油日用油柜。按其供给对象不同,又分为主机日用油柜和辅机日用油柜。

输油泵将油舱或沉淀柜中的燃油经进油管口1驳入日用油柜。溢流管5将因油柜驳满外溢的燃油引流回沉淀柜。透气管2用来防止在装注或吸排燃油时,油柜内产生真空或气垫。在易于观察的地方装有液面(油位指示器3)。日用油柜一般设置在机舱内较高位置处,打开出油阀6,燃油在重力作用下向柴油机喷射系统供油。

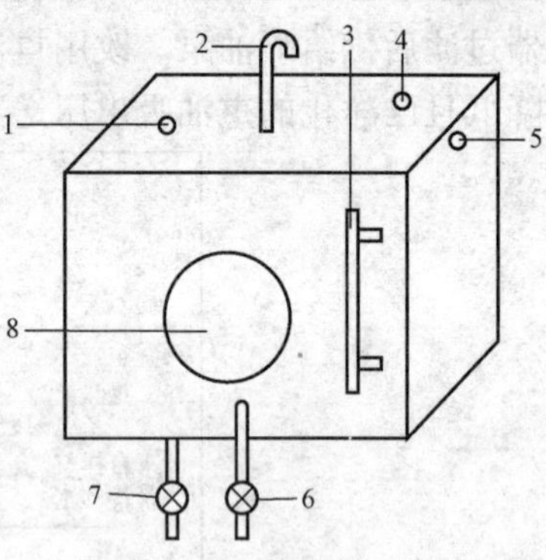

图5-28　燃油日用油柜

1-进油管口;2-空气管;3-液面管;4-柴油机回油管口;5-溢流管;6-出油阀;7-放油阀;8-清洁孔

(2)燃油输油泵。燃油输油泵的功用是当柴油机工作时克服管路中的流动阻力,将燃油箱内的燃油输送给喷油泵。大、中型柴油机的输油泵常用齿轮泵和叶片泵,小型柴油机则用活塞泵。大型柴油机的输油泵常由专设的电动机驱动,中、小型柴油机的输油泵则常由柴油机直接驱动。

有些柴油机的油箱因装在高处可不用输油泵,燃油依靠重力流入喷油泵。

下面主要介绍往复活塞式泵的结构和工作原理。齿轮泵和叶片泵参见本书第七章船用泵阀的相关内容。

如图5-29所示为12V180柴油机所用的双作用式活塞输油泵的结构原理简图。

其工作原理是,在喷油泵凸轮轴上的偏心轮1通过滚动轮2和顶杆3,向下压活塞5,这样使进油阀4和排油阀9开启,另外进油阀6和排油阀7关闭,同时活塞弹簧8被压缩。当偏心轮转过滚轮后,弹簧的弹力使活塞上行,此时,进油阀6和排油阀7开启,而进油阀4和排油阀9两个关闭。凸轮轴每转一周,输油泵输油两次。如果排出管路上油压增高大于弹簧弹力时,则活塞便停留在输油泵下部,待油压降低后,继续供油。因此,这种输油泵能够按需要自动改变输油量。

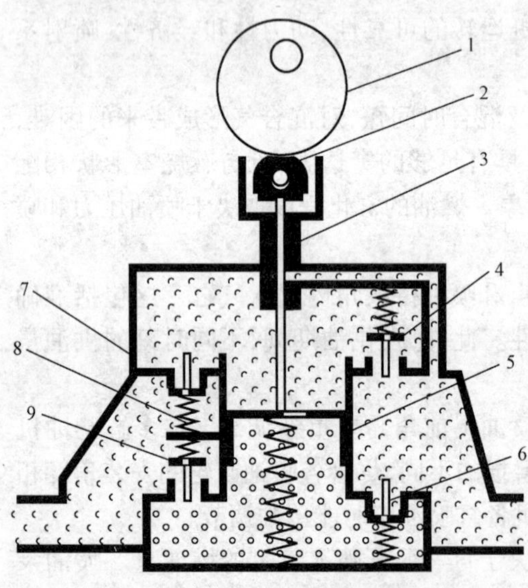

图5-29　活塞式输油泵的结构原理简图

1-偏心轮;2-滚动轮;3-顶杆;4-排油阀;5-进油阀;6-活塞;7-排油阀;8-活塞弹簧;9-排油阀

(3)燃油滤清器。燃油滤清器用来滤除燃油中的杂质。燃油的清洁程度对燃油系统各部件的使用寿命和工作可靠性有直接关系。

滤清器有多种型式,按其过滤能力不同分为粗滤器、细滤器两种。船舶柴油机的滤清器要求能在不中断供油的情况下清洗或更换滤清器元件。因此,滤清器多做成双联式,用三通旋塞控制交替使用。

①燃油粗滤器。粗滤器它安装在分油机或输油泵之前的输油管道中,一般采用网式滤清器,滤出燃油中的较大杂质。图5-30所示为圆筒形金属网式粗滤器。它主要由滤芯、外壳及

滤清器座三部分组成。它的滤芯是由一圆筒形金属网(铜纱)制成。燃油从金属网外向网内流动,将颗粒较大的杂质滤出,清洁的燃油由圆筒内向上流动经出口流出滤器。

②燃油细滤器。细滤器能滤出微小的杂质,它安装在喷油泵之前,细滤器通常用纸质、毛毡和粉末冶金滤作为芯滤,这种滤芯孔隙分布均匀,有良好的渗透性,过滤精度高,性能稳定,使用寿命长,经清洗后可反复使用。

如图5-31所示是一种毛毡式细滤器。毛毡式滤清器主要由滤清器壳体、滤芯和滤清器盖等组成。

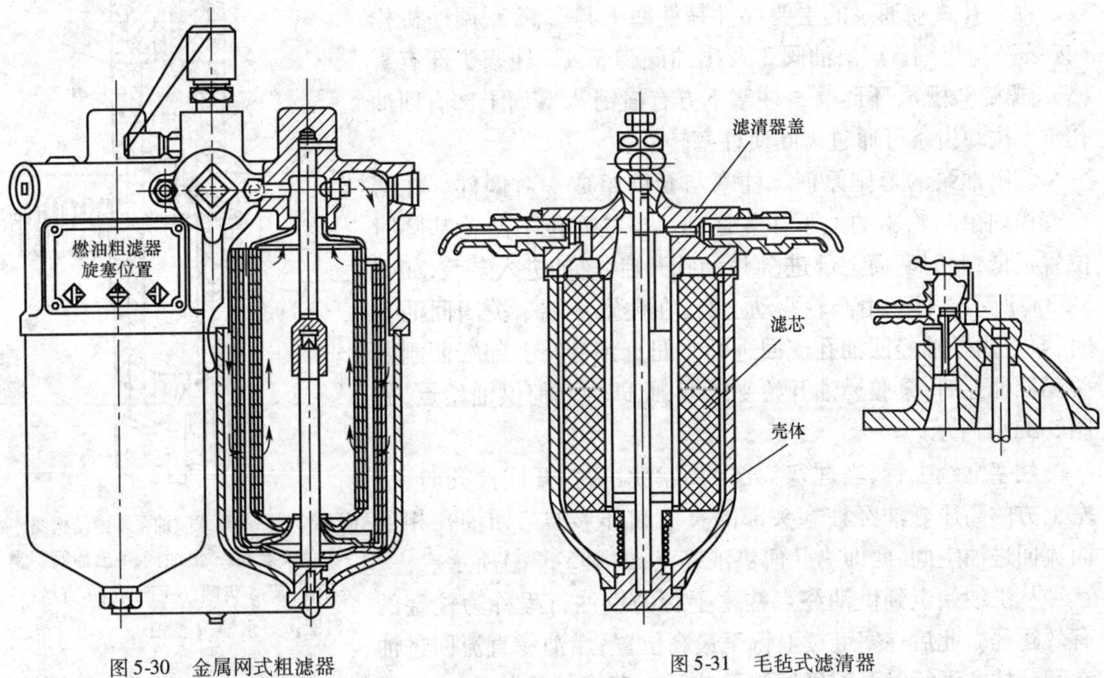

图5-30　金属网式粗滤器　　图5-31　毛毡式滤清器

滤芯装在滤清器壳体中,它由金属网、绸布套和毛毡过滤片组成,滤片相互交替地装在滤网上。在滤网的上端焊有压板,下端焊有底座,在底座上旋有螺帽,通过下托盘将毛毡过滤片紧压在上端的压板上。

滤清器盖上旋有进、出油管接头,以及放气管的旋塞,在旋塞上装有放气嘴。

滤清器体和滤清器盖之间用中心杆连接,其一端旋入滤清器体底部的螺塞上,另一端旋有螺帽,将两者连接。滤芯被装在螺栓上的弹簧紧压在滤清器盖上。燃油从进油管进入滤芯与壳体之间的内腔,然后通过毛毡滤片与绸布套流入金属网的内腔并从这里沿着油管流至出油管,安装油管的目的是为了吸取清洁而无空气的燃油,而空气被汇集在滤清器的上部。放气旋塞用来从油腔内放出来滤清燃油中的空气。柴油机起动之前必须将空气排出。

(4)喷油泵。喷油泵的功用是在柴油机工作时使燃油产生高压,并按照发火顺序和负荷大小,将燃油定时、定量地送到喷油器喷入气缸。

由于喷油压力要求很高,喷油泵都采用柱塞式的结构。根据喷油器的油量调节机构形式不同,它可以分为回油孔调节式和回油阀调节式两大类。前者在沿海及内河船舶上各类柴油机上获得广泛使用,后者主要用于远洋大型柴油机。限于篇幅,这里主要介绍回油孔式喷

油泵。

回油孔式喷油泵又称波许泵(Bosch)或斜槽式喷油泵。回油孔式喷油泵按各缸喷油泵单元组合方式可分为单体式和组合式两种,两者的基本结构相同。单体式一般用于大、中型柴油机,组合式用于多缸小型柴油机。

①喷油泵基本结构。图5-32是回油孔式喷油泵基本结构图。

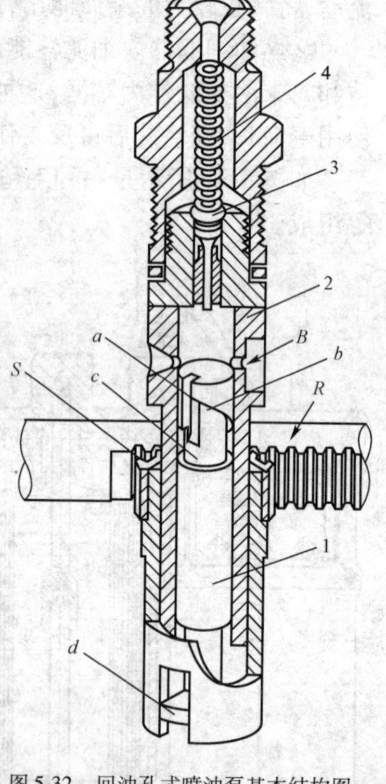

图5-32 回油孔式喷油泵基本结构图
1-柱塞;2-套筒;3-出油阀;4-出油阀弹簧;R-齿条;S-齿圈;B-回油孔;a-直槽;b-斜槽;c-环形槽;d-横销

回油孔式喷油泵的主要部件是柱塞1与套筒2、调油机构(齿条R与齿圈S)、出油阀3及出油阀弹簧4。柱塞头部有直槽a、螺旋斜槽b、环形槽c,柱塞下方有横销d,套筒上部有回油孔B。拉动齿条可通过齿圈使柱塞转动。

②喷油泵的工作原理。柱塞与套筒组成一对偶件。柱塞在套筒内由凸轮驱动上下往复运动。当柱塞位于凸轮基圆时位置最低,此时套筒上部进(回)油孔开启,燃油进入泵腔,如图5-33a)所示。柱塞由凸轮驱动上行,在柱塞顶端未关闭回油孔时,泵腔内燃油经回油孔流回进油空间直到柱塞上部端面刚好关闭回油孔时,泵腔燃油开始受压缩,此即为几何供油始点,如图5-33b)所示。

柱塞继续上行,当柱塞头部的螺旋斜槽打开回油孔时,柱塞上方的高压燃油经柱塞头部的直槽和环形槽与回油孔相通而流回进油空间,此即为几何供油终点,如图5-33c)所示。

从供油始点到供油终点柱塞上行的供油行程称为柱塞的有效行程。此后柱塞继续上行至最高位置,燃油一直流回进油空间。柱塞下行时泵腔经回油孔充油。若在柱塞的往复运动中通过调节机构逆时针转动柱塞,则供油始点不变,而供油终点延后,即柱塞有效行程增大,供油量增加。反之,顺时针转动柱塞,则柱塞有效行程减小。当柱塞头部的直槽对准回油孔时,泵腔中的燃油在柱塞的全部上行行程中都经回油孔流回进油空间,此即为停油位置,即停车位置。这样就可以对喷油泵供油量进行调节。

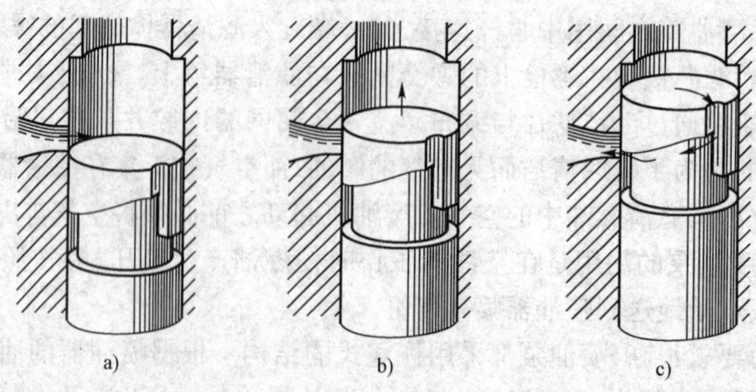

图5-33 柱塞泵工作原理图

③喷油泵传动机构。喷油泵传动机构其功用是驱动柱塞上行压油。柱塞的下行吸油则是靠柱塞弹簧弹力来完成的。喷油泵的传动机构如图 5-34 所示。它由凸轮轴 1、凸轮 2、滚轮 3、顶头 4、顶头调节螺钉 5 和锁紧螺母 6 等组成。柴油机曲轴通过齿轮或链条带动凸轮轴凸轮回转,凸轮驱动柱塞作上下往复运动。

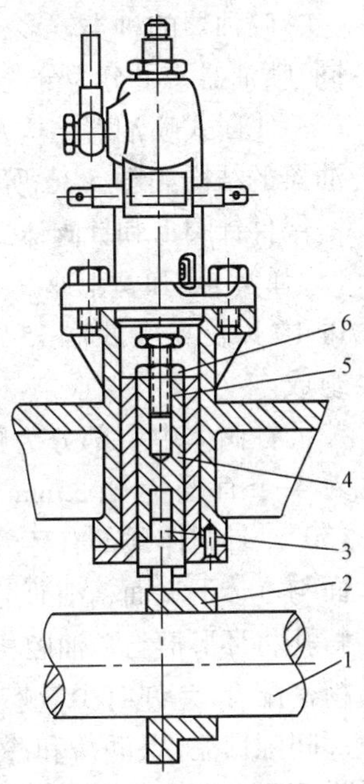

图 5-34　喷油泵传动机构

1-凸轮轴;2-凸轮;3-滚轮;4-顶尖;5-调节螺钉;6-锁紧螺母

④油量调节机构。为了适应柴油机负载的要求,喷油泵的供油量必须能够在最大供油量(全负荷)到零供油量(停车)的范围内进行调节。

油泵的供油量决定于供油的始、终点。供油始点取决于柱塞上端面遮蔽回油孔的时刻;终点则取决于柱塞斜槽边开启回油孔的时刻。图 5-35 中的柱塞无论怎样转动,其供油始点都不变,供油量通过改变供油的终点来调节。当柱塞头部的结构改变时,油量调节方式亦改变。

柱塞头部结构螺旋斜槽则按其在柱塞上布置的形式,基本又可分为,下螺旋槽式,上螺旋槽式和上下双螺旋槽式三种,如图 5-35 所示。图中分别表示终点调节、始点调节及始终点调节三种油量调节方式。

图 5-35a)所示为下螺旋槽式柱塞,其顶部为一平面,其供油始点不变,用变更供油终点的办法来改变油量。这种调节方式称终点调节式。

图 5-35b)所示为上螺旋槽式柱塞。其供油终点不变而供油始点可变化。这种调节方式称始点调节式。

图 5-35c)所示是上下双螺旋槽式柱塞,它是供油始点和供油终点都可变化的柱塞。这种调节方式称始终点调节式。

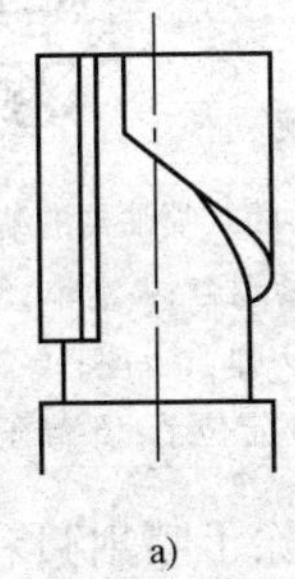
a)

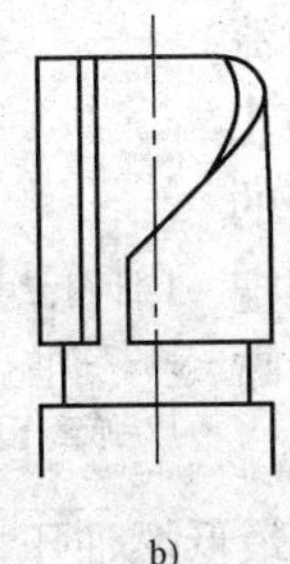
b)

c)

图 5-35　柱塞螺旋斜槽的形式

供油量的调节是通过齿杆、转动套使喷油泵的全部柱塞同时转动来实现的,如图 5-33 所示,随着柱塞转动的角度不同,柱塞的有效行程也就不同,因而供油量也随之改变。

在喷油泵油量调节机构中,除了上述的齿杆式油量控制机构之外,还有一种拨叉式油量控制机构。

(5)喷油器。喷油器装在气缸盖上,它的功用是将燃料雾化成极细的微粒而喷入气缸。一般说来,喷油器应具有一定的喷射压力和贯穿距离,良好的雾化性能和合适的喷雾锥角,此外喷油、停油要迅速,不发生滴漏现象。

喷油器的种类较多,现代柴油机广泛采用液压启阀式(又称闭式)喷油器,按喷孔数目不同,喷油器又可分为分为多孔式和单孔式两种。

①闭式喷油器结构及工作原理。闭式喷油器的结构如图5-36所示。它由本体4、精密偶件针阀1和针阀体2、推杆13、弹簧下座12、弹簧11、弹簧上座9、调压螺钉8、锁紧螺母10以及高压滤器15、进油管接头等部件组成。

针阀体中空部分为贮油腔,喷油嘴均布着4个直径为0.35mm的喷孔,喷射锥角150°。针阀体顶部有环形槽,为保证密封,此面与本体下端面精细研磨配合。针阀体内有斜孔将环形槽与贮油腔相通。针阀与针阀体精密配合,允许有少量燃油经针阀体的导向部间隙回流,以润滑和冷却针阀偶件。调压弹簧通过推杆将预紧力传至针阀,将针阀紧压在阀座上。弹簧的弹力可由调压螺钉控制,并用锁紧螺母锁紧。针阀尾柄插入推杆底部中孔,针阀升程受到本体端面限制,正常值为0.45mm。

高压燃油自进油管接头经本体内孔进入贮油腔作用在针阀的锥面上,克服弹簧的预紧力将针阀抬起。当针阀一离开阀座,其承压面突然增大,使针阀快速升起,减小了节流损失,使燃油经喷孔喷入气缸。喷油泵停止供油后,贮油腔油压突然降低,针阀在弹簧的作用下迅速关闭,喷油便停止。此时,针阀把高压油的空间与燃烧室隔开,所以把这种喷油器称为闭式喷油器。

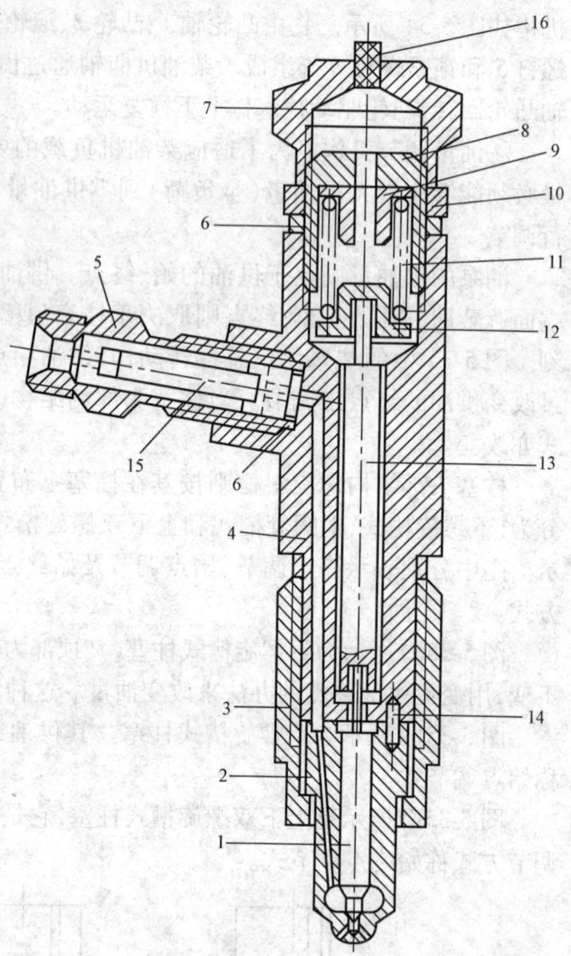

图5-36　闭式喷油器的结构

1-针阀;2-针阀体;3-锁紧螺帽;4-本体;5-进油管接头;6-垫圈;7-护帽;8-调压螺钉;9-弹簧上座;10-锁紧螺母;11-弹簧;12-弹簧下座;13-推杆;14-定位销;15-高压滤器;16-回油接头

燃油喷射过程的压力不会低于某一个最低燃油压力,这就消除了喷射过程始末的低压喷射现象。燃油抬起针阀的最低压力叫启阀压力。

②油嘴结构形式。喷油器结构形式很多,但彼此间的主要区别是在喷油嘴(本体以下部件的总称)。喷油嘴的结构与燃烧室形状有关。

闭式喷油器的喷油嘴的形式很多,主要有孔式喷油嘴和轴针式喷油嘴两大类。其基本类型如图5-37所示。

孔式喷油嘴可分为单孔式喷油嘴和多孔式喷油嘴。

单孔式喷油嘴如图5-37a)所示。喷孔在喷油嘴中央,孔径最小为0.2mm,供油量大的孔径也增加。这种喷油嘴由于孔径大不易堵塞,喷出的油束穿透力强,雾化油粒较大。

多孔式喷油嘴如图 5-37b）所示。喷孔数目 4～12 个，孔径 0.15～1.0mm。雾化油粒匀细，分布较均匀，因孔径较小喷孔容易堵塞。

轴针式喷油嘴如图 5-37c）所示。在针阀下端有一小轴针，插入喷孔中，轴针有圆柱形和锥形两种。喷出的油束成空心柱状或空心锥状。

目前，对于强化程度较高的中、低速柴油机，大多采用冷却式喷油嘴。这种喷油嘴在针阀体内部布置有冷却液流道用以冷却，这种冷却方式也称为内部冷却。冷却液通常采用淡水或柴油。淡水导热系数大，冷却效果好。使用淡水冷却的喷油器冷却系统，是一个单独设立的冷却系统，称为喷油器冷却系统。用燃油冷却无需专门密封，系统较为简单。

图 5-38 所示为两种常见的冷却式喷油嘴。

图 5-38a）为钻孔冷却。冷却腔由四个钻孔组成。孔的端部用闷头堵死。喷油嘴头部有的还镀有一层钨镍合金保护层，以增加使用寿命。

图 5-38b）为冷却水套式。冷却从专门的孔道进入喷油嘴头部的冷却腔内，冷却后经另一通道（图中未画出）流出。

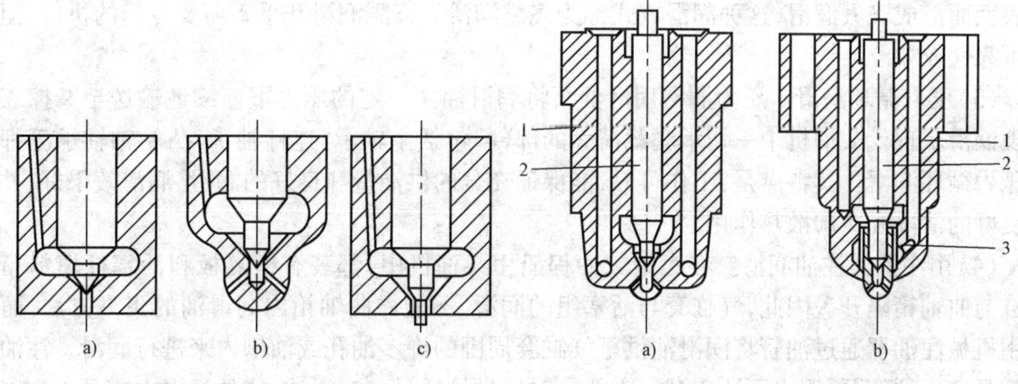

图 5-37　喷油嘴的基本形式

图 5-38　内部冷却器喷油器

1-针阀体；2-针阀；3-冷却水套

为防止燃气漏入冷却腔，冷却水套与喷油嘴的接缝需采用焊接或热压工艺。

常见的轴针式喷油器只有一个孔，孔径为 1～3mm。由于喷孔直径大，轴针又上下运动，所以喷孔不易积碳，工作可靠。轴针式喷油器喷油压力较低（12～14MPa）适用于对喷雾要求不太高的柴油机。

三、润滑系统

为了保证柴油机正常可靠地工作，延长柴油机的寿命，必须润滑柴油机中各运动部件的摩擦表面。

1. 润滑系统的功用

（1）减磨作用。在相互运动表面保持一层油膜以减小摩擦。这是润滑的主要作用。

（2）冷却作用。带走两运动表面因摩擦而产生的热量以及外界传来的热量，保证工作表面的适当温度。

（3）清洁作用。冲洗运动表面的污物和金属磨粒以保持工作表面清洁。

（4）密封作用。产生的油膜同时可起到密封作用。如活塞与缸套间的油膜除起到润滑作

用外,还有助于密封燃烧室空间。

(5)防腐作用。形成的油膜覆盖在金属表面使空气不能与金属表面接触,防止金属锈蚀。

(6)缓冲减振作用。形成的油膜可起到缓冲作用,避免两表面直接接触,减轻振动与噪声。

在柴油机中需要润滑的主要零件有:曲轴的主轴颈和曲柄销,活塞和气缸,凸轮轴承及凸轮,传动轴轴承及齿轮等。

2. 润滑方法

根据柴油机的类型、使用条件和润滑部位的不同,润滑油送至摩擦表面的方式有以下几种。

(1)人工润滑。这种润滑方法是用人工方法将润滑油定期加注到摩擦表面。如摇臂轴承、气阀导管、传动杆接头等。这种润滑方法操纵简单,单耗油量大,不能保证良好润滑。

(2)飞溅润滑。飞溅润滑是依靠运动零件飞溅起来的油滴或油雾进行润滑。如在中、小型柴油机中,利用连杆,曲轴等零件在旋转时的飞溅作用,把润滑油甩至气缸套、活塞裙等处摩擦表面而形成飞溅润滑,这种润滑方式称为飞溅润滑。飞溅润滑几乎不需要专门的机件,但润滑可靠性较差。

(3)压力循环润滑。压力润滑用滑油泵将润滑油在一定的压力下连续地输送至摩擦表面实现润滑。现代柴油机中一切承受载荷大的部件,包括主轴承、连杆轴承,凸轮轴轴承等都采用压力循环润滑。其特点是:工作可靠,能保证充分的供油量和良好的润滑,润滑效果好,并具有良好的清洗和冷却散热作用。

(4)用注油器注油润滑。在大型二冲程船用柴油机中,都装有横隔板和活塞杆填料箱把气缸与曲轴箱隔开。因此,气缸套与活塞组的润滑,不能靠曲轴箱内润滑油的飞溅方法,而必须用机械注油器通过油管将润滑油供至气缸套周围的许多油孔或油槽内来进行润滑。注油器多数是高压柱塞泵,压力可达2MPa,它能定时地供给适量的润滑油,这种润滑方式可以和柴油机的润滑系统分开而单独采用质量较高的专用气缸润滑油。某些大功率中速柴油机也设有机械注油器,作为飞溅润滑的补充。

3. 润滑系统类型

按照润滑油大量贮存的部位不同,润滑油循环系统分为湿式曲轴箱和干式曲轴箱两种。

(1)湿式曲轴箱润滑系统。这种系统其润滑油贮存于油底壳内,无专门的润滑油柜。如图5-39所示为6135ZG型柴油机的润滑油路该润滑系中,连杆轴承,凸轮轴轴承、正时齿轮以及增压器浮动轴承都采用压力润滑,其余部件采用飞溅润滑。

机油由加油口4(装在气缸体侧面)加入油底壳1,在加油口附近装有机油标尺,用以测量油底壳中的机油量。油底壳底部装有放油旋塞。发动机工作时,机油泵5经粗滤网2和吸油管吸入机油,将机油压送到机油滤清器底座,然后分成两路:一路到离心式机油精滤器6,经滤清后回油底壳1;另一路到粗滤器8,滤清后进入机油散热器10。经机油散热器冷却后的机油又分两路:一路经滤清器18再次滤清后,进入涡轮增压器的中间壳润滑转子轴和浮动轴承,然后由中间壳下部的出油口经回油管流回发动机油底壳;另一路到传动齿轮盖板上的油道,由此,机油一部分经曲轴内油道进入各连杆轴颈,润滑连杆轴承;另一部分经凸轮轴内油道润滑各凸轮轴轴承,并沿着第二道凸轮轴轴承引出的油道,直通到摇臂轴中去润滑气门传动件。少

部分机油从传动齿轮盖板上的喷油嘴喷出，滴落在各传动齿轮12上。

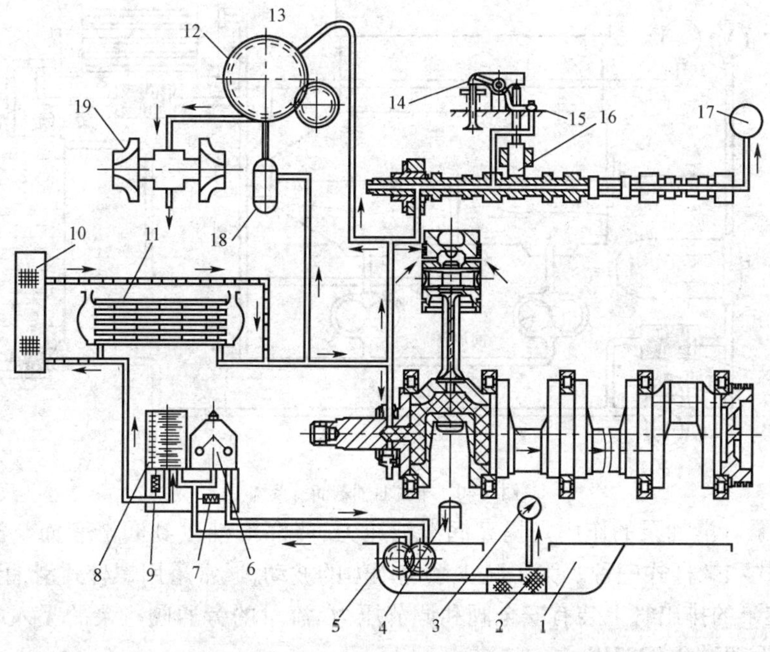

图5-39　6135ZG型柴油机润滑油路

1-油底壳；2-粗滤网；3-油温表；4-加油口；5-齿轮泵；6-离心式滤清器；7-限压阀；8-粗滤清器；9-旁通阀；10-机油散热器（风冷）；11-机油冷却器（水冷）；12-传动齿轮；13-喷油塞；14-摇臂；15-气缸盖；16-气阀挺柱；17-油压表；18-网格式滤清器；19-废气涡轮增压器

利用运动部件飞溅起来的机油润滑活塞、气缸壁、主轴承、活塞销和连杆小头衬套等部位。

旁通阀9装在滤清器底座上，当粗滤器堵塞，作用在旁通阀上的油压超过调整值时，旁通阀开启，机油不经过滤直接进入各润滑表面，因此，应按规定及时清洗粗滤器滤芯。

滤清器底座上还装有限压阀7，当油压超过调整值时，限压阀开启，机油流回油底壳，使油压下降。当油压降到正常值时，限压阀关闭。

所以，这种湿式油底壳润滑系统，也是属于压力循环润滑和飞溅润滑的混合方式。湿式油底壳润滑系统特点是：结构简单，但润滑油容易变质，有时供油不连续，清洗和检查油底壳不方便。小型船舶柴油机应用较多。

（2）干式曲轴箱润滑系统。这种润滑系统的工作原理示意图如5-40所示。润滑油专门贮存于的润滑油柜，油底壳收集后被抽吸后，送至润滑油柜的机油被专用的机油泵以一定压力输送到各个摩擦表面实现润滑。

干式曲轴箱润滑系统特点：它有独立的油箱，可贮存较多的润滑油，而且布置比较自由；可以防止工作过程中油面产生波动，影响柴油机的正常润滑；可减少曲轴箱内高温气体对润滑油的影响，防止润滑油的劣化变质，延长其使用期限；油底壳容积可大大缩小，使柴油机结构高度降低。

这种系统广泛应用于大、中型船舶柴油机。

4. 润滑系统主要设备

润滑系统的主要设备有滑油泵、滑油滤清器、滑油冷却器等。

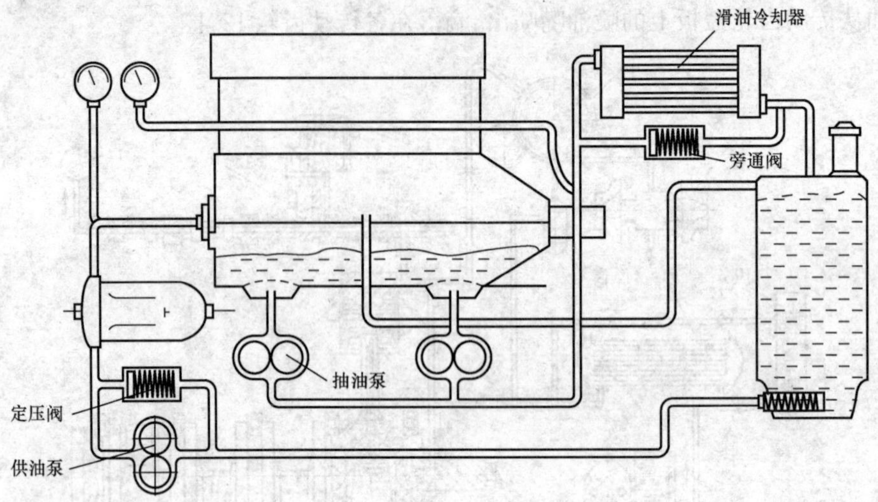

图 5-40　干式曲轴箱润滑系统

(1)滑油泵。滑油泵的作用是提高润滑油压力,将润滑油供到润滑表面。滑油泵常采用齿轮式、转子式和螺杆式三种。为了减少系统压力的波动,通常采用螺杆式滑油泵,并设两台,一台备用。在泵的排出管上装有安全阀和调节压力、流量的旁通阀。泵的吸入端一般装有真空表,真空度不超过 0.033MPa。

(2)滑油滤器。滑油滤器的作用是清除滑油中的杂质。滑油滤器有粗滤器和细滤器两种。粗滤器可过滤较粗的(0.025 ~ 0.12mm)机械杂质,装在滑油泵的进口端以保护油泵;细滤器一般可滤掉0.01 ~ 0.04mm 的杂质,装在滑油泵的出口端,具有过滤效果好、通过能力大、结构简单等优点。滤器前后装有压力表用以表征滤器的清洁程度。

(3)滑油冷却器。滑油冷却器用来冷却工作过的受热滑油,使其保持适当的温度。通常有管壳式和板式热交换器两种。

①管壳式热交换器。目前,船上使用的滑油冷却器和淡水冷却器多为管壳式热交换器。它具有结构坚固、易于制造、适应性强、热容量大、压力损失小、密封性较好等优点。

管壳式热交换器以管道与壳体形成换热空间,壳里面装有许多管子,一种流体在管内流过,另一种流体在管外流过。管壳式热交换器的结构如图 5-41 所示。冷却水从后盖 5 的水道进入冷却管 1 中,然后从前盖 7 的水道流出。滑油从冷却管的外部流过,由于受隔片 2 的限制,滑油的流动呈波浪形,在流动过程中滑油把热量传给冷却水。也有的水冷式机油散热器机油在冷却管内流动,冷却水在管外流动。

②板式热交换器。板式热交换器由架座和板组件组成,如图 5-42a)所示。架座由固定板(板架)1、承载杆 2、导杆 3、支柱 4、压力板 5 和螺杆 6 组成。板组件 7 由若干换热板片组成。所有的部件都连接于板架 1 上,板架 1 由上承载杆 2 及下导杆 3 固定,两杆的另一端装在支柱 4 上。板组件由上承载杆悬下,位于板架和压力板 5 之间,并在两板之间用螺杆 6 夹紧板组件和压力板可沿承载杆和导杆移动。

换热板片通常由不锈钢片压制成型,厚度 0.6 ~ 0.8mm,上有直波凹凸和球面突起花纹的传热面及四个分配液体的孔。各板片和分配孔周围都装有密封垫圈,使液体隔开,并将其限制在板组件内。而垫圈的设计和配置方式,使热交换器内的两种液体作反向流动,并保证两种液

体不渗透混合。各板面形成平行的通道。两种流体的流动与换热如图5-42b)所示。

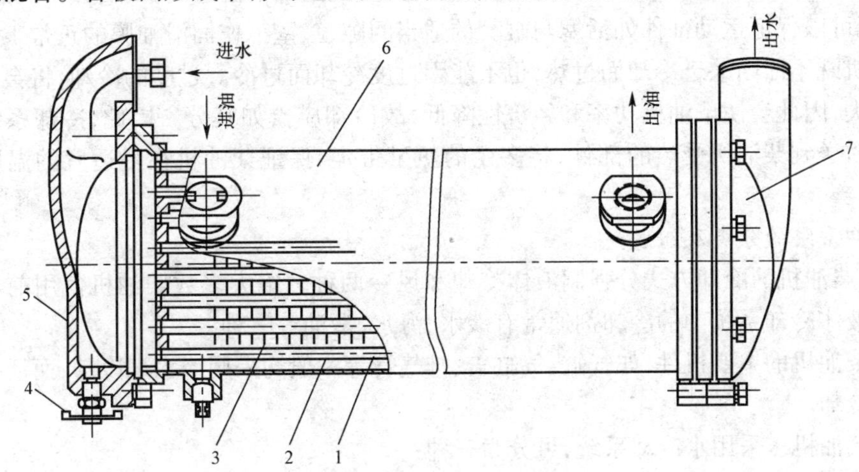

图5-41　管壳式热交换器

1-冷却水管;2-隔片;3-散热片;4-放水阀;5-后盖;6-外壳;7-前盖

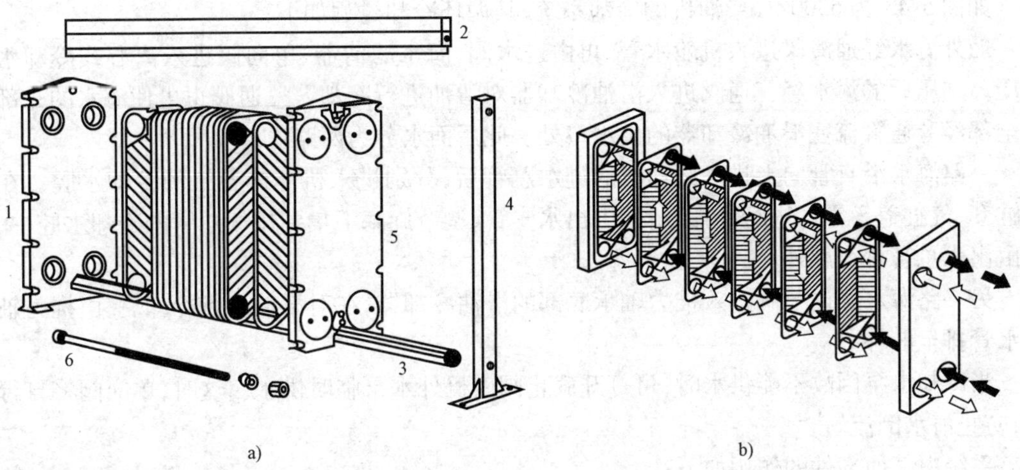

图5-42　板式热交换器

1-板架;2-承载杆;3-导杆;4-支柱;5-压板;6-螺杆

板式热交换器具有换热系数高、结构紧凑、重量轻体积小、除垢和维修方便、极易增减传热面积的优点,但其费用较高,容易漏泄。

四、冷却系统

在柴油机中燃油燃烧放出的热量约为30% ~33%要经过气缸、气缸盖和活塞等部件散向外界。为了能散出这些热量,需要有足够数量的冷却介质强制连续流经受热件,通过冷却保证这些受热部件的正常稳定温度。因而在多数柴油机中均设置冷却系统,保证足够而连续的冷却介质流量以及适当的冷却介质温度。

1.冷却系统的功用

冷却可以保持受热件的工作温度不超过材料所允许的限值,从而可保证在高温状态下受

热部件的足够强度;其次,冷却可以保证受热件内外壁面适当的温差,减少受热件的热应力;此外,冷却还可以保证运动部件如活塞与缸套的适当间隙、缸壁工作面滑油膜的正常工作状态。

柴油机既不能因缺乏冷却而过热,也不能因过度冷却而过冷。过度的冷却,将会引起热能的大量损失,因此会使柴油机功率和经济性降低,故冷却应恰如其分。因此,冷却系统就是利用冷却介质送到柴油机受热的部件,将多余的热量带走,保证柴油机在最适宜的温度状态下工作。

2. *冷却系统的分类及组成*

目前,柴油机的冷却方式分强制液体冷却和风冷两种。绝大多数柴油机使用前者。在柴油机强制液体冷却系统中的冷却剂通常有淡水、海水、滑油等三种。

船用柴油机的主要机件,如气缸、气缸盖、排气管等一般均采用淡水来冷却,而活塞大多数采用滑油冷却。

船用柴油机多采用水冷却系统,可分为三种:

(1)开式冷却系统。开式冷却系统是直接利用舷外水(海水或河水)冷却各受热部件,然后再排至舷外。

如图5-43为6300ZC柴油机的冷却系统,其循环冷却过程如下:

舷外海水经通海阀进入机舱水管,再由进水阀、海水滤清器、单向阀进入离心式冷却水泵加压。加压后的海水经三通阀进入滑油冷却器对滑油进行冷却。三通阀也可使海水的一部分或全部经旁通管流往滑油冷却器的出水口处。此后面水分为两路:

一路海水沿直管向上进入柴油机的进水总管后,分别进入机体内各缸的冷却水腔。在对气缸套、气缸盖等零件进行冷却后,再由出水支管、调节旋塞汇集到排气总管的冷却水腔中,最后由出水总管排至舷外。

另一路海水经调节阀进入推力轴承底部的滑油冷却器,在对滑油进行冷却后,由推力轴承出水管排至舷外。

当冷却水泵因故不能供水时,可打开截止阀由机外水泵临时供水。这时,单向阀将自行关闭,防止海水倒流。

系统中其他部件的作用如下:

调压阀用以限制冷却水的压力,当水压超过规定范围(0.08MPa)时,它将顶开调压阀分流,使海水压力自动降低到规定值。通过改变调压阀弹簧的预紧力,可以对冷却水的压力进行调整。

调节旋塞用以控制各自气缸冷却水的流量。温度计则用于对该气缸冷却水的出水温度进行监测。

出水观察器用来观察出机冷却水的工作情况。当气泡过多时,应检查冷却水泵的吸入端是否漏气;而杂质过多时,则应检查过滤器的滤芯是否破坏。

在这种用海水直接冷却的开式系统中,出水温度必须控制在55℃以下。因为海水含有大量的盐类,当温度超过55℃时,就会沉淀出来,积聚在气缸盖处的水腔内,形成水垢,影响传热。

(2)闭式冷却系统。在闭式循环冷却系统中用经过处理的淡水冷却柴油机受热部件,并在冷却系统内形成封闭循环线路。作封闭循环的冷却淡水再由一个开式循环的舷外水(江水、湖水或海水)通过淡水冷却器进行冷却。

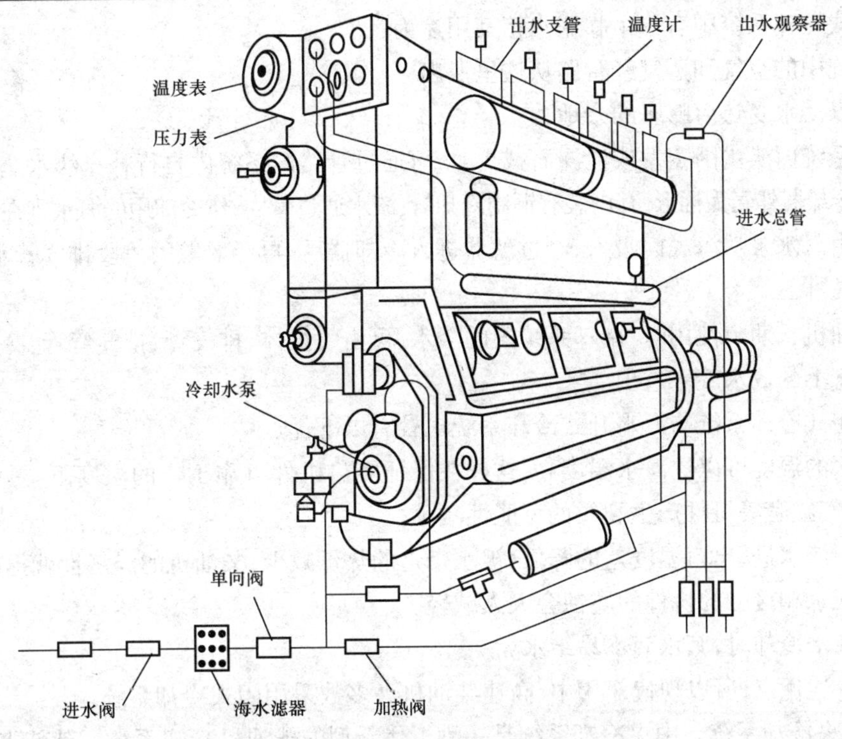

图 5-43　6300ZC 柴油机的开式冷却系统

闭式冷却系统中，柴油机的气缸套、气缸盖、排气管等都是由淡水冷却，淡水则通过其冷却器由舷外水冷却。

如图 5-44 所示为 12V180 柴油机的冷却系统。淡水由淡水泵出来，通过两根进水管和进入两排气缸体。首先冷却气缸套周围，然后向上流，通过每个气缸的导水管进入气缸盖，冷却燃烧室顶部，进、排气道等处以后，从气缸盖的后端出来，经水管进入排气管和排气弯管。淡水出排气管后，进入淡水冷却器，经冷却后再回到淡水泵的进口。

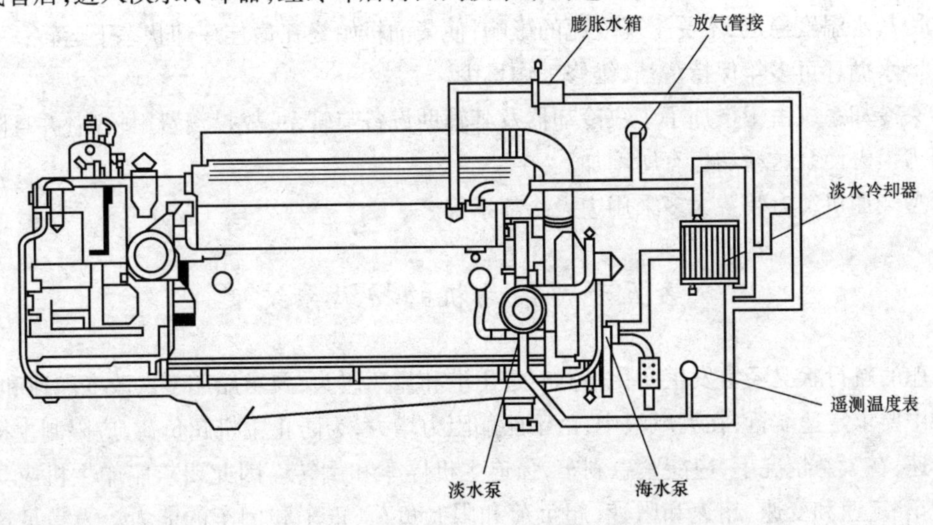

图 5-44　12V180 柴油机的闭式冷却系统

在闭式冷却系统中有一个膨胀水箱其用途为：

①系统中的空气和蒸气经管路从这里泄出；

②给以淡水受热后膨胀的余地；

③当系统内淡水因蒸发或泄漏而减少时，可通过管路向系统内自行补充淡水。

淡水冷却器外壳为桶形，其内装有铜制冷却管，淡水通过管内，作冷却用的海水则在管外流动。

海水由海水泵从海底门吸入，经过滤器进入冷却器后，再经船舷的一段排气管水套或消声器而排出舷外。

当柴油机长期不使用时，冷却系统内的淡水，可由气缸体、排气管、排气弯管、冷却器、淡水泵和输水管上的放水旋塞放出。

淡水闭式冷却系统与海水开式冷却系统比较有以下优点：

①淡水的温度可以比海水温度高，这样在保证受热机件可靠工作的温度下，热应力降低，使气缸盖、气缸套等机件产生裂纹的可能性减少。

②由于淡水进、出口温度差的降低，被水带走的热量减少，柴油机的经济性就提高。

③与淡水相接触的机件的腐蚀会大大减轻。

④用淡水冷却时，其水套不易结水垢。

由于上述优点，所以现代船用中、高速柴油机大多数采用闭式冷却系统。

(3)中央冷却系统。中央冷却系统是一种近代新型的柴油机冷却系统。其特点是使用不同工作温度的两个单独淡水循环系统：高温的高温淡水(约80~85℃)和低温的低温淡水(约30~40℃)闭式系统。前者用于冷却主机，后者用于冷却淡水和各种冷却器(如滑油、增压空气等)。受热后的低温淡水再在一个中央冷却器中由开式海水系统进行冷却。由此，可只使用一个用海水作为冷却液的冷却器，简化了海水管系的布置并可保证柴油机在工况变化时其冷却水参数不变。中央冷却系统较传统的冷却水系统有下述明显优点：

①海水管系及中央冷却器的维修工作量减至最少；

②冷却水温度稳定，不受工况变化的影响，使柴油机始终在最佳冷却状态下运转；

③淡水循环可多年保持清洁，维修工作量少。

中央冷却系统由于增加了中央冷却器及其辅助设备与管系，故投资费用较高；并且附加管系的阻力损失使泵送耗功也有所增加。

新型柴油机动力装置大多采用中央冷却系统。

第五节　柴油机的操纵系统

船舶的航行状况经常发生变化，例如：进出港和靠离码头，要求船舶多次改变航速和航向，在海洋中要求定速航行；在大风浪中，由于船舶阻力增大，为防止主机超负荷，应限制主机的负荷和转速；在紧急情况下，应能紧急刹车，强迫主机停车和倒转。因此要求船舶主机应具有起动和停车、定速和变速、超速和限速、超负荷和限制负荷、正车和倒车的能力。为满足这些功能，而设置的起动、换向和调速装置称之为柴油机的操纵机构。

一、起动装置

1. 起动条件

柴油机的起动就是将静止的柴油机运转起来。一个物体从静止到运动必须有外力的作用。柴油机的起动也是如此，它必须消耗外界起动装置的能量，才能使曲轴旋转。但并不是在曲轴转动起来就能保证气缸内发火燃烧的。因为转速很低时，气缸内被压缩的空气在压缩过程中向气缸壁散热时间长，散热量多，使压缩终点温度比较低，同时空气通过气环的漏气也较多，更使压缩终点温度降低。再有，低速时喷油泵柱塞运动速度低，燃料的雾化差，也不易发火燃烧。因此，为了保证柴油机初次发火的条件有二：一是压缩终点的温度必须大于燃料的自燃点（轻柴油为270℃左右）；二是喷入气缸内的燃料雾化良好。这些条件，只有柴油机运转一定转速时才能达到。使燃料获得初次发火的最低转速叫做最低起动转速。

柴油机起动转速随着柴油机类型不同也不一样。一般高速柴油机的起动转速为60～150r/min；中速柴油机的起动转速为60～70r/min；低速柴油机的起动转速为25～30r/min。

起动时，起动装置传给柴油机的能量主要消耗在：

(1)克服摩擦阻力（包括驱动附属机件）；

(2)使柴油机运动机件加速；

(3)完成柴油机的各个工作过程。

2. 起动方法

根据起动时所用的能量不同，柴油机的起动装置和起动方式也不同。柴油机最常用的起动方法有三种：

(1)人力起动。利用人力通过手柄直接转动曲轴或飞轮实现柴油机起动。这种起动方式最为简单，只要将起动手摇柄端头的横销嵌入柴油机曲轴前端的起动爪内，以人力转动曲轴。人力起动用于15～22kW以下的小型柴油机上。

(2)电力起动。电力起动是利用蓄电池向起动电动机供电，带动曲轴回转实现柴油机起动。

电力起动装置的原理如图5-45所示。直流电动机，由蓄电池供电。在电动机轴上装有可滑动的小齿轮。起动时，按下按钮后，电路接通，电动机转动并使小齿轮与柴油机飞轮上的齿圈相啮合并带动曲轴旋转。当柴油机发火后，立即松开按钮。此时，小齿轮应自动与飞轮齿圈脱开。

电力起动方法广泛地用在小功率高速柴油机上，其优点是结构简单，起动方便。

(3)压缩空气起动系统。船用大功率柴油机绝大多数采用压缩空气起动。因为这种柴油机各运动件重量大，起动向的惯性力和阻力很大，用电力装置是不合适的，故都用压缩空气起动。

压缩空气起动的原理是将具有一定压力的压缩空气，按柴油机发火次序，在膨胀冲程时送入各气缸，推动活塞，使柴油机转动起来。待柴油机转速达到起动转速，喷入燃烧室中的燃料方能自行发火燃烧，使柴油机运行。

图5-46所示为缩空气起动系统原理图。起动前，空气压缩机向空气瓶6冲气至规定压力（一般应达到3MPa）。从空气瓶中出来的压缩空气压缩空气分作两路：一路是起动用的主空

气，直接送至各缸气缸起动阀1内等候，另一路是一小股控制空气，进入空气分配器2后，按发火次序依次送往气缸起动阀上部并将气缸起动阀打开。于是，主空气进入气缸内，推动活塞作功。该装置空气分配器尺寸小，空气耗量小，故在大、中型柴油机中应用较广。

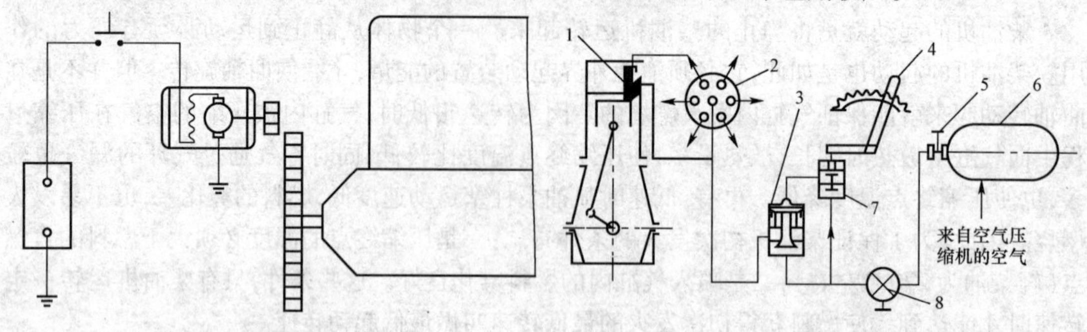

图5-45 电力起动装置的原理

图5-46 压缩空气起动系统原理图

1-气缸起动阀；2-空气分配器；3-主起动阀；4-操纵手柄；5-出气阀；6-空气瓶；7-起动控制阀；8-截止阀

起动时，先将空气瓶上的出气阀5和进气总管上的截止阀8开启，再扳动操纵手柄4至起动位置，顶开起动控制阀7，于是，控制空气经起动控制阀进入主起动阀3上面的活塞上，活塞上的压力迅速地超过弹簧与主起动阀阀面上的压力，而使主起动阀开启，这时，一路作为起动用的主空气到各缸的气缸起动阀1的阀体内等候；另一路控制空气进入空气分配器2后，按发火次序依次送往气缸起动阀上面，将该阀打开，于是等候在气缸起动阀中的主空气就冲入气缸，推动活塞使柴油机起动。

二、换向装置

要使船舶从前进变为后退（或相反），既可靠改变螺旋桨的旋转方向来实现（称定距桨换向），也可以保持螺旋桨转向不变而改变螺旋桨桨叶的螺距角，使推力方向改变来实现（称变距桨换向）。多数船舶使用改变螺旋桨的旋转方向来实现航向的改变，在这种方法中，既可通过轴系上的换向装置来完成（间接传动方式），也可以通过船舶主机的旋转方向的改变来完成。大型低速柴油机多采用后者，对这种柴油机要求具有换向的性能。

所谓换向就是改变曲轴的旋转方向。要使柴油机换向，首先应停车，然后，应使柴油机反向起动起来，最后使柴油机按反转方向运转起来。由此，必须改变起动正时、喷油正时和进、排气阀正时，以满足反向起动和反向运转对正时的要求。由于上述正时均由有关凸轮控制，所以柴油机的换向问题就是如何改变空气分配器、喷油泵和进、排气凸轮与曲轴相对位置的问题。为改变柴油机的运转方向而设置的改变各种凸轮相对于曲轴位置的机构称为换向装置。

换向前后，柴油机本身所驱动的附属设备如油泵、水泵、扫气泵和机械式增压器等都要确保其油、水、空气等流体的输送方向不变。这些设备没有定时要求。

换向时需改变凸轮与曲轴相对位置的设备随机型而变。四冲程柴油机有四个，即：空气分配器凸轮、喷油泵凸轮和进、排气凸轮；二冲程柴油机的弯流换气机构有两个，即：空气分配器凸轮、喷油泵凸轮；二冲程柴油机直流换气机构有三个：空气分配器凸轮、喷油泵凸轮和排气凸轮。改变凸轮与曲轴相对位置的方法基本上可分为双凸轮换向和单凸轮换向。

1. 双凸轮换向

双凸轮换向的特点是对需要换向的设备包括空气分配器、喷油泵、气阀等配置两套凸轮。一套供正车时使用，一套供倒车时使用。正车时正车凸轮处于工作位置，倒车时轴向移动凸轮轴使倒车凸轮处于工作位置。这样便可使柴油机各缸的有关定时和发火次序符合倒车运转的需要。

双凸轮换向的原理以二冲程直流扫气柴油机为例来说明。如图 5-47 所示。图中实线表示正车凸轮，虚线表示倒车凸轮，正、倒车凸轮对称于上、下止点位置的纵轴线 ob，当柴油机正转时，凸轮轴顺时针转动。如果凸轮的升起点 a 即为供油始点，图示位置曲柄正处于上止点，供油提前角为 11°。此后，缸内为燃油发火燃烧和膨胀行程，直至曲轴按正车方向转到上止点后 104°即下止点前 76°时，排气阀开始打开进行换气。

当柴油机换向后从图示位置倒转时，喷油泵和排气阀改由倒车凸轮驱动，这时倒车凸轮逆时针转动，同样可保证供油提前角为 11°(即供油始点为 a′)排气提前角为 76°。

双凸轮换向装置，根据其轴向移动凸轮轴所用的能量与方法不同而有不同的结构型式。一般有机械式、液压式、气动式。

图 5-48 所示为气力—液压式换向装置。这也是目前船用主机(MAN 型柴油机)所采用的换向装置。图中所示为倒车位置。进行由倒车换向为正车的操作时，利用换向杆使压缩空气进入正车油瓶，并将油顶入活塞右方的油缸内，使活塞带动凸轮轴向左移动。与此同时，油缸左端的油被活塞压入倒车油瓶，倒车油瓶中的压缩空气则泄入大气中。当活塞移至左面极端位置时，各正车凸轮正好处于各从动件下面，换向过程至此结束。相反，由正车到倒车的操作与此类同。

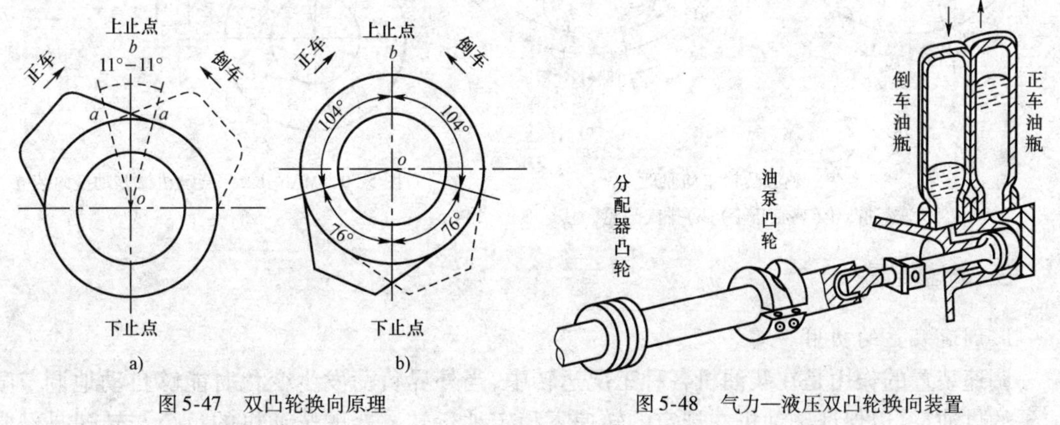

图 5-47　双凸轮换向原理　　　　图 5-48　气力—液压双凸轮换向装置

2. 单凸轮换向

单凸轮换向的特点是每个需要进行换向操作的设备(如喷油泵、空气分配器、排气阀等)都各自由一个轮廓对称的凸轮来控制，正、倒车兼用。换向时不是轴向移动凸轮轴，而是将凸轮轴相对曲轴转过一个换向差动角即可。柴油机换向时为改变正时而使凸轮轴相对曲轴转过一个角度的动作称凸轮的换向差动，所转动的相应角度称为换向差动角。差动方向如果与换向后的新转向相同称为超前差动；差动方向如果与换向后的新转向相反称为滞后差动。单凸轮换向所使用的凸轮线型有两种：一般线型和鸡心形线型。前者适合于各种柴油机凸轮，后者仅用于喷油泵凸轮。图 5-49 所示为燃油鸡心凸轮和一般线型排气凸轮。

单凸轮换向需改变凸轮轴与曲轴相对位置,而实现这种差动的方法大体有:

(1)曲轴不动,通过换向装置使凸轮轴相对曲轴转过一个差动角度。

(2)凸轮轴不动,空气分配器先换向操作,进行反向起动时,在曲轴反向回转之初,曲轴相对凸轮轴转过一个差动角度之后才带动凸轮轴一起转动。

(3)空气分配器先进行换向操作,在反向起动之初,通过差动机构使凸轮轴与曲轴二者之间有一定的转速差,待完成差动角后,再进行同步转动。

用于完成凸轮轴与曲轴之间的差动过程的换向装置,一般常用的有:液压差动换向装置、气动机械差动换向装置等。

近年来,MAN/B&W 公司采用了一种更为简易而新颖的气动机械差动换向装置,换向时曲轴与凸轮轴之间无差动,而通过改变每缸喷油泵传动机构中的滚轮在凸轮轴上的角度完成换向动作,如图 5-50 所示。图示为正车位置,换向时用压缩空气拉动滚轮连杆的顶头,使滚轮连杆的倾斜方向发生变化,即改变滚轮与凸轮的相对位置,从而完成换向过程。

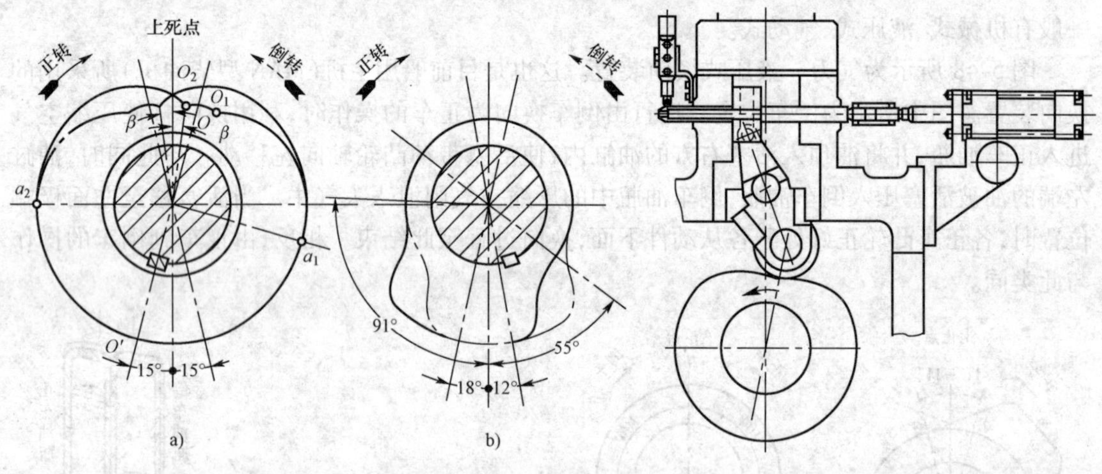

图 5-49　鸡心凸轮差动原理

a)燃油凸轮(鸡心凸轮);b)排气凸轮

图 5-50　MAN/B&W 气动机械差动换向装置

三、调速装置

1. 调速装置的功用

调速装置的作用是在柴油机各种工况运转中,当外界负荷发生变化时能够自动地调节喷油泵的供油量,以保证柴油机在规定的转速下稳定地运转。船舶柴油机的负荷与转速是经常变化的。船舶航行时常受到风力、水流等外界环境的影响,均会导致柴油机负荷的变化。如船舶在海上遇到风浪,可使船舶左右、前后摇摆,有时甚至会使螺旋桨露出水面,柴油机的负荷突然减少,此时,若喷油泵的供油量不能及时得到减少,柴油机转速就会突然升高,甚至会发生"飞车"。反之,当柴油机负荷突然增加时,特别是在低转速运行的情况下,若供油量不能及时增加,可能会造成柴油机停车。由于负荷变化大而且又来得突然,要采用人工控制柴油机的供油量,是十分困难的,甚至是不可能的。为了自动控制柴油机的洪油量,适应柴油机负荷的变化,保持柴油机稳定运转,则柴油机必需装有调速器。

此外,在柴油机发电机组中,为保证发电机发出的电压稳定,速度恒定运转,此时柴油机也

必需装有调速器。

总之,调速器的功用可概括如下:

(1)防止柴油机超速(飞车)运转—控制最高转速;

(2)保证在最低转速下能稳定运转—控制最低稳定转速;

(3)随着外界负荷的变化,自动调节供油量,使柴油机始终保持在规定的转速下稳定地运行。

2. 调速器的分类

调速器按照控制机构不同可分为:机械式、气动式、液压式和电子式等。目前使用最广泛的是机械式和液压式调速器。电子调速器也有应用。

(1)机械式调速器。机械式调速器是利用飞重(或称飞球)产生的离心力与调速弹簧的张力之间的不平衡力,去控制油量调节机构,以稳定柴油机的转速。机械式调速器结构简单,工作可靠,一般用于中、小功率的柴油机上。

(2)液压式调速器。液压式调速器利用飞重产生的离心力与调速弹簧的张力之间的不平衡力,去操纵油压放大器(液压伺服器),而由油压放大器以更大的力去控制油量调节机构,达到稳定柴油机的转速的目的。液压式调速结构较复杂,一般用于大、中型的柴油机上。

(3)电子调速器。近些年,电子调速器在船舶柴油机上应用越来越多。其转速感应元件、动作执行机构采用电气方式,使调速动作响应更灵敏、更精确。

调速器根据用途不同可分为:单制式调速器、双制式调速器和全制式调速器。

(1)单制式调速器。单制式调速器又称恒速调速器,只在一种转速下起作用。此种调速器应用于发电柴油机。通常,为满足多台柴油机并联运行的要求,这种调速器一般有 ±10% 标定转速的可调范围。

(2)双制式调速器。双制式调速器又称两极式调速器。用来控制柴油机的最高转速和最低稳定转速。柴油机在最高转速和最高转速之间工作时,调速器不起作用,可由人工控制喷油泵的供油量。这种调速器用于对低速性能要求较高或带有离合器的中小型船用主机。

(3)全制式调速器。全制式调速器不仅具有两极式调速器的作用,还可在柴油机工作转速范围内的任一转速下自动调节供油量,使柴油机的转速稳定。此种调速器广泛用于船舶主机及柴油机发电机组。

船舶柴油机除了要设调速器外,为防止调速器损坏时造成柴油机的伤害,还要装超速保护装置。我国规定:凡功率超过 220kW 以上的船舶柴油机和发电柴油机应装此设备,以防止主机转速超过 120% 标定转速和发电柴油机转速超过 115% 标定转速。此种超速保护装置是一种运转安全装置,它与调速器不同,它只能限制柴油机转速,本身无调速特性,在柴油机正常运转范围内不起作用,只在柴油机转速达到规定限值才发生动作使柴油机立即停车或降速。按规定,超速保护装置必须与调速器分开设立而独立工作,无论柴油机的操纵机构处于什么状态,该装置的保护性动作必须迅速而准确。该装置必须与调速器分开设立并独立运行,只有在转速超过规定时才起作用。

3. 调速器的工作原理

如图 5-51 所示为机械式调速器结构原理图,以此来说明调速器调速原理。

它主要由转轴 1、飞球 3、滑动套筒 4 及调速弹簧 5 等组成。飞球 3 安装在飞球座架 2 上

通过转轴1由柴油机驱动高速回转,由飞球3和弹簧5组成的转速感应元件是按力平衡原理工作的。当柴油机发出的功率与外界的负荷刚好平衡时,它便在某一转运下稳定工作。这时,飞球3的位置如图中实线所示,它所产生的离心力(通过飞球座架上方"L"形支脚,作用在套筒4底部)恰好与弹簧5的预紧力相平衡,油量调节杆8也停留在某一供油量位置。若外界负荷突然减小,柴油机发出的功率就大于外界负荷,使转速升高,这时飞球的离心力将大于弹簧的预紧力而使滑动套筒4上移,增加弹簧5的压缩量使作用力增加,同时通过角杆拉动油量调节杆8以减少供油量。这就是说,调速器根据外界负荷的变化起着调节供油量(即柴油机功率)的作用。当调节过程结束时,柴油机的功率就与外界负荷在彼此都减小了的情况下恢复平衡,调速器的飞球也稳定在图示虚线位置。当外界负荷增加时,调速动作与上述相反。

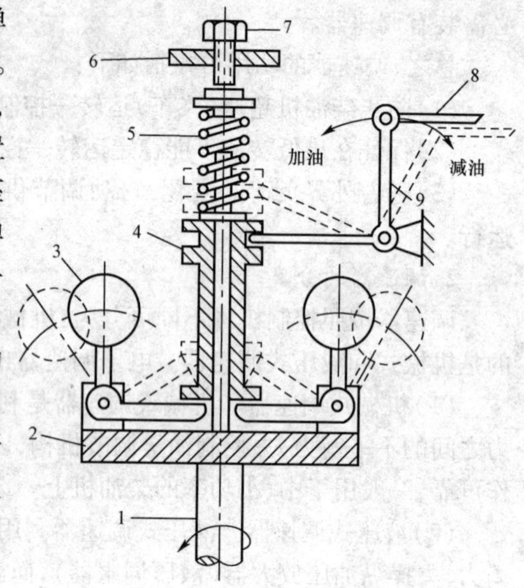

图5-51　机械式调速器结构原理图

1-转轴;2-飞球座架;3-飞球;4-套筒;5-调速弹簧;6-本体;7-转速调节螺钉;8-油量调节杆;9-杠杆

四、柴油机的操纵系统

柴油机的操纵系统是将柴油机的起动、换向、调速等装置联结成一个整体并可集中控制柴油机的机构。在船舶柴油机中,操纵系统是相当复杂的一部分,其部件多、零件多、排列错综复杂。尤其是遥控技术和自动化技术在操纵系统中应用以来,使其日趋复杂,设计、制造、管理要求更高。

1. 对操纵系统的要求

(1)必须能迅速而准确地执行起动、换向、变速和超速保护等动作,并能满足船舶规范上相应的要求。

(2)具有必要的连锁装置,以避免操作差错而造成事故。

①起动连锁装置:盘车机未脱开不能起动,换向未到位不能起动。

②换向连锁装置:转向与要求不符时不能起动,不允许在较高转速下换向,运转过程中不能自行换向。

③滑油保安连锁装置:当滑油压力下降至许用下限值时,将油量调节杆推至零油位,使柴油机自行熄火停车。

④车钟连锁:如果未回车钟,则无法拉动起动手柄。

(3)必须设有必要的监视仪表和安全保护、报警装置。

(4)操纵机构中的零部件必须灵活、可靠、不易损坏。

(5)操作、调整方便、维护简单,便于实现遥控和自动控制。

2. 操纵系统的组成

(1)换向部分:完成换向指令。当柴油机的转向与要求不符时,可通过移轴(双凸轮换

向)、差动(单凸轮换向)或齿轮箱换向方式完成换向动作。

(2)起动部分:按指令打开主起动阀,使柴油机迅速起动,并在起动后迅速关闭主起动阀。

(3)调速部分:按指令要求压缩或放松调速弹簧,或直接移动油量调节杆,通过喷油泵增减油来满足柴油机加、减速的要求。

(4)停车部分:接停车指令把油量调节杆拉至零油位,保证柴油机按要求熄火停车。

(5)各部分之间的联接装置及连锁装置。

3. 操纵系统和遥控系统的类型

(1)操纵系统的类型:

①机旁手动操纵:操纵台设置在柴油机旁边,使用相应的控制机构操纵柴油机,由轮机员直接手动操纵,使之满足各种工况下的需要。

②机舱集中控制室控制:操纵台设置在机舱适当部位的专用控制室内,由轮机员对柴油机实现操纵和监视。

③驾驶室控制:在船舶驾驶室内,专设主机遥控操纵台,由驾驶员直接操纵柴油机。

机旁手动操纵是操纵系统的基础,机舱集中控制和驾驶台控制均称为遥控,三者之间常设有转换装置以便随意转换。每种操纵台上均设操纵手柄,操纵部位转换开关、应急操作按钮及各种显示仪表,以便对主机进行操纵和运行状态的监视。尽管目前主机遥控技术已经达到了相当高的水平,但系统中仍然必须保留机旁手动操纵系统,以保证对主机的可靠控制。

(2)遥控系统的类型:

①电动式遥控系统:以电作为能源,通过电动遥控装置和电力驱动装置对主机进行远距离操纵。

该系统控制性好,控制准确,遥控距离不受限制,有利于远距离控制;设备简单,不需要油、气管路,不必担心漏油、漏气;易实现较高程度的自动化,是实现主机遥控的最佳途径。缺点是管理水平要求高,故障不易发现,操作管理人员要具备一定的电子技术知识。

②气动式遥控系统:以压缩空气为能源,通过气动遥控装置和气动驱动装置对主机进行远距离操纵。

气源可直接由起动空气经减压、净化得到,信号传递距离较远,一般在100m以内可满足系统的控制要求,信号受电气、振动、温度等干扰少,动作可靠,故障容易发现,维修方便。但该系统气源净化品质要求高,需要除水、除油、除尘,否则易使气动元件失灵。

③液力式遥控系统:以油泵产生的压力油作为能源,通过液压阀件和液动机构进行控制。

液力式遥控系统的主要优点是结构牢固,工作可靠,传递力较大。但由于液力传动易受惯性、密封和液压油粘温度特性等的影响而降低传动的灵敏性和准确性,不适于远距离信号传递。

④混合式遥控系统:综合上述各种系统的优点,分段或分系统采用不同的遥控形式。远距离采用电传动,近距离则采用气力或液力。目前船舶上广泛采用电—气混合式和电—液混合式,即从驾驶台到机舱采用电传动,机舱系统采用气动或液动。

⑤微型计算机遥控系统:采用微机对主机进行遥控是通过专门的软件设计,给计算机一个执行程序来取代常规遥控系统的控制回路。微机执行遥控动作时能根据输入的指令和表征柴

油机实际运行状态的各种信息进行综合判断和运算，得出需要的控制信息并经输出接口去控制操纵系统的执行元件，对柴油机进行正倒车换向、起动、调速和停车等操作。

这种控制系统主要特点是用微处理机取代了分立元件或集成逻辑电路元件，体积小，功能强，扩大了逻辑功能、运算功能和增加了灵活性，可实现最佳状态和最经济性控制，是现代向综合性自动化方向发展的主要目标和方向。

主机遥控系统的功能除了根据车钟指令通过各种逻辑回路和自动装置等完成主机起动、换向、调速和停车等程序操作外，还必须具有重复起动、慢转起动、负荷程序、应急停车、自动避开临界转速、故障自动减速或停车、紧急倒车等辅助功能。但柴油机的备车系统状态检查等均由轮机人员在机舱内完成，然后再转换到遥控系统控制。

第六节　柴油机的增压系统

一、增压的作用及增压方式

柴油机增压的作用是将新鲜空气在柴油机工作气缸外面事先进行压缩，提高进气压力以提高进入气缸内的空气的密度，供更多的燃料进行燃烧，从而提高发动机的功率。

大量实践表明，增压是提高发动机功率、改善经济性的有效方法，因此得到了广泛的应用。

用于柴油机增压将空气压缩到一定压力的装置，称为压气机或增压器。空气被压缩后达到的压力称为增压压力，一般以 P_k 表示。按增压压力大小可将增压程度分为：低增压 $P_k < 0.15\text{MPa}$，中增压 $P_k = 0.15 \sim 0.25\text{MPa}$，高增压 $P_k = 0.25 \sim 0.35\text{MPa}$，超高增压 $P_k > 0.35\text{MPa}$。

柴油机增压根据驱动压气机的动力来源不同，有机械增压、废气涡轮增压及复合增压等三种型式。如图 5-52 所示。

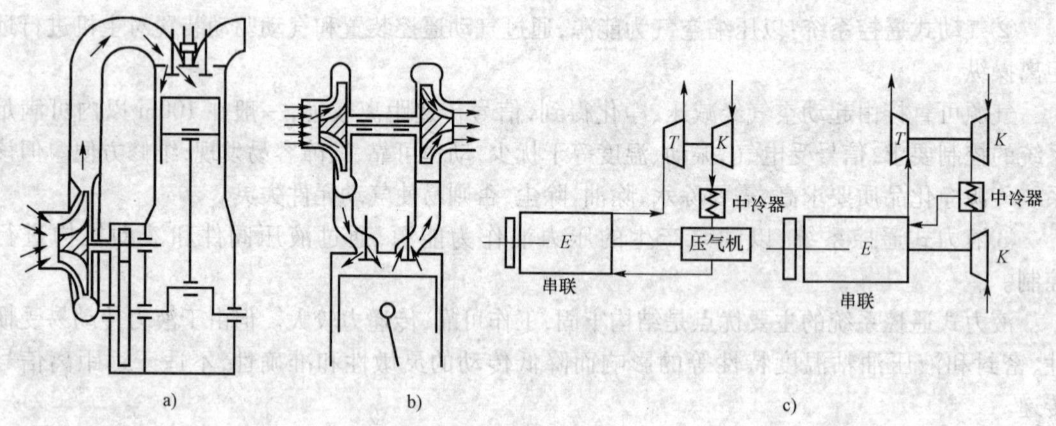

图 5-52　增压系统基本类型

E-柴油机；*T*-涡轮机；*K*-压气机

机械增压（图 5-52a）是利用曲轴驱动一套机械传动装置来带动压气机。这种型式的主要优点是内燃机与压气机的匹配较好，但它的主要缺点是传动复杂，由于要消耗曲轴功率而使燃油消耗上升。这种增压系统主要用在小型内燃机上，压气机可以用罗茨型压气机，也可以采用

离心式压气机。对于四冲程发动机，采用离心式压气机，在二冲程机上应用最广的是罗茨型容积式压气机，亦称为扫气泵。

废气涡轮增压（图5-52b）是利用排气过程中所排出废气的剩余能量来带动压气机。压气机由柴油机废气驱动的涡轮机，与发动机之间无任何传动机械联系。压气机与废气涡轮机组成废气涡轮增压器。在增压压力比较高时，压气机出口和柴油机进气管间装有中间冷却器，对空气进行冷却，降低空气温度，提高空气的密度，提高空气进气量。

由于废气涡轮增压器的运转不需消耗发动机所发出的有用功，经济性得以提高，因而这种增压系统在柴油机上获得最广泛的应用。将普通自然吸气的柴油机经过简单的改装为涡轮增压，即可提高功率30%～100%。目前单机功率从35kW到35000kW的现代柴油机上，大多采用废气涡轮增压。

复合增压（图5-52c）既采用了机械增压，又采用了废气涡轮增压。两种增压方式联合工作。该系统由柴油机机械驱动的增压器和废气涡轮增压器所组成，有两种基本型式。一种是串联式复合增压，第一级压气机由曲轴驱动，用以保证发动机在启动时低转速低负荷时仍有必要的扫气压力，第二级由废气涡轮机驱动。这种增压形式，空气经过两次压缩，增压压力较高，柴油机的起动容易，低负荷性能好，但结构复杂，体积重量较大。另一种是并联式复合增压，辅助压气机由曲轴驱动，废气涡轮增压器的压气机由废气涡轮驱动，空气并列经过两种压气机增压，经过中间冷却器冷却后，进入柴油机气缸。这种增压系统的结构较简单，尺寸较小，但柴油机在低负荷时，两个压气机供气不足，工作性能较差。

二、废气涡轮增压器

1. 废气涡轮增压器的工作原理

废气涡轮增压器的结构型式各有不同，但它们的基本工作原理都是相同的，任何一种废气涡轮增压器均由涡轮与压气机两部分组成，如图5-53所示。

涡轮3置于涡轮壳4内，压气机叶轮8置于压气机壳9内，涡轮与压气机用同一根轴5相连。柴油机的排气管1与涡轮相连，进气管10则与压气机相连。废气涡轮是压气机的动力来源，属于驱动部分，而压气机则是增压器的增压元件，属于被驱动部分。柴油机气缸排出的高温高速的废气，经排气管供入涡轮增压器的涡轮机，推动涡轮旋转，涡轮再带动与它同轴的压气机叶轮旋转。压气机将吸入的空气压缩，提高了压力的空气流经柴油机进气管，供入气缸，从而达到增压的目的。

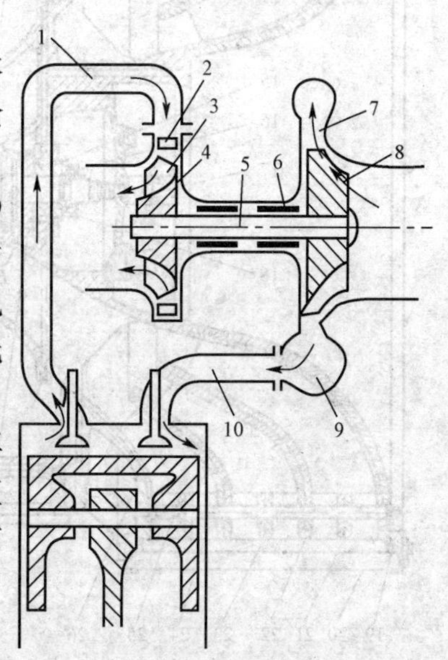

图5-53　废气涡轮增压器工作原理示意图
1-排气管；2-喷嘴环；3-涡轮；4-涡轮壳；5-转子轴；6-轴承；7-扩压器；8-压气机叶轮；9-压气壳；10-进气管

废气涡轮增压器的工作原理如下：

在排气过程中，仍有一定压力的高温废气由排气管经涡轮壳中的喷嘴环2进入涡轮，由于喷嘴环是收缩形的，废气在其中继续膨胀，压力和温度下降，而气流速度迅速上升，废气在喷嘴环中按一定方向高速喷出，推动涡轮高速转

动。膨胀作功后的废气由轴向的出口排入大气。

在涡轮高速转动的同时，也带动压气机以同样的高速旋转，经过滤清的空气由轴向被吸入压气机壳内，高速旋转的压气机叶轮将吸入的空气甩向叶轮外缘，使其压力与速度提高，被提高压力和速度的空气进入压气机壳中的扩压器7(形状是进口小、出口大)，使压力进一步提高而速度则下降，由于压气机的环形涡壳断面也是由小到大，空气由涡壳9处流出压气机时，压力继续提高，这些压力较高的空气由柴油机进气管进入气缸，由于经过扩压，进入气缸的空气密度有较大的提高。

由于压气机所消耗的功率完全由废气能量所提供，从而提高了柴油机的热效率。在非增压柴油机上简单改装采用增压措施后，其功率可提高30% ~100%，燃油消耗率可降低5%以上。另外，由于工作循环温度较高，使燃烧过程进行得比较完善，废气中的有害排放物的含量下降，减少了排气污染。

2. 废气涡轮增压器结构

图5-54所示为废气涡轮增压器结构图。废气涡轮增压器(简称涡轮增压器)由涡轮机和压气机两个主要部分组成，以及转轴和轴承、润滑系统、冷却系统、油、气密封装置、隔热装置、废气的进排气壳体、空气的进排气壳体等所组成。

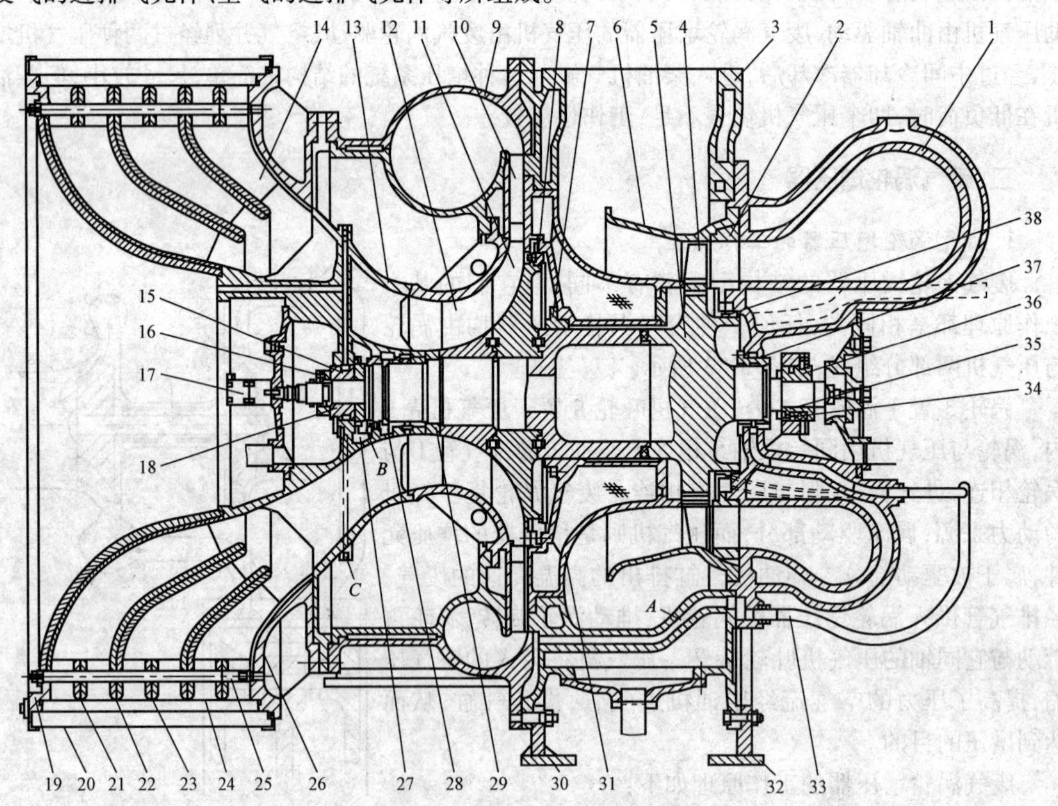

图5-54 废气涡轮增压器结构图

1-涡轮进气蜗壳；2-喷嘴环；3-废气排气壳；4-叶片；5-涡轮工作叶轮；6-排气导流器；7、8、38-气封；9-压气机排气涡壳；10-扩压器；11、12-增压器叶轮；13-进气壳；14-消音器；15-推力盘；16-滑块；17-电动转速表；18、36-滑动轴承；19-消音器盖；20、21-金属进气滤网；22-导风环；23-消音环；24-定位管；25-螺栓；26-消音器底座；27、34-挡油环；28-油封和气封；29-螺母；30-支座；31-隔热墙，32-支座；33-管子；35-滑套；37-油封；*A*-气封空气通道；*B*-大气通道；*C*-节流旋塞

废气涡轮机的功用是将废气气流的能量转变为转轴的机械能。主要由废气进气涡壳1、喷嘴环2、涡轮机叶轮5、废气排气壳3等所组成。废气经过废气进气涡壳1汇集，进入喷嘴环2、气流速度迅速上升，废气在喷嘴环中按一定方向高速喷出，推动涡轮高速转动。废气由废气排气壳3直接排入大气或经废气锅炉再排入大气。

压气机的功用是将转轴的机械能转变为新鲜空气的能量(空气的速度能和压力能)，提高进气压力和密度。主要由空气进气滤清器20、21、进气壳13、压气机叶轮11、12、扩压器10、空气排气涡壳等组成。进气壳13由内外进气壳共同组成进气通道，对进入的空气起着导流定向作用。空气经滤清器、消音器和进气通道导流后，轴向进入叶轮，在叶轮中被带动旋转而产生离心力，使空气压缩，压力升高速度增加。然后以很高的速度和一定的压力被甩出叶轮，进入扩压器，使增压空气压力提高，然后进入空气排气涡壳。

废气涡轮机和离心式压气机的转轴同轴安装，转轴上分别安装涡轮机叶轮和压气机叶轮，转轴两端安装支承轴承。为满足废气涡轮增压器工作时密封、润滑和冷却的要求，废气涡轮增压器设有密封装置、润滑系统和冷却系统等。

废气涡轮增压根据排气管中压力状况和排气能量的利用方式，一般分为定压增压和脉冲增压两类。

如图5-55a)所示为定压增压，柴油机所有气缸的排气都通入一根粗大的排气总管，然后再流入涡轮机。排气总管实际上起稳压作用，以使总管内的气体压力基本恒定。这样，涡轮在稳定气流下工作，故涡轮机效率较高。但采用这种系统时内燃机加速性能和低负荷性能较差，所以定压增压系统只适用于高增压、工况变化少的场合。

如图5-55b)所示为脉冲增压，这种系统的特点是在排气管中造成尽可能大的压力脉动。为此，排气支管被做得细而且短，涡轮尽可能靠近内燃机气缸。排气互不干扰的几个气缸(通常是二缸或三缸)的排气支管连在一根排气管上，这样，每根排气管中就形成两个或三个连续的排气脉冲波。涡轮机的喷嘴环按排气管数目分组隔开，它们互不干扰。采用脉冲增压能充分利用排气能量，改善变工况性能；但涡轮是在脉动气流状态下工作，故涡轮机效率较低。为克服两种系统的缺点，人们已研制出脉冲转换系统和多脉冲系统。它们多用在气缸数不是3倍数的柴油机上。

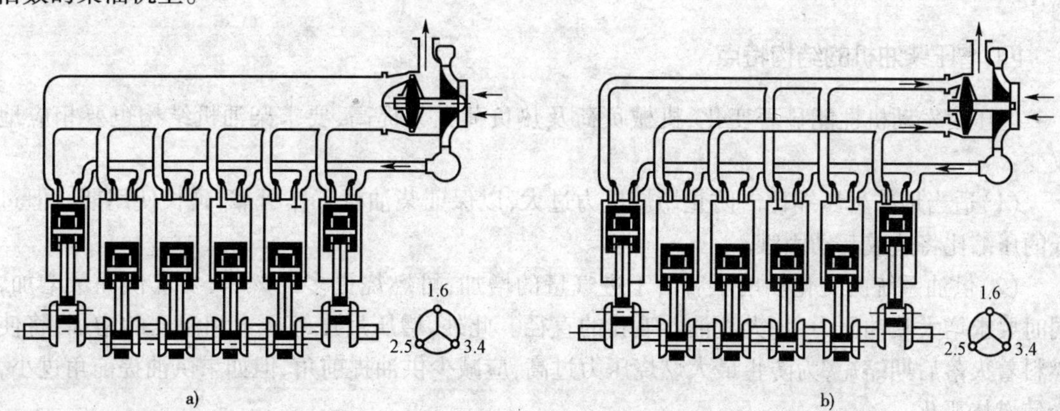

图5-55 废气涡轮增压系统

a)定压增压系统；b)脉冲增压系统

废气涡轮增压器根据所用涡轮结构的不同,废气涡轮增压器分为径流式、轴流式二种。径流式涡轮增压器其废气沿着与涡轮旋转轴线垂直的平面径向流动,径流式涡轮增压器采用径流式涡轮和离心式压气机,空气流量较小,适用于中小功率内燃机;轴流式涡轮增压器其废气沿着涡轮旋转轴线方向流动,轴流式涡轮增压器采用轴流式涡轮和离心式压气机,空气流量较大,适用于大型柴油机。

三、增压后发动机性能的变化

采用废气涡轮增压后柴油机性能在以下各方面得到改善:

1. 功率大大提高

功率提高的程度视增压程度而定,一般可增加 30% ~100%,甚至更高。柴油机增压后的功率 N_{eh} 与不增压时功率 N_e 之比值称为增压度。

2. 柴油机机械效率提高

虽然增压后燃烧压力将提高,使各摩擦面上的摩擦损失增加,但发动机的功率增加的更多,因此机械效率得到提高。

3. 经济性提高

因为增压使进气压力提高,改善了扫气效果和燃烧条件,并且柴油机的机械效率又有提高,因而使燃油消耗率显著降低。

4. 发动机单位功率重量大大降低

发动机增压后功率显著增加,而结构重量却增加很少。

伴随着发动机增压出现的新问题主要是:

(1)机械负荷增加。因为进气压力的提高,使压缩压力和最高燃烧压力相应增大,导致零件的机械负荷增加,磨损加大,引起损杯。

(2)热负荷增加。增压后工作循环温度大大提高,使零件工作温度升高,热负荷增加,材料的机械强度降低。

在高的机械负荷、热负荷共同作用下,情况就更为严重,因此柴油机增压后零件结构必须强化。

四、增压柴油机的结构特点

增压后发动机性能显著变化,机械负荷及热负荷大为提高,要求柴油机结构也要相应地改变:

(1)适当地减少压缩比。防止燃烧压力过大,以保证柴油机工作可靠,延长使用期。但过低的压缩比将造成起动困难。

(2)供油系统的变化。增压后由于进气量的增加,可燃烧更多的燃料,要求供油量增加,同时要求增大喷油压力,加大喷油器喷孔的直径。此外,增压后压缩压力和温度的增加,将使燃料着火落后期缩短,为防止最大燃烧压力过高,应减少供油提前角,但如果供油提前角过小,会使燃烧恶化。

(3)进、排气系统的变化。增压后发动机气缸进气量增加,为了减小进气阻力,应适当加大进气流通截面积;为了改善扫气效果,增加充气量,以降低热负荷,应增加气阀重叠角;有的增压系统还要求将排气管分支,以充分利用废气能量并改善扫气效果。此外,由于气阀机构零件的工作温度升高,变形加大,需相应加大气阀间隙,以保证配气机构正常工作。

(4)增压柴油机的润滑系统、冷却系统以及主要运动机件的结构强度都应适当的加强。

SIKAOYULIANXI

一、简答题

1. 在热机中,柴油机有哪些优缺点?
2. 简述柴油机的总体构造组成。
3. 柴油机的基本结构参数有哪些?
4. 简述船舶柴油机的类型和型号。
5. 柴油机的主要技术指标有哪些?
6. 柴油机一个工作循环有哪几个工作过程组成?其中哪一个过程对外作功?
7. 简述四冲程柴油机的工作原理。
8. 什么叫二冲程柴油机,它与四冲程柴油机相比有何区别?
9. 画图并说明四冲程柴油机的气阀定时圆图的含义。
10. 二冲程柴油机的换气形式可分为哪些形式?每一种的特点是什么?
11. 气缸盖有何功用?对它有哪些要求?气缸盖的结构型式有哪几种?各有何使用特点?
12. 气缸套有何功用?对它有哪些要求?气缸套的结构类型有哪几种?
13. 简述活塞的功用和类型。简述活塞环的功用和类型。
14. 简述连杆的功用和结构组成。
15. 简述曲轴的功用、形式和结构特点。
16. 配气机构有何功用?它由哪些部分组成?
17. 简述燃油系统的功用和主要组成。
18. 简述柴油机润滑系统的功用和类型。干式润滑系统和湿式润滑系统各有何特点?
19. 柴油机冷却系统有何功用?有哪些类型?开式系统和闭式冷却系统各有何特点?
20. 柴油机的燃油系统有何功用?它由哪些部分组成?
21. 何谓柴油机的操作系统?常见的操纵方式有几种?
22. 常见的柴油机的起动方式有哪些?
23. 何谓柴油机的换向?对柴油机换向有何要求?换向的基本方法有哪些?
24. 为什么柴油机要装调速装置?
25. 柴油机调速装置的有何功用?简述调速器的主要类型。
26. 柴油机增压的作用是什么?柴油机增压方式有哪些?
27. 柴油机增压后柴油机的性能有何变化?增压柴油机的结构有何特点?
28. 增压系统中的中间冷却器有什么作用?

29. 试分析比较脉冲增压与定压增压两种涡轮增压形式的优缺点。
30. 简述废气涡轮增压器的基本结构组成和工作原理。

二、选择题

1. 内燃机要进行两次能量转换,依次是(　　)。
   A. 燃料化学能转换为热能,热能转换为机械能
   B. 热能转换为燃料化学能,燃料化学能转换为热能
   C. 机械能转换为燃料化学能,燃料化学能转换为热能
   D. 燃料化学能转换为机械能,机械能转换为热能
2. 通常,在热机中柴油机效率最高的原因是(　　)。
   A. 柴油的热值高　　B. 内部燃烧
   C. 压缩发火　　D. B + C
3. 活塞在气缸内从上止点到下止点所扫过的容积称为(　　)。
   A. 燃烧室容积　　B. 气缸总容积
   C. 气缸工作容积　　D. 存气容积
4. 柴油机的下止点是指(　　)。
   A. 气缸的最低位置　　B. 工作空间的最低位置
   C. 曲柄处于最低位置　　D. 活塞离曲轴中心线的最近位置
5. 内燃机的燃烧室容积是指(　　)。
   A. 活塞在上止点时,活塞顶上方的容积
   B. 活塞在下止点时,活塞顶上方的容积
   C. 活塞从上止点到下止点所扫过的容积
   D. 上述三种说法均错误
6. 曲轴主轴颈中心线与曲柄销中心线的距离称(　　)。
   A. 缸径　　B. 行程　　C. 压缩比　　D. 曲柄半径
7. 四冲程柴油机完成一个工作循环曲轴绕(　　)圈。
   A. 1　　B. 2　　C. 3　　D. 4
8. 二冲程柴油机的一个工作循环的曲柄转角是(　　)。
   A. 180°　　B. 270°　　C. 360°　　D. 720°
9. 柴油机采用压缩比这个参数是为了表示(　　)。
   A. 气缸容积大小　　B. 工作行程的长短
   C. 空气被活塞压缩的程度　　D. 柴油机的结构形式
10. 下述关于压缩比的说法中不正确的是(　　)。
    A. 缸内工质经活塞压缩后,温度与压力均增高
    B. 压缩比对柴油机的燃烧、效率、起动性与机械负荷等均有影响
    C. 压缩比 $\varepsilon = V_a/V_c$
    D. 压缩比 $\varepsilon = V_s/V_c$
11. 四冲程柴油机气阀重叠角位置是在(　　)。
    A. 上止点前后　　B. 下止点前后　　C. 上止点前　　D. 下止点后

12. 四冲程柴油机气阀重叠角的作用是(　　)。

A. 有利于新鲜空气吸入　　B. 有利于缸内废气排出干净

C. 实现燃烧室扫气并降低气缸热负荷　　D. A + B

13. 四冲程非增压柴油机的实际进气始点是在(　　)。

A. 上止点　　B. 上止点之前

C. 上止点之后　　D. 排气结束后

14. 进、排气阀不在上、下止点位置关闭,其目的是为了(　　)。

A. 提高压缩压力　　B. 扫气干净

C. 充分利用热能　　D. 提高进、排气量

15. 四冲程柴油机的气阀重叠角等于(　　)。

A. 进气提前角 + 排气提前角　　B. 进气提前角 + 排气延迟角

C. 进气延迟角 + 排气提前角　　D. 进气延迟角 + 排气延迟角

16. 在二冲程柴油机的各种扫气形式中,换气质量最好的是(　　)。

A. 直流扫气　　B. 横流扫气　　C. 回流扫气　　D. 半回流扫气

17. 二冲程横流扫气式柴油机的进、排气口定时为(　　)。

A. 扫气口先开、排气口后开,扫气口先关、排气口后关

B. 扫、排气口同时启闭

C. 排气口先开、扫气口后开,排气口先关、扫气口后关

D. 排气口先开、扫气口后开,扫气口先关、排气口后关

18. 如转速、气缸直径和行程相等时,二冲程柴油机与四冲程柴油机输出功率之比为(　　)。

A. 1/2　　B. 1　　C. 1.6 ~ 1.7　　D. 2

19. 四冲程柴油机与二冲程柴油机比较具有的优点是(　　)。

A. 回转均匀、平衡性好　　B. 飞轮尺寸较小

C. 换气质量较好　　D. 结构简单

20. 柴油机的有效功率指(　　)。

A. 气缸中燃气单位时间对曲轴所作功

B. 螺旋桨吸收的功率

C. 柴油机飞轮端输出的功率

D. 船舶航行所需功率

21. 柴油机经济性的评定参数是(　　)。

A. 指示热效率 η_i　　B. 有效油耗率 g_e

C. 机械效率 η_m　　D. 相对效率 η_g

22. 按我国有关规定,低速柴油机的转速范围为(　　)。

A. $n \leq 100$r/min　　B. $n \leq 200$r/min

C. $n \leq 300$r/min　　D. $n \leq 500$r/min

23. 承受柴油机热负荷的部件是(　　)。

A. 气缸盖　　B. 主轴承　　C. 曲轴　　D. 飞轮

24. 二冲程柴油机活塞的功用是(　　)。

A. 组成燃烧室　B. 传递燃气动力　C. 启闭气口　D. A+B+C

25. 气环的主要作用有(　　)。

A. 密封　B. 散热　C. 导向　D. A+B

26. 刮油环的主要作用是(　　)。

A. 散热　B. 气密　C. 刮油、布油　D. 磨合

27. 活塞环的搭口间隙是(　　)。

A. 自由状态下活塞环切口的距离　B. 工作状态下活塞环切口的距离

C. 自由状态下切口端周向开度　D. 工作状态下切口端周向开度

28. 活塞环的端面间隙是(　　)。

A. 环端面与环槽上或下面之间的间隙　B. 环内圆面与环槽底圆面之间的间隙

C. 环工作面与缸壁之间的间隙　D. 环工作状态的搭口间隙

29. 下列四冲程柴油机气缸套功用中不正确的是(　　)。

A. 与气缸盖、活塞组成燃烧室　B. 承担活塞的侧推力

C. 开有扫气口　D. 与气缸体形成冷却水通道

30. 下述关于二冲程柴油机气缸套功用中不正确的是(　　)。

A. 与气缸盖、活塞组成燃烧室　B. 承担活塞的侧推力

C. 开有扫气口　D. 与气缸体形成冷却水通道

31. 在柴油机中把活塞的往复运动变成曲轴回转运动的部件是(　　)。

A. 十字头与导板　B. 连杆　C. 活塞　D. 曲轴

32. 组成柴油机曲轴的单位曲柄有(　　)。

A. 曲柄臂,曲柄销　B. 曲柄销,主轴颈

C. 曲柄臂,主轴颈　D. 曲柄臂,曲柄销,主轴颈

33. 根据柴油机工作原理,在一个工作循环中其工作过程的次序必须是(　　)。

A. 进气、燃烧、膨胀、压缩、排气　B. 进气、膨胀、压缩、燃烧、排气

C. 进气、燃烧、压缩、膨胀、排气　D. 进气、压缩、燃烧、膨胀、排气

34. 四冲程内燃机的气缸套类型有(　　)。

A. 干式　B. 湿式　C. 冷却式　D. A+B

35. 活塞环的功用是(　　)。

A. 气环主要起密封气缸功用

B. 刮油环起布油、刮油功用

C. 气环将活塞头部大部分热量传递给气缸壁

D. A+B+C

36. 活塞销的功用是(　　)。

A. 连接活塞与连杆　B. 充当连杆的摆动轴

C. 将活塞承受的作用力传递给连杆　D. A+B+C

37. 在内燃机中,连杆的运动规律是(　　)。

A. 小头往复,杆身摆动,大头回转　B. 小头往复,杆身平移,大头回转

C. 小头摆动,杆身平移,大头回转　D. 小头往复,杆身平移,大头摆动

38. 柴油机气缸盖上没有下述哪一个部件(　　)。

A. 喷油器　　B. 进气门　　C. 排气门　　D. 火花塞

39. 气缸体的功用是(　　)。

A. 设置气缸和主轴承座孔　　B. 安装配气机构和供油系统的零部件

C. 设置冷却水腔和润滑油道等　　D. A + B + C

40. 我国现代柴油机6ESDZ43/82 各符号代表(　　)。

A. E—十字头,S—二冲程,D—可倒转,Z—增压

B. E—二冲程,S—可倒转,D—十字头,Z—增压

C. E—二冲程,S—十字头,D—可倒转,Z—增压

D. E—十字头,S—可倒转,D—二冲程,Z—增压

41. 柴油机排气阀在下止点前打开,其主要目的是(　　)。

A. 排尽废气多进新气　　B. 减少排气冲程耗功

C. 减少新气废气掺混　　D. 增加涡轮废气能量

42. 四冲程柴油机完成一个工作循环,其配气凸轮轴的转速与曲轴转速之比为(　　)。

A. 2∶1　　B. 1∶1　　C. 1∶2　　D. 1∶1/2

43. 四冲程内燃机发火间隔角(℃A)为(i 为气缸数)(　　)。

A. $360°/i$　　B. $720°/i$　　C. 360°/120°　　D. 720°/120°

44. 喷油泵柱塞的有效行程是指(　　)。

A. 柱塞由最低位置至最高位置的全行程

B. 从供油始点到柱塞最高位置的上行行程

C. 从供油终点到柱塞最高位置的上行行程

D. 从供油始点到供油终点柱塞的上行行程

45. 各缸喷油泵供油均匀性检查的目的是要求各缸喷油泵的(　　)。

A. 供油定时相同　　B. 供油持续角相同

C. 供油压力相同　　D. 柱塞的有效行程相同

46. 在船用柴油机中喷油器的主要作用是(　　)。

A. 向缸内喷油　　B. 定量喷油　　C. 定时喷油　　D. 燃油雾化

47. 大型低速柴油机的最低起动转速范围,一般为(　　)。

A. $n = 25 \sim 30$r/min　　B. $n = 30 \sim 50$r/min

C. $n = 60 \sim 70$r/min　　D. $n = 80 \sim 150$r/min

48. 要使静止的柴油机起动起来,必须具备的条件是(　　)。

①外界提供的任何能源都能利用;②外界必须提供某种形式的外力;③转动后必须达到最低起动转速;④柴油机必须有足够的起动功率;⑤柴油机的起动过程必须要迅速;⑥缸内必须达到燃油发火的温度。

A. ①+②+③　　B. ①+④+⑥　　C. ②+③+⑥　　D. ②+⑥+⑤

49. 压缩空气起动装置的主要组成部分包括(　　)。

①截止阀;②空气压缩机;③起动空气瓶;④主起动阀;⑤空气分配器;⑥起动控制阀。

A. ①+②+③+④+⑤　　B. ①+③+④+⑤+⑥

C. ②+③+④+⑤+⑥　　D. ①+②+④+⑤+⑥

50. 一般由船用低速柴油机驱动的船舶通常采用(　　)换向方式。

A. 调距桨　　B. 倒顺车离合器

C. 直接　　D. 不定

51. 在直接换向中与实现柴油机换向无关的是(　　)。

A. 配气定时　　B. 供油定时　　C. 起动定时　　D. 曲柄排列

52. 柴油机进行换向起动时,压缩空气由原来的(　　)进入。

A. 膨胀行程　　B. 进气行程　　C. 压缩行程　　D. 排气行程

53. 采用双凸轮换向的柴油机具有(　　)。

A. 两套分别安装在两根凸轮轴上的凸轮

B. 具有两个工作面的一套凸轮

C. 两套装在一根凸轮轴上的凸轮

D. 具有两个工作面的两套凸轮

54. 换向时凸轮轴需要作轴向移动的是(　　)。

A. 双凸轮换向　　B. 机械差动换向

C. 液压差动换向　　D. 单轴鸡心凸轮差动换向

55. 柴油机增压的主要目的是(　　)。

A. 增加空气量,使燃烧完全　　B. 提高柴油机功率

C. 改善柴油机结构　　D. 增加过量空气系数,降低热负荷

56. 四冲程柴油机一般所采用的增压方式是(　　)。

A. 机械增压　　B. 废气涡轮增压

C. 复合增压　　D. 上述三种形式都有

57. 根据增压压力的高低,属低增压的增压压力一般不大于(　　)。

A. 0.15MPa　　B. 0.2MPa

C. 0.22MPa　　D. 0.25MPa

58. 空气流过离心式压气机的下列部件时,空气压力随流速下降而升高的是(　　)。

A. 进气道　　B. 扩压器　　C. 导风轮　　D. 工作轮

59. 根据涡轮增压器压气机工作原理可知,气体在扩压器内的流动过程中,其工作参数的变化是(　　)。

A. 压力和速度都上升　　B. 压力和速度都下降

C. 压力上升,速度下降　　D. 压力下降,速度上升

60. 在离心式压气机中,实现动能变为压力能的主要部件是(　　)。

A. 叶轮　　B. 扩压器　　C. 进气道　　D. 排气蜗壳

三、判断题(对的打“√”,错的打“×”)

1. 柴油机活塞行程的定义是指活塞位移或曲柄半径 R 的两倍。(　　)

2. 四冲程柴油机工作特点是曲轴转一周,凸轮轴也转一周。(　　)

3. 柴油机进、排气阀定时的规律是晚开,早关。(　　)

4. 四冲程柴油机气阀重叠角的位置是在下止点前后。(　　)

5. 目前低速二冲程柴油机多用做船舶主机，主要原因是寿命长。（　　）

6. 筒形活塞起着控制气口的开闭作用。（　　）

7. 二冲程柴油机的换气过程是从扫气口开到扫气口关的过程。（　　）

8. 柴油机起动时，起动空气应在排气行程进入气缸。（　　）

9. 柴油机的操纵方式中必须保留集控室操纵。（　　）

10. 目前在船舶上使用较广泛的遥控系统是混合遥控系统。（　　）

11. 柴油机在运转中如果发生飞车，其安全保护装置会执行立即停车动作。（　　）

12. 提高柴油机功率的最有效措施是提高平均指示压力。（　　）

13. 根据船舶主机的工作特点，按我国有关规定主机必须装设全制式调速器。（　　）

14. 离心式压气机中实现机械能变为动能，继而转变为空气压力能的主要部件是叶轮和扩压器。（　　）

15. 超高增压的增压压力一般认为要大于0.40MPa。（　　）

16. 串联旁通增压系统的最主要的优点是柴油机的起动性能好。（　　）

17. 增压系统中的中间冷却器作用之一是降低空气温度，提高空气的密度。（　　）

第六章　船舶推进装置

知识目标

1. 正确叙述船舶推进装置的组成、作用；
2. 正确叙述船舶推进装置的传动方式、特点；
3. 正确叙述船舶轴系的组成、作用及轴线的布置；
4. 正确描述船舶传动轴系的结构；
5. 正确叙述螺旋桨的作用、结构组成、类型、材料。

能力目标

1. 初步掌握船舶推进装置的组成、作用，传动方式和特点；
2. 能够识别船舶轴系的各部件，懂得其主要作用；
3. 了解懂得螺旋桨的结构组成、类型、材料。

船舶主推进装置是船舶动力装置的一个重要组成部分，它包括主机、传动设备、轴系和推进器等。其作用是由主机发出功率，通过传动设备和轴系传给推进器，推进器产生的推力传递给船体，推动船舶的前进。船舶主推进装置简称推进装置。

绝大多数船舶的推进器采用螺旋桨，将转动动力转换为推进力。传动设备的作用是传递转动动力，轴系除了传递转动动力外，还起到把螺旋桨的推力传递给船体的作用。

第一节　船舶推进装置的传动方式

由于船舶的用途、航区，推进性能的不同，使主机的类型与数目、传动方式、轴系的数目、推进器的类型与数目必然不一，构成了具有不同特点的推进装置。

将主机发出的功率传递给推进器的方法称为传动方式，一般可分为直接传动、间接传动和特殊传动三类。

一、直接传动

直接传动是主机直接通过轴系把功率传给螺旋桨的传动方式，如图6-1所示，在主机与轴系中无其他传动设备，在任何工况下，螺旋桨与主机具有相同的转速与转向。由于螺旋桨在较低转速时有较高的效率，因此，直接传动一般适用于采用大型低速柴油机的主推进装置。

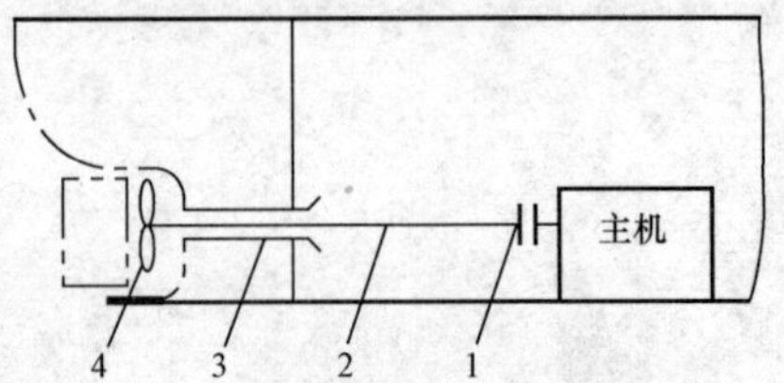

图6-1　单机单桨直接传动装置
1-联轴器；2-轴系；3-管系；4-螺旋桨

优点：结构简单、使用寿命长、燃料费用低、维修保养方便、噪声低、传动损失小、推进效率高等。

缺点：重量与尺寸大、倒车必须利用可逆转发动机、其

机动性差、非设计工况下运转时经济性差、低速和微速航行受到柴油机最低稳定转速的限制。

直接传动方式一般适用于工况变化少,航程较大的远洋及沿海运输船舶。

二、间接传动

间接传动是通过中间传动设备(齿轮减速器和离合器等),使主机与轴系连接在一起的一种传动方式,如图6-2所示。齿轮减速器具有降低主机传给螺旋桨转速的作用,以提高螺旋桨的推进效率,增加螺旋桨轴的回转扭矩。离合器主要用来脱开或接通主机与轴系的联接,有的还担负着倒车的作用。控制离合器的方式有机械式、液压式、电磁式等。在这种传动装置中,主机转速与螺旋桨转速有差别或保持一定的速比。

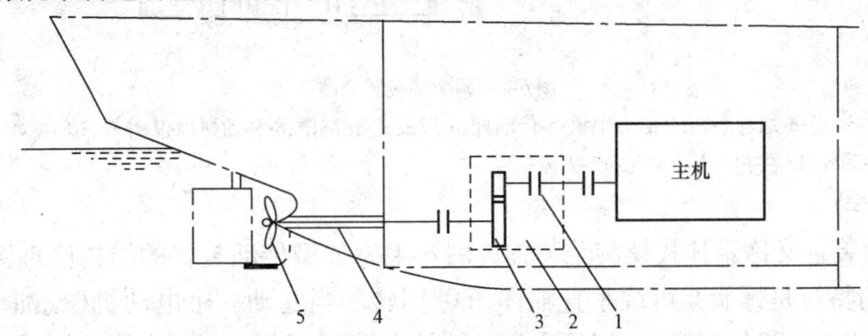

图6-2 间接传动装置

1-离合器;2-传动设备;3-齿轮减速器;4-尾轴;5-螺旋桨

优点:重量与尺寸小、主机的转速不受螺旋桨要求的转速限制、轴系布置方便灵活、带倒顺离合器时可选用不可逆转的主机、有利于多机并车、单机分车与轴带发电机布置。

缺点:结构复杂、传动损失大、效率低。

间接传动多应用于中小型船舶以及大功率中速柴油机、燃气轮机为主机的大型船舶上。

三、特殊传动推进装置

特殊传动是与直接与间接传动不同的一种传动方式。它通常是指可调螺距螺旋桨传动、Z型传动、电力传动、液压马达传动等。下面主要介绍可调螺距螺旋桨(调距桨)装置传动Z型传动、电力传动。

1. 可调螺距螺旋桨(调距桨)装置

图6-3所示是调距桨装置简图。调距桨装置是通过改变螺旋桨的螺距达到改变船舶航速和正倒航向的传动方式。在这种装置中,螺旋桨的桨叶在桨毂上是可以相对转动的,只要相对转动桨叶,便可改变螺距,从而改变螺旋桨的推力大小及其方向。

优点:在部分负荷下能有较好的经济性,能适应船舶阻力的变化,充分利用主机的性能,主机或减速齿轮箱不必设换向装置,使其结构简化;可提高船舶的机动性和操纵性;有利于驱动辅助负载。

缺点:机构比较复杂,整个装置制造、安装及维修保养困难,造价高;桨毂尺寸较大,在设计工况下效率比定距桨低。

可调螺距螺旋桨多用于多种航行工况的船舶,以及机动性、操纵性要求高或需超低速航行的船舶。

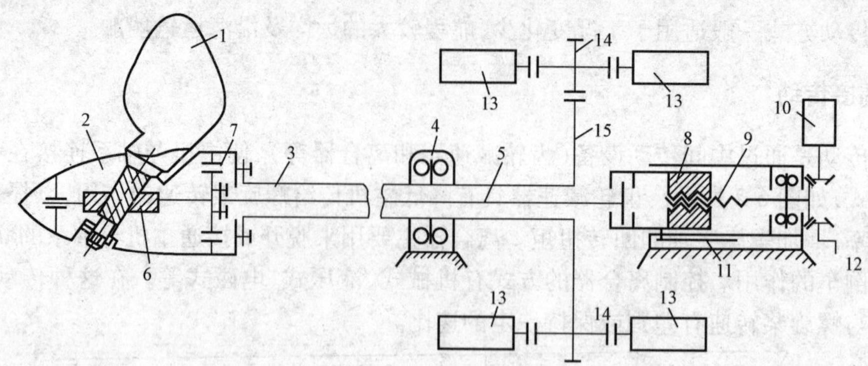

图 6-3　调距桨装置简图

1-桨叶；2-桨壳；3-螺旋桨轴；4-推力轴承；5-传动杆；6-齿板；7-花键槽；8-移动螺母；9-螺杆；10-电动机；11-花键槽；12-手轮；13-主机；14-小齿轮；15-大齿轮

2. Z 型传动

Z 型传动装置又称悬挂式螺旋桨装置。图 6-4 为 Z 型传动装置的结构原理图。Z 型传动方式最显著的特点是螺旋桨可绕垂直轴作 360°回转。当起动一个电动机（或油马达）带动蜗轮蜗杆装置 10 中的蜗杆运动时，蜗轮会带动旋转套筒 16 在支架 17 中回转，从而使螺旋桨 13 绕垂直轴 12 在水平面内作 360°回转，使螺旋桨推力方向在 360°范围内任意改变。

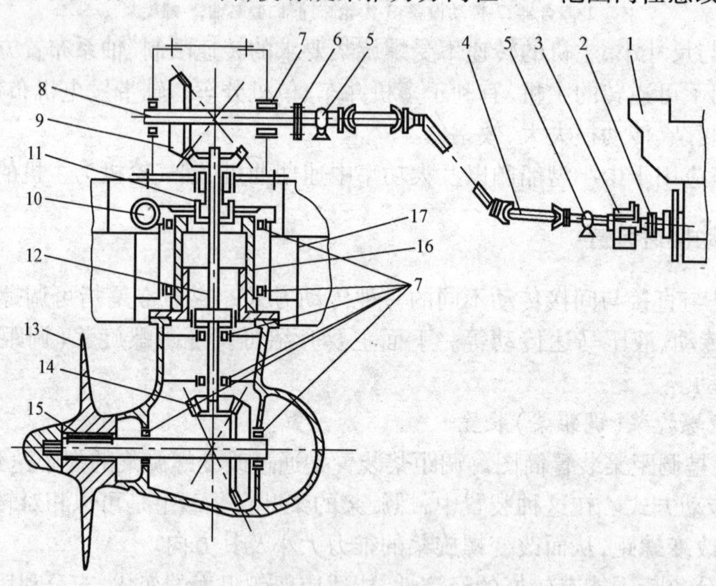

图 6-4　Z 型传动装置的结构原理图

1-主机；2-联轴器；3-离合器；4-带有万向节的传动轴；5-滑动轴承；6-弹性联轴节；7-滚动轴承；8-上水平轴；9-上部螺旋锥齿轮；10-蜗轮蜗杆装置；11-齿式联轴器；12-垂直轴；13-螺旋桨；14-下部螺旋锥齿轮；15-下水平轴；16-旋转套筒；17-支架

因此它具有以下优点：①操作性能好。螺旋桨的推力方向可以自由变化，使船舶操作性能优于其他传动方式，特别是采用两台主机，而每台分别带动一个 Z 型传动装置时，可以使船舶

原地回转、横向移动、快速进退以及微速航行等。②可以省掉舵、尾柱和尾轴管等结构,使船尾结构简单,船体阻力减少。③可以使用重量体积小的中、高速柴油机,而不需要单独的减速齿轮装置。④不需要主机换向,可以延长主机使用寿命。⑤悬挂式螺旋桨装置可由船尾部甲板开口处吊装,检修不用进坞,可大大缩短检修时间。

尽管如此,由于结构复杂,使传递功率受到一定的限制,因而仅适用于小型船舶,特别适用于港口作业船舶和在狭窄航道中航行的船舶。

3. 电力传动推进装置

电力传动是主机驱动主发电机发电,所发出的电能,经配电板供电给螺旋桨的推进电动机,驱动螺旋桨旋转的一种传动型式。主机和螺旋桨间没有机械联系,机、桨可任意布置。图6-5为电力传动推进装置示意图。

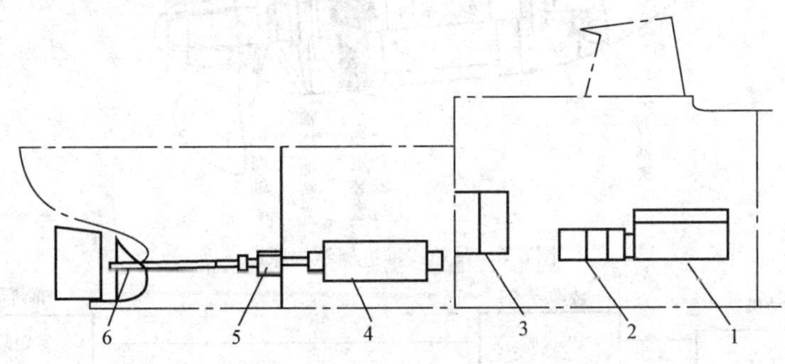

图6-5　电力传动推进装置示意图

1-主机;2-主发电机;3-配电板;4-螺旋桨推进电动机;5-推力轴系;6-螺旋桨

优点:转速和转向调节方便,便于遥控,机动性和操纵性好,且主机和推进电动机能分开布置,有利于布置机舱和缩短轴系。发电机转速不受螺旋桨转速的限制,正倒车具有相同功率和运转性能,具有良好的拖动性能。

缺点:电力传动要经过两次能量转换,损失大,传动效率低;增加了发电机和电动机,传动推进装置总的重量和尺寸较大,造价和维修费用较贵。因此,电力传动的发展受一定的限制,仅在破冰船、潜艇、调查船和渡船等要求有较好操纵性和机动性的船舶上使用。

目前,随着计算机和大功率半导体电力电子元件及技术的高速发展,使变频调速技术在电力推进中得到了广泛的应用。吊舱式电力推进器(也称"动力舵")的诸多优点更加速了电力推进的发展,增大了电力推进在船舶,尤其在滚装船、拖船、破冰船等上的市场占有率。图6-6示出了吊舱式推进器的结构原理。驱动螺旋桨的大型电机装在吊舱内,吊舱可以在垂直方向360°任意方向转动,能产生水平任意方向上的推力,因此船舶的操纵性得到极大地提高。随着环保要求的提高和新型能源(如燃料电池、太阳能等)的快速发展,电力推进很可能在不久的将来代替机械推进成为船舶推进方式的主流。

由于发动机、传动设备、传动方式及推进器的类型很多,因此它们可以组成多种推进装置。图6-7所示为推进装置部分组成方案。传动方式不同,装置的性能也将不同,并且各有不同的优缺点和适用条件,在进行传动方式的选型时要综合分析,权衡利弊,最后作出决策。

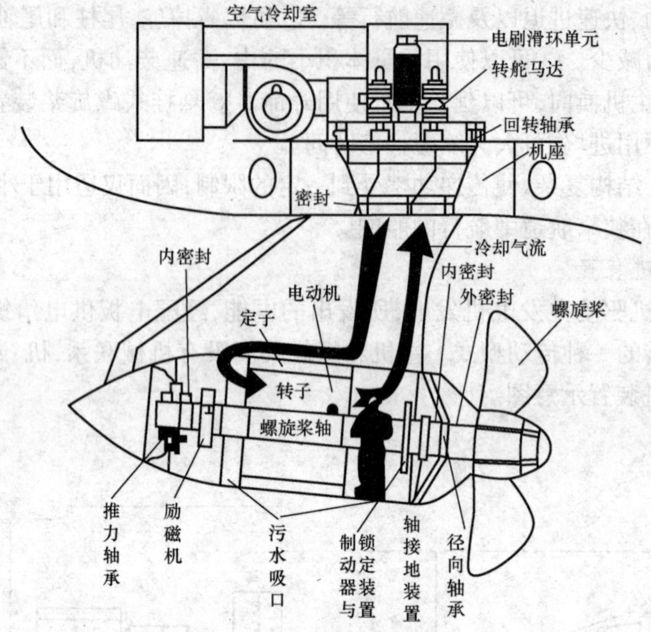

图 6-6　吊舱式推进器结构原理

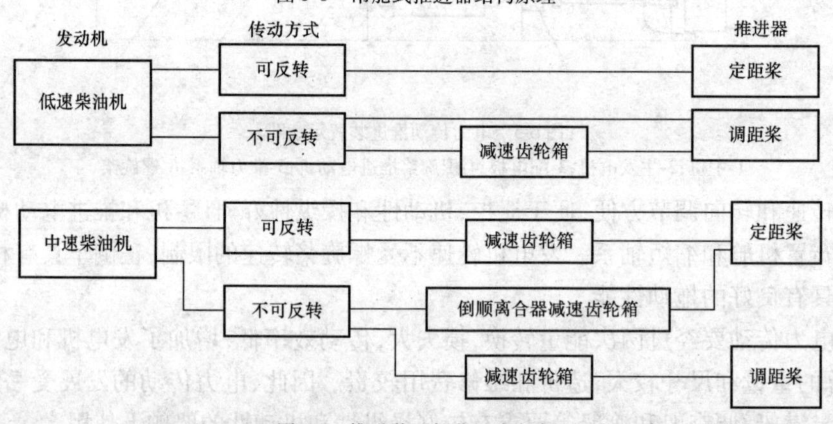

图 6-7　推进装置部分组成方案

第二节　船舶轴系

船舶轴系是船舶动力装置中的重要组成部分。船舶轴系的基本任务是:连接主机与螺旋桨,将主机发出的功率传给螺旋桨,同时又将螺旋桨所产生的推力传递给船体,以实现推进船舶的使命。

所谓船舶轴系是指从主机的曲轴输出端法兰(或减速齿轮箱末端)至螺旋桨之间的传动轴、轴承以及轴系附件的总称。

一、船舶轴系的种类和布置

1. 船舶轴系的种类

根据船舶类型、用途和动力装置等的不同,船舶轴系的数目、布置和结构也不同。对于民

用商船来说，主要有单轴系和双轴系之分；对于军用舰船来说，除单、双轴系外，还有多轴系。

2. 轴线的布置

传动轴系通常是由位于同一直线上的轴联接起来的，这种位于同一直线上的轴中心线称为轴线。

商船轴线的数目一般不超过三根。远洋货船往往用一根，一些船速较快、经常进出港口的客船或集装箱船往往用两根。单桨船的轴线布置在纵中剖面上，双桨船的轴线常对称地布置在两舷。由于机舱位置的不同，轴线的长度差别很大，尾部机舱的轴线较短，有的不用中间轴，而使推力轴直接和尾轴相连。船中机舱的中间轴段数较多，轴线往往很长，这时在机舱和尾尖舱间必须围成水密的走廊，以使轴系与货舱分隔开，即轴隧（地轴弄）。轴隧用水密门与机舱相通，轮机人员可通过此门进入轴隧对轴系进行检查和维护管理工作。轴隧高度一般在2m以上（便于更换或修理轴线中的任何部件），尾部设逃生孔，轮机人员可由此通道撤离或供上面人员进入机舱实施各种应急措施。

理想的轴线位置最好与船体的龙骨线（基线）平行，而在多轴线时，轴线还应保持与船纵中剖面对称。但这种理想的轴线很难实现，因为它的首尾位置必须服从于主机和螺旋桨的位置。如主机位置比较高而船舶吃水比较浅时，为了保证螺旋桨能浸入水下一定距离，有时不得不使轴线向尾部倾斜一定角度，如图6-8a）所示，图中α即为倾斜角。有些双桨或多桨船的轴系，为了使螺旋桨桨叶的边缘离开船的外板并留有一定的空隙，允许轴线在水平投影面上离开船舶纵中垂面偏斜一个角度，如图6-8b）所示，图中β为偏斜角。当轴线出现倾斜和偏斜时，螺旋桨输出的推力将受到损失，这一方面是由于此时螺旋桨推力与船舶运动方向变得不一致，另一方面，轴倾斜使轴系重量产生方向朝后的轴向分力，抵消了一部分桨的推力。为了使桨的推力不致损失太多以及保证主机的工作可靠，一般α角不超过5°，β角不超过3°。

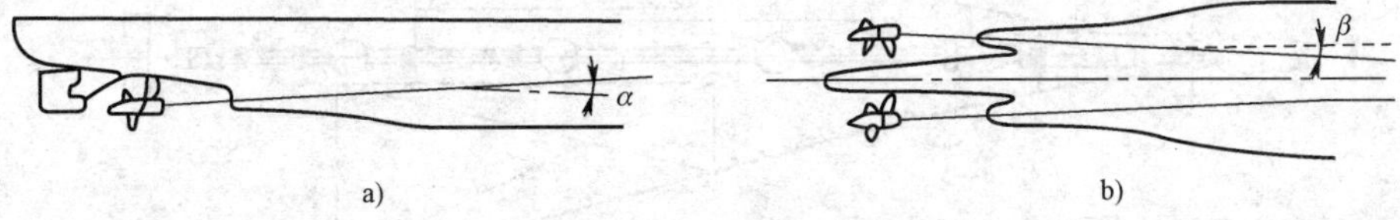

图6-8　轴系的倾斜角和偏斜角

二、轴系的组成

从主机到螺旋桨之间有一定的距离，其间用传动轴加以联接。为了加工、制造、运输、拆装的方便，往往将传动轴制成许多节，并用联轴器加以联接。各传动轴由相应的轴承支撑。

如图6-9所示为单轴直接传动的轴系，其主要组成包括：

(1)传动轴：推力轴、中间轴、尾轴或螺旋桨轴。

(2)轴承：推力轴承、中间轴承及尾管轴承。

(3)轴系附件：用于连接传动轴的联轴器、制动器、隔舱填料函、尾管密封；还有中间轴承、推力轴承、尾管轴承的润滑与冷却管路等。

图6-10所示为大型低速柴油机直接传动轴系的组成简图。机舱18位于船舶的中后部，柴油机1通过推力轴、调整短轴3和中间轴5、8、10以及尾轴11驱动螺旋桨13。推力轴承2给整个轴系轴向定位，推力轴由推力轴承内的径向轴承支承，中间轴由中间轴承4、7、9支承。

轴承12是最后一道位于轴隧内的中间轴承，但其作用是和尾轴管中的尾轴承一同支承尾轴，也称尾轴前轴承。尾轴从尾轴管14伸出船尾，曲轴、推力轴、中间轴和尾轴之间通过法兰用螺栓连接，螺旋桨用键和螺母固定到尾轴上。

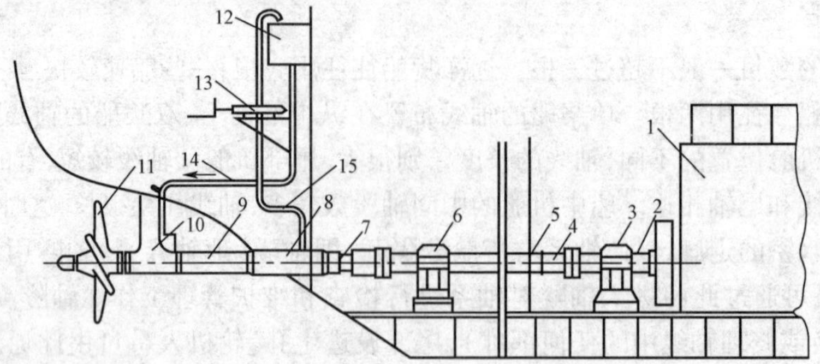

图6-9　轴系的组成

1-主机；2-推力轴；3-推力轴承；4-中间轴；5-隔舱填料函；6-中间轴承；7-尾轴；8-尾轴管支承；9-尾轴管；10-人字架；11-螺旋桨；12-尾轴油箱；13-油泵；14-进油管；15-回油管

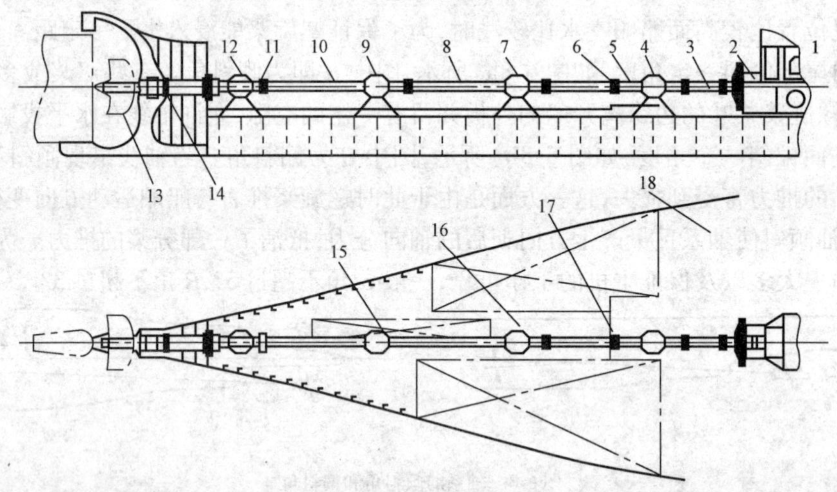

图6-10　轴系组成简图

1-柴油机；2-推力轴承；3-短轴；4、7、9、12-中间轴承；5、8、10-中间轴；6-隔舱填料箱；11-尾轴；13-螺旋桨；14-尾轴管；15-窗口；16-轴隧；17-水密门；18-机舱

1. 推力轴和推力轴承

在直接传动装置中，推力轴与主机曲轴飞轮直接连接；而间接传动装置中，它与减速器的输出端相连。推力轴的功用是将主机的扭矩传递给中间轴，同时将中间轴传递来的螺旋桨的推力传递给船体，对轴系进行轴向定位。推力轴承是船舶轴系中重要的组成部分，螺旋桨产生的推力(或拉力)通过尾轴、中间轴和推力轴作用到推力轴承上，并通过推力轴承传给船体。推力轴承的功用传递推(拉)力，并径向支承推力轴的负载和重量。

推力轴和推力轴承组合为一整体部件，推力轴及其轴承的作用有两点：一是承受螺旋桨所产生的轴向推力，并传递给船体，使船舶产生运动；二是防止螺旋桨产生的轴向推力直接推动主机曲轴，使曲轴发生移动及歪斜，而损坏主机的机件。

图 6-11 所示是一种单环式推力轴及推力轴承的组成原理图。推力轴是一根两端带有连接法兰的短轴,它的中部有一与其整体锻造加工的盘状突环—推力环,轴的左、右两轴颈由推力轴承中的径向轴承支承。在推力轴承中,推力环的两侧均装设了一定数量的腰形推力块。右侧为正车推力块,左侧为倒车推力块,用以传递正车及倒车推力。推力块靠推力环的一面为白合金轴承面,它与推力环之间由柴油机滑油系统供应的滑油润滑。推力轴承座安装在船舶双层底上。这样,螺旋桨推力即可经推力环、推力块、推力轴承座而传给船体,推动船舶前进。

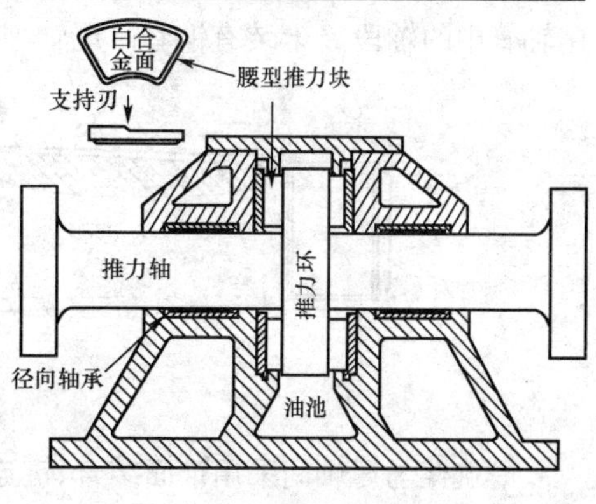

图 6-11 推力轴和推力轴承

2. 中间轴和中间轴承

如图 6-12 所示为一中间轴,其主要由两端连接法兰、非工作轴颈、工作轴颈所组成,可整体锻造或分段焊接成一体。工作轴颈的直径较非工作轴颈的直径一般大 5 ~ 20mm,以便磨损后有足够的精加工余量。各中间轴法兰用螺栓连接。

中间轴的作用是连接推力轴和尾轴,并进行扭矩及推力的传递。中间轴的长度及轴段的数量取决于主机布置位置与螺旋桨轴之间的距离。中部机舱布置的船舶中间轴较长;尾部机舱布置的船舶中间轴则比较短。一般来说,具有两根或两根以上中间轴的轴系,称为长轴系,中部机型的大型船舶的轴系长度有的达 100m 左右,其中间轴多达 10 余根;长轴系的柔性比较好,比较容易调整,但调整、安装的工作量大。只有一根中间轴,其长度可短至 7 ~ 8m 或者没有中间轴的轴系称为短轴系。短轴系的刚性比较大,安装的要求也就高一些。

每段中间轴的工作轴颈处,均由中间轴承支承,以承受中间轴的重量,保持轴线位置的正确。中间轴承位置如图 6-13 所示。中间轴承的结构形式很多,按摩擦形式不同可分为滚动式和滑动式两大类,商船上多采用滑动式。

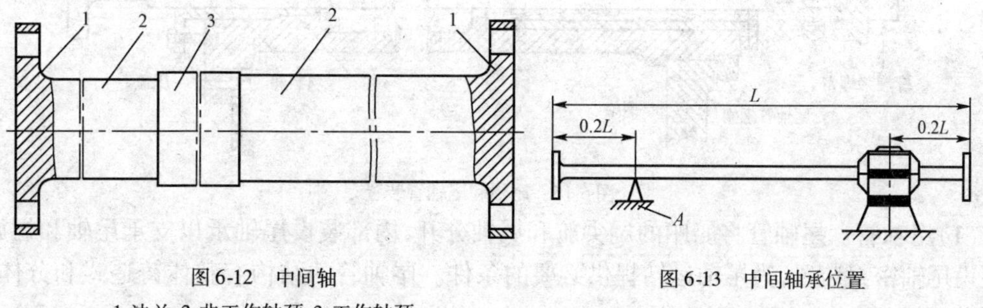

图 6-12 中间轴

1-法兰;2-非工作轴颈;3-工作轴颈

图 6-13 中间轴承位置

3. 尾轴和尾轴管装置

1)尾轴

尾轴是轴系中最末一段轴,它穿过尾轴管伸出船尾,首端与中间轴相连,尾端安装螺旋桨,尾轴的结构如图 6-14 所示,由法兰 A、轴干 B 和 D、轴颈 C 和 E 以及安装螺旋桨的锥部 F 和螺柱 G 等部分组成。轴颈 C 由尾轴前轴承支撑,而轴径 E 与尾轴管中的轴封和支持轴承相配合。在用海水润滑的铁梨木尾轴承中,为了防止轴被海水腐蚀和减少轴与轴承的摩擦损失,在

尾轴管中的轴段 E 上装有铜套。尾轴轴干裸露在海水中的部分，一般包有玻璃钢保护层。

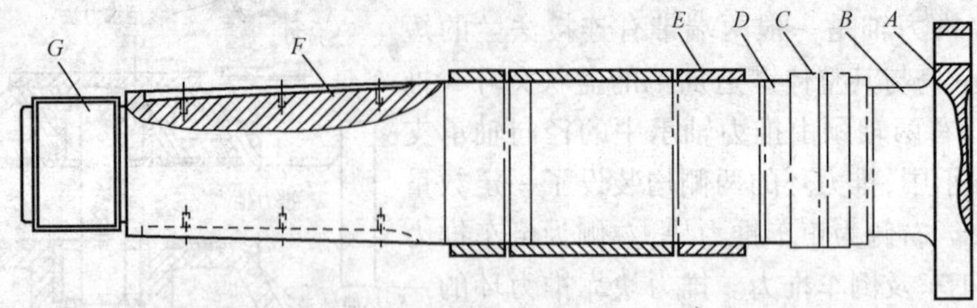

图 6-14 尾轴的结构

螺旋桨与尾轴间采用锥面结合、键连接和螺母紧固，螺柱上螺母的旋紧方向与螺旋桨的正转方向相反，以便螺旋桨在正转时螺母能自动锁紧。至于倒车，因使用的时间短，功率也比正车小，所以采用了止动片防松。螺母外面还装有流线型的导流罩，且为水密，既可减少水力损失，又可防止螺纹锈蚀。近年来，液压无键连接、无键胶接也越来越多地用在螺旋桨和尾轴的连接上。

2）尾轴管装置

尾轴管装置是用以支承尾轴和螺旋桨，防止海水进入尾轴承、防止润滑油自尾轴承溢出。通常尾轴管装置由尾轴管、尾轴承、密封装置、润滑和冷却系统等组成，如图 6-15 所示。根据尾轴承润滑剂的不同分为水润滑尾轴管装置和油润滑尾轴管装置。

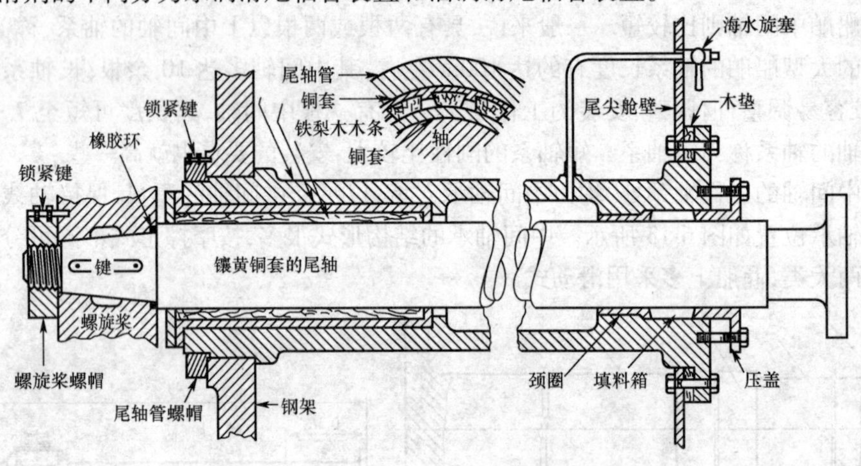

图 6-15 尾轴和尾轴管装置

（1）尾轴管。尾轴管将船舶的尾尖舱和尾轴分开，内部装设尾轴承以支承尾轴和螺旋桨，还装设尾轴密封装置，为尾轴运转提供必要的条件。尾轴管的结构有整体铸造式和分体焊接式两种。

（2）尾轴承。尾轴承是尾轴管装置中最重要的部分，它分为水润滑和油润滑两大类型。水润滑的尾轴承有铁梨木、桦木层压板、橡胶、合成材料等。油润滑的尾轴承有白合金滑动轴承和滚动轴承。海船上应用最广泛的是铁梨木轴承和白合金轴承。

①铁梨木轴承。铁梨木是一种价格昂贵的木材，组织细密，质地坚硬，抗腐蚀性好，密度大于水（约为水的 1.2 倍），它浸在水中能分泌出一种粘液可作为润滑剂。当铁梨木和青铜组成摩擦副时，经过粘液润滑，摩擦系数约为 0.003 ~ 0.007，几乎不伤害青铜。铁梨木轴承结构简

单、工作可靠、管理方便、不污染海域,但价格昂贵,不适于在泥沙较多的内河或航区航行。

②白合金轴承。白合金轴承抗压强度高,耐磨性好,散热快,摩擦损失少。但结构复杂,管理工作多,若漏油会污染海域,制造与修理要求比较严格。

不论是铁梨木轴承还是白合金轴承,按规范规定轴承数量一般为两个,但当尾轴管较短时,设后轴承者可不设前轴承,此时在尾轴的法兰端,一般要设一道中间轴承。铁梨木轴承的长度应不小于所要求的尾轴直径的四倍,白合金轴承不小于两倍。

(3)尾轴密封装置。尾轴和尾轴承之间按规定要留有一定的间隙,尾轴又处于水面以下,工作时需要润滑和冷却,因此为了防止舷外水沿尾轴流入船内及润滑油漏泄,在尾轴管中必须设置密封装置。密封装置按所处的位置不同,可分为首密封装置和尾密封装置两种。对于油润滑尾轴承,其首密封装置是用来阻止滑油漏入机舱内,而尾密封装置既可防止滑油外漏,又防止海水进入尾轴承。对于水润滑尾轴承,仅设首密封装置,用来防止海水进入机舱。常用的尾轴密封装置的类型有填料函型密封装置(广泛用于水润滑尾轴承作首密封装置)和辛泼莱克司(simplex)型密封装置(皮碗式密封装置)。这两种密封装置结构简单、密封效果良好、维护管理方便、工作安全可靠但填料函型密封装置摩擦损失大,容易损伤尾轴轴承;辛泼莱克司型密封装置因采用耐热好的优质橡胶材料致使整个装置价格较高。

第三节　船舶推进器

一、船舶推进器概述

船舶推进器是推动船舶前进的装置。它是把自然力、人力或机械能转换成船舶推力的能量转换器。

船舶推进器的种类很多,推进器按作用方式可分为主动式和反应式两类。靠人力或风力驱船前进的纤、帆等为主动式,桨、橹、明轮、喷水推进器、螺旋桨等为反应式。现代运输船舶大多采用反应式推进器,应用最广的是螺旋桨。

1. 明轮

明轮是两个巨大的转轮,装在船的两侧或尾部。转轮局部浸没于水中,轮子径向装了划板,当明轮转动时,划板可以划水前进。如图6-16所示,划板在入水和出水时击水消耗能量大,所以效率低。明轮因机构笨重,占用空间大,风浪中不易操纵,容易损坏,已为螺旋桨所取代。

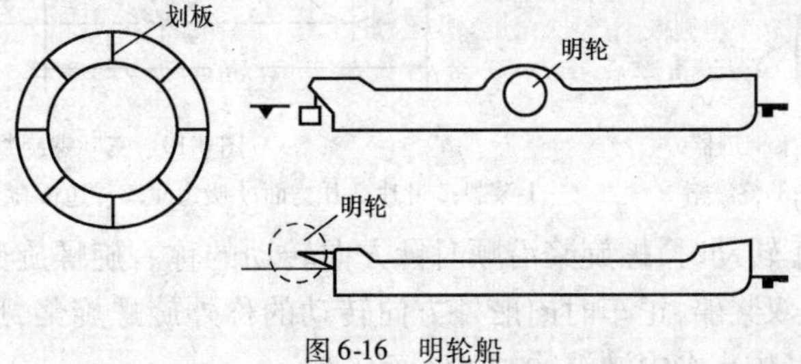

图6-16　明轮船

2. 喷水推进器

喷水推进器是一种水力反作用式推进器。用装于船内的水泵自船底吸水,经喷管向后喷

射受到水的反作用力而产生推力。其机械部分装于船内,得到良好保护。喷管方向可变,便于船舶操纵,如图 6-17 所示。但喷管因直径受限制,管路及水泵效率不高,所以整个系统效率较低,又因水泵及喷管中有水增加了船舶重量,所以很少使用。

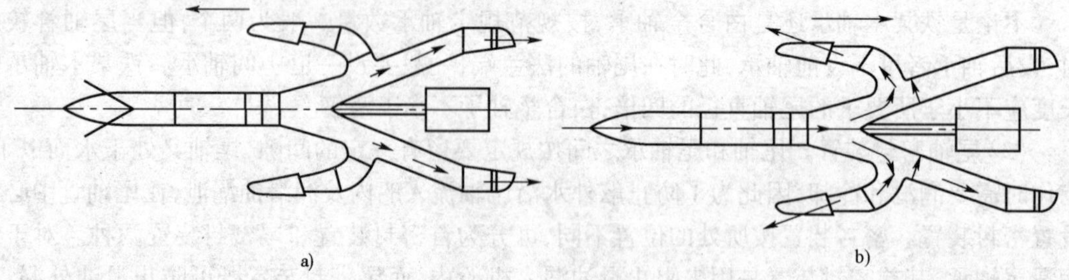

图 6-17　喷水推进器

a) 当船舶前进时;b) 当船舶倒退时

3. 螺旋桨

螺旋桨是最常见的船舶推进装置。它是反作用式推进器,螺旋桨俗称车叶,它主要由桨毂和若干径向固定于毂上的桨叶所组成,如图 6-18 所示。螺旋桨安装于船尾水线以下,由主机获得动力而旋转,将水推向船后,利用水的反作用力推船前进。螺旋桨构造简单、重量轻、效率高,在水线以下而受到保护。

图 6-19 所示为三叶螺旋桨。它与尾轴相连接的部分称为桨壳。由船尾向船首看,所见到的叶片面称为压力面,是一个螺旋面,其反面称为吸力面。压力面又称叶面,吸力面又称叶背;当主机正转时,叶片上先入水的叶边称为导边,同一叶片上相对应的另一边称为随边。由螺旋桨中心至叶片边缘距离最远的一点为半径,所作出的圆的直径称为螺旋桨直径,以 D 表示。叶面上任何一点环绕螺旋桨轴线一周后轴向移动的距离称为螺旋桨的螺距 H。

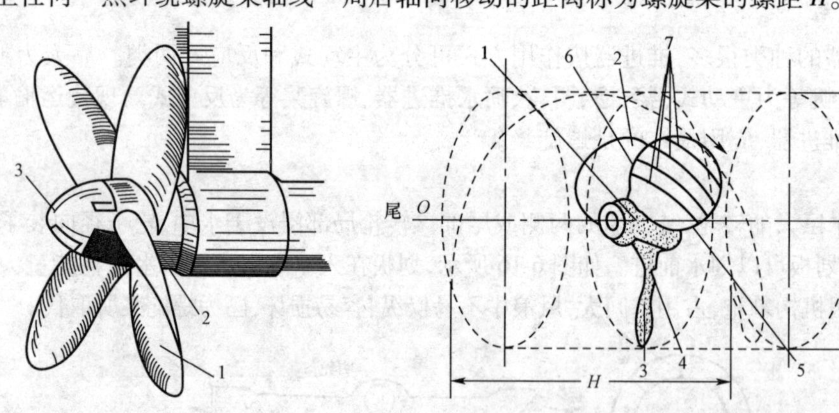

图 6-18　螺旋桨推进器

1-桨叶;2-桨毂;3-整流帽

图 6-19　三叶螺旋桨

1-桨毂;2-叶片;3-压力面;4-吸力面;5-导边;6-随边;7-各半径处的截面线

自尾向首看,正车转动时,螺旋桨沿顺时针方向转动的称右旋螺旋桨,沿逆时针方向转动的称左旋螺旋桨。对双桨船,正车时向舷外方向转动的称外旋螺旋桨,反之称内旋螺旋桨,通常双桨船采用外旋,以防止水中漂浮物被卷入而卡住。

普通运输船舶有 1 ~2 个螺旋桨。推进功率大的船,可增加螺旋桨数目。大型快速客船有双桨至四桨。螺旋桨一般有 3 ~6 片桨叶,各叶片间相隔的角度相等。螺旋桨直径根据船主机

的功率和吃水而定,以下端不触及水底,上端不超过满载水线为准。螺旋桨转速不宜太高,海洋货船为每分钟100转左右,小型快艇转速高达每分钟400~500转,但效率将受到影响。

如图6-18所示,桨叶和桨毂的相对位置固定不变,铸成一个整体,在它的叶面上各半径截面上的螺距都是相等的,这种螺旋桨称为定距桨(或称等螺距螺旋桨、普通螺旋桨)。

在普通螺旋桨的基础上,为了改善性能,更好地适应各种航行条件和充分利用主机功率,发展了以下几种特种螺旋桨。

(1)可调螺距螺旋桨。简称调距桨,可按需要调节螺距,充分发挥主机功率;提高推进效率,船倒退时可不改变主机旋转方向。螺距是通过机械或液力操纵桨毂中的机构转动各桨叶来调节的。调距桨对于桨叶负荷变化的适应性较好,在拖船和渔船上应用较多。对于一般运输船舶,可使船—机—桨处于良好的匹配状态。但调距桨的毂径比普通螺旋桨的大得多,叶根的截面厚而窄,在正常操作条件下,其效率要比普通螺旋桨低,而且价格昂贵,维修保养复杂。

(2)导管螺旋桨。在普通螺旋桨外缘加装一机翼形截面的圆形导管而成,如图6-20所示,此导管又称柯氏导管。导管与船体固定连接的称固定导管,导管被连接在转动的舵杆上兼起舵叶作用的称可转导管。如图6-21所示为全回转导管舵桨。导管可提高螺旋桨的推进效率,这是因为导管内部流速高、压力低,导管内外的压力差在管壁上形成了附加推力。导管和螺旋桨叶间的间隙很小,限制了桨叶尖的绕流损失,导管可以减少螺旋桨后的尾流收缩,使能量损失减少。但导管螺旋桨的倒车性能较差。固定导管螺旋桨使船舶回转直径增大,可转导管能改善船的回转性能。导管螺旋桨多用于推船。

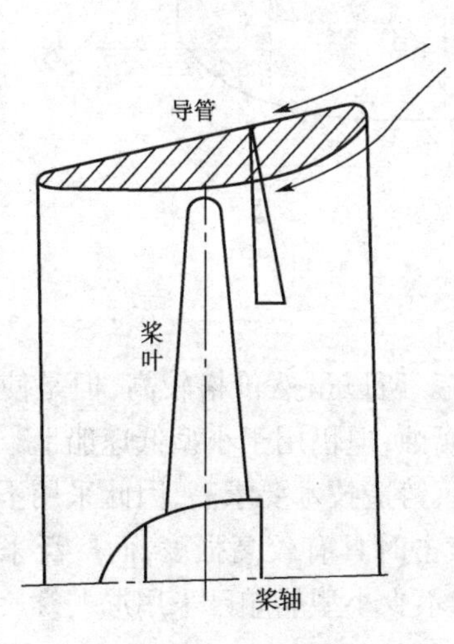

图6-20　导流管

图6-21　全回转导管舵桨

(3)串列螺旋桨。将两个或三个普通螺旋桨装于同一轴上,以相同速度同向转动,如图6-22所示。当螺旋桨直径受限制时,它可加大桨叶面积,吸收较大功率,对减振或避免空泡有利。串列螺旋桨重量较大,桨轴伸出较长,增加了布置及安装上的困难,应用较少。

(4)对转螺旋桨。将两个普通螺旋桨一前一后分别装于同心的内外两轴上,以等速反方向旋转,如图6-23所示。因可减小尾流旋转损失,效率比单桨略高,但其轴系构造复杂,大船上还未应用。

(5)立翼推进器。如图6-24所示,它由4~8片垂直的桨叶组成。直叶推进器上部呈圆盘形,桨叶沿圆盘周缘均匀安装,圆盘底与船壳板齐平相接,圆盘转动时,叶片除绕主轴转动外,还绕本身的垂直轴系摆动,从而产生不同方向的推力,所以可使船在原地回转,不必用舵转向,船倒退时也不必改变主机转向。但因机构复杂,价格昂贵,桨叶易损坏,仅用于少数港务船或对操纵性能有特殊要求的船上。

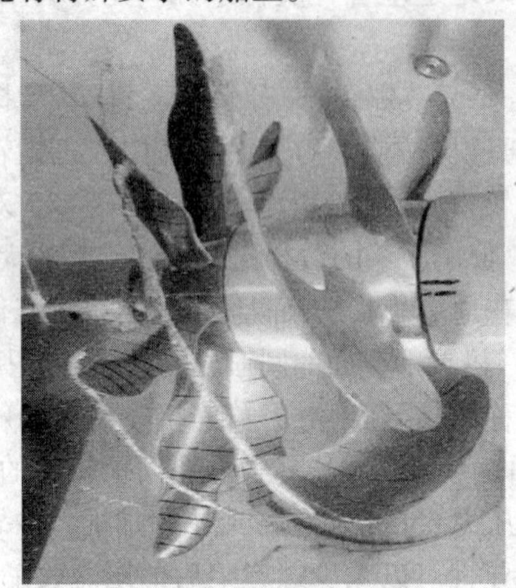

图6-22 串列螺旋桨

图6-23 全回转对转舵桨

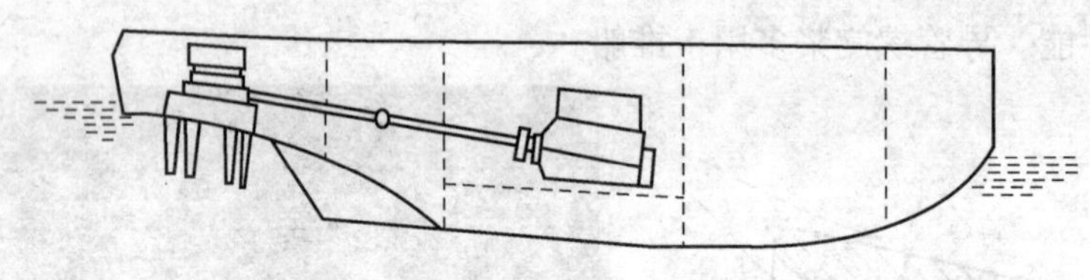

图6-24 立翼推进器

二、螺旋桨的材料

螺旋桨的材料有:铜、铸铁、铸钢、不锈钢、尼龙等。

铜质地柔软,表面光滑,阻水性小,耐腐蚀,韧性好。所以虽然价格较高,但是使用较为普遍。铸铁价格低,来源丰富,所以虽然其性脆弱,不耐腐蚀,但仍用于小型低速船上。铸钢具有铜及铸铁的优点,但在海水中不耐腐蚀,价格也比较高,铸造技术要求高,因此采用不如上述材料广泛。但在破冰船上为了使螺旋桨在与冰块可能撞击时具有较高强度,而广泛采用。尼龙具有强度高、重量轻、耐腐蚀、制造方便等一系列优点,不少小型船舶已采用尼龙螺旋桨。

思考与练习 SIKAOYULIANXI

一、简答题

1. 船舶推进装置的任务是什么?

2. 船舶推进装置的传动方式有哪些？各有什么特点？

3. 简述尾轴管的组成及尾轴承的作用及型式。

4. 简述轴系各组成部分的作用，并以单环式推力轴和推力轴承为例，说明螺旋桨推力是如何传送给船体的。

5. 说明尾轴管的组成及尾轴承的作用及型式。

6. 船舶推进器的作用是什么？主要类型有哪些？

二、选择题

1. 下列关于直接传动推进装置的叙述正确的是(　　)。

A. 所有工况下运转时经济性好　　B. 重量、尺寸小

C. 螺旋将的旋转方向可改变　　D. 螺旋桨和主机始终具有相同的转速和转向

2. 下列关于直接传动推进装置的表述正确的是(　　)。

A. 传动效率低　　B. 主机多为大型低速柴油机

C. 螺旋桨的转速高　　D. 重量，尺寸小

3. 间接传动的船舶推进装置的缺点是(　　)。

A. 动力装置重量、尺寸大　　B. 由于结构上的原因，传递功率受到限制

C. 结构复杂，传递效率低　　D. 船舶操纵性能差

4. 关于间接传动的船舶推进装置正确的说法是(　　)。

A. 间接传动的船舶推进装置现在多用于高速船

B. 间接传动是主机和螺旋桨之间的功率只经过轴系的一种传动方式

C. 间接传动的船舶推进装置结构简单，传动效率高

D. 间接传动的船舶推进装置多用于中小型船舶以及以大功率中速柴油机、汽油机和燃气轮机为主机的大型船舶上

5. 柴油推进装置的特点是(　　)。

A. 不消耗空气而能获得热能

B. 具有较大的单机功率

C. 能长时间不添加燃料而航行极远的距离

D. 具有较高的经济性和良好的机动性

6. 下列哪种传动装置能使主机曲轴和螺旋桨轴可以不同心布置(　　)。

A. 直接传动　　B. Z 型传动　　C. 间接传动　　D. B + C

7. 哪种传动装置可以省略舵、尾柱和尾轴管等结构(　　)。

A. 直接传动　　B. 间接传动　　C. Z 型传动　　D. 以上都行

8. 何谓轴系？(　　)

A. 用以连接主机和推进器的整个传动系统

B. 用以连接主机和轴带发电机的整个传动系统

C. 从主机到推进器为止的整个传动系统

D. 主机、推进器等

9. 船舶轴系包括(　　)。

A. 传动轴系部分和螺旋桨部分　　B. 离合器部分和支撑部分

C. 主机和传动轴部分　　D. 传动轴部分，支撑部分，传动设备

10. 船舶轴系的支撑部分包括(　　)。

A. 中间轴，中间轴承，推力轴，推力轴承　B. 中间轴，推力轴承，推力轴

C. 中间轴承，推力轴承，尾轴轴承　　D. 中间轴承，推力轴，推力轴

11. 船舶轴系的传动轴包括(　　)。

A. 推力轴，中间轴，尾轴　　B. 主轴承、推力轴，中间轴承，尾轴

C. 推力轴，中间轴承，尾轴，螺旋桨　　D. 飞轮、推力轴，中间轴承，尾轴

12. 推力轴承的作用是(　　)。

A. 承受轴系的重力

B. 承受螺旋桨产生的推力(或拉力)并将其推力(或拉力)传递给船体

C. 承受主机产生的推力(或拉力)并将其推力(或拉力)传递给船体

D. 传递功率给轴带发电机

13. 船舶轴系的任务是(　　)。

A. 推动船舶前进

B. 将主机的功率传递给螺旋桨，螺旋桨产生推动船舶前进的动力

C. 控制船舶的方向

D. 产生推动船舶前进的动力

14. 船舶轴系传动效率包括(　　)。

A. 推力轴承、中间轴承、螺旋桨以及隔舱填料箱等部分的效率

B. 主机、中间轴承，尾轴承以及隔舱填料箱等部分的效率

C. 推力轴承、中间轴承，尾轴轴承以及隔舱填料箱等各部分的效率

D. 推力轴承、中间轴承，尾轴轴承以及舵机等部分的效率

15. 船舶轴系的功率损失与下列中的(　　)无关。

A. 主机机型

B. 中间轴的转速，中间轴承和推力轴承的构造和质量

C. 润滑方式和滑油质量

D. 螺旋桨的推进效率

16. 船舶轴系中最重要的部分是(　　)。

A. 推力轴承　　B. 尾轴管　　C. 填料箱　　D. 中间轴承

17. 推力轴承是轴系中最重要部件的原因是(　　)。

A. 它承受螺旋将的有效推力，将推力传递给船体，推动船舶前进或后退

B. 它支撑轴系的重量

C. 它产生推进功率，并传递给螺旋桨

D. 它产生有效推力，推动船舶前进

18. 船用离合器的主要作用是(　　)。

A. 承受螺旋桨和尾轴本身的重力引起的弯曲以及传递推力所造成的拉、压负荷

B. 传递主机输出功率，将主机与传动轴连接或脱开，使转动轴反转和减速

C. 产生扭矩，输出功

D. 设置轴带发电机发电

19. 主推进装置的结构、尺寸和设备有重大改进时，应对轴系(　　)。

A. 系泊试验　　B. 空转运转试验

C. 螺旋桨推进特性试验　　D. 扭转振动试验

20. 下列不属于船舶轴系传动设备的有(　　)。

A. 离合器　　B. 中间轴　　C. 弹性联轴节　　D. 减速齿轮箱

21. 船舶推进装置的传动设备的主要功能是(　　)。

A. 产生有效推力，推动船舶前进，减速或变速，离合，倒顺等功能

B. 组合和分配推进主机的功率、加速、离合、倒顺等功能

C. 组合和分配推进主机的功率，减速或变速，离合，倒顺等功能

D. 组合和分配推进主机的功率，减速或变速，取代舵的作用等功能

22. 下列说法正确的是(　　)。

A. 通常直接与主机相接的轴并带有推力轴承者称为推力轴

B. 装设螺旋桨的轴称为推进轴

C. 通常直接与主机相接的轴并带有推力轴承者称为推进轴

D. 装设螺旋桨的轴称为推力轴

23. 下列说法正确的是(　　)。

A. 尾轴有时与推力轴是一根轴

B. 轴系穿进船体的地方装有推力轴管，推力轴管中的轴称为推力轴

C. 装设螺旋桨的轴称为推进轴

D. 轴系穿进船体的地方装有尾轴管，尾轴管中的轴称为尾轴

24. 轴系的功能是将柴油机发出的功率传递给(　　)。

A. 螺旋桨　　B. 发电机　　C. 空气压缩机　　D. 应急消防水

25. 采用不可反转的高速柴油机作主机的船舶，一般都配有(　　)齿轮箱。

A. 离合　　B. 倒顺　　C. 减速　　D. A + B + C

26. 目前最常用的推进器是(　　)。

A. 导管推进器　　B. 明轮推进器　　C. 喷水推进器　　D. 螺旋桨

27. 采用可调螺距螺旋桨的好处是(　　)。

A. 增加推力　　B. 减小推力

C. 造价较低　　D. 快慢车和倒车时无需改变螺旋桨的转速和转向

28. 通常尾轴管装置(　　)组成。

①尾轴管；②尾轴承；③密封装置；④润滑和冷却系统。

A. ①③④　　B. ②③④　　C. ①②③　　D. ①②③④

第七章　船用泵阀与船舶系统

知识目标

1. 熟悉船用泵的分类、功用以及泵的性能参数；

2. 初步掌握各种类型泵的原理以及性能特点；

3. 初步掌握船舶管路中常用的阀件的类型、结构形式；

4. 理解和掌握船舶系统的作用、类型、基本组成。

能力目标

1. 正确认识各种类型船用泵，并了解其在船舶上的作用；

2. 初步具备根据具体情况合理安装各类船舶管路常用阀件的能力；

3. 初步具备船舶系统的基本知识。

第一节　船用泵概述

一、船用泵的功用及分类

泵是将原动机的机械能转变液体能的一种水力机械。其功用是使液体获得机械能，达到输送液体的目的。泵在现代船舶上应用广泛，船上常用来输送水、油或其他各种液体的泵，统称为船用泵。船用泵的种类繁多，下面将根据泵的用途和工作原理的不同进行如下分类。

1. 船用泵按用途分类

(1)船舶通用泵。船舶通用泵是为船舶营运及其船上人员生活需要而设置的，是任何机动船舶都须装备的一类泵。属于这类泵的主要有压载水泵、舱底水泵、消防泵、卫生水泵和淡水泵等。

(2)船舶动力装置用泵。船舶动力装置用泵是为船舶动力装置的工作需要而设置的。目前绝大多数柴油机船舶来说，主要有燃油驳运泵、燃油输送泵、主机冷却水泵、海水泵、润滑油泵、润滑驳运泵、柴油机发电机的冷却水泵和海水泵等。

(3)船舶辅助机械用泵。船舶辅助机械用泵主要是为船舶辅助机械的工作提供服务的，主要有辅助锅炉的给水泵、燃油泵、冷凝器的循环水泵，空气压缩和制冷装置中的冷却水泵，海水淡化装置的给水泵、淡水泵、排盐泵和真空抽射泵，液压甲板机械用的液压油泵等，以及防污染装置的各种泵。

(4)船舶专用泵。船舶专用泵是用来满足特殊船舶的需要所设置的泵，如油船上的货油泵、挖泥船上的吸泥泵、深水打捞船上的打捞泵、消防船上的消防泵等。

2. 船用泵按工作原理分类

(1)容积式泵。容积式泵依靠工作部件的运动使工作容积周期性地增大和缩小来吸排液体，并靠工作部件的挤压增加液体压力。属于这类泵有往复式泵(如活塞泵、柱塞泵)和回转式泵（如齿轮泵、螺杆泵、叶片泵、水环泵）。

(2)叶轮式泵。叶轮式泵是通过工作叶轮带动液体高速旋转，把机械能传递给液体，从而达到输送液体的目的。常用的有离心泵、漩涡泵等。

(3)喷射泵。喷射泵靠工作流体产生的高速射流引射流体，再通过动量交换使被引射流体的能量增加，从而完成输送液体的任务。常用的有水喷射泵、蒸汽喷射器等。

二、泵的性能参数

为了表征泵的性能和完善程度，以便选用和比较。通常把流量、压头、转速、功率、效率等主要工作参数称为泵的性能参数。

1. 流量

泵的流量是指泵在单位时间内所输送的液体量。流量有两种表示方法，即容积流量和质量流量。容积流量用 Q 表示，单位为 m^3/s、m^3/h、L/min；质量流量用 G 表示，单位为 kg/s、kg/min、t/h。两者之间的关系为：

$$G = \rho Q \qquad \text{kg/s}$$

式中：ρ——液体密度，kg/m^3。

2. 扬程（压头）

泵的扬程又名压头是指单位重量液体（单位：N）通过泵后所获得的能量（单位：N·m 或 J）。扬程常用 H 表示（单位：m）。

泵产生的压头实际上是被用来克服吸排管路中的各种水力阻力、吸排液面的压差，并将液体提升到一定高度。如泵产生的压头（扬程）全部用来提高液体位能，而假设不存在管路阻力损失，则扬程（压头）即为泵使液体所能上升的高度。

一般铭牌上标注的扬程是额定扬程，即泵在设计工况时的扬程。泵在实际工作时的扬程不一定等于额定扬程，它取决于泵所工作的管路的具体条件。但容积式泵由于压头较高，铭牌上标注额定排出压力，额定排出压力是按照试验标准连续工作所允许的最高排出压力，容积式泵的实际排出压力不允许超过额定排出压力。

如果知道泵的排出压力 P_d(Pa)和吸入压力 P_s(Pa)，其扬程即可近似地表示为：

$$H = (P_d - P_s)/\rho g \qquad \text{m}$$

3. 转速

泵的转速是指泵轴每分钟的回转数，用 n 表示，单位为 r/min。大多数的泵是由原动机直接驱动，二者转速相同。但有的泵，如电动往复泵，其原动机的轴一般需通过减速器再与泵轴连接，故其泵轴（曲轴）的转速比原动机要低。因此，泵轴和原动机的转速并不一定相同。泵铭牌上标出的转速是泵轴的额定转速。

4. 功率

泵的功率有输入功率和输出功率两种。输出功率（也称有效功率）是指泵单位时间内实际传给液体的能量，用 P_e 表示；输入功率是指原动机传给泵轴的功率，即泵轴所接受的功率，也称轴功率，用 P 表示。

泵所配原动机的功率是根据泵输入功率的大小来确定。泵所配原动机的额定输出功率，称为配套功率，用 P_m 表示。考虑到泵运转时可能超负荷等情况，泵的配套功率应大于额定轴

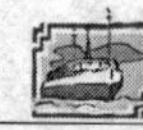

功率，即

$$P_m = k_m P$$

式中：k_m——功率储备系数，k_m 一般取1.1~1.42。

5. 效率

由于泵在实际工作中存在各种能量损失（机械摩擦损失、水力损失、容积损失），所以泵的有效功率总是小于轴功率，可用总效率 η 来衡量。泵的效率是指泵的输出功率与输入功率之比，用 η 表示。即

$$\eta = P_e / P$$

效率表示泵性能的好坏以及动力利用程度，效率越高，说明泵的工作越经济。

第二节　容积式泵

一、往复泵

1. 往复泵的工作原理

往复泵是一种容积式泵，依靠活塞或柱塞的在泵缸中作往复运动，造成工作室容积的变化，腔室内外形成压差，从而抽吸并挤压液体，实现能量传递，达到对液体进行吸排的目的。

图7-1是一单缸单作用活塞式往复泵的工作原理图。它由泵缸、活塞、吸入阀、排出阀等基本部件组成。当活塞自极左位置向右移动时，泵缸中的左侧容积不断增大，其中压力不断降低，吸入管中的空气压力就会克服吸入阀上的压力打开吸入阀使吸入管中的空气进入泵缸。同时插入在液体中的吸入管中的液面也会上升，直到活塞运动到极右位置为止。当活塞自极右位置向左移动时，泵缸中的容积不断减小，压力不断增大，首先使吸入阀关闭，然后克服排出阀上的压力打开排出阀，将泵缸中的气体排出，直到活塞运动到极左位置为止。活塞的每一次往复，都会使吸入管中的液面上升一定高度，直至吸入液体进入泵缸并将液体从泵缸中排出，进入正常输液工作状态。

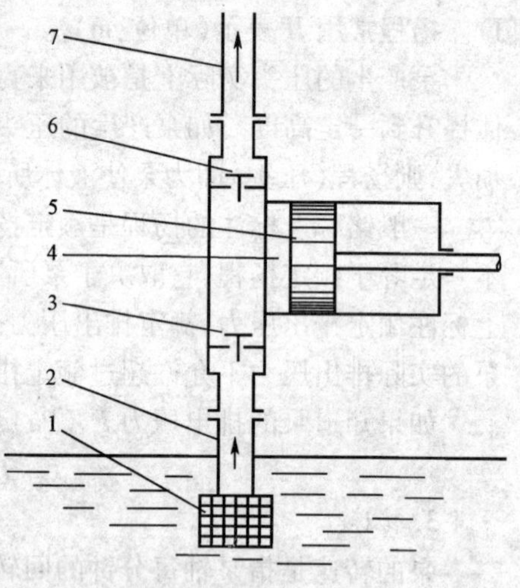

图7-1　往复泵的工作原理

1-滤器；2-吸入管；3-吸入阀；4-泵缸；5-活塞；6-排出阀；7-排出管

往复泵在活塞每一往复行程吸排液体的次数，称为往复泵的作用数。上述泵每一往复行程只吸排一次液体，称为单作用往复泵，这种泵因为只有一个工作空间，吸入和排出的交替进行的，因此它的排出过程的断续进行，流量极为不均匀。为了提高往复泵的流量并使其流量更加均匀，往往采用多作用泵。

如图7-2所示为单缸双作用往复泵的结构简图，在一个泵缸中有两个工作空间，每一个空间都有自己的吸入阀和排出阀，这样活塞在每一往复行程中完成两次吸排，我们称它为双作用往复泵。当转速、泵缸的尺寸相同时，双作用往复泵流量比单作用往复泵大约增加一倍，输液

也比较均匀。另外还有三作用往复泵和四作用往复泵。

2. 往复泵的性能特点

(1)有较强的自吸能力。往复泵能够将泵内和吸入管中的空气排出,吸上液体并排出。这一能力称为自吸能力。

(2)可产生很高的压头。往复泵能产生的理论压头取决于泵的强度、密封性能和原动机的功率。因此为了防止过载,泵的排出管路应畅通无阻,阀门要开足,否则就有可能造成机组损坏或管路爆裂等事故。

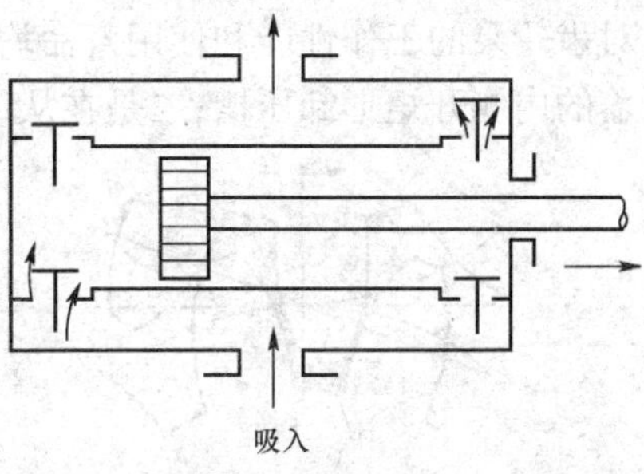

图7-2　单缸双作用往复泵的结构简图

(3)泵的排量与工作压力无关。往复泵的排量只取决于泵的几何尺寸、转速和作用数,与工作压力无关。因此往复泵不能用改变排出阀开度的办法来调节流量。

(4)流量不均匀。往复泵活塞速度的不均匀导致泵每一瞬间排量的不均匀,泵的排出和吸入压力也会产生波动。减小排量不均匀度的方法是增加泵的作用数和设立泵的排出空气室(利用空气室内空气的压缩和膨胀作用使排出管路中的流量趋于均匀)。

(5)转速不能太高。往复泵由于其活塞做的是变速运动,无论活塞还是被输送的液体,在工作中都存在较大的惯性,而且转速越高,惯性越大,惯性阻力增加,同时还会使吸入压力在行程开始时降低过多,恶化吸入条件。因此,往复泵的转速多在200~300r/min,一般不超过500r/min。

往复泵在船上被广泛用作舱底水泵和油舱的扫舱泵。

二、齿轮泵

1. 齿轮泵的结构与工作原理

齿轮泵的基本结构包括主动齿轮、从动齿轮、泵体、吸入口和排出口等。根据其齿轮啮合形式的不同分为外啮合齿轮泵和内啮合齿轮泵,但其工作原理基本相同。如图7-3所示,为外啮合齿轮泵,原动机通过泵轴带动主动齿轮回转,从动齿轮由于与主动齿轮的啮合被带着反向回转。泵的吸入口和排出口由于主动齿轮和从动齿轮的啮合彼此隔开,分别形成了由泵体、前后端盖和啮合齿包围的两侧腔室。随着齿轮的回转,退出啮合的一侧,容积不断增大,形成低压,从而吸入液体,这一侧即为吸入腔;进入啮合的另一侧,容积不断减小,压力增大,排出液体这一侧即为排出腔。在吸入腔,当液体充满齿间后逐渐转到泵体内壁并沿着泵体内壁转到排出腔;在排出腔,充满齿间的液体由于轮齿进入啮合被挤压出去。泵的转向决定了泵的吸排方向。

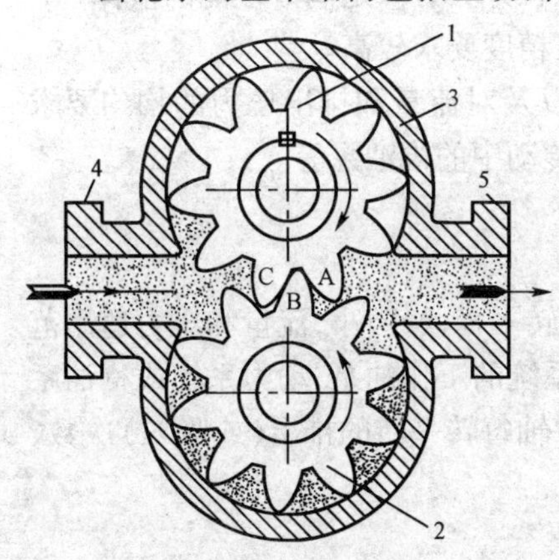

图7-3　齿轮泵的工作原理图

1-主动齿轮;2-从动齿轮;3-泵体;4-吸入口;5-排出口

齿轮泵为了转动连续和平稳,工作时总是前一对啮合齿尚未脱离啮合前,后一对轮齿便已进入啮合。于是部分时间内相邻两对轮齿会同时处于啮合状态,它们与两侧端盖之间就形成一个与吸入和排出口均不相同的封闭空间,使一部分油液困在其中,而封闭空间的容积又会随着齿轮的转动而变化,从而产生困油现象如图7-4所示。

对齿轮泵的工作性能和使用寿命均有较大影响。消除困油现象的方法主要有:一是在泵的端盖的内侧开矩形卸压槽;二是在从动齿轮的齿间底部开卸压孔。

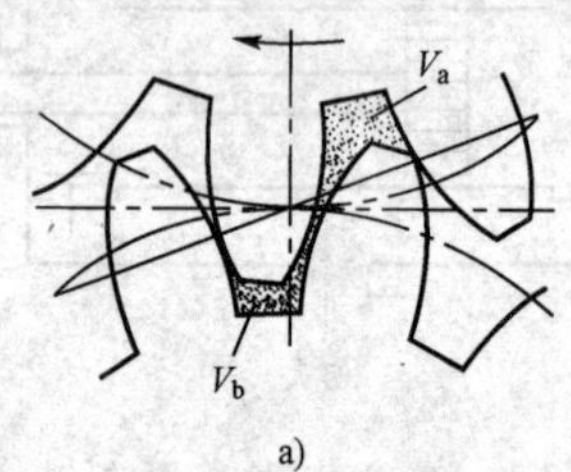

a)

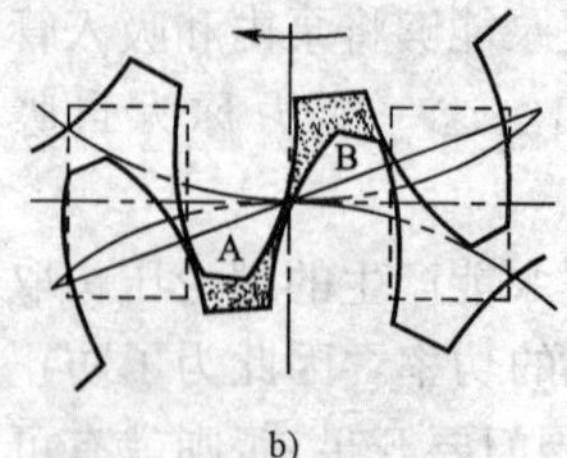

b)

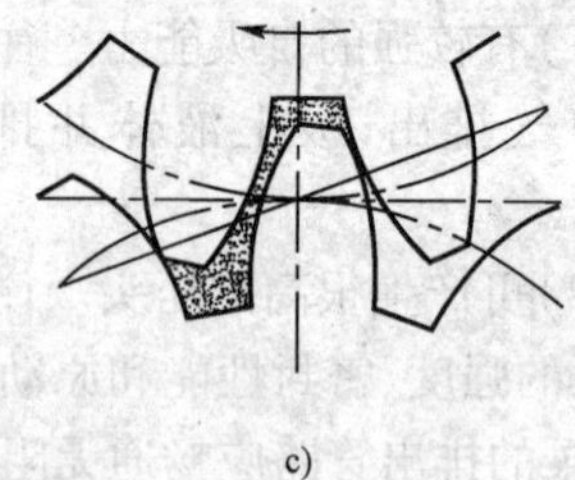
c)

图 7-4　齿轮泵的困油现象

齿轮泵的困油现象易产生在采用正齿轮的齿轮泵中,而采用斜齿轮(或人字形齿轮)的齿轮泵则可避免出现困油现象。

2. 泵的性能特点

(1)有一定的自吸能力。齿轮泵属于容积式泵,从原理上说,具备自吸能力。但由于其密封面较多,密封性能较差,在实际工作中的自吸能力并不很强。值得注意的是齿轮泵摩擦部位多,间隙较小,线速度较高,起动前齿轮表面必须有油,不允许干转。

(2)可产生很高的压头。泵的额定排压主要取决于泵的密封性能和轴承的承载能力,与工作部件尺寸和转速无关。为了防止泵在超过额定工作压力下工作,泵出口一般应装设安全阀。

(3)流量连续但有脉动。脉动频率取决于转速与齿数的乘积。流量是由工作部件的尺寸和转速决定的,与排压无关。

(4)有困油现象,在结构上需采取措施予以消除。

(5)齿轮泵运转时摩擦面多,故适用于排送不含固体颗粒并具有一定润滑性能的液体。

(6)结构简单,价格低廉。但对材质的抗磨性能和加工精度要求较高。

在船上,齿轮泵一般被用作排出压力不高,流量不大,以及对流量和排出压力的均匀要求不很严格的场合,常用作滑油泵、燃油泵、驳油泵以及液压传动中的供油泵等。

三、叶片泵

叶片泵是一种回转式容积式泵,由于结构简单紧凑,运转平稳,噪声小,流量和压力适用范围广,所以获得广泛的应用。在船上叶片泵常被用作液压系统的工作油泵,动力系统或货油系统的输油泵。工作压力常在 6 ~ 7MPa 以下。叶片泵根据泵轴每转一转的排出(或吸入)次数,可分为单作用式和双作用式。

1. 单作用叶片泵

单作用叶片泵转子每转一周,吸、压油各一次,故称为单作用。单作用叶片泵可作变量变向泵用。

如图 7-5 所示,单作用叶片泵主要由传动轴、转子、定子、叶片、配油盘和泵体组成。定子内壁呈圆形,定子和转子之间有一偏心距 e,转子上有均匀分布的径向狭槽,槽内装有可作径向滑动的叶片,叶片的宽度与转子的宽度相同。传动轴带动转子和叶片转动,转子与叶片两端面各有配油盘与之紧密贴合,配油盘上开有吸、排油窗口。

当泵轴带动转子1旋转时，叶片3在离心力及叶片底部的油压力作用下由槽内伸出，使叶片顶部始终紧贴在定子2的内壁上。由于转子与定子的偏心，在转子、定子和配油盘间形成了月牙形腔室，并被叶片分隔成若干个封闭的容积。当转子逆时针回转时，两叶片间的工作空间在右半转容积不断增大，而转到左半转则容积不断减小；因此，能分别从配油盘上相应的配油口吸入和排出。通过设在泵内的移动机构，改变定子和转子之间有一偏心距 e 的大小和方向，则可改变泵的流量和吸排方向。

由于转子两侧分别作用着吸入压力和排出压力，故泵在工作时定子、转子和轴承将承受不平衡的径向液压力（因此，也称单作用叶片泵为非卸荷式叶片泵），故工作压力不宜太高，应用不很广泛。

2. 双作用叶片泵

双作用叶片泵因转子旋转一周，叶片在转子叶片槽内滑动两次，完成两次吸油和压油而得名，双作用叶片泵只能作定量泵用。

如图7-6所示，双作用叶片泵与单作用泵结构上的主要不同点在于定子内表面形状与偏心距。双作用泵的定子2内腔型线是由两段长半径 R 圆弧和两段短半径 r 圆弧以及连接它们的四段过渡曲线组成。转子1和定子2的中心相重合，即偏心距恒为零。图7-7为双作用叶片泵的结构图。

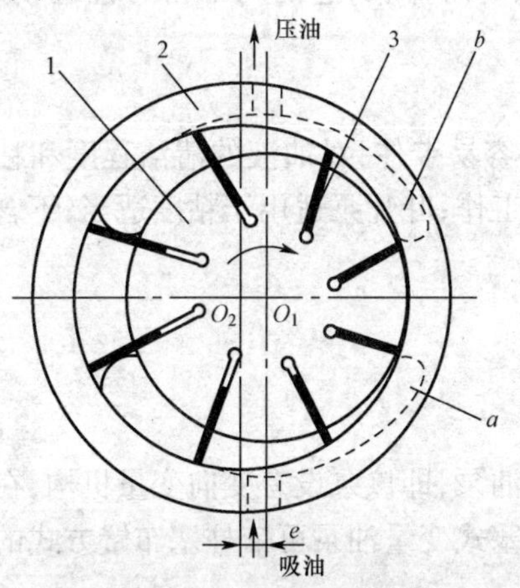

图7-5 单作用叶片泵的工作原理

1-转子；2-定子；3-叶片

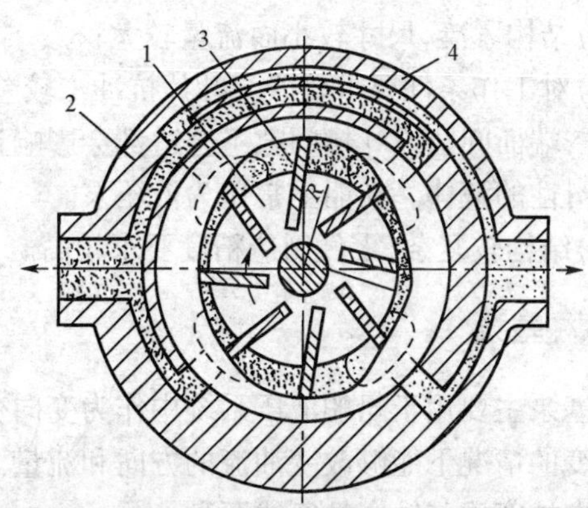

图7-6 双作用叶片泵的工作原理

1-转子；2-定子；3-叶片；4-泵体

当转子旋转时，叶片受离心力及液压力（叶片底部空间一般由排出腔引入压力油）作用，向外顶紧在定子内壁上，并可随定子内壁离转子中心距离的改变而在槽内往复滑动。从而使两叶片间的密封腔容积发生变化，进行吸、排油工作。显然，此泵转子每转一周，每个密封腔容积完成两次吸、排油，因此是双作用泵。

当泵的每两相邻叶片转到吸、排油口间的密封区时，因叶片顶端与定子的圆弧部分接触并转子和定子同心，故旋转时两叶片间的容积不变，不会产生困油问题。由于双作用叶片泵两个吸入口和两个排出口是对称布置的，所以作用在定子及转子上的液压力是完全平衡的（因此，也称其为卸荷式叶片泵），故工作压力较高，应用很广泛。

3. 叶片泵的特点

（1）有回转型容积式泵的一般特点；

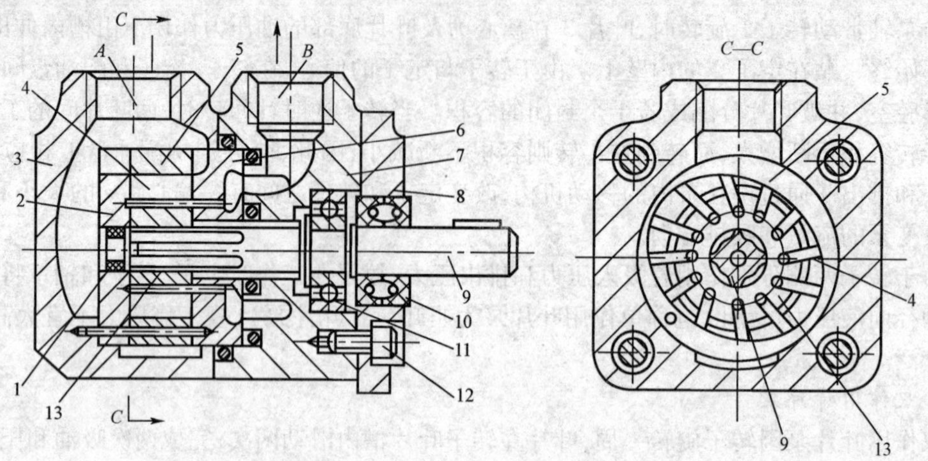

图 7-7 双作用叶片泵的结构

1、11 轴承；2、6 左右配油盘；3、7-前后盖体；4-叶片；5-定子；8-端盖；9-传动轴；10-密封圈；12-螺钉；13-转子；A-吸油口；B-排油口

(2)流量较均匀，运转平稳，噪声较低；

(3)双作用叶片泵转子所受径向力是平衡的，轴承寿命长，它的内部密封性也较好，容积效率较高；

(4)结构紧凑，尺寸较小而流量较大；

(5)对工作条件要求较严。叶片抗冲击较差，较容易卡住，对油液的清洁程度和粘度都比较敏感。端面间隙或叶槽间隙不合适都会影响正常工作；叶片泵适用于粘度适当、不含杂质的具有润滑性的液体。在船上常作为液压泵。

(6)结构较复杂，零件制造精度要求较高。

四、柱塞泵

柱塞泵主要用于船舶液压系统中作为变向变量油泵，即该泵设有变向变量机构，在转速和转向不变的情况下能够改变油流的方向和流量。柱塞式变量油泵可依柱塞布置方式的不同而分为径向柱塞式与轴向柱塞式两种。

1. 径向柱塞泵

(1)径向柱塞泵的工作原理。图 7-8 是这种泵在泵体内仅绘出一个柱塞的工作原理图。

缸体 2 在电动机的带动下绕固定的配油轴 4 作回转运动，配油轴上腔 5 与下腔 3 分别与泵的外接进出油管相通。缸体内径向装有若干个柱塞 1，柱塞的一端与缸体内的柱塞孔组成工作容积，而另一端通过横销 8 与滑履 7 相铰接，滑履可在圆盘(浮动环)6 的滑轨内滑动。如在原动机的驱动下，缸体和柱塞按顺时针方向回转，当圆盘 6 与缸体 2 处于图 7-8a)同心位置时，则柱塞 1 在缸体内无往复运动，这时油泵空转而流量为零。

如通过操纵机构将圆盘 6 拉离中央位置，使其偏向右侧(图 7～8b)，则柱塞在上半周中，缸内工作空间逐渐增大，形成真空，油液通过配油轴上腔 5 吸入；当柱塞在下半周中；缸内工作空间逐渐减小，油液受挤压，通过配油轴下腔 3 压出。缸体旋转一周，每一柱塞吸、排油各一次。

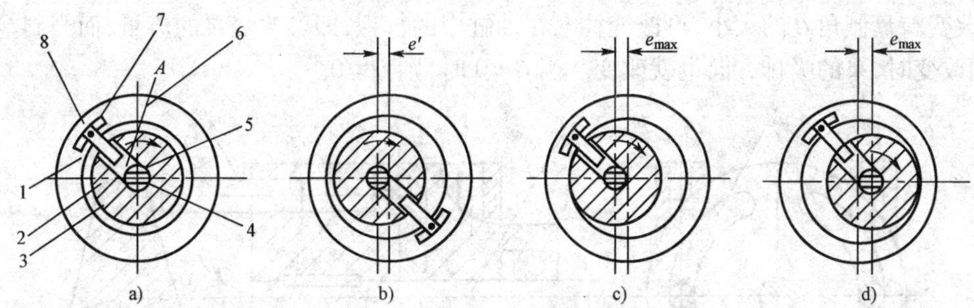

图 7-8　径向柱塞式的工作原理图

1-柱塞;2-缸体;3-配油轴下腔;4-配油轴;5-配油轴上腔;6-圆盘(浮动环);7-滑履;8-横销

径向柱塞式变量泵的流量可用下式表示:

$$Q = \pi/4d^2 \cdot 2e\ zn\eta_v \qquad m^3/min$$

式中:d——柱塞直径,m;

e——浮动环的偏心距,m,

z——柱塞个数,

n——油泵转速,r/min;

η_v——泵的容积效率,一般约为0.85~0.95。

对尺寸既定的径向柱塞泵而言,当转速恒定时,只要改变浮动环偏心距 e 的大小和方向,就能改变油泵的流量和吸排方向。

由于柱塞在油缸中作往复运动时的速度是不均匀的,故每个油缸的瞬时流量也就不均匀。柱塞个数越多,液压泵的理论流量越均匀;而且柱塞个数为奇数时,又要比为相邻偶数时更为均匀。因此,单列径向柱塞泵的柱塞个数就常取为7、9、11、13等。

(2)径向柱塞泵的特点:

①径向尺寸和重量大。

②容积效率低,轴承负荷大,适用压力 <20MPa。

③流量和转速不能太高,防止气穴现象。

2. 轴向柱塞泵

在液压甲板机械中,特别是转矩较大和需要使用较高油压的场合,径向柱塞泵越来越被轴向柱塞泵所取代。轴向柱塞泵有斜盘式和斜轴式两类。这里主要介绍斜盘式轴向柱塞泵。

(1)轴向柱塞泵结构与工作原理。斜盘式轴向柱塞泵的工作原理如图7-9所示。泵轴1通过键与缸体3相连,在缸体3上沿轴向均匀地加工出一圈油缸,各缸中设有柱塞4,靠其作用于底部的油压或用机械的方法,始终贴紧在斜盘5上,而斜盘5则可绕O点偏转,即其轴线相对于泵轴线的倾角β可以改变。缸体3的左端面抵紧在配油盘2上。配油盘2用定位销与泵体9固定,并在其上开有两个弧形的配油窗口6,以使各相应的油缸分别与泵的吸排管口7和8相沟通。

当原动机经泵轴1带动缸体作顺时针方向(从斜盘端看)回转时,如使斜盘处在图示的倾斜方向,那么,当柱塞自下而上转过左半周的过程中,必将从油缸中逐渐退出,使油缸内的封闭容积逐渐增大,经左侧窗口由接口7吸油;而当柱塞自上而下转过右半周时,则又会压入油缸,使缸内容积不断减小,将已吸入的油液经右侧窗口从接口8排出。在泵的结构尺寸和转速一

定时,改变斜盘倾角β的大小,可改变柱塞在油缸中的行程,即可改变泵的流量,而当斜盘的倾斜方向改变时,泵的吸排方向也就改变。当$\beta=0$时,则$Q=0$。

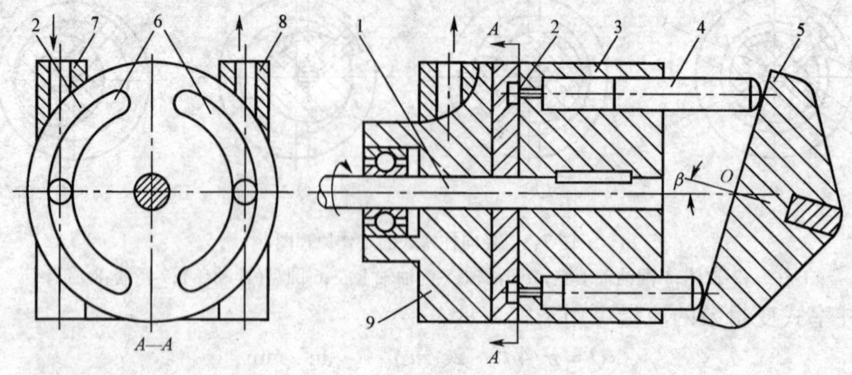

图 7-9　轴向柱塞泵的工作原理

1-泵轴;2-配油盘;3-缸体;4-柱塞;5-斜盘;6-配油窗口;7、8-吸排管口;9-泵体

与径向柱塞泵一样,轴向柱塞泵的瞬时流量也是脉动的。轴向柱塞泵的柱塞个数一般多取为7个,流量大时也有取9或11个的。

(2)轴向柱塞泵的特点:

①主要零件静力平衡,机械效率高;

②容积效率高,工作压力大;

③径向尺寸小,吸油孔大,转速和流量大;

④平面配油,滤油精度要求高。

五、螺杆泵

螺杆泵也是一种属于回转类型的容积式泵。它是利用相互啮合的螺杆与泵体所围成的封闭空间随着螺杆型转子在泵壳衬套中的回转,从而引起工作腔室容积的变化,使螺牙间液体产生轴向位移完成吸、排作用。根据泵内作用螺杆数的不同,螺杆泵可分为单螺杆泵、双螺杆泵、三螺杆泵和五螺杆泵。船舶上应用最广的是三螺杆泵和单螺杆泵。三螺杆泵主要由主动螺杆、从动螺杆、泵体、衬套组成。单螺杆泵主要由螺杆、衬套组成。

1. 螺杆泵的结构与工作原理

以三螺杆泵为例,其工作原理如图7-10所示:主动螺杆和从动螺杆均为双头螺杆,主动螺杆为凸螺杆,从动螺杆为凹螺杆。当主、从螺杆互相啮合时,在各啮合螺杆之间形成了若干个分别独立的所谓"∞"形工作空间,"∞"形空间的数量取决于螺杆的导程数。此空间随着螺杆的转动,将由下向上移动。啮合螺杆的最下方将不断形成密封的"∞"空间。啮合螺杆的最上方随着螺杆的转动,"∞"空间逐渐消失,从而形成了两端的吸排。

2. 螺杆泵的性能特点

(1)有自吸能力。理论流量仅取决于运动部件的尺寸和转速,额定排出压力与流量无关,无需泵阀、结构紧凑等优点。

(2)流量均匀,无困油现象,故工作平稳,振动和噪声小。

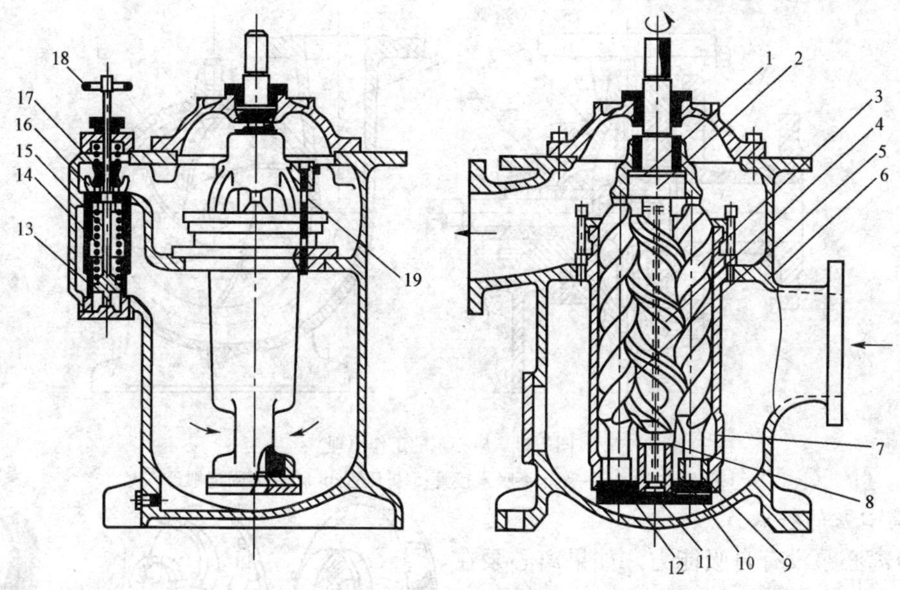

图 7-10　三螺杆泵

1、8-推力垫圈;2-平衡活塞;3、5 从动螺杆;4-主动螺杆;6-泵体;7-缸盖;9、10-平衡轴套;11-盖板;12-推力垫块;13-防转销;14、17-弹簧;15-调节螺杆;16-安全阀体;18-调节手轮;19-泄油

(3)应用转速高,流量范围广。

(4)对液体扰动小,适用粘度范围广。三螺杆泵一般仅适于运送清洁并有一定润滑性的液体,单螺杆泵还可用于输送非润滑性液体和含固体杂质的液体。

(5)螺杆的轴向尺寸较长,刚性较差,加工和装配精度要求较高。螺杆在存放时,应悬吊固定,以防螺杆变形。

第三节　叶轮式泵与喷射泵

一、离心泵

离心泵属于叶轮式泵,是船上应用较多的一种泵。

1. 离心泵的工作原理

如图 7-11 所示,离心泵由叶轮 1、叶片 2、泵壳 3、吸入管 4、扩压排出管 5、泵轴 6 及轴封等所组成。叶轮用键和锁紧螺母固定在轴上,轴由电动机带动,作回转运动。

离心泵工作原理是,在泵壳内充满水的条件下,离心泵工作时,高速旋转的叶轮及其叶片带动叶间的液体一起回转,在离心力的作用下,液体从叶轮中心向四周甩出,然后由具有渐扩截面的泵壳流道汇集,经扩压管降速,将其中的大部分速度能转化成压力能,从排出管排出。与此同时,在叶轮中心处形成一定的真空,液体在吸入液面和叶轮中心处之间的压力差作用下经吸入管 4 被吸入离心泵叶轮。因此只要叶轮能保持均匀的回转,离心泵就可连续不断地吸入和排出液体。

离心泵的叶轮有开式叶轮、闭式叶轮、半开式叶轮三种。如图 7-12 所示。

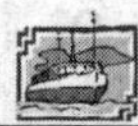

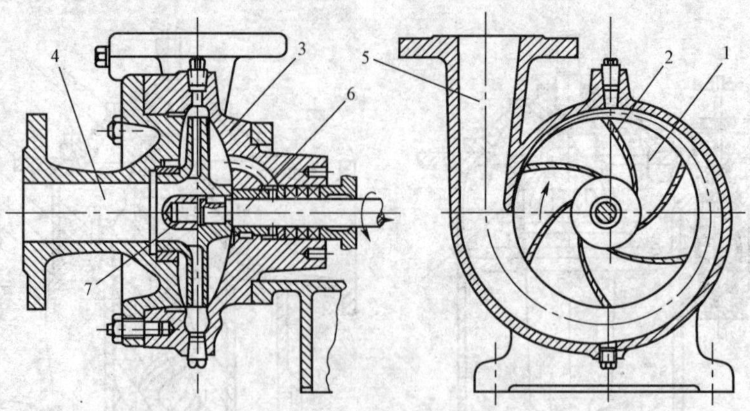

图 7-11　离心泵的工作原理

1-叶轮;2-叶片;3-泵壳;4-吸入接管;5-扩压管;6-泵轴;7-固定螺母

2. 离心泵的特点

(1)离心泵没有自吸能力。如果离心泵在起动前没有向泵内注水,泵只能甩出空气,由于气体离心力小而不能形成足够的真空,因而不能排出空气,吸入液体。

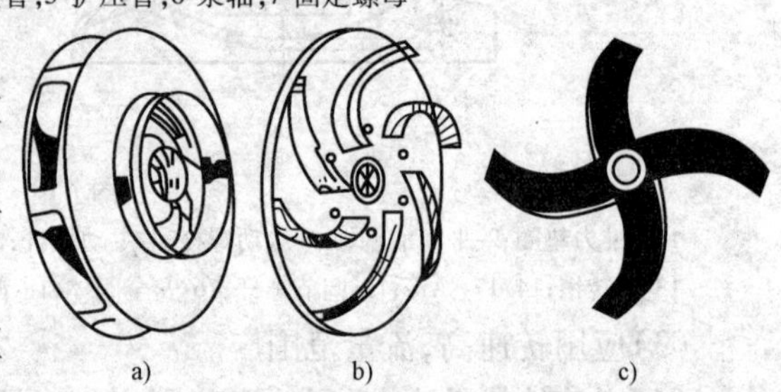

图 7-12　离心泵叶轮

a)闭式;b)半开式;c)开式

(2)泵的流量随工作压头变化而变化。压头越高,流量越小。当压头达到一定高度时,泵的流量为零,这时的压头称为封闭压头。一般离心泵在封闭压头下工作时,其功率消耗最小,所以在起动时,应采用封闭起动方式以减少离心泵起动时的功率。

(3)流量连续均匀,工作平稳,而且流量容易调节。

(4)泵所能产生的扬程主要由叶轮外径和转速决定,不适合于小流量,高扬程工况。离心泵产生的最大排压有限,故其排出口不必设置安全阀。

(5)泵的适用转速高,可与电动机直接相连,结构简单紧凑,尺寸小,重量轻,造价低。

(6)离心泵对杂质不敏感,易损件少,管理和维修方便。

目前,船用水泵和较大油船的货油泵大多使用离心泵。而有些要求自吸的场合,如压载泵、舱底水泵、油船扫舱泵等,也使用具有自吸能力的离心泵。

二、喷射泵

喷射泵是靠工作流体产生的高速射流引射流体,然后再通过动量交换而使被引射的液体的能量增加,达到输送液体的目的。工作流体可以是水、空气等,分别称为水喷射泵和空气喷射泵。引射流体可以是水、空气等。引射流体为空气的喷射泵也称为真空泵。

1. 喷射泵的结构和工作原理

下面以水喷射泵为例,说明喷射泵的一般结构和工作原理。

喷射泵主要由喷嘴 1、吸入室 2、混合室 3 和扩压室 4 等组成。如图 7-13 所示,高压工作流体经管道进入截面积急剧缩小的喷嘴后,工作流体的部分压力能转化为速度能,流速大大增

加,由于高速工作流体的引射带走喷嘴口周围的空气在吸入室形成一定的真空,把被抽吸的液体自吸入管吸入并随高速流动的工作流体一起进入混合室。在混合室两种流体进行动量交换,工作流体的速度逐渐降低,被抽送的液体速度逐渐增高,最后在混合室出口处形成混合流体,然后进入扩压室,扩压室是一段截面逐渐扩大的锥管,其作用是使混合室流体流速降低,将部分速度能转变为压力能,使液体具有一定的排出压头,从排出管排出。

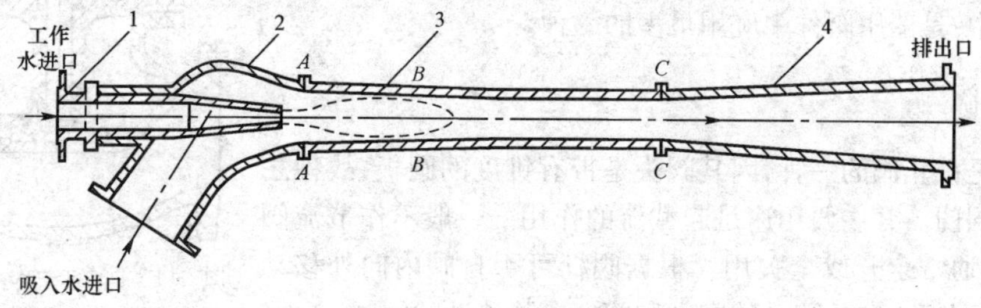

图 7-13　喷射泵的结构

1-喷嘴;2-吸入室;3-混合室;4-扩压室

2. 喷射泵的特点

(1)具有很强的自吸能力,可抽送含有杂质或污浊的任何液体。

(2)泵内无运动部件,工作可靠,很少维修。

(3)结构简单,操作简便,起动迅速。

(4)流量均匀。

(5)工作效率较低,工作中存在大量的水力损失,工作效率最高只能达到30%。

喷射泵在船上主要用于造水机的真空泵和排盐泵。大型的喷射泵用于排放压载水时的扫舱泵,但排量有限,如果不能用离心泵一次排空,用喷射泵扫舱会花费较长时间,使用时应以离心泵扫舱为主。

第四节　管路阀件

管路阀件是用来控制管路系统通断的附件。其具体的用途有以下几种。控制泵系统的通断,满足系统检修、使用、管理等的需要,如截止阀、三通阀、旁通阀等。调节系统的流量、压力、方向的作用,如各种调速阀、压力控制阀、方向控制阀等。起系统保护作用,如各种安全阀等。

管路阀件的基本结构如图 7-14 所示,主要由阀体、阀芯、阀座、操作阀芯的装置等组成。阀体又称阀壳,其作用是构成整个阀件的框架,承受压力和外界作用力,并形成阀的通道,与进出管路相联接。阀芯与阀座配合,构成通道,通过阀芯的操作装置(如手轮和阀杆),使阀芯产生动作,以到达具体用途的目的。操作阀芯的装置一般穿过阀体,操纵阀芯。穿过阀体处一般设有填料密封装置。

船用泵的管路阀件常见的有:截止阀、闸阀、止回阀、三通阀、旋塞等。

一、截止阀

截止阀是用来接通或切断管路中介质和控制其流量。按截止阀的进、出口中心线的位置可分为:直通式,即进出口中心线在一条直线上;直角式,即进出口中心线相互垂直呈直角分

布。按截止阀与管路连接方式可分为:法兰连接、内螺纹连接或外螺纹连接。法兰式直通截止阀如图 7-14 所示。

安装截止阀时应严格按阀上标明的介质流动方向的箭头安装,如标志不清则可按“低进高出”的原则判断。

直通式截止阀可用于海水、淡水、燃油和温度低于 225℃蒸汽的管路中,是船用阀件中应用最多的一种。

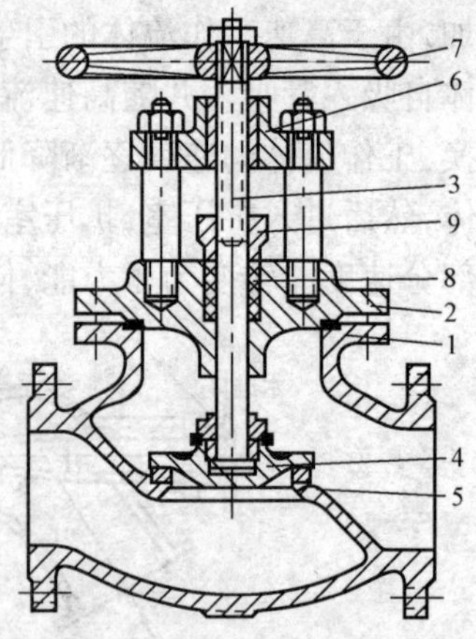

图 7-14　直通法兰式铸铁截止阀

1-阀体;2-阀盖;3-阀杆;4-阀盘;5-阀座;6-阀筒;7-手轮;8-填料;9-压盖

二、闸阀

闸阀是截止阀的一种,因其阀头是带有锥度的圆板,故称之为闸阀或闸门。其主要用途是起截流的作用。一般不作节流阀用,工作时通常全开或全关用。根据阀杆可否自阀内向外移动将其分为:阀杆不向外移动的闸阀和阀杆向外移动的闸阀。

阀杆不外移式闸阀如图 7-15 所示。转动手轮时,可使闸板上下移动,阀杆只能随之转动而不能上下移动,从而使阀的开启与关闭高度不变,此阀具有较小的高度尺寸。缺点是阀开启时不能显示闸板的位置,阀杆易被介质污染和腐蚀。

阀杆外移式闸阀如图 7-16 所示。转动手轮时,阀杆随之转动并带动闸板上下移动。阀杆外移的高度可显示闸板开启高度,阀杆不与介质接触。但阀的高度尺寸较大。

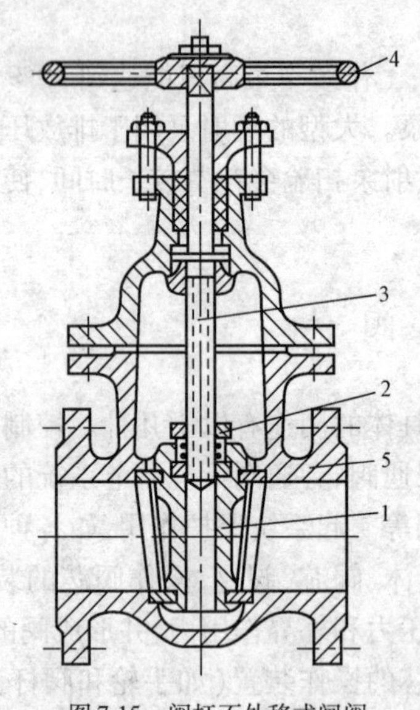

图 7-15　阀杆不外移式闸阀

1-楔形板;2-螺帽;3-阀杆;4-手轮;5-阀体

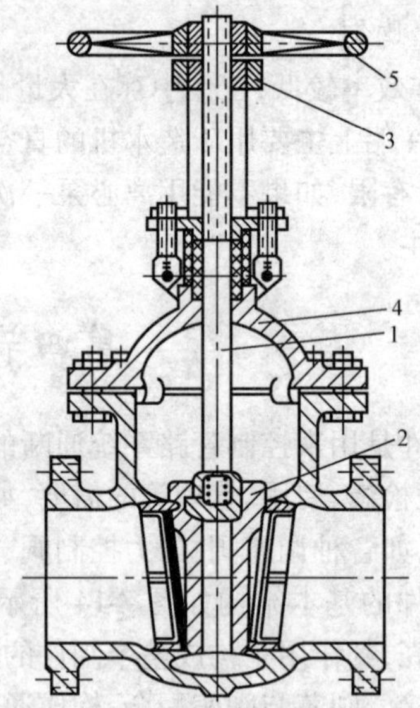

图 7-16　阀杆外移式闸阀

1-阀杆;2-楔形板;3-螺帽;4-盖板;5-手轮

由于闸阀流通截面大,对介质的流动阻力较小,介质流向不受限制,故常用于低压管路的截断位置。

三、止回阀

止回阀又称单向阀,在管路中只允许介质单向流动,阻止其逆流。根据其结构和作用分为

以下四种形式：

1. 升降式止回阀

具有止逆作用，按进出口中心线相对位置分为直通式（A 型）和直角式（B 型）两种，如图 7-17 所示，阀盘 2 上的空心短管插入阀盖上的导管中。当介质作用在阀盘下方将阀盘顶起时，管路开通。如介质逆流，则将阀关闭，阻止介质逆流。

2. 旋转式止回阀

又称翼式或摇摆式止回阀，如图 7-18 所示。此种阀是靠阀盘两侧压差自动关闭，在低压时密封性不如升降式止回阀。当介质将阀盘顶起时，阀盘随销轴转动使管路开通。如介质逆流则将阀关闭。

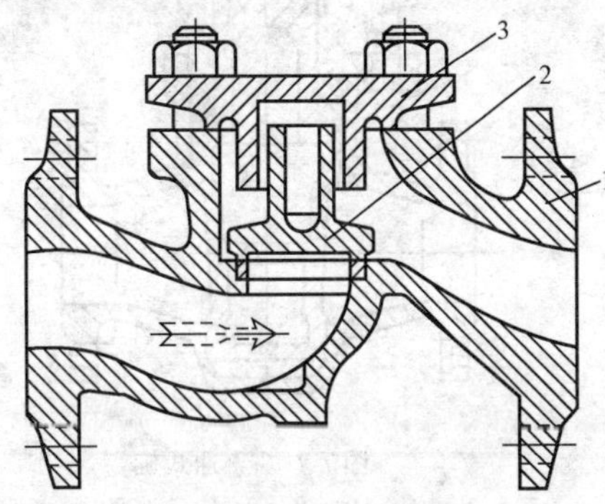

图 7-17　升降式止回阀

1-阀体；2-阀盘；3-阀盖

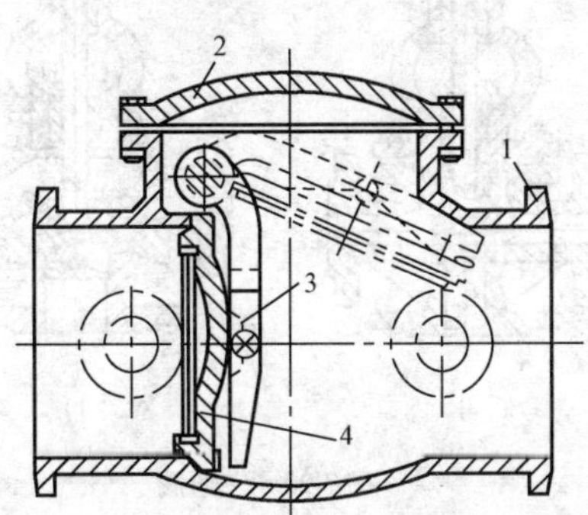

图 7-18　旋转式止回阀

1-阀体；2-阀盖；3-转动臂；4-摇板

3. 截止止回阀

具有截止和阻止介质逆向流动的双重作用，其结构如图 7-19 所示。阀盘 4 与阀杆 2 不固接成一体，而是阀杆端部松插于阀盘上的导孔中。转动手轮使阀杆上升时阀盘不动，仅靠阀盘下方介质将阀盘顶起后，管路开通。阀盘顶起高度取决于阀杆升起高度。介质逆流时阀盘关闭。

4. 可调节止回阀

与截止止回阀结构基本相同，只是阀杆下端带有凸肩。当阀杆上升时，阀盘不随之上升，当阀杆上升到一定位置，阀杆凸肩将阀盘带起，管路开通。此种阀具有截止、止回和节流作用。适用于需要单向流动的场合，或者需要阀全开和不需止回作用的场合。

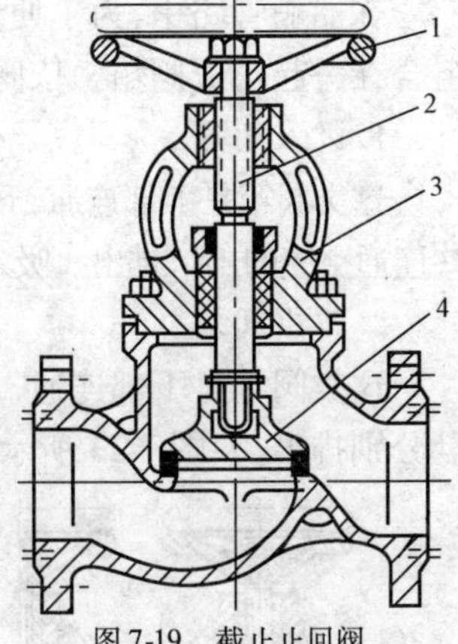

图 7-19　截止止回阀

1-手轮；2-阀杆；3-阀盖；4-阀体

四、三通阀

按介质的进入和排出方向不同，分为单座式三通阀和双座式三通阀。单座式三通阀是介质自阀的下部进入阀内，分左、右两路排出，如图 7-20a）所示。双座式三通阀介质是由阀的左端进入阀中，当阀盘下落关闭下部进口时，介质从右端排出；当阀盘上升关闭上部进口时，介质则由下部排出，如图 7-20b）所示。其优点是可代替两个阀使用，减少阀占用位置和重量。常用于水泵的出水管路上。

五、旋塞

旋塞又称考克(cock),它是靠锥形塞芯2上通孔位置的变化来接通或切断某一管路的介质,如图7-21所示。按结构不同,有直通旋塞、三通旋塞(L型和T型)和多通旋塞。旋塞具有几乎不变的通道面积,介质流阻较小,开关转换迅速、方便。其缺点是塞芯易磨损而失去密封性,或塞芯咬死。一般用于低温、低压管路上和用于速开、速闭、转换介质流向的管路上。一般用于公称直径不大于80mm、温度不超过100℃、压力不大于0.6MPa的管路上。

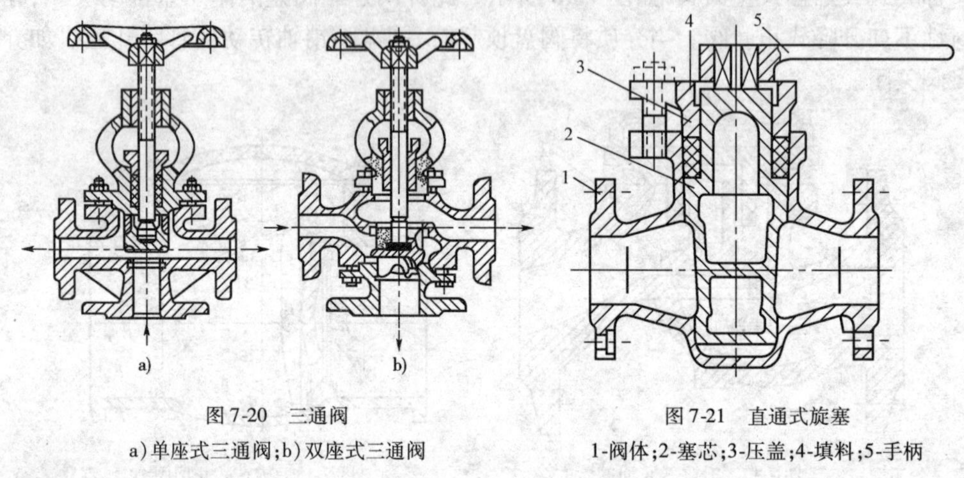

图7-20 三通阀

a)单座式三通阀;b)双座式三通阀

图7-21 直通式旋塞

1-阀体;2-塞芯;3-压盖;4-填料;5-手柄

六、阀箱

在船舶管路中,为了便于集中管理、方便控制和节省阀件,通常将两个或两个以上的阀件组合在一起构成阀箱。依阀箱的用途不同分为三种:

1. 吸入阀箱

这类阀箱是上部连通,下部分开的单排双联式阀箱。介质自阀箱下部接管吸入阀箱,从上部公共连通空腔的出口排出。吸入阀箱用于舱底水系统的管路上,图7-22为法兰式单排吸入阀箱。

2. 排出阀箱

这类阀箱是下部连通,上部分开的单排阀箱。介质自下部进入连通的空腔后经各阀的阀盘分别排出,如图7-23所示。

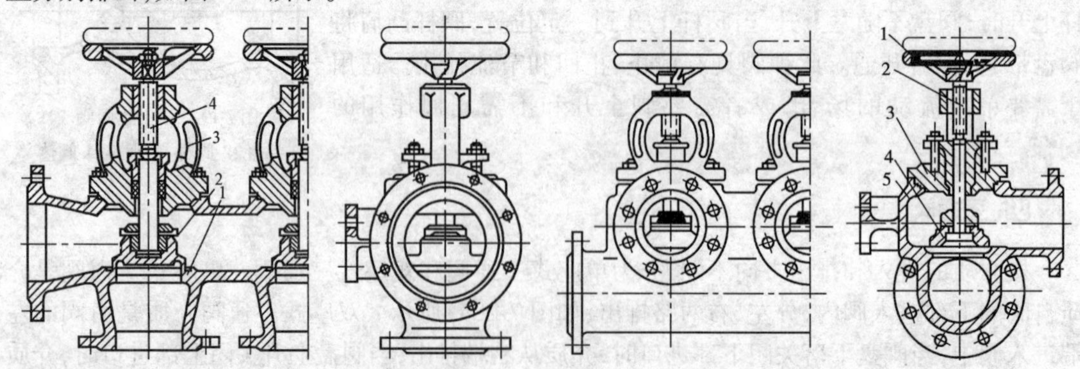

图7-22 法兰式单排吸入截止阀箱

1-阀体;2-阀盘;3-阀盖;4-阀杆

图7-23 法兰式单排排出截止阀箱

1-手轮;2-阀杆;3-阀盖;4-阀盘;5-阀体

3. 调驳阀箱

调驳阀箱是由吸入阀箱和排出阀箱构成,具有公共吸入室和公共排出室。图7-24a)为一双排四联压载水调驳阀箱结构示意图。阀箱分上、下两层,上层前后横向分隔,下层两个阀一组纵向分隔。上层两端分别与压载泵的吸入和排出口连通。下层4个空间则相应与各压载舱相通。进行调驳时,打开某舱的排水阀和另一舱的进水阀,通过操纵不同的阀,完成驳入、驳出的调驳工作。调驳原理如图7-24b)所示。

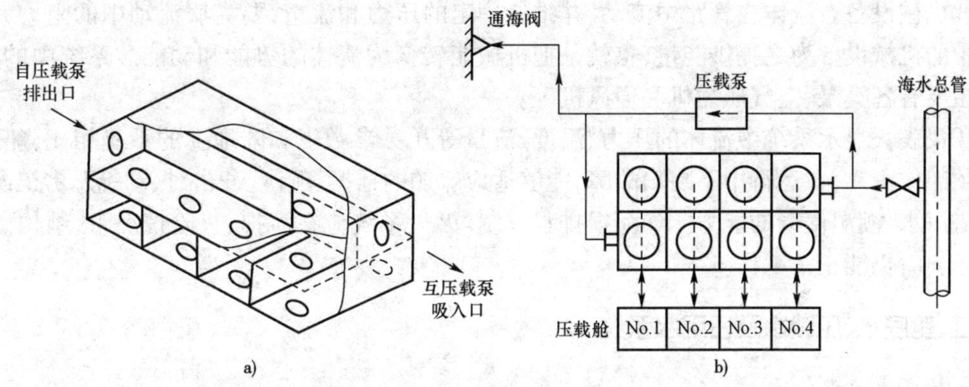

图7-24　调驳阀箱

a)双排四联压载水调驳阀箱;b)调驳原理

除上述阀件外,船舶上所有布置在双层底以上的油舱(柜)其供油管路上还装有快关直通截止阀(速闭阀),以便在火灾或危险情况时从机舱外快速切断油路,以及自闭式泄放阀,用于采集油样或放油,也用于泄放残水等。

第五节　船舶系统

一、船舶系统概述

1. 船舶系统的功用

现代大型船舶犹如海上的浮动城镇。陆地上的建筑物都有上水、下水、煤气、取暖、通风、空调和消防等系统,以满足正常生活和工作的需要,创造良好的居住环境,船舶也不例外。

船舶系统的功用就是为满足船舶营运的需要,输送各种液体和气体。根据船舶的用途和航区合理地设置各种系统,不仅关系到船舶的航行性能,营运效率和安全,也影响到全船旅客和船员的工作和生活的方便和舒适。

2. 船舶系统的分类与组成

(1)系统的分类。船舶系统按用途分为两类,即各类船舶所共有的基本系统和特殊船舶配备的特殊系统。基本系统如舱底水系统、压载系统、日用水系统、消防系统、通风供暖和空调系统等。特殊系统如油船的货油系统、破冰船的纵横倾系统和潜艇的沉浮系统等。按输送流体的种类则分为水、空气、蒸汽和油等系统。

(2)船舶系统的组成:

①管路及其附件。管路是流体的流通渠道,按材料分有钢管、铁管、铜管、铝管和塑料管等多种,各有不同用途。管路附件是指各种连接件、弯头,为适应船体变形和温度变化而设置的膨胀接头等。

②阀件。其作用是对管路中的流体加以控制,如接通或关闭,限制或改变流体的流动方向,改变流体的压力和流速、流量。用途不同,结构各异,如截止阀、止回阀、三通阀、节流阀以及阀箱等。

③机械设备。流体在管路中流动,并维持一定的压力和流量,要克服流动中的阻力,需要系统中的机械设备为之提供能量,也就是把机械能转变为流体的势能和动能。系统中的机械设备主要有各类泵、空气压缩机和通风机等。

④仪表。显示系统中流体的压力、温度、流量等相关参数。和陆地上的系统相比,船舶系统必须工作可靠,在运行中不易出故障,能够适应船舶的摇摆、颠簸、冲击、振动等恶劣工况,具有抗御海水、潮湿侵袭的能力。如海损排水系统.灭火系统应在海损、火险情况下,结构破坏、船舶倾斜时仍能正常工作。

二、舱底水、压载水及日用水系统

1.舱底水系统

船舶在营运中,由于船体、管路或设备的泄漏和破损以及其他原因,舱室或处所内常会积有污水或含油污水,统称舱底水。舱底水不仅对船体有腐蚀作用,而且会使货物受潮造成货损,而且舱底水过多,会影响轮机人员的操作,使机电设备受潮或浸水损坏,甚至影响稳性而危及船舶的安全。舱底水必须及时排除,排出舱底水的系统称为舱底水系统。

舱底水排除的方法是在各舱舱底设置集水井,使污水沿污水沟流至集水井内聚集,在集水井处装上吸水过滤器,并与吸水管路相通,当舱底水泵开动时,通过吸水管将舱底水抽出并排至船外。图7-25为各舱独立的舱底水系统。

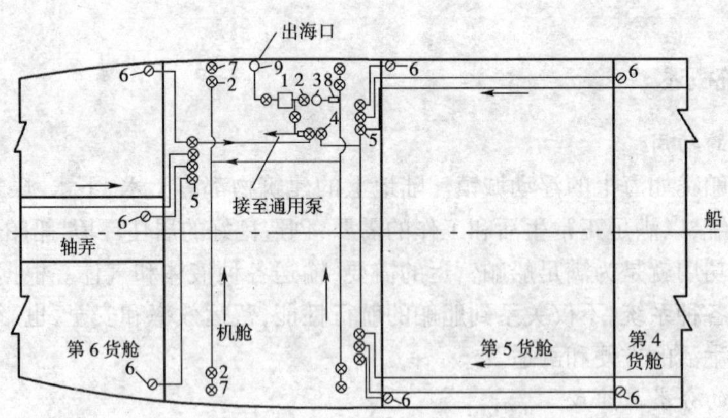

图7-25 舱底水系统

1-舱底水泵;2-截止阀;3-截止止回阀;4-截止阀阀箱;5-截止止回阀阀箱;6-止回过滤器;7-过滤器;8-泥箱;9-通海阀

舱底水系统不但起着排除日常舱底水的作用,当船体因海损破舱进水时,还担负着紧急排除进水的任务。因此,舱底水系统除包括:舱底水泵、舱底水总管、支管、吸口滤器、分配阀箱、泥箱、污水分油器和排油监控设备等设备外,还应备有应急的排水接管,以便在海损破舱,机舱

浸水紧急的情况下,通过应急排水支管排水。在设计和制造过程中,为了增加各路系统的功能,往往设计成舱底总用泵、消防泵、扫舱泵、卫生泵、压载泵及主副海水泵等均可替代舱底水泵,一旦机舱进水,舱底水泵不能使用或来不及排净舱底水,可用以上相关联的水泵代替,必要时也可开启应急吸入阀。因此以上泵浦的管路通常都设有连通管和连通阀,使用过程中可以任意合理调节阀门及管路,以满足实际需要。

舱底水系统的一般布置原则:

(1)在每个舱的最低处设置污水井,污水井内设有吸水口与舱底水管相连。机舱内至少设置2个以上污水吸口,并至少有一根吸入支管与舱底水泵吸口相连。每个吸水口均应设置带止回阀的过滤网箱,网孔直径不大于10mm,滤网孔的总面积不小于吸水管截面积的3倍。污水井内还设一个泥箱使污物和泥沙沉淀,不被吸入管内。但如果用作应急吸入口时,吸入口应该直通。

(2)舱底水系统不允许舷外水倒流回机舱,也不允许各舱室的积水在系统中相互串通,因此,系统的连接管路上都应装设有截止止回阀。

(3)舱底水泵要有自吸能力,除设有一台专用污水泵外,还应与排量较大的压载泵或消防泵等接通,必要时可代替污水泵,平时又不妨碍各自的工作。

(4)保证船舶向任何一舷倾斜不超过5°时,均能排干舱底积水。

(5)舱底水系统必须配有符合《73/78防污公约》要求的油水分离器。

(6)舱底水系统必须配有向岸上排放的标准排放接头。

2.压载系统

(1)压载系统的作用和组成。船舶在营运过程中,需要根据具体的情况调整吃水、稳性、横倾和纵倾,这一任务可借助压载系统,通过改变各压载水舱中的水量来完成。压载系统既可以将舷外水注入各压载舱,又可以将各压载水舱的水排出舷外,还可以实现各压载水舱间的相互调驳。

对船舶进行压载和卸载可起到以下作用:

①使船舶在横向保持平衡,在纵向有合乎要求的吃水差;

②使船舶具有适当的排水量和重心高度,以获得高的螺旋桨效率和合适的稳性;

③减小船体变形,避免产生过大的弯曲力矩和剪应力;

④减轻船体和轴系的振动。

压载水系统主要由海底阀、滤器、压载水泵、阀箱、压载舱、通海阀、压载管路共同构成等组成。专门容纳压载水的船舱称为压载水舱。根据船舶用途、结构和吨位的不同,压载水舱的位置、大小和数量也不完全相同。在货船上,一般把首尖舱、尾尖舱、双层底舱作为压载水舱,还有的加设上、下边舱和深舱为压载水舱,少数船上还设有专门用来调节稳性的上稳性舱和下稳性舱,油船上设有专用压载水舱。

(2)压载系统的布置原则。一般说来,各种水系统无论其功用如何,水在管路中都是单向流动的。如舱底水系统只将舱底水排出舷外,日用海淡水系统只把海水或淡水排至各用水处所。而压载系统既要将水注入各压载水舱,又要通过同一条管道将水从水舱排出。这种"又进又出"的工作情况,形成了压载系统管路特点。根据压载系统的特点,压载系统在布置上应满足以下要求:

①压载管系的布置和压载舱吸口的数量，应使船舶在正常营运条件下的正浮或倾斜位置均能排出和注入各压载舱的压载水；

②在压载系统的管路上，不能设止回阀和止回阀箱，压载舱长度超过35m时，一般应在前、后端均设置吸口；

③为了防止压载水管漏泄时海水进入货舱，压载水管如需通过货舱，皆应铺设在双层底空间，其吸入口在各舱的布置，应有利于压载水的排出；

④首、尾尖舱的压载管在穿过首、尾防撞舱壁时，应设有在上甲板能开关的阀门，以便在首、尾处船体撞破时，能将该压载管路关闭；

⑤压载管系的布置，应避免舷外的水或压载舱内的水进入货舱、机器处所或其他舱室；

⑥压载水管不得通过饮水舱、炉水舱或滑油舱。

海船的压载水舱容量甚大，一般杂货船可达船舶排水量的15%左右，其中首、尾尖舱约占总压载水量的12% ~17%，其他大多存于双层底压载舱中。通常要求压载泵能在2 ~2.5h内将最大的一个压载舱注满或排空，在6 ~8h内将全船所有的压载水舱注满或排空。

(3)压载水系统管路的布置形式：

①支管式。各压载舱室和机舱内管系的典型的布置如图7-26所示。多用于压载管径较小、舱数不多的普通货船的压载系统，有双支管形式的异型（即每舱中有两根支管和两个吸口）。

②总管式。管系布置如图7-27所示。它沿船的纵向铺设总管，从总管向压载舱引出支管，在支管上安装阀和吸口。这种形式被广泛采用，其变形有单总管式、四总管式、环形总管式、管隧式和半管隧式等几种，每舱的吸口可能有一个或两个。机舱内的布置则相对简单。

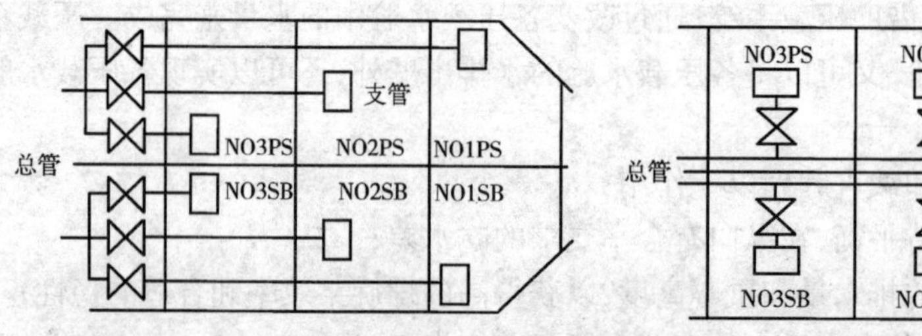

图7-26　支管式系统压载舱室管系　　图7-27　总管式系统压载舱室管系

3. 日用水系统

日用水系统是保证船舶管理和船上人员生活所必需的上、下水道系统。

(1)上水道系统。上水道系统是船上的供水系统。它供应船上的饮用水、洗涤水、冲洗用的清水和舷外水。供水方式有重力式供水、循环水泵供水和压力式供水等几种。

重力式供水是利用水泵将水打入重力水柜，然后按自流方式，通过供水管路送到各个用水处所。这种供水方式其重力水柜占据地方大、质量大、位置高，船的重心提高，对稳性不利；且因管路常布置在舱外，在寒冷航区，必须加强防冻措施等。但由于其装置简单，造价低廉，因此在内河小船上采用较多。

循环水泵供水是利用水泵从水舱抽水，供入用水管路系统，将水送至各用水处。这种供水方式多用于大型船舶，它不论用水量多少，水泵都必须不停地工作，多余的水经溢流阀返回水舱，这样会造成电力浪费。

目前，大中型船舶基本上采用压力式供水方式。压力供水的特点是设置压力水柜，借助水柜中空气压力将水送至各用水处，压力水柜的布置不受高度的限制。在大中型船舶上，至少应设两个压力柜：1 个是海水压力柜，供应卫生水；1 个是淡水压力柜，供应饮水和洗涤水。压力供水系统工作原理如图 7-28 所示。

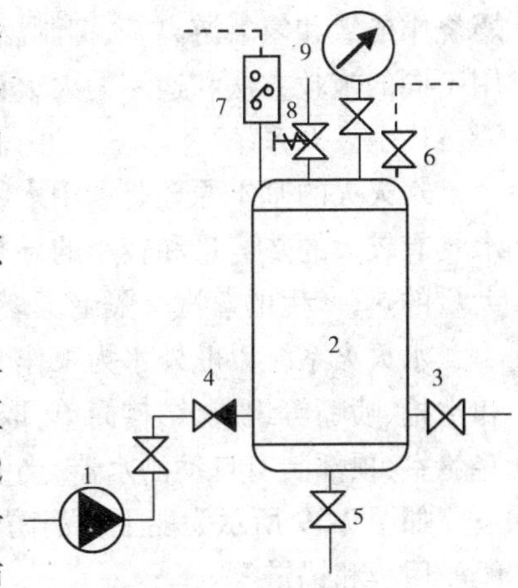

图 7-28　压力式供水系统

1-水泵；2-压力水柜；3-截止阀；4-截止止回阀；5-泄水阀；6-充气阀；7-压力开关；8-安全阀；9-压力表

由于压力水柜密封，当水泵 1 向压力水柜 2 进行充水时，随着水面的升高，柜内上部的空气逐渐被压缩而产生压力。当水充到设定压力时，水泵 1 即停止供水，压力水柜 2 内的水就依靠柜内上部空间被压缩了的空气的压力，需要时经管路、阀件输至各用水处。为保障正常工作，压力水柜顶部设有压力表 9 和安全阀 8，还设有压力开关 7 以便自动控制水泵 1 的工作。当柜内压力低于设定的最低工作压力时，则由压力开关 7 自动启动水泵 1。当柜内压力达到设定的最高工作压力时，压力开关 7 自动停止水泵 1 供水。为补充柜内空气的消耗，通常在压力水柜顶部接压缩空气注入管。

压力水柜供水设备重量轻、占地小，可设于任何较低的部位，能自动控制，节省电力。

(2)下水道系统。下水道系统是指排水系统，即船上的排泄系统。其作用一是将甲板的冲洗水和雨水排出舷外；二是将浴室、洗脸室、厨房等处的洗濯水排出舷外；三是将厕所的粪便水处理后合理排放。

粪便污水管路应单独设置，不允许与其他下水管路连通。这种管路不能通过厨房，食堂、配膳室、粮食及副食品舱库及居住舱室。粪便污水只有经处理后才允许排至舷外。

三、船舶消防系统

船舶建筑封闭，设备复杂，人员密集，一旦发生火灾，危险性更大。故各类船舶都必须按有关要求配备消防设备和系统，以便有能力在无外援的情况下及时扑灭火灾进行自救。

火灾发生一般由物体着火燃烧引起，物体着火燃烧必须同时具备三个条件。

(1)可燃物质：能在空气或其他氧化剂中发生燃烧反应的物质，按形态可分为固态，液态和气态三种。

(2)助燃物质：与可燃物质相互结合能导致燃烧的物质，如空气中的氧气。

(3)着火源：凡能引起可燃物质燃烧的热能源，如明火、暗火、静电感应电火化、摩擦热等。

不同的火灾有不同的施救方法，灭火的原理就是根据不同的燃烧，破坏其燃烧或爆炸的条件，使燃烧三要素(可燃物、助燃物、着火源)不能同时共存，而达到扑灭火灾的目的。

船舶灭火的基本方法有列四种，即隔离法、冷却法、窒息法、抑制法。隔离法是将可燃物迅速与燃烧物分隔开来；冷却法是降低火场的温度，使之低于燃点温度。如用水、灭火剂喷洒在燃烧物上，使之降温，同时阻止火灾蔓延。窒息法利用某种不助燃物质覆盖在燃烧物表面，使之与空气隔绝，或稀释空气中的含氧量，以达到窒息的目的。例如黄砂、湿毛毯都可以覆盖在

燃烧物的表面而使火窒息。抑制法是利用灭火剂受热后分解出的一种极为活跃的游离基夺取燃烧中的氧和氢氧游离基,抑制燃烧的连锁反应,使燃烧中断而灭火。根据火灾的种类,要采用不同的施救方法和适用的灭火设备。

1. 水灭火系统

水灭火的基本原理是利用水将燃烧物的温度降低到燃点以下,同时对火源起到窒息作用。水具有较大的热容量和较小的导热性。当以整股水流喷射或以雾状喷洒时,水的蒸发吸收了大量的热,产生的蒸汽又隔绝了燃烧的周围的空气,达到了冷却和窒息灭火的目的。

水灭火系统以舷外水为工作介质。它由消防水泵、消防总管、消防支管、消防栓、消防水带和水枪、喷嘴等组成,结构简单,取水容易。几乎所有船舶都装有水灭火系统。在客船上的某些舱室,顶部装有自动洒水器,当舱内起火时,通过传感器自动洒水灭火。

如图7-29所示为船上水消防管系统的布置图。在现代大型船舶上还可以用消防水冲洗船舶甲板和锚链等。

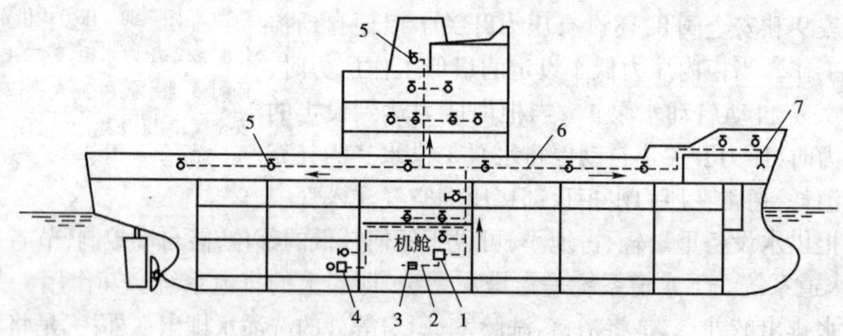

图7-29 水消防管系统的布置图

1-消防水泵;2-消防总管;3-海底门;4-应急消防水泵;5-消防栓;6-消防支管;7-锚链冲洗头

2. 泡沫灭火系统

水灭火系统不能用来扑灭油类火灾。因为油比水轻,着火的油会浮在水面上流淌,反而会使火热蔓延。泡沫灭火是将密度较小,不会着火的泡沫覆盖在燃烧物上,使其与空气隔绝,因窒息而达到灭火的目的。高膨胀泡沫的泡沫体积比泡沫液(泡沫剂和水的混合物)大几百甚至上千倍。含有粘附剂的泡沫强韧、粘稠、细密,有较长时间的稳定性,可粘附于液体和固体的表面。泡沫内的水分又能起冷却的作用。泡沫灭火不仅适用于油类火灾,也可用于固体物灭火。但由于泡沫内含有水分,不能用于扑灭电气火灾,也不能用于扑灭酒精、乙醚着火,因它们挥发性强,破坏泡沫使其失去隔离窒息的作用。泡沫灭火最适用于扑灭机舱、锅炉舱、货油泵舱及货油舱等处的火灾。泡沫灭火系统由泡沫液储存柜、泡沫混合器、泡沫发射器、管路和阀件等组成。船上除设固定的泡沫灭火系统外,还备有机动泡沫灭火机。

3. 水蒸汽和二氧化碳灭火系统

水蒸汽灭火的原理是:利用低压饱和的蒸汽充满燃烧的空间,使舱内的含氧量下降至不能燃烧的比例,限制外界空气进入舱内而使火焰窒息。水蒸汽由蒸汽锅炉、分配阀箱、控制阀、灭火管及气喷嘴等组成。蒸汽灭火系统装置简单,使用经济,操作方便,对一般火灾均能使用。尤其适用于如货舱、燃油舱、隔离空舱等封闭舱室。在油船上还可兼作蒸汽熏舱与驱赶油气之用。

在内燃机船上多采用二氧化碳(CO_2)灭火系统。CO_2 灭火系统是利用 CO_2 不助燃、不导电、比空气重、对物体无腐蚀作用等特性来破坏燃烧条件的消防系统。CO_2 灭火系统由 CO_2 站、CO_2 管路、CO_2 钢瓶、CO_2 瓶头阀和施放报警器等组成。当液化 CO_2 喷出后,迅速汽化,其体积比原来的体积膨胀 450 倍成为汽化 CO_2,其密度大于空气,因而能下沉覆盖于燃烧物的表面,使燃烧物与空气隔绝。另外,当液化 CO_2 汽化时会吸收大量的热,使火场温度降低,并因为它冲淡了舱室中的氧气含量,从而破坏了燃烧的条件。

二氧化碳灭火适用于多类火灾的扑灭,特别是电气类火灾。

4. 卤化物灭火系统

卤化物灭火系统是利用其化合物的惰性、稳定性和不燃性来达到灭火的消防系统。灭火原理是依靠抑制燃烧过程中的氧化连锁反应,使燃烧中断,同时,卤化物还有一定的冷却和隔离空气的作用,破坏燃烧条件,达到灭火的目的。卤化物灭火系统由灭火剂容器、灭火管路、驱动设备、操纵阀件和喷嘴等组成。船上使用的卤化物有一溴二氟一氯甲烷(简称 1211),一溴三氟甲烷(1301)等。它主要用来扑灭油类火灾。除了上述几种常见的灭火系统外,近年来船上还采用了一些新型灭火器,如干粉灭火器,7150 灭火器等。

四、通风、供暖和空调系统

1. 通风系统

通风系统供给舱室新鲜空气,排除污浊气体,使室内空气维持一定的纯度、温度、湿度和流通速度。从而保障人员的健康,避免货物的腐败,防止有害、可燃气体的积聚,有利于各种机械、器材、仪表的正常工作。

船舶通风分自然通风和机械通风两种。自然通风主要依靠门、窗、舱口等开口和专门设置的通风筒和风斗,常见的如图 7-30 所示。图 7-30a) 为烟斗式通风筒,可借人力转动以适应风向,主要用来向舱内送进新鲜空气,背风时有排气作用。图 7-30b) 的作用与之相似,图 7-30c)、d) 为轴吸式排风斗,用于排出舱内污浊空气。自然式通风效果受风向、相对速度和温差的影响。

机械通风是利用通风机将空气送入或排出的通风方式,可分为:

(1) 吸入式:机械送风,自然排风。用于居住舱室、餐厅和公共活动场所;

(2) 排出式:机械排风,自然进风。用于厕所、厨房及蓄电池间等;

(3) 混合式:机械送风,机械排风。仅用于要求通风量很大的舱室。

2. 供暖系统

为保证冬季或寒冷地区航行时舱室的温暖舒适,船舶需设置供暖系统。按工作介质的不同,可分为热水供暖系统、蒸汽供暖系统以及电热和热风供暖系统。

热水供暖系统由于管路笨重,温度低又不适用于间断供暖场所,船上已极少采用。电热取暖耗电量大,费用昂贵,多作为辅助取暖手段。热风供暖是将取暖和通风合二而一的取暖方法。船上应用较多的是蒸汽供暖系统,来自主锅炉或辅助锅炉的蒸汽经减压,除水后由分配阀箱送往各舱室。

3. 空调系统

空调的任务是对外界空气进行滤尘处理、加热或冷却、加湿或除湿,并把经过处理的空气

送到各舱室，在船舶内部制造适宜的“人工气候”。在温度适宜时则只进行通风、换气。有关空调系统的其他内容可参见第九章船舶制冷和空气调节装置。

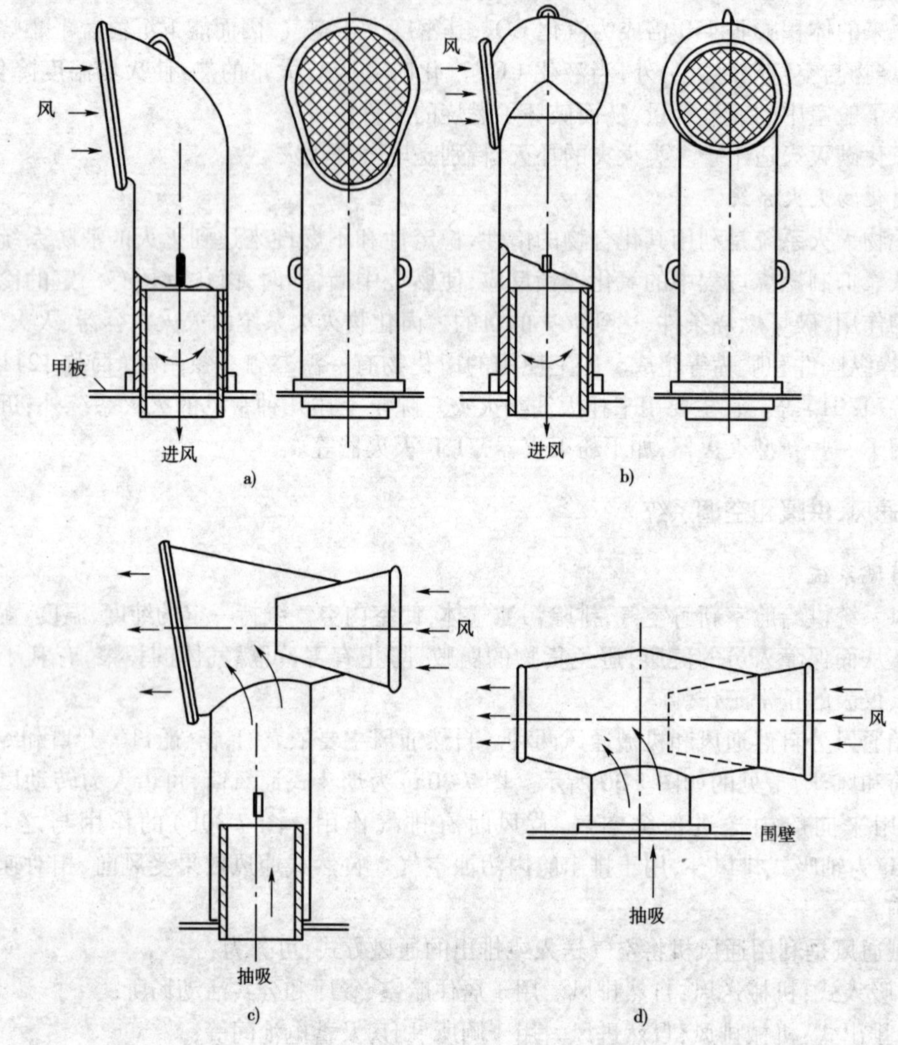

图 7-30 通风筒和风斗

思考与练习 SIKAOYULIANXI

一、选择题

1. 下列(　　)不属于容积式泵。

A. 往复泵　　B. 齿轮泵　　C. 螺杆泵　　D. 旋涡泵

2. 喷射泵常用于吸入性能要求(　　)、流量要求(　　)、压头要求(　　)的场合。

A. 较高;不大;不高　　B. 较高;大;高

C. 不高;不大;较高　　D. 不高;较小;较高

3. 容积流量用 Q 表示,下列(　　)不属于容积流量单位。

A. m^3/s　　B. l/min　　C. m^3/h　　D. kg/min

4. 往复泵的排量与(　　)无关。

A. 工作压力　　B. 几何尺寸　　C. 转速　　D. 作用数

5. 往复泵的转速一般在(　　)r/min。

A. 100～200　　B. 200～300　　C. 300～400　　D. 400～500

6. 泵的轴功率是指(　　)。

A. 原动机的额定输出功率　　B. 泵传给液体的功率

C. 泵轴所接受的功率　　D. 泵排出的液体实际所得到的功率

7. 船舶上应用最广的是(　　)。

A. 单螺杆泵、双螺杆泵　　B. 三螺杆泵、五螺杆泵

C. 单螺杆泵、五螺杆泵　　D. 单螺杆泵、三螺杆泵

8. 船用水泵和较大油船的货油泵大多使用(　　)。

A. 齿轮泵　　B. 往复泵　　C. 旋涡泵　　D. 离心泵

9. 喷射泵的工作效率较低,最高只能达到(　　)。

A. 10%　　B. 15%　　C. 20%　　D. 30%

10. (　　)是船用阀件中应用最多的一种。

A. 直通式截止阀　　B. 直角式截止阀

C. 升降式止回阀　　D. 单座式三通阀

二、填空题

1. 泵是一种输送________的机械,通常按工作原理将泵分为三类:________、________、________。

2. 泵的性能参数包括:________、________、________、________、________。

3. 往复泵是一种________泵,依靠活塞或柱塞的________运动,造成工作室________的变化,腔室内外形成________,从而抽吸并挤压液体,实现________传递,达到对液体进行________的目的。它由________、________、________、________等基本部件组成。

4. 齿轮泵的基本结构包括________、________、________、________、________。

5. 螺杆泵也是一种属于________类型的容积式泵。根据泵内作用螺杆数的不同,螺杆泵可分为________、________、________、________。

6. 离心泵的叶轮有________、________、________三种。

7. 喷射泵是依靠________的工作流体,通过喷嘴后产生________的引射作用,形成________引射流体,并与被抽送的低能量流体进行________交换,使其________增加,从而达到吸排输送液体的目的。

8. 管路阀件是用来控制管路中________的管路附件。

9. 船舶管路常用的阀件有：________、________、________、________、________。

10. 按截止阀的进、出口中心线的位置可分为：________、________；按截止阀与管路连接方式可分为：________、________、________三种。

11. 闸阀是________的一种，因其阀头是带有________的圆板，故称之为闸阀或闸门。根据阀杆可否自阀内向外移动将其分为：________和________。

12. 止回阀又称________阀，在管路中只允许介质________流动，阻止其________。根据其结构和作用分为以下四种形式：________、________、________、________。

13. 双座式三通阀介质是由阀的________端进入阀中，当阀盘下落关闭________部进口时，介质从________端排出；当阀盘上升关闭________部进口时，介质则由________部排出。

14. 旋塞又称________，它是靠锥形塞芯上通孔位置的变化来________或________某一管路的介质，依结构不同，有________、________和________。

15. 在船舶管路中，为了便于________、________和________，通常将两个或两个以上的阀件组合在一起构成阀箱。依阀箱的用途不同分为三种：________、________和________。

三、简答题

1. 船用泵分为几类？它们的功用分别是什么？
2. 简述往复泵的工作原理和性能特点。
3. 简述齿轮泵的性能特点。消除齿轮泵困油的方法有哪些？
4. 简述螺杆泵的分类。
5. 简述离心泵的工作原理和特点。
6. 简述叶片泵在船舶上的主要用途、类型、工作原理和性能特点。
7. 简述柱塞泵在船舶上的主要用途、类型、工作原理和性能特点。
8. 简述喷射泵的工作原理和性能特点。
9. 船舶管路常用的阀件有哪些？各有何用途？
10. 船物需要设置哪些通用系统？分别起什么作用？

第八章 船舶甲板机械

知识目标

1. 熟悉船舶甲板机械的种类;
2. 熟悉舵机的功用和组成;了解对舵机的基本要求;
3. 了解液压舵机的组成及各组成部分的功用;
4. 熟悉三点式杠杆追随机构的作用和工作原理;
5. 熟悉锚设备的功用及基本组成;了解锚机的功用和类型;
6. 熟悉系缆设备的功用及组成;
7. 熟悉船舶起货机的类型;
8. 了解起货机的组成及工作过程。

能力目标

1. 具备船舶甲板机械基本知识;
2. 能够识别液压舵机、锚设备系缆设备和船舶起货机的组成,安装位置。

船舶甲板机械是指在机舱以外所有依靠动力驱动的船舶机械设备。包括舵机、锚机、系缆机、起货设备、侧推装置、减摇装置、舷梯绞车、救生艇绞车、升降机等。此外,一些特种船舶的专用设备,如滚装船的跳板和升降平台、打捞船的打捞设备、挖泥船的挖泥设备、钻井平台的支腿升降设备、渔船的网具收放设备等,都属于甲板机械的范畴。

船舶甲板机械的动力,除在少数场合使用人力或气动力外,主要有三种型式,即蒸汽动力、电力和液压动力。其中蒸汽动力由于存在汽源供应困难和冬季使用不便等缺点,除在大型油轮上因其防火安全性较好仍有使用外,已基本为后两种动力所代替。尤其是液压传动,因为具有较高的工作可靠性及更能适应许多甲板机械对遥控的需要等一系列优点,在甲板机械中得到广泛的应用。

由于篇幅所限,无法对现有船舶的各种甲板机械作全面介绍,只能重点对与船舶运营较为重要的舵设备、锚设备、系缆设备、起货设备、侧推装置、减摇装置作一般介绍。

第一节 舵 设 备

一、舵设备的功用和组成

舵设备是用来控制船舶航行方向,保证船舶操纵性能的装置。控制船舶航行方向的方法随船舶的类型和用途的不同而异。例如,采用喷水推进的船舶,可利用改变喷水方向实现转向;采用转动导流管舵的船舶,可利用导流管舵的偏转实现转向;装有侧向推进器(简称侧推器)的船舶,可利用侧推器所产生的侧推力实现转向等。但是使用最普遍的是靠船舶尾部舵

叶的偏转来实现转向。舵设备就是用以控制舵叶偏转的重要机械设备。一个完整的操舵装置(简称舵机)的组成如图 8-1 所示。

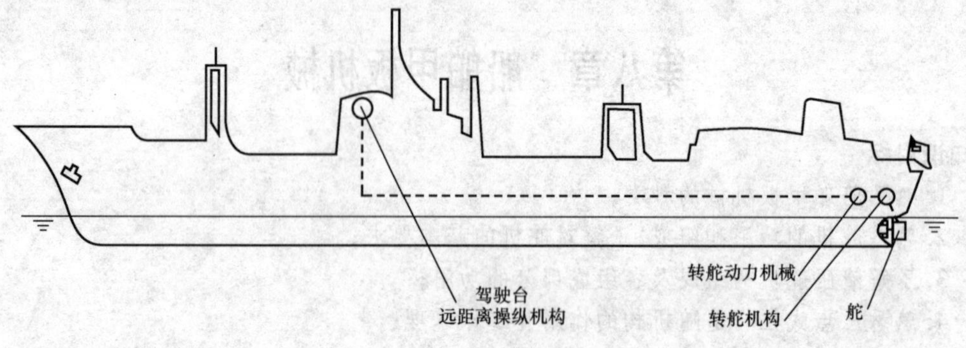

图 8-1　操舵装置布置示意图

1. 远距离操纵机构

由设于驾驶台的发送器和舵机房的受动器组成。它是操舵装置的指挥系统。

2. 转舵动力机械

其功用是提供转舵动力。根据能源的不同可分为人力、蒸汽、电动和电动液压等型式。

3. 转舵机构

将转舵动力机械产生的转矩传递给舵杆，并通过舵杆转动舵叶的机构。

4. 舵

舵是一种承受水流作用力，以产生转舵力矩的设备。目前内河和海船普遍采用空心结构的流线型平衡舵、不平衡舵、和襟翼舵(子母舵)，其结构如图 8-2 所示。海船多用单舵，而内河船舶则常用双舵或三舵。

此外，操舵装置还有指示舵叶转角的舵角指示器、最大舵角限器和应急操舵机构等。

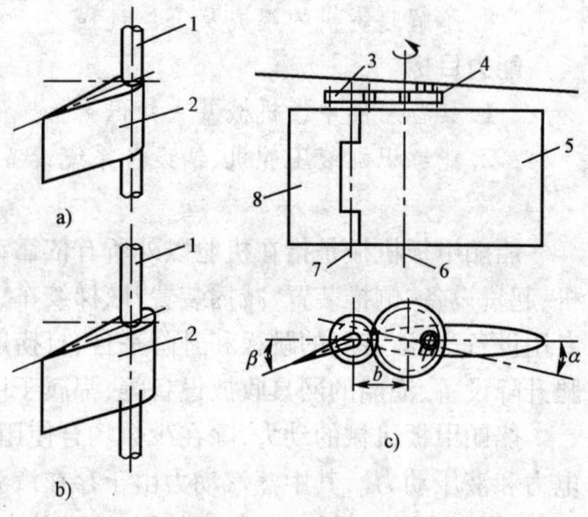

图 8-2　舵的类型

a)不平衡舵；b)平衡舵；c)襟翼舵

1-舵杆；2-舵叶；3-行星齿轮；4-定齿轮；5-主舵叶；6-主舵杆；7-辅舵杆；8-辅舵叶(襟翼)

二、舵的作用原理和转舵扭矩

舵由舵叶和舵杆组成。舵叶通过舵杆垂直安装在船舶尾部螺旋桨的后方。

正舵位置，即舵角 $\alpha=0$ 时，舵叶两侧所受的水作用力相等，对船的运动方向不产生影响。舵叶偏转任一角度 α，两侧水流如图 8-3 所示。水流绕过舵叶时的流程在背水面就要比迎水面长，背水面的流速也就较迎水面大，而其上的静压力也较迎水面要小。舵叶两侧所受水压力的合力(称为舵压力) F 就将垂直于舵叶，作用于舵叶的压力中心 O，并指向舵叶的背水面。假设在船舶重心 G 处加上一对方向相反而数值均等于 F 的力 F_1、F_2，那么水作用力 F 对船体的作用，可用水作用力对船舶重心所产生的力矩 M_s 和 F_2 的作用来代替，其结果完全一样。由 F 和 F_1 形成的力矩 M_s 迫使船舶绕其重心向偏舵方向回转，称为转船力矩，F_2 则又可分解为 R 和 T 两个分力。纵向分力 $R=F_2\sin\alpha$，增加了船舶前进的阻力，横向分力 $T=F_2\cos\alpha$，使船向偏

舵的相反方向漂移。水作用力 F 与船舶的重心 G 并不在同一水平面上，船在转向的同时，还存在着横倾与纵倾力矩。

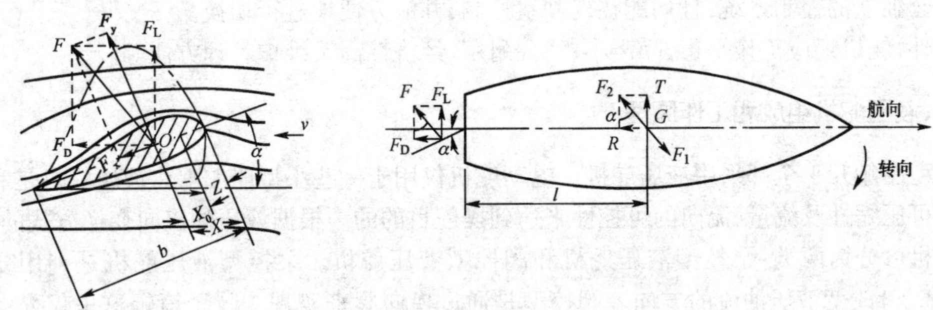

图 8-3 转舵控制船舶航向原理图

转船力矩 M_s 大小与舵角 α、舵叶的几何形状、船舶航行的速度有关。对既定的船舶，转船力矩随舵角 α 增大而增大，并且当舵角增大至某一值时，转船力矩达最大值。对应最大转船力矩的舵角，称为最大舵角，用 α_{max} 表示。最大舵角 α_{max} 一般在 30°～35°之间。如流线型舵的 α_{max} 为 30°左右。舵叶面积增大，转船力矩增大。船舶的航行速度越高，转船力矩越大。若无航速，则无舵效。

要转动舵叶操作船舶航向，舵机必须克服水压力 F 对舵轴线所产生的力矩，该力矩称为舵的水动力矩，用 M_a 表示。转舵扭矩 M 是指操舵装置施加在舵杆上的扭矩，舵匀速转动时，转舵扭矩 M 即应等于水动力矩 M_a 和舵各支承处的总摩擦扭矩 M_f 的代数和，$M = M_a + M_f$。

三、对舵机的基本技术要求

舵机是保持或改变船舶航向，保证安全的重要设备，一旦失灵，船会失去控制，甚至发生事故。因此，各国船舶检验部门和海事组织，对舵机提出了许多具体要求。基本精神要求舵机必须具有足够的转舵扭矩和转舵速度，并且在某一部分万一发生故障时，应能迅速采取替代措施，以确保操舵能力，基本技术要求如下：

1. 生命力强

舵机必须具有一套主操舵装置和一套辅操舵装置，或主操舵装置有两套以上的动力设备。当其中之一失效时，另一套应能迅速投入工作；动力设备可单独工作，需要时可联合工作；每套动力设备至少有两处以上独立供电线路，其中一路由应急配电板供电。

2. 工作可靠

主操舵装置应具有足够的强度和能力，在最深吃水并以最大营运航速前进时能将舵自一舷 35°转至另一舷的 30°。自一舷的 35°转至另一舷 30°所需的时间，对海船舵机不超过 28s，对内河船舶舵机则不超过 12～20s。辅操舵装置也应具有足够的强度。能在最深航海吃水，并以最大营运航速的一半但不小于 7kn 前进时，能在不超过 60s 内将舵自任一舷的 15°转至另一舷的 15°。

操舵装置应设有舵角指示器、舵角限位器、压力保护装置和故障报警装置等。

3. 操作灵敏

主辅操舵装置应在驾驶台和舵机室都设有控制器。主操舵装置设置两台动力设备时,应设有两套独立的控制系统,且均能在驾驶室控制,并能方便地进行切换。

此外,舵机还应工作平稳、噪声小、经久耐用、经济性高及维护管理方便等。

四、液压舵机组成和工作原理

大型船舶几乎全部采用液压舵机。电动舵机仅用于一些小型船舶上。液压舵机是利用液体的不可压缩性及流量、流向的可控性来达到操舵目的的。根据液压油流向变换方式的不同,液压舵机可分为两类:泵控型液压舵机和阀控型液压舵机。泵控型液压舵机是利用变向泵(如柱塞泵)改变液压油流的方向。阀控型是通过换向阀来实现。限于篇幅这里仅介绍泵控型液压舵机组成和工作原理。

1. 泵控型液压舵机的组成

下面以图 8-4 所示最为典型的液压舵机—泵控型往复式液压舵机说明其组成和工作原理。液压舵机主要由三部分组成。

(1)动力装置。提供转舵动力。设于舵机室的两台相同的电动机 1 作单向回转运动分别驱动双向变量油泵 2,产生液压油流。油泵的流量和吸排方向,则通过与浮动杠杆 5 上 C 点相连接的控制杆 4 控制。即依靠油泵控制 C 点偏离中位的方向和距离,来决定泵的吸排方向和流量。

(2)转舵机构。用于将油液压力能转变为机械能,并传递给舵杆 10,转动舵叶,由往复转舵油缸 14、撞杆 9 和舵柄 7 等组成。

(3)控制系统。也称操作系统,包括驾驶室遥控系统和舵机室机旁控制系统。驾驶室遥控系统由设于驾驶室的舵令发送装置——操舵仪(也称发送器)和舵机室的接受器组成,用以传递操舵命令。图 8-4 示出了液压遥控受动器 16 和电气遥控伺服油缸,未示出驾驶室的发送装置。从图中还可看出机旁控制的手轮应急操纵。

2. 泵控型液压舵机工作原理

图 8-4 所示舵机采用往复式转舵机构。由油缸 14(固定在机座上)和撞杆 9(可在缸中往复运动)等组成。当油泵按图示吸排方向工作时,泵就会通过油管从右侧油缸吸油,排向左侧油缸,撞杆 9 在油压作用下向右运动(油液可压缩性极小)。撞杆通过中央的滑动接头与舵柄 7 联接,舵柄 7 的一端又用键固定在舵杆 10 的上端。撞杆 9 的往复运动就可转变为舵叶的偏转。改变油泵的吸排方向,则撞杆和舵叶的运动方向也就随之而变。

(1)转舵速度。转舵速度主要取决于油泵的流量,而与舵杆上的扭矩负荷基本无关。因为舵机油泵都采用容积式泵,当转舵扭矩变化时,虽然工作油压也随之变化,但泵的流量基本不变,对转舵速度影响不明显。进出港和窄水道航行时,用双泵并联,转舵速度几乎可提高 1 倍。

(2)追随机构。追随机构是与远距离操纵机构和舵均有联系的反馈机构。在转舵过程中,该机构产生的反馈动作反过来控制舵机油泵的变向变量机构,停止舵机油泵的供油,使舵叶准确地停止在操舵所要求的舵角上。

如图 8-5 所示,泵控型舵机采用三点式杠杆追随机构。杠杆的控制点 A 由驾驶台通过遥

控系统控制。如把 X 孔的插销转插到 Y 孔之中,也可在舵机室用手轮来控制。杠杆上的控泵点 C 与变量泵的控制杆 4 相连,反馈点 B 经反馈杆 8 与舵柄相连。当舵叶和驾驶台上的舵轮都处于中位时,杠杆即处在用点划线 ACB 所表示的位置。C 点恰使变量机构居于中位,油泵空转,舵保持中位不动。

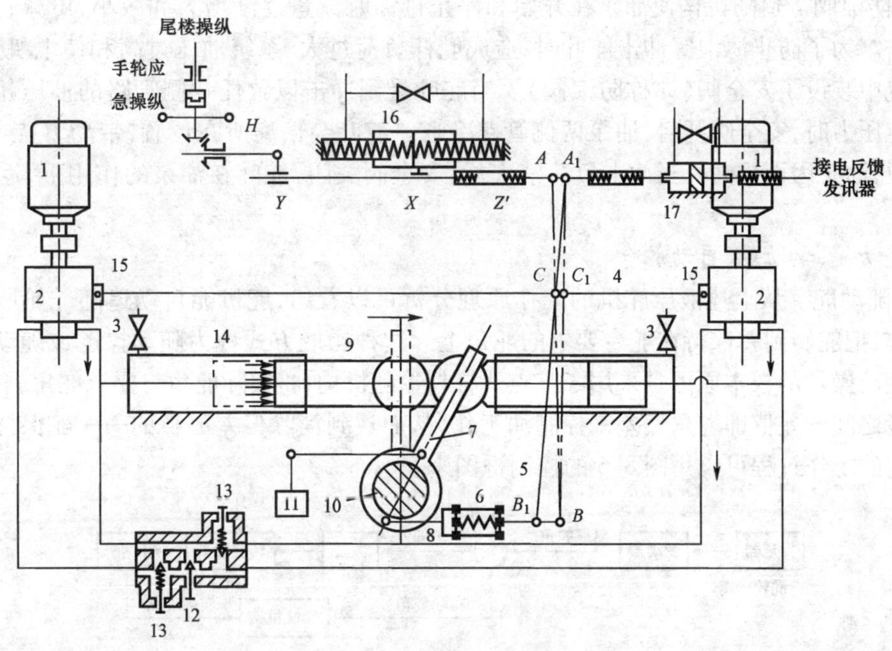

图 8-4　泵控型液压舵机的原理图

1-电动机;2-双向变量泵;3-放气阀;4-变量泵控制杆;5-浮动杠杆;6-储能弹簧;7-舵柄;8-反馈杆;9-撞杆;10-舵杆;11-舵角指示器的发送器;12-旁通阀;13-安全阀;14-转舵油缸;15-调节螺母;16-液压遥控受动器;17-电气遥控伺服油缸

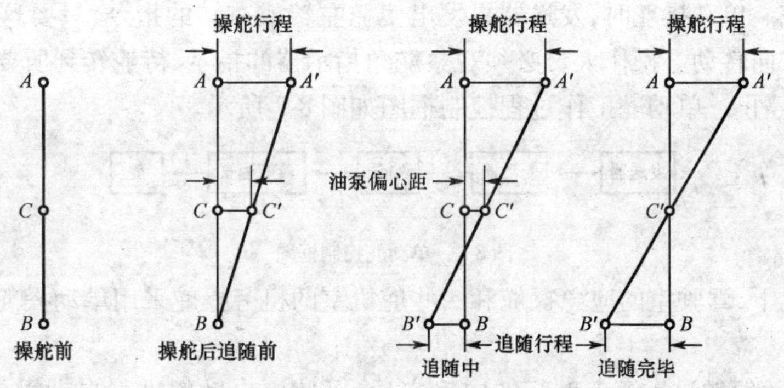

图 8-5　三点式杠杆追随机构原理图

(3)用舵。驾驶台给出某一舵角指令,通过遥控系统,会使 A 点移至 A' 点。由于 B 点在舵叶转动以前并不移动,所以 C 点将移到 C' 点。于是,油泵按图示方向吸排,舵叶开始偏转,通过反馈杆带动 B 点向 B' 方向移动。当舵叶转到与 A' 给出指令舵角相符时,B 移到 B',C 点重回中位,油泵停止排油,舵就停止在所要求的舵角上。杠杆的位置如图中的实线 $A'CB'$ 所示。

实际上，杠杆动作并不分步进行（C 点偏离中位后，泵就排油）。

（4）回舵。当驾驶台发出回舵指令时，A 点又会从 A' 移回中位 A 点。C 点偏离中位向左，油泵反向吸排。舵叶也就向中位偏转，使 B 点从 B' 位置向中位移动。直到舵叶转到由 A 点位置所确定的指令舵角时，C 点重新回中，油泵停止排油，舵叶也就停转。

（5）防浪阀。追随机构使油泵在开始和停止排油时流量逐渐增大和减小，可减轻液压系统的冲击。为了防止海浪等冲击舵叶时，造成舵杆负荷过大、系统油压过高和使电机过载，在油路系统中装设了安全阀（亦称防浪阀）。当舵叶受到冲击以致任一侧管路的油压超过安全阀的整定压力时，安全阀开启，油泵两侧管路旁通。舵叶会偏离所在位置，带动 B 点，使 C 点离开中位，油泵因而排油。当冲击负荷消失后，安全阀关闭，舵叶在油泵的作用下，返回 B 点回位。

3. 随动舵、单动舵、自动舵

（1）随动舵。从上述液压舵机的工作原理分析可以看出，舵机能自动追随舵轮所发出的舵令动作，把舵转到并保持在舵令要求的舵角上。这种操舵方式称为随动操舵或随动舵。能够实现随动操舵的根本原因是采用了三点式杠杆追随机构，将实际舵角与要求舵角进行比较，利用两者之间的差值即舵角偏差来控制油工作，从而达到消除偏差的目的——舵保持在要求舵角。它的工作过程可以用图 8-6 的控制框图来表示。

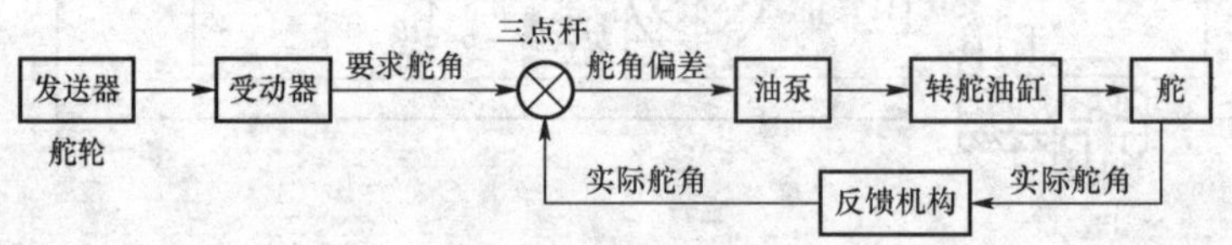

图 8-6　随动舵控制框图

随动舵在船舶机动航行时使用。

（2）单动舵。如果在随动舵的控制中取消实际舵角与要求舵角的比较环节，就成为单动操舵或称单动舵。单动操舵时，发送器只发出使舵左转或右转的指令，只要这一命令存在，舵将一值向指定方向转动。操作人员必须观察舵角指示器的指示，待舵转到所要求舵角时，取消转舵指令，使舵停止。单动舵工作过程控制框图如图 8-7 所示。

图 8-7　单动舵控制框图

在一般情况下，驾驶室的应急操舵和一些舵机室的机旁操舵采用单动操舵方式，在随动舵失灵时使用。

（3）自动舵。船舶进入海上航行航向确定后，可使用自动舵进行自动操舵。使用自动舵后，不用舵工操舵，自动操舵仪会控制舵机工作，使船舶保持在预定航向上航行。

与随动舵相比，自动舵增加了船舶航向反馈环节和航向比较环节。航向比较环节将反馈的实际航向信号与设定航向信号进行比较，得出的航向偏差信号经过放大后控制舵令发送器。舵令发送器根据航向偏差的方向和大小，发出相应的操舵指令，转动舵叶产生舵效，使船舶回复到设定航向。图 8-8 所示为自动舵的控制原理。

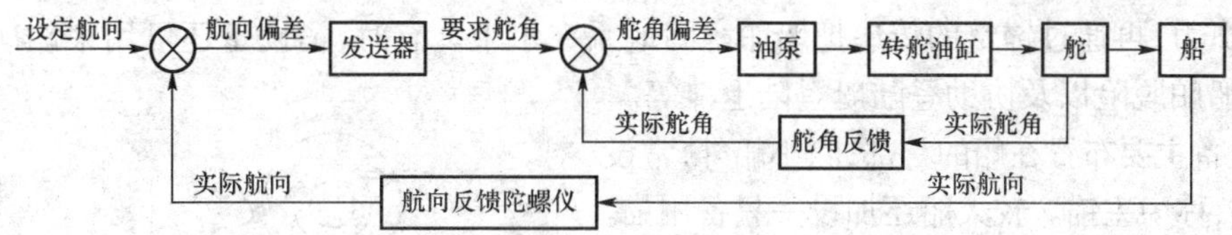

图 8-8　自动舵控制框图

五、转舵机构

图 8-4 所示为两缸往复式液压转舵机构，这种机构一般为较小吨位的船舶所使用。在大型船舶上，为了增大舵机的转舵力矩，普遍采用四缸转舵机构，超大型船甚至八缸转舵机构。图 8-9 所示为四缸转舵机构的舵机。它是在舵杆的两侧分别布置了两个两缸机构，其工作原理与两缸转舵机构相同。

除了往复转舵机构外，回转式（亦称转叶式）转舵机构也有使用。采用回转式转舵机构的液压舵机称为回转式液压舵机，它采用一个摆动式液压缸作为转舵油缸。图 8-10 所示为一固定端盖式摆动液压缸（船上亦称转叶油缸）。筒形缸体 2 固定连接在机座上，缸体上下由断盖 1 密封，缸体内安装着两个定叶 4；柱型转子 3 装于缸体内，转子 3 上装有两个转叶 5。定叶与转叶在缸内隔离出四个腔室，每相对的两个腔室由油路沟通成一组。分别在这两组腔室内通入高压油和低压油，就会推动转子转动。转子的输出轴端的法兰直接与舵杆连接，转子的转动可直接带动舵杆。显而易见，回转式舵机结构紧凑、体积小、重量轻，只是因密封性较差而影响工作油压的提高，其产生的转矩较小。回转式舵机的控制原理与往复式舵机完全相同。

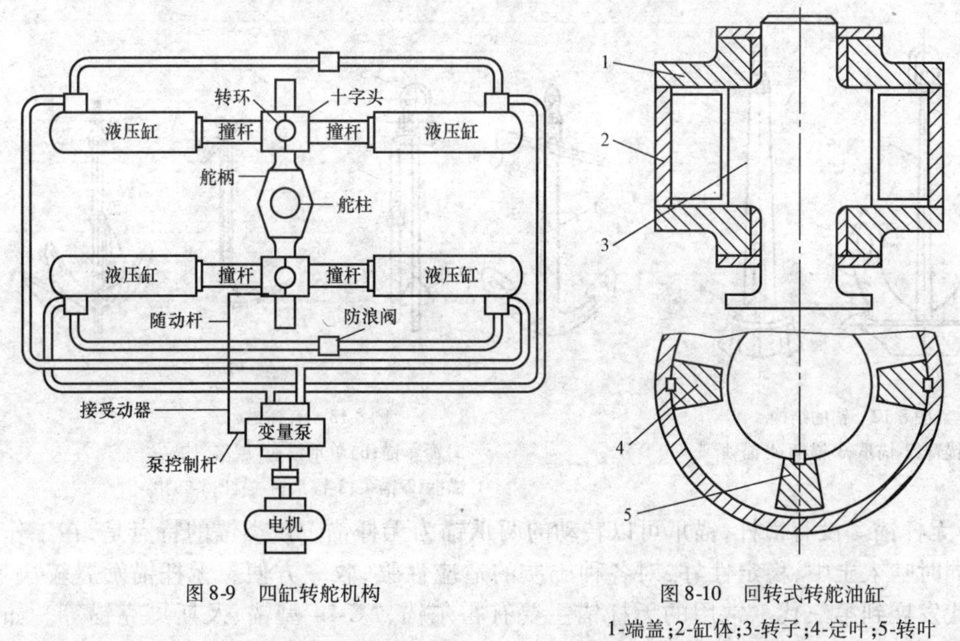

图 8-9　四缸转舵机构

图 8-10　回转式转舵油缸

1-端盖；2-缸体；3-转子；4-定叶；5-转叶

第二节　锚　设　备

锚设备是用于水上固定船舶、协助船舶掉头或离开码头。把锚抛入水中后，锚爪便啮入水

底，产生抓力，再通过锚链的传递把船舶牢固地系在水中。有时，锚设备还可用来船舶紧急制动、搁浅船舶脱险以及协助登陆艇登陆退滩等。

锚设备主要布置在船的首部，除小船外，常设两只首锚，称为主锚。较大船还加设一只备用锚。有些内河船或登陆船艇上另设一只尾锚。从抛锚方式看，常用的方式有首抛锚、尾抛锚及首尾抛锚，用得最多的是首部抛单锚，在恶劣条件下可在首部抛双锚。只有特殊情况下才抛首尾锚。

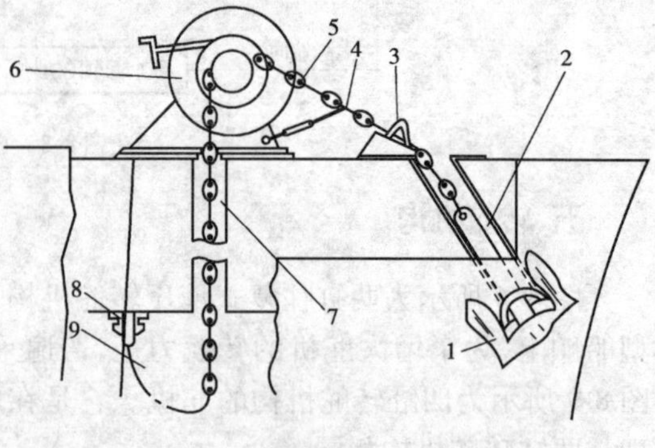

锚设备的基本组成如图 8-11 所示。主要有锚、锚链、锚链筒、止链器、锚机、锚链管、锚链舱等。

图 8-11　锚设备的组成和布置

1-锚；2-锚链筒；3-止链器；4-止链钩；5-锚链；6-锚机；7-锚链管；8-锚链舱；9-弃链器

1. 锚

锚的结构如图 8-12 所示，其主要作用是锚抛入水中后，锚爪便啮入水底，产生抓力，再通过锚链的传递，把船舶牢固地系在水中。对锚的基本要求是自重小，入土性佳而抓力要大。常见锚的种类有：有杆锚、无杆锚、大抓力锚、特种锚。

(1)有杆锚。具有横杆的锚为有杆锚。该类锚的特点是一个锚爪啮入土中，当锚在海底拖曳时，横杆能阻止锚爪倾翻，起稳定作用。有杆锚中有海军锚、单爪锚、层洛门锚等。如图 8-13 所示。

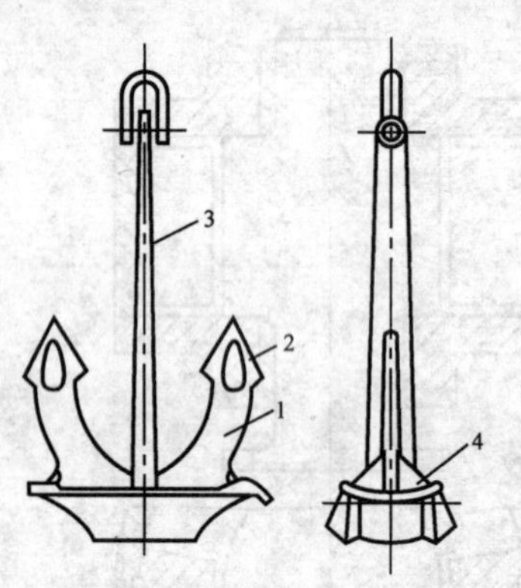

图 8-12　锚的结构

1-锚臂；2-锚爪；3-锚柄；4-锚轴

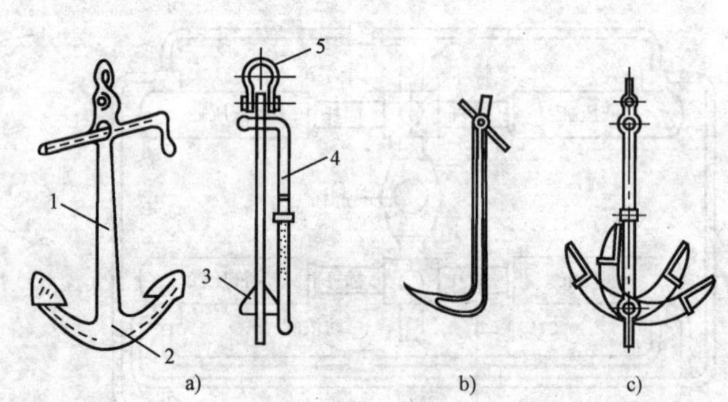

图 8-13　有杆锚

a)海军锚；b)单爪锚；c)层洛门锚

1-锚柄；2-锚头；3-锚爪；4-锚杆；5-卸扣

(2)无杆锚。没有横杆，锚爪可以转动的两爪锚为无杆锚。该类锚的特点是，在工作中两个爪同时啮入土中，稳定性好，对各种土质的适应性强，收藏方便。无杆锚发展较快，已由第一代发展到第三代。常用的无杆锚主要有霍尔锚、AC-14 型锚、及斯贝克锚等。如图 8-14所示。

(3)大抓力锚。大抓力锚实际上是一种有杆转爪锚，因其具有很大的抓重比，故称为大抓力锚。这类锚的特点是，锚爪的啮入深度深、啮土面积大，抓持力大，但是锚爪易拉坏，收藏不方便。大抓力锚中有马氏锚、丹福尔锚、快艇锚、施得林格锚及斯达托锚等。如图 8-15 所示。

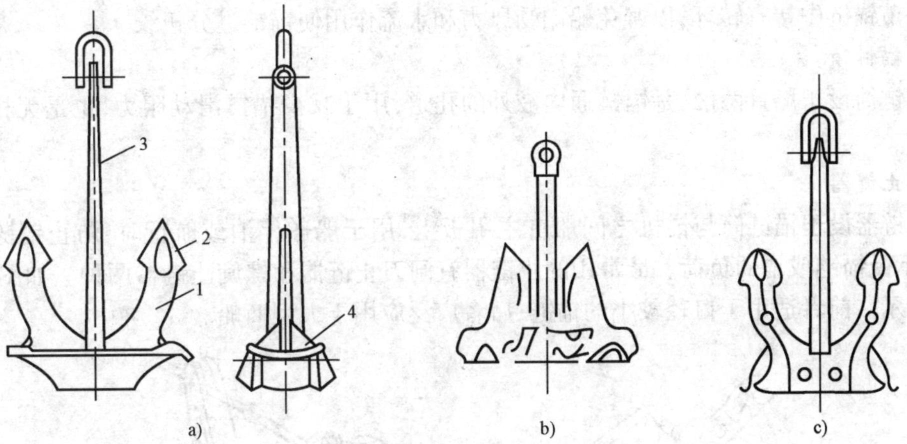

图 8-14 无杆锚

a)霍尔锚;b)AC-14 型锚;c)斯贝克锚

1-锚臂;2-锚爪;3-锚柄;4-锚轴

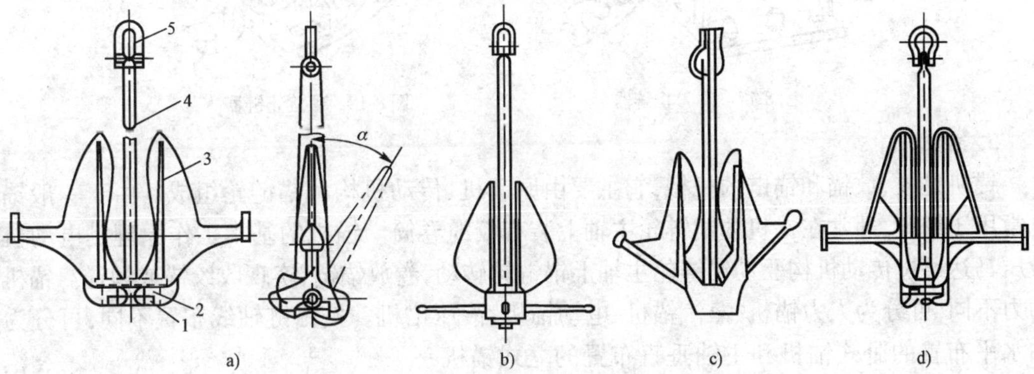

图 8-15 大抓力锚

a)马氏锚;b)丹福尔锚;c)施得林格锚;d)快艇锚

1-挡销;2-销轴;3-锚爪;4-锚柄;5-卸扣

(4)特种锚。特种锚的形状与用途与普通锚均不同。主要是指供浮筒、趸船、浮船坞等使用的永久性系泊锚;破冰船上所用的冰锚以及帆船和小艇上用的浮锚等。

2. 锚链

锚链用于连接锚和船体。它有链环组合而成,结构如图 8-16 所示。

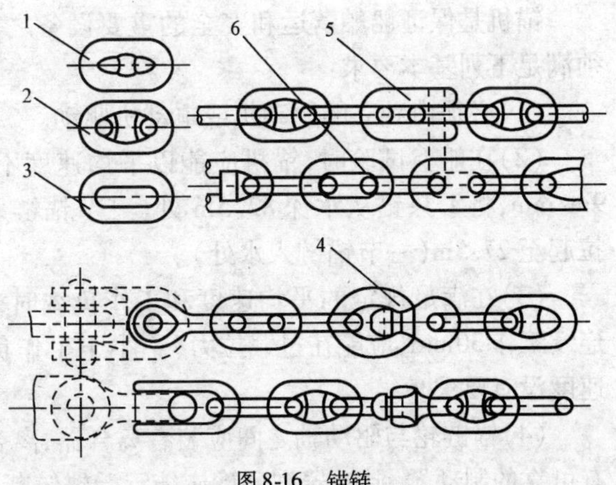

图 8-16 锚链

1-有档链环;2-加大链环;3-末端环;4-转环;5-链环卸扣;6-无档链环

锚链的长度一般以节为单位,27.5m 称为一节。每节常涂以色漆作标记,以监测锚链抛入水中的长度。锚链总长度通常为 75~625m。

锚链节与节间用可拆的卸扣连接,以便于更换锚链和应紧时解链抛锚。与锚直接相

连的一节锚链中接有转环，以避免船舶受风力和水流作用使锚链过分扭绞。

3. 锚链筒

锚链筒设于船首两舷，是锚链通向舷外的孔道，用于减少锚链滑动阻力，也是无杆锚的收藏处。

4. 止链器

止链器设于锚链筒与锚机之间船首主甲板上，用于船舶停泊或航行时，防止锚链或锚下滑，并承受锚链或锚的负荷。最常用的止链器有闸刀止链器和螺旋止链器两种。如图 8-17 和 8-18 所示。前者适用于口径较小的锚链；后者广泛应用于大型商船。

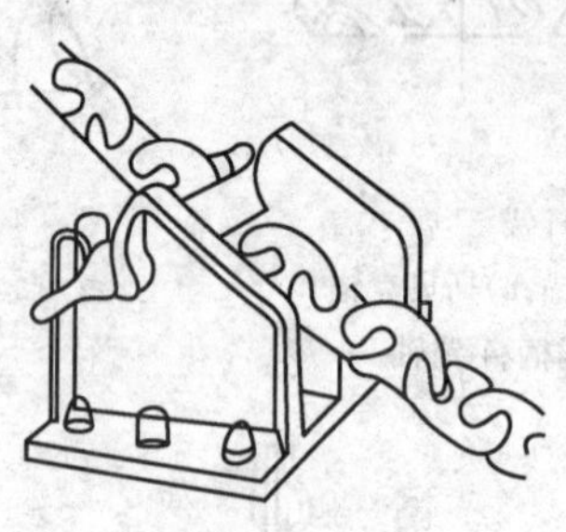

图 8-17　闸刀止链器

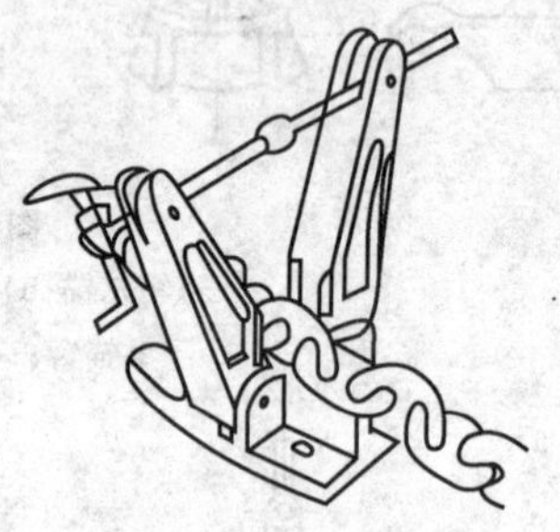

图 8-18　螺旋止链器

5. 锚机

锚机是收、放锚和锚链的机械，它主要由原动机、传动机构和锚链轮组成。由于一般锚机也常用于绞缆，通常在锚机的锚链轮主轴上装有绞缆卷筒。锚机的基本工作原理是电动机或液压马达通过传动机构驱动锚链轮主轴上锚链轮转动，卷放锚链，实现收绞锚或抛锚。锚机按动力不同，可分为人力锚机、蒸汽锚机、电动锚机、液压锚机。按锚链轴线布置不同，可分为主轴水平布置的卧式锚机和主轴垂直布置的立式锚机（起锚绞盘）。如图 8-19 所示为卧式电动锚机结构原理图。如图 8-20 所示为立式电动锚机总体结构原理图。

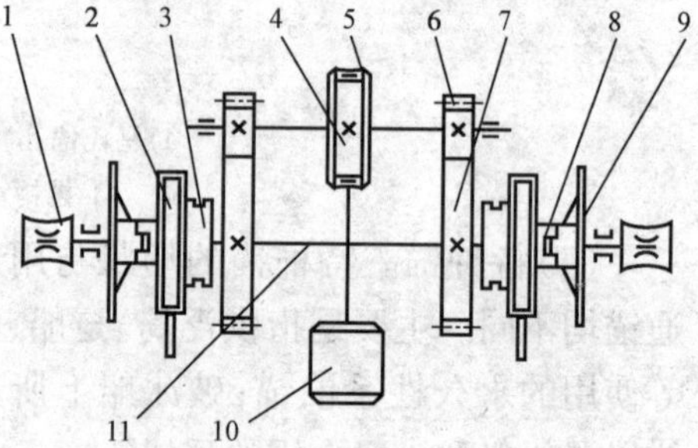

图 8-19　卧式电动锚机结构原理图

1-绞缆卷筒；2-制动器；3-链轮；4-蜗杆；5-蜗轮；6、7-减速齿轮；8-牙嵌离合器；9-手轮；10-电动机；11-锚机主轴

锚机是保证船舶营运和安全的重要设备之一，必须满足下列基本要求：

（1）必须由独立的原动机或电动机驱动。

（2）在船上试验时，锚机应能以平均速度不小于 9m/min，将 1 只锚从水深 82.5m 处（三节锚链入水）拉起至 27.5m（一节锚链入水处）。

（3）在满足规定的平均速度和工作负载时，应能连续工作 30min，应能在过载拉力（不小于工作负载的 1.5 倍）作用下连续工作 2min，此时对速度没有要求。

（4）锚链轮与驱动轴之间应装有离合器，离合器应有可靠的锁紧装置，锚链轮或卷筒应装有可靠的制动器，制动器刹紧后应能承受锚链断裂负荷 45% 的静拉力。锚链必须装设有效的止链器，止链器应能承受相当于锚链的试验负荷。

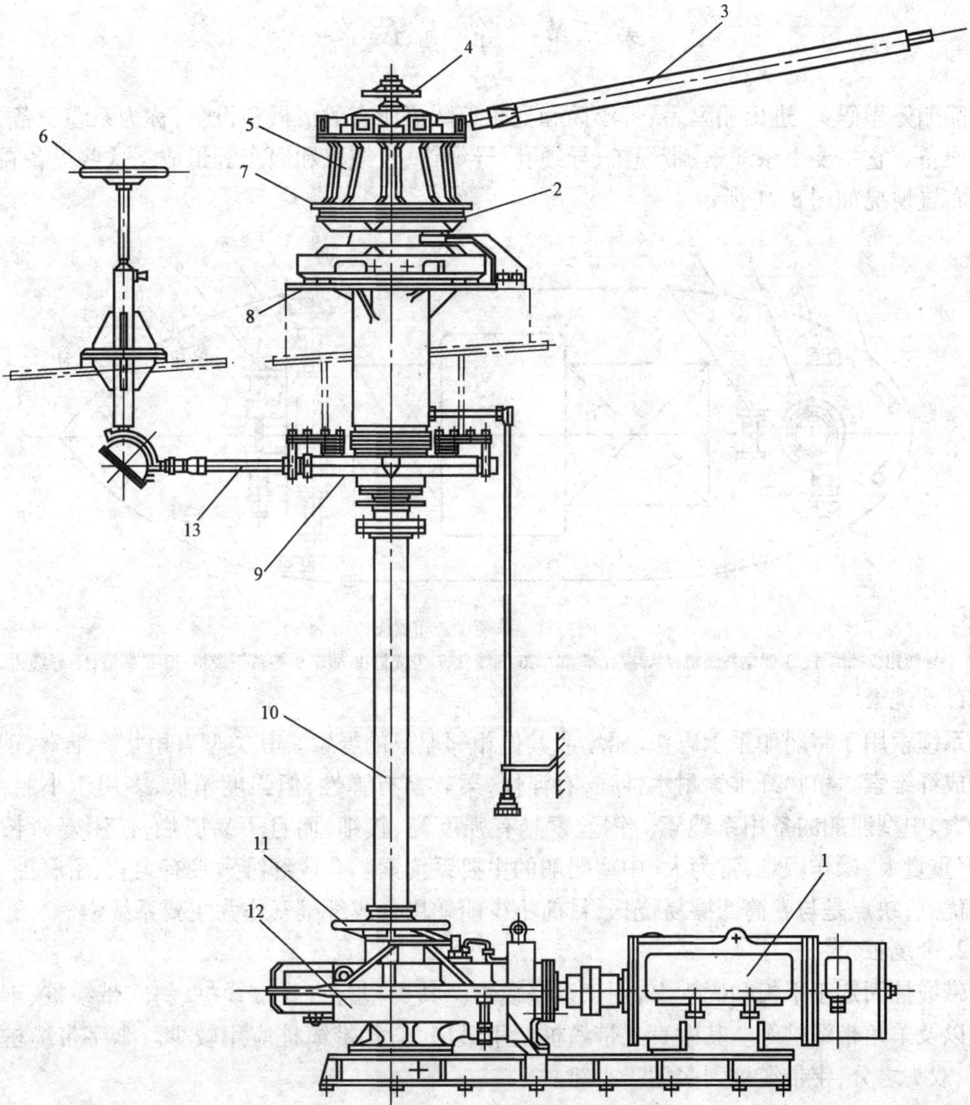

图 8-20　立式电动锚机总体结构原理图

1-电动机;2-链轮;3-推杆;4-手轮;5-绞缆卷筒;6-刹车手轮;7-牙嵌离合器;8-掣子;9-刹车带;10 传动轴;11-减速器;12-制动轮;13-制动杆

6. 锚链管

锚链管的作用是将锚链引入锚链舱。通常锚链管用钢板弯成管状焊接而成,其内径约为锚链口径的 7 ~ 8 倍。

7. 锚链舱

锚链舱是起锚后锚链的存放处所。锚链舱的设置位置,应尽可能低些,以降低锚链存放的重心高度。为了便于锚链收放,不易产生缠绕,锚链舱通常为长宽较小而深度较大的箱形结构或直径较小的圆筒形结构。

第三节 系缆设备

船舶停靠码头、进出船坞、系带浮筒和拖轮编队等所有的机械和设备,称为系缆设备,或称系泊设备。它主要由系缆索、带缆桩、导缆孔、导缆钳、系缆机和绳车等组成。这些设备在甲板上的布置情况如图8-21所示。

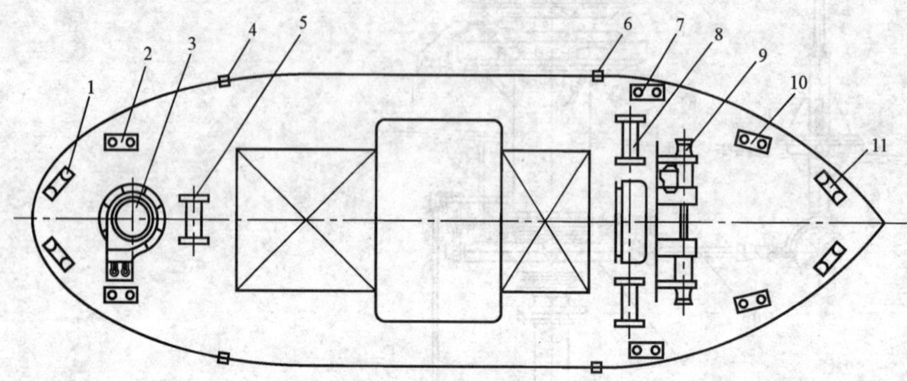

图8-21 系缆设备布置图

1-导缆钳;2-带缆桩;3-船尾系缆机;4-导缆孔;5-绳车;6-导缆孔;7-带缆桩;8-绳车 9-船首系缆机;10-带缆桩;11-导缆钳

1. 系缆索

系缆索用于将船舶系于码头、船坞或其他相邻船只的绳索。其类型有植物纤维索、钢丝索和合成纤维索。植物纤维索耐水性强,有浮性,柔软富有弹性,但强度稍低,多用于小船,也可作为大、中型船舶的备用系缆索。钢丝索具有强度高、较细,而且不易腐烂,使用寿命长的优点,但重量大,操作困难,常为大、中型船舶的主要系缆索。合成纤维索具有柔软、耐腐蚀、强度高的优点,缺点是与卷筒摩擦易烧损,目前不少船舶用合成纤维索作为主要系缆索。

2. 带缆桩

带缆桩固定于甲板和码头上,用于系绕缆索。其类型有直式带缆桩、斜式带缆桩、十字带缆桩以及羊角带缆桩等。其中直式带缆桩使用最广,斜式带缆桩应用较少。十字带缆桩又有单头、双头之分,字带缆桩则多用于小船。

带缆桩的结构有铸造和焊接两种,铸造的带缆桩重量较大,现已逐渐淘汰。所以目前广泛采用的焊接带缆桩。如图8-22所示是各种焊接带缆桩的结构。

3. 导缆孔

导缆孔安装在舷墙侧板上,用来引导缆索,防止其任意移动,以防与船舷摩擦或破坏甲板上的设备。导缆孔通常都是铸铁或铸钢制成。有圆形和椭圆形两种,其结构如图8-23a)所示。

4. 导缆钳

导缆钳安装在没有舷墙而仅有栏杆的舷边甲板上,它的用途与导缆孔相同。导缆钳的型式很多,基本可归纳为无滚轮式和带滚轮式两大类。无滚轮导缆钳又有直式和斜式两种。带滚轮导缆钳根据滚轮数目的不同,又可分为单滚轮、双滚轮、三滚轮等种类,其结构如图8-23b)所示。

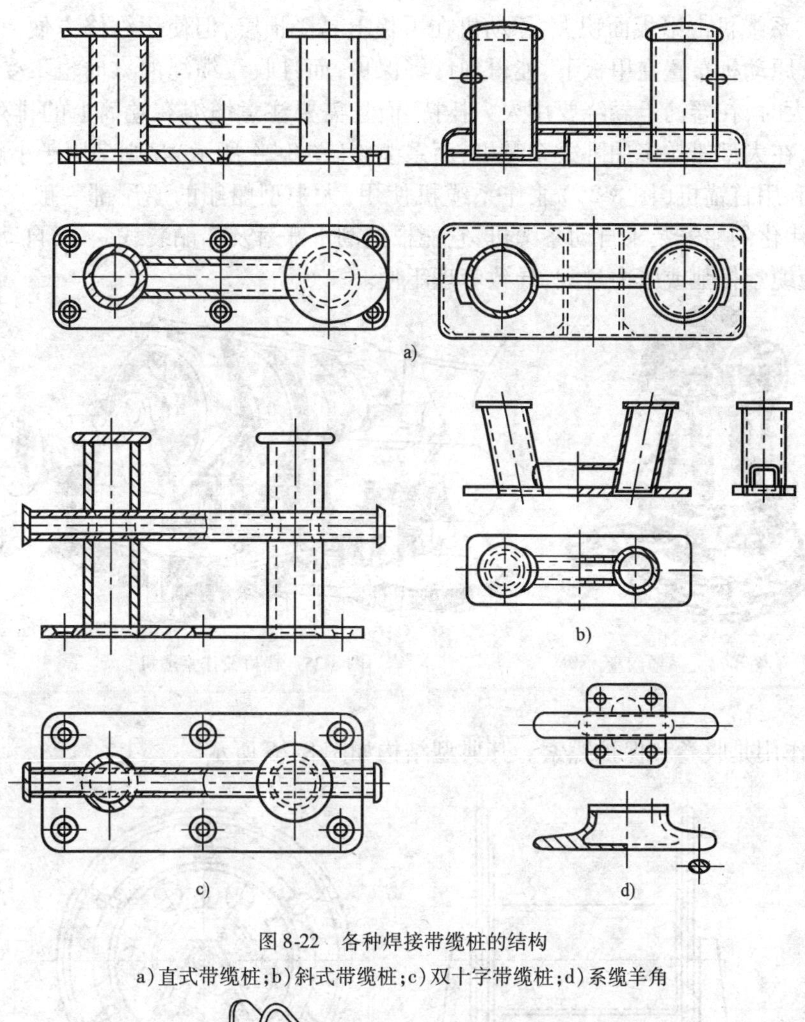

图 8-22　各种焊接带缆桩的结构

a)直式带缆桩;b)斜式带缆桩;c)双十字带缆桩;d)系缆羊角

图　8-23

a)导缆孔;b)导缆钳

5. 系缆机

系缆机是收卷缆索使船靠泊或拖驳靠拢本船的动力机械。按原动机可分为蒸汽系缆机、电动系缆机和液压系缆机。目前,船舶上主要采用的是电动系缆机和液压系缆机。电动系缆机主要由电动机、减速传动机构和系缆卷筒等组成,由电动机通过减速传动机构驱动系缆卷筒收卷缆索,实现系缆。液压系缆机的主要由电动机、油泵、油马达、系缆卷筒等组成,其基本原理是电动机带动油泵产生高压油流驱动油马达转动,从而驱动系缆卷筒回转卷放缆索。按卷筒中心线的位置,又可分为卧式系缆机(卷筒中心线水平布置)和系缆绞盘(卷筒中心线垂直

布置)。卧式系缆机占甲板面积大,原动机在甲板上易受损害,但使用维修方便。系缆绞盘占甲板面积小,原动机布置在甲板下,能得到良好保护,而且收绞缆绳的方向也不受限制。但当缆绳直径较大时,在卷筒上卷绕要用人力托持,而且需要注意缆绳在卷筒上的排列,操作不太方便。因此,在大型船舶多用卧式系缆机,而系缆绞(图 8-24 所示)盘则多用于小船。

很多船利用首锚机(图 8-25)兼作系缆机使用,大中型船舶的船尾部一般设置专用系缆机。有些现代化的船安装了自动系缆机,它能根据潮水涨落及船舶装载变化,自动调节缆索的长度,以避免缆索松弛或张力过大,导致管理不便。

图 8-24　系缆绞盘

图 8-25　锚机兼作系缆机

6. 绳车

绳车的作用是收卷和保护缆索。其典型结构如图 8-26 所示。

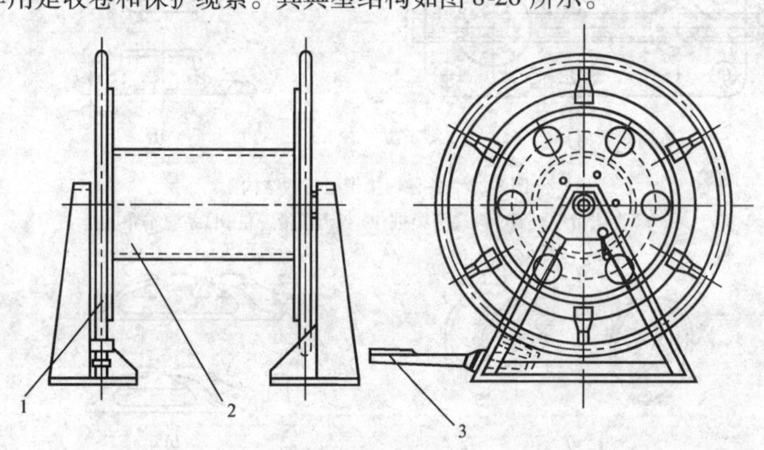

图 8-26　绳车

1-手轮;2-卷筒;3-刹车

第四节　起货设备

尽管大多数港口都配备有起重能力更强、效率更高的港口货物装卸设备,然而,并非所有的港口都具有足够的起货设备,即使是现代化港口,也往往因在港船舶过多而一时难以应付。另外,考虑到船舶在开阔水面上有时需进行货物装卸和过驳等。所以,大多数船舶仍配备了船用货物装卸设备,用以在锚泊时进行货物卸或与港口货物装卸设备联合作业,加快船舶周转,

提高船舶营运效率。

除了液货船、液化气船和滚装船配备专用的货物装卸设备外,大多数货船的装卸设备均为船舶货物起重机,俗称起货机。

船舶起货机的类型很多,按结构型式和作业方式的不同可分为:吊杆式起货机、回转式起货机和门式起货机。按驱动动力可分为蒸汽起货机、电动起货机和液压起货机。目前以电动起货机和液压起货机最为常见。

船舶起货机有下列几种不同的结构型式:

1. 吊杆起货机

这是使用较早的一种起货机,至今仍然有使用。它有单吊杆和双吊杆两种型式。图 8-27 所示是双吊杆起货机的组成及作业情况。它有两根吊杆和两台起货绞车,每台绞车拖动一根缆索。吊杆调整并固定妥当后,靠两台绞车分别改变两根钢索长度的联合动作,即可进行装卸作业。

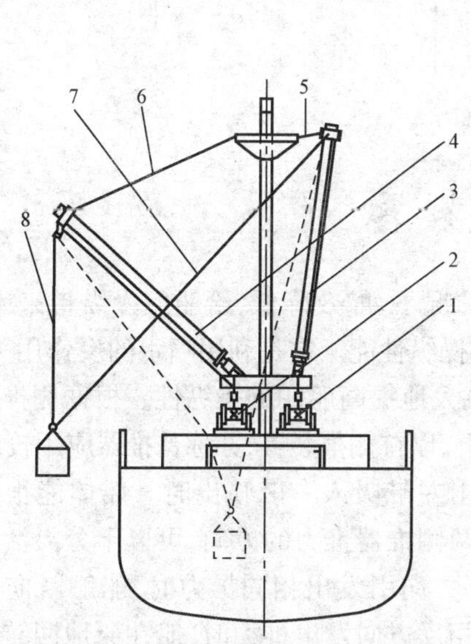

图 8-27　双吊杆起货机

1、2-起货机;3、4-吊货杆;5、6-顶吊索;7、8-吊货索

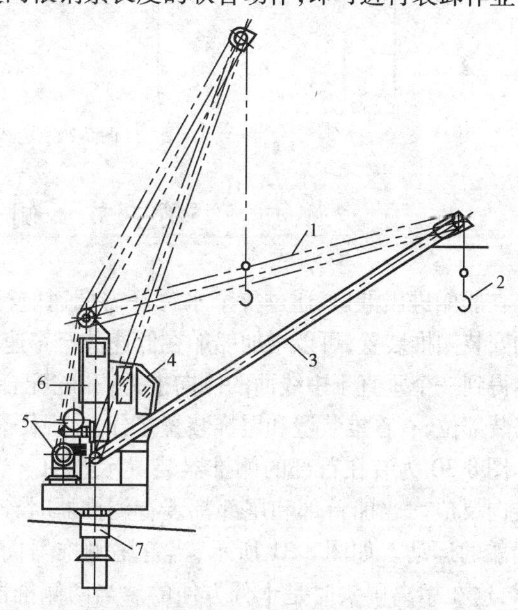

图 8-28　回转式起货机

1-钢丝绳;2-吊货钩;3-吊货杆;4-操纵室 5-油马达;6-塔声;7-桅柱

2. 回转式起货机

回转式起货机俗称克令吊。图 8-28 示出了回转起货机的组成。在可绕桅柱 7 旋转的塔身 6 上装有吊臂 3 和两台绞车 5。两台绞车一台为吊臂变幅绞车,另一台为吊货起升绞车。变幅绞车可以通过变幅缆绳的收放调整吊臂的仰角,从而改变起货机的工作半径。吊货起升绞车可以通过吊货缆绳的收放而调整货物的高度。加以塔身的回转,可在工作空间内任意控制货物的位置,方便地进行货物的装卸。

3. 门式起货机

门式起货机类似于陆地的门式起重机。船舶甲板沿舱口纵向布置有轨道,轨道上方是门形框架(简称门架),门架有支腿和桥架组成。每个支腿下面装有行走轮,可以可沿舱口甲板纵向行走。桥架为可伸出舷外的悬臂梁,其型式有折叠式和滑动伸缩式。吊货时悬臂梁伸出

舷外,船舶航行时折叠或缩进。桥架上有起重吊车,起重吊车可在门架上横向移动并可作垂直起升运动,如图 8-29 所示为单梁门式起货机,通过桥架的纵向行走,起重吊车的横向移动及垂直起升运动,可进行货物的装卸作业。当门式起货机停止装卸作业时由制动装置将其固定。这种起货机主要用于集装箱的装卸,少数情况下也可用于散货和杂货的装卸。

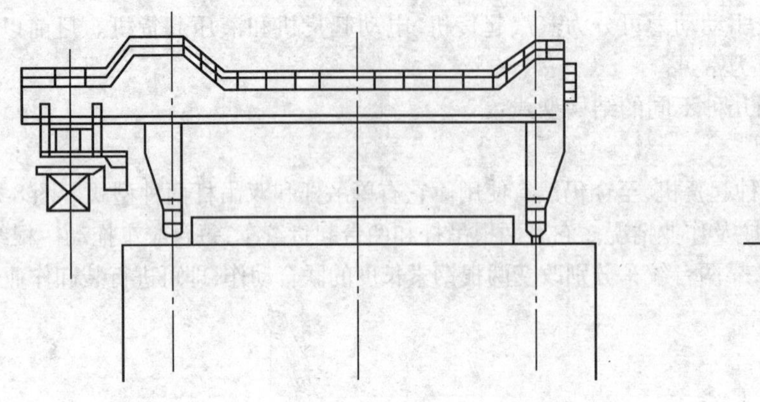
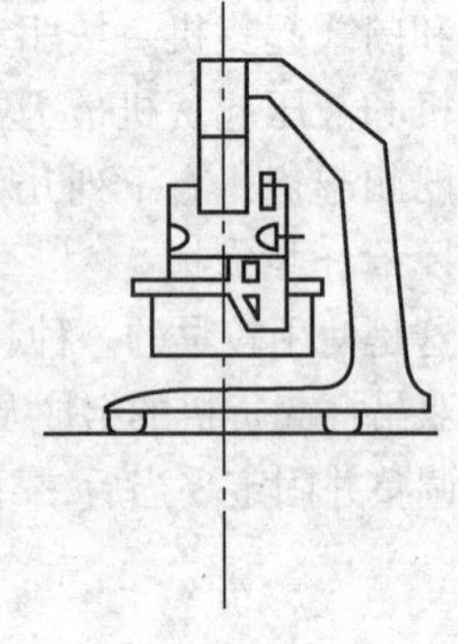

图 8-29　门式起货机

第五节　侧推装置

在船舶进出港口、通过狭窄水道等需低速航行的情况下,舵效降低,给船舶操纵带来困难。船舶安装侧推装置,可以增加船舶在低速甚至零速时的操纵性能。它是利用喷水的反作用力,使船体得到一个垂直于中线面的侧向推力,和舵配合能极大地提高船舶的操纵性。根据侧推装置的安装部位,有首推装置和尾推装置之分,在现代船舶上,以首侧推装置,亦称首推器应用较多。

图 8-30 为装在首部的侧推器装置示意图。当水由左舷吸入右舷喷出时。船体能很快作出转向反应。当船首部和尾部都装有侧推器时,改变两侧推器推力的方向,可以十分灵活地控制船舶的运动。如图 8-31 所示,当首尾侧推器向同一方向引发出相同推力时,船舶就向一侧平移,这在靠离码头时是十分方便的。当两侧推器向相反方向发出推力时,船在原地回转。仅在首部装侧推器的船,其操纵性的改善也是极为明显的。

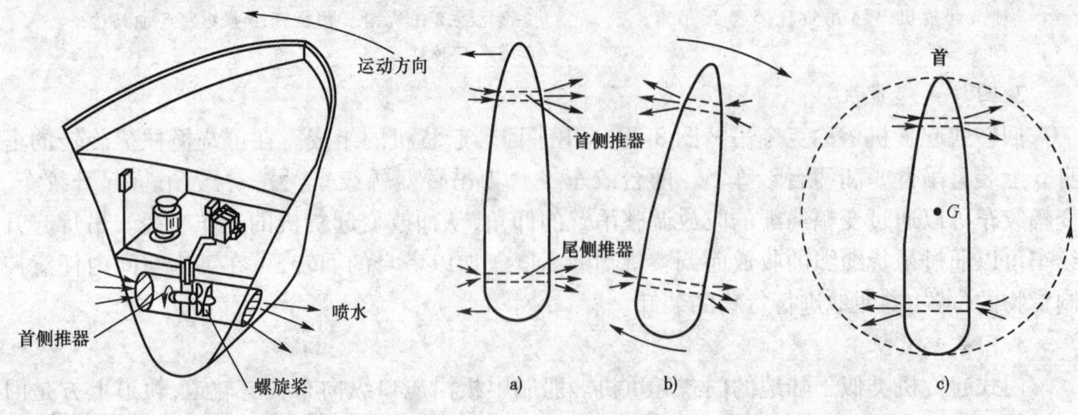

图 8-30　首部的侧推器装置

图 8-31　首尾侧推器装置操船原理
a)侧向平移;b)改变方向;c)原地回转

目前使用的侧推装置共有三类，即导管式、变向式和喷射式。图 8-32 示出了它们的结构原理。

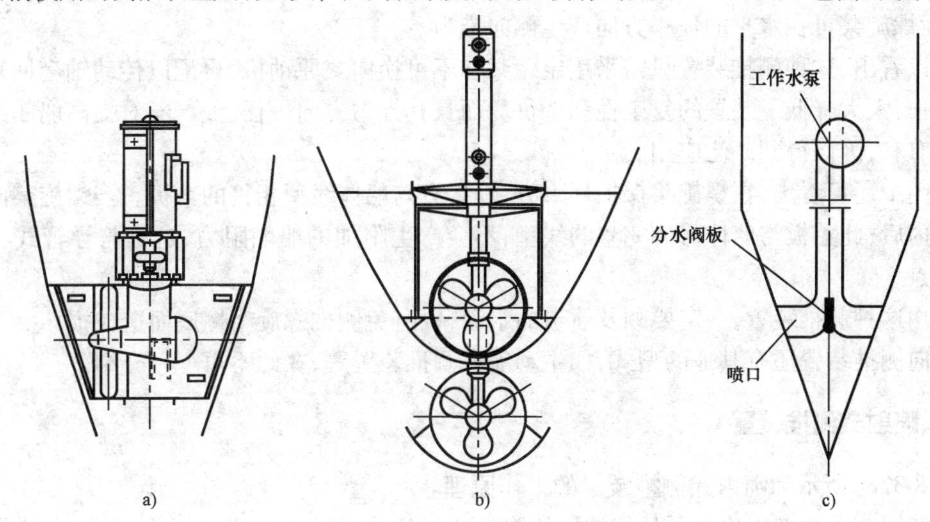

图 8-32　侧推装置的类型
a）导管式；b）变向式；c）喷射式

一、导管式侧推装置

如图 8-32a）所示，在船首或船尾最低吃水线以下的船体内，焊有贯穿两舷的导管，导管内置有侧推螺旋桨及其传动装置。该传动装置采用直角传动机构，用以把经垂直轴输入的原动机动力传递给水平设置的螺旋桨轴，带动螺旋桨转动，产生水平侧向推力。导管和螺旋桨传动机构均保持水密，海水不得进入船体内或螺旋桨传动机构。

显而易见，侧推力的方向及大小应能方便地加以控制，才能满足船舶操纵的需要。这可由两种方案来实现：

（1）使用定距桨和可换向及调速的原动机。通过变换原动机的转向和转速，来改变侧推力的方向及大小。显然，原动机必须具有良好的换向及调速性能，并能方便地加以控制。

（2）使用变距桨。这时可采用定速原动机，但在螺旋桨传动机构壳体内和螺旋桨轴内部，必须设置复杂的螺距控制机构。

应该指出，导管的位置对侧推效果的影响很大。首先，在对船体阻力影响不大的前提下，导管应尽可能靠近船首或船尾，以增加侧推力产生的转船力矩。其次，导管口必须浸没在最低吃水线以下一定深度，才能保证侧推螺旋桨的效率。一旦导管口露出水面，侧推力将基本丧失。另外，随着转速的提高，侧推螺旋桨的推力逐渐增加，而效率却逐渐降低。如无必要，不应使用较高的转速。

导流管口对水流流线的干扰，导致了船舶阻力的增加。而且侧推水流更会使船舶阻力增加。当然，由于只是在低航速时使用侧推装置，这种影响不是很大。

二、变向式侧推装置

图 8-32b）为变向式侧推装置的一种形式，亦称悬挂式侧推器。在可上下伸缩的垂直传动轴套上安装有侧推螺旋桨和螺旋桨保护环。直角传动机构设置在传动轴套内，将垂直轴的动

力传递给水平的螺旋桨轴。传动轴套下伸时。螺旋桨伸出船体。由于传动轴套可作360°回转,因而螺旋桨可在水平的任一方向产生侧向推力。

可以看出,这种侧推装置只需采用定距桨和不可换向式原动机,再配以传动轴套回转机构即可工作,大大降低了装置的复杂性和造价。而且其推力方向可任意改变,对提高船舶的操纵性十分有利,因而得到广泛应用。

从图中还可看出,在螺旋桨保护环下方,焊接有与船体线型相符的盖板。当螺旋桨向上缩回船体内后,此盖板与船体保持完整的线型,不会产生附加的船舶阻力,这是与导管式相比的一大优点。

使用这种侧推装置,一定要顾及航道的水深,以避免侧推螺旋桨擦底而造成损坏。

变向侧推装置还有其他的型式,如主动舵式侧推装置等,在此不再一一介绍。

三、喷射式侧推装置

图8-32c)所示为喷射式侧推装置的工作原理。

它使用一台大型工作水泵从船体中线附近的船底或两舷的吸入口吸入海水,在分水阀板的控制下,泵排出的工作水被分配到左、右两舷的喷口喷出而产生侧向推力,分水阀板可调节经两喷口喷出的工作水比例,从而使左、右侧向推力能按需要进行调整。

显然,喷射式侧推装置结构简单,布置灵活,操纵方便,对船体结构及船舶阻力影响较小。在油轮上,可以由货油泵的原动机驱动工作水泵,更加降低了装置的成本。只是工作效率较低是其不足之处。

侧推装置的原动机有电动机、液压马达、汽轮机和柴油机等。由于柴油机输出轴一般均呈卧式布置,需要另一直角传动机构组成Z型传动机构才能带动侧推螺旋桨的垂直传动轴,装置复杂,因而较少使用。汽轮机只有在蒸汽动力船舶上才有使用。电动机作为侧推装置的动力应用较多,其缺点是调速和换向性能较差。由于液压马达具有优异的调速和换向性能,更适合用作侧推装置的原动机。

应该指出,无论采用何种原动机作为动力,对于变螺距螺旋桨侧推装置而言,必须把桨叶调整到零位,才能进行起动。

第六节 减摇装置

海浪对船舶造成的影响,可使船舶产生6个自由度的摇荡,即纵摇、首摇、横摇、升沉、纵荡和横荡。其中对船舶设备、乘员和货物不良影响最大的是横摇。因此,船舶装安装摇装置,均以降低船舶横摇为目的。

设置减摇装置,减轻船舶横摇,其优点是:

(1)在客船上,减轻乘客晕船的反应,提高客船的舒适性和竞争力;

(2)在货船上,特别是在集装箱船和滚装船上,减少或防止货物的移位、碰撞或翻倒,降低或避免货损;

(3)减少船舶因气象引起的误航及横摇引起的偏航、船速下降,提高船舶运营率;

(4)改善船员工作环境,保证船员工作效率;

(5)改善舰炮和导弹发射基准面的稳定度,提高命中率;改善飞机在母舰上的接口条件,提高飞机装载舰的作战能力。

船舶使用的减摇装置有许多种,除了舭龙骨这种被动阻尼式减摇装置,因其结构简单,航行阻力小,减摇效果明显而被普遍采用外,应用较多的应属船舶减摇鳍。

船舶减摇鳍是一种主动式减摇装置,它能根据船舶横摇角度、速度和加速度(间接反映波浪作用力矩)等信号,主动提供一减摇力矩,纠正或减轻船舶横摇,减摇效果十分明显。工作良好的减摇鳍,可使船舶横摇角度限制在3°~5°以下。

图8-33所示为减摇鳍的减摇原理。在船舶左右两舷各水平或向斜下方倾斜设置一鳍叶,其作用原理类似于舵叶或机翼。图8-34给出了几种不同的鳍叶型式。当两鳍叶反向偏转并具有反向冲角时,船舶航行水流就会在两鳍叶上产生一对反向升力L而形成减摇力矩。对某一既定船舶的减摇鳍,航速一定时减摇力矩的大小与鳍叶的冲角δ有关。航速越大,减摇力矩越大。低速船(12kn)以下不适合用减摇鳍减摇。

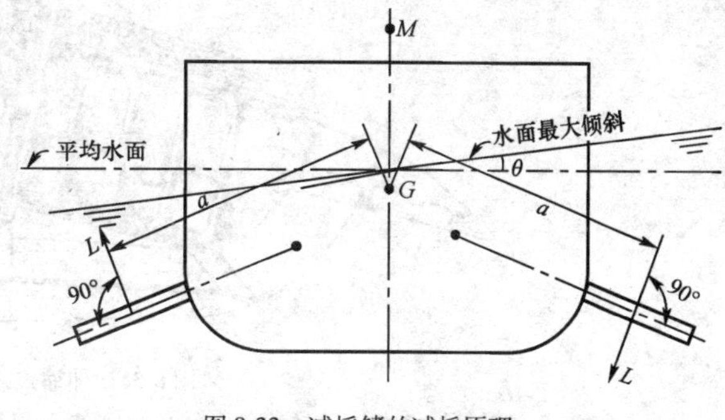

图8-33　减摇鳍的减摇原理

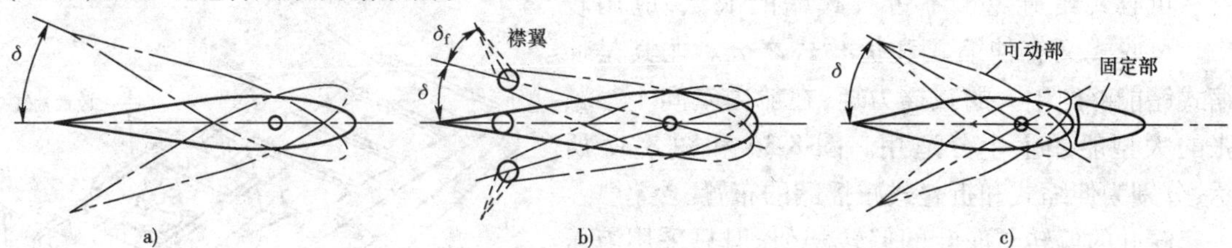

图8-34　鳍叶的型式

a)无襟翼鳍;b)带襟翼鳍;c)部分可动鳍

根据能否将鳍收入船内,减摇鳍分为可收式和不可收式两种。图8-35所示为不可收式减摇鳍的总装和布置。为防止靠岸或经过浅水道时被擦伤,不可收式鳍均装在船体舭部圆角处,其外端不超出船体边垂线和龙骨线基面,这种鳍的特点是结构简单,重量轻、体积小、价格低

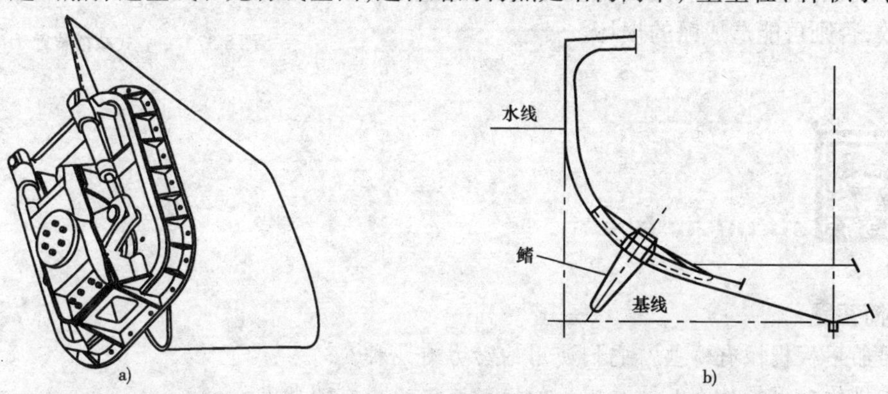

图8-35　减摇鳍结构

a)不可收式减摇鳍的组成;b)不可收式减摇鳍在船体上的布置

廉，但其展弦比较小，限制了减摇能力，而且当海况平静时，鳍会增加船舶阻力。因此只适用于小型船舶。

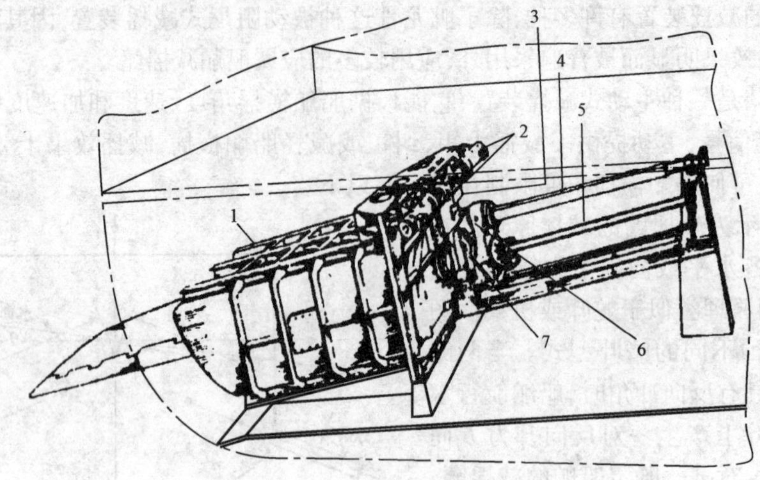

图 8-36　伸缩式减摇鳍布置

1-鳍箱；2-转鳍油缸；3-拨叉式转鳍机构（在工作位置与滑杆啮合）；4-转鳍轴；5-中空活塞杆；6-舷内十字头；7-滑杆

可收式鳍避免了不可收式鳍的缺点，应用较广。可收式又有伸缩式和折叠式之分。尤其是伸缩式鳍能够产生大的减摇力矩，在舱内空间不很紧张的大型船舶上十分适用。图 8-36 和图 8-37 所示，分别为伸缩式和折叠式减摇鳍的布置。

鳍叶的偏转与舵叶的偏转相似，但只采用液压作为动力，使用与舵机转舵机构类似的往复式油缸或回转式油缸驱动。可收式鳍的收、放采用往复式或回转式油缸驱动，由人工手动操作进行。只有在宽敞水域而且需要减轻船舶横摇时，才将鳍放出投入使用。应该注意，只有在鳍冲角为零时才可进行鳍的收放，否则可能造成鳍的损坏。

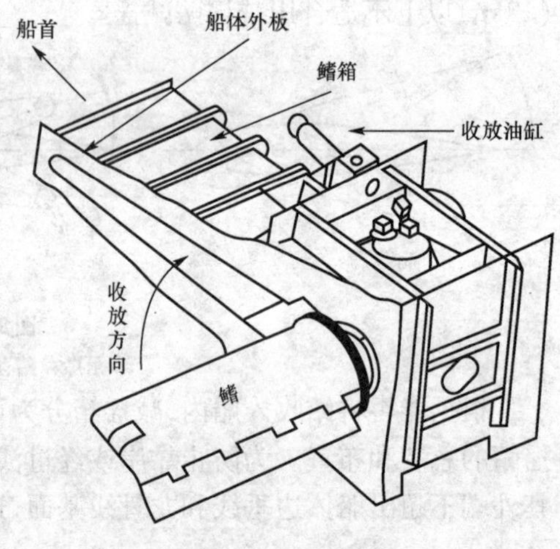

图 8-37　折叠式减摇装置

思考与练习 SIKAOYULIANXI

一、简答题

1. 船舶甲板机械有哪些？它们使用的动力有几种？

2. 舵机的功用是什么？一个完整的操舵装置组成有哪些？

3. 什么是转船力矩？什么是转舵力矩？它们与舵角的关系如何？

4. 试述对舵机的基本要求。

5. 液压舵机的组成有哪些？各组成部分的功用是什么？

6. 简述三点式杠杆追随机构的作用和工作原理。

7. 液压舵机中防浪阀的作用是什么？

8. 简述随动舵的工作原理,并说明单动舵和自动舵与随动舵在工作原理上的主要区别。

9. 锚设备的功用是什么？锚设备的基本组成有哪些？

10. 锚机的功用是什么？锚机应满足哪些基本要求？锚机的类型有哪些？

11. 系缆设备有何功用？系缆设备的组成有哪些？

12. 为什么大多数船舶配备有船用起货机？船舶起货机的类型有哪些？

13. 回转式起货机有哪些部件组成？工作时通过对哪几种运动的控制来进行货物的装卸？

14. 船舶侧推装置有何作用？主要类型有哪些？试讨论各种侧推装置的优缺点。

15. 船舶为什么要设置减摇装置？试述在设置减摇鳍的船舶上,进行鳍的操作和船舶操纵时,有哪些特殊事项需要注意。

二、选择题

1. 舵叶上的水作用力大小与(　　)无关。

A. 舵角　　B. 舵叶浸水面积

C. 舵叶处流速　　D. 舵杆位置

2. 舵机转舵扭矩的大小与(　　)有关。

A. 水动力矩　　B. 转船力矩

C. 舵杆摩擦扭矩　　D. A 与 C

3. 舵的转船力矩(　　)。

A. 与航速无关

B. 与舵叶浸水面积成正比

C. 只要舵角向90°接近,则随之不断增大

D. 与舵叶处水的流速成正比

4. 关于舵的下列说法错的是(　　)。

A. 船主机停车,顺水漂流前进,转舵不会产生舵效

B. 转舵会增加船前进阻力

C. 转舵可能使船横倾和纵倾

D. 舵效与船速无关

5. 海船最大舵角一般定为(　　)。

A. 28°　　B. 30°　　C. 35°　　D. 45°

6. 主操舵装置应能在最深航海吃水,并以最大营运航速前进时,将舵在(　　)内从一舷(　　)转至另一舷(　　)。

A. 28s,35°,35°　　B. 28s,35°,30°

C. 30s,35°,35°　　D. 15s,35°,30°

7. 辅操舵装置应能在最深航海吃水,并以1/2 最大营运航速前进时,将舵在(　　)内从一舷(　　)转至另一舷(　　)。

A. 60s,35°,30°　　B. 60s,15°,15°

C. 30s,15°,15°　　D. 28s,15°,15°

8. 辅操舵装置在应急操舵时要求能在最深航海吃水,并以最大营运航速的一半或7kn前进时,将舵从一舷的15°转至另一舷的15°的时间不应大于(　　)。

A. 28s　B. 30s　C. 35s　D. 60s

9. 舵机防浪阀的主要作用是(　　)。

A. 当舵叶受风浪冲击时防机械装置受损

B. 减少换向冲击

C. 防止液压主泵过载

D. A + B

10. 舵机的主要功用是(　　)。

A. 控制船舶的航行方向　　B. 推进船舶前进

C. 用于海上固定船舶　　D. 产生船舶推进力

11. 船舶舵机液压系统中通常选用的泵是(　　)。

A. 离心泵　B. 往复泵　C. 旋涡泵　D. 柱塞泵

12. 用于海上固定船舶或协助船舶迅速靠离码头的甲板机械是(　　)。

A. 系缆机　B. 舵机　C. 侧推装置　D. 锚机

13. 船用锚机的主要功用是(　　)。

A. 收锚和缆绳　　B. 放锚与收锚

C. 收、放锚和锚链　　D. 收、放缆索

14. 船用锚设备主要由(　　)组成。

A. 锚,锚机　　B. 锚,锚链,锚机,锚链制动器

C. 锚链,锚链制动器,锚　　D. 锚,止链器

15. 起锚后锚链的存放处所是(　　)。

A. 锚链管　　B. 锚链舱

C. 锚链筒　　D. 止链器

16. 船舶最常用的抛锚方式是(　　)。

A. 首部抛单锚　　B. 尾抛锚

C. 首尾抛锚　　D. 首部抛双锚

17. 锚机的过载拉力不小于(　　)。

A. 额定拉力的1.5倍　　B. 额定拉力的1.25倍

C. 额定拉力的1.1倍　　D. 额定拉力的2倍

18. 锚机是按能满足额定负载和速度的条件下连续工作(　　)时间设计的。

A. 30min　B. 45min　C. 1h　D. 任意

19. 船舶停靠码头、进出船坞、系带浮筒和拖轮编队等所有的机械设备是(　　)。

A. 锚设备　　B. 系缆设备

C. 舵设备　　D. 船舶起货机

20. 用于收卷缆索使船靠泊或拖驳靠拢本船的动力机械是(　　)。

A. 锚设备　　B. 系缆机

C. 舵设备　　D. A + B

21. 回转式起货机工作时,工作机构动作是通过(　　)运动相互配合来实现的。

A. 吊具的升降　　B. 吊臂的变幅

C. 塔身的回转　　D. A + B + C

22. 门式起货机进行货物的装卸作业时,是通过(　　)运动相互配合来实现。

A. 桥架的纵向行走　　B. 起重吊车的横向

C. 起重吊具的垂直起升　　D. A + B + C

23. 船舶设置侧推装置的目的是(　　)。

A. 提高船舶的推进性能

B. 减小船舶的摇荡

C. 增加船舶在低速甚至零速时的转向操纵性能

D. 提高船舶的稳性

24. 海浪对船舶设备、乘员和货物不良影响最大的是(　　)。

A. 纵摇和首摇　　B. 横摇和升沉

C. 纵荡和横荡　　D. 横摇

25. 船舶设置减摇装置,减轻船舶横摇,应用较多的减摇装置有(　　)。

A. 舭龙骨　　B. 船舶减摇鳍

C. 减摇水舱　　D. A + B

三、判断题(对的打"✓",错的打"×")

1. 有的舵设备既能控制船舶航行方向又能推进船舶前进。(　　)

2. 转舵机构是将转舵动力机械产生的转矩传递给舵杆,并通过舵杆转动舵叶的机构。(　　)

3. 转船力矩 M_s 大小与舵角 α、舵叶的几何形状、船舶航行的速度无关。(　　)

4. 海船必须具有一套主操舵装置和一套辅操舵装置,或主操舵装置有两套以上的动力设备。(　　)

5. 舵机的控制系统(操作系统),一般只设在驾驶室。(　　)

6. 船舶进入海上航行航向确定后,可使用自动舵进行自动操舵。使用自动舵后,不用舵工操舵,自动操舵仪会控制舵机工作,使船舶保持在预定航向上航行。(　　)

7. 锚设备只是用于水上固定船舶、协助船舶掉头或离开码头。(　　)

8. 锚链筒一般只设于船尾两舷。(　　)

9. 系缆设备主要由系缆索、带缆桩、导缆孔、止链器、导缆钳、系缆机和绳车等组成。(　　)

10. 所有货船都配备有船舶货物起重机,用以在锚泊时进行货物装卸或与港口货物装卸设备联合作业,加快船舶周转,提高船舶营运效率。(　　)

第九章　船舶制冷和空气调节装置

知识目标

1. 了解船舶制冷的方法，熟悉压缩式制冷装置的组成及工作原理；
2. 熟悉压缩式制冷装置主要设备的功用；
3. 熟悉空气调节装置作用、类型；
4. 熟悉空调装置自动调节的任务，船用空气调节器的基本功用和主要部件组成；
5. 了解船用空气调节器的温度、湿度和静压的自动调节原理。

能力目标

1. 熟悉船舶制冷装置和空气调节装置的各个部件的用途，了解风管、布风器等部件在船舶上的布置，初步具备船舶制冷装置和空气调节装置的安装布置能力；
2. 初步了解压缩式制冷装置、船用空气调节器的基本操作方式和安装要点。

第一节　船舶制冷装置

一、概述

制冷，就是从被冷物体或空间取出并转移热量，使被冷物体或空间处于相对低温状态。用于制冷的装置称为制冷装置。现代船舶都设有制冷装置。制冷装置在船舶上的应用包括：实现各类货物、食品的冷藏运输；为船员、旅客冷藏必要的食物，制造所需的冷饮品；为空气调节系统提供冷源，满足船舶特殊用途的仪器仪表、集中操作室等恒温控制需要，改善船上人员的工作与生活条件。所以，制冷装置是船舶营运不可缺少的重要设备之一。

制冷方法即产生和维持所需低温的方法，有天然制冷和人工制冷两种。

1. 天然制冷

利用天然冰作冷源，利用冰融化过程中从周围介质吸收热量的物理特性，产生并维持被冷藏物的低温。天然制冷的冷源受到季节、地区和贮存条件的限制，产生的低温又受冰融点0℃的限制，使用范围较窄，目前已很少采用。

2. 人工制冷

(1)利用液体气化时吸收热量的物理特性制冷。

(2)利用气体膨胀时，温度下降吸收热量制冷。

(3)利用半导体的珀耳帖效应制冷。

目前应用较广泛的是利用液体气化吸热实现制冷。这种制冷称为蒸气制冷。实现蒸气制冷的制冷装置有：蒸气压缩式制冷装置、吸收式制冷装置和蒸气喷射式制冷装置。其中压缩式制冷装置在船舶上应用最为普遍。在船上最常使用氟里昂12(R12)、22(R22)和氨(NH_3)作为制冷剂，利用其在低温下气化吸热的特性制冷。吸收式制冷装置由于能利用主机的废热，不需要压缩机等转动设备，具有耗能少、运行平稳、无噪声等优点，目前在潜艇等船舶上逐渐应用。蒸气喷射式制冷采用水作制冷剂，价格低廉，使用安全，设备简单，但设备装置体积较大，效率低，蒸发温度一般局限于0℃以上，故在船上应用较少。

二、压缩式制冷装置

1. 压缩式制冷装置的工作原理

压缩制冷是利用液体气化吸热，气体液化放热这一特性来实现的。

压缩式制冷装置如图9-1所示，其主要组成有制冷压缩机、冷凝器、热力膨胀阀、蒸发器以及它们之间的连接管路，在制冷装置中有制冷剂。制冷压缩机工作后，制冷剂在系统内可循环流动，压缩机不断吸入蒸发器中低温低压的气态制冷剂，经压缩成为高温高压的气体，然后送入冷凝器中被常温下的水或空气冷却，使制冷剂释放出大量热量，制冷剂由气态冷凝为液态，这就是气体液化放热；然后高压液态的制冷剂通过热力膨胀阀，经节流降压，温度降低，低温低压液态的制冷剂进入冷库的蒸发器，在吸收冷库热量后蒸发汽化，制冷剂转化为低温低压气体，完成液体气化吸热过程。蒸发后的制冷剂气体再被制冷压缩机吸入，进行下一个制冷循环，这样周而复始，经过一个又一个制冷循环，冷库内的温度逐渐下降，直至到达规定要求的制冷温度，压缩机才自动停止工作。当冷库内的温度超过规定制冷温度，压缩机又重新开始工作。

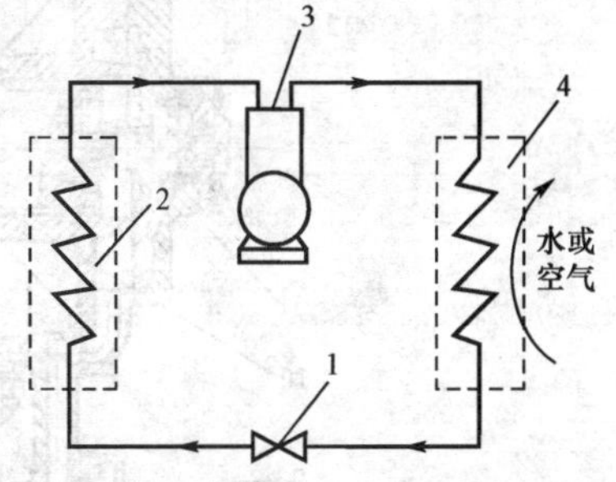

图9-1　制冷装置工作原理示意图
1-热力膨胀阀；2-蒸发器；3-制冷压缩机；4-冷凝器

2. 压缩制冷装置的主要设备

压缩制冷装置的主要设备有制冷压缩机、冷凝器、膨胀阀、蒸发器。还需要附设一定的辅助设备，同时，为了实现自动控制，还要配备一些自动控制元件。

(1)制冷压缩机。在蒸汽压缩制冷装置中，压缩机是制冷剂循环的动力，是制冷装置最重要的设备。它一方面不断地从蒸发器中抽出已吸热气化的制冷剂，以维持蒸发器内的低压，使制冷剂在低温下蒸发；另一方面，通过压缩提高制冷剂蒸气的压力和温度，造就制冷剂蒸气在冷凝器中向冷却介质放热而被冷凝的条件。现代船舶广泛使用的活塞式制冷压缩机。

如图9-2所示是一台8FS10型立式、单级压缩活塞式制冷压缩机。八个缸分两列，呈扇形布置相邻两缸的中心线夹角为45°，活塞直径为100mm，行程70mm，转速1440r/min。采用氟里昂制冷剂R_{12}，该机标准制冷量为97.7kW；采用氟里昂制冷剂R_{22}时，该机标准制冷量为156.3kW，属中型制冷压缩机。

(2)冷凝器。冷凝器是利用冷却介质(水或空气)冷凝高温高压制冷剂蒸气的设备，也是制冷装置的主要热交换器。压缩机排出的高温高压的制冷剂蒸气，在冷凝器中把从冷库带出的热量和从压缩机中获得的热量转移给冷却介质(水或空气)而冷凝成液体。

按冷却介质不同，冷凝器可分为水冷式、空冷式和蒸发式三种。船舶制冷装置大多采用壳管式水冷冷凝器，即用水作冷却介质；小型的伙食冷藏柜可用空冷式的冷凝器，即用空气作冷却介质。蒸发式冷凝器的换热主要是靠冷却水在空气中蒸发吸收气化潜热而进行的。

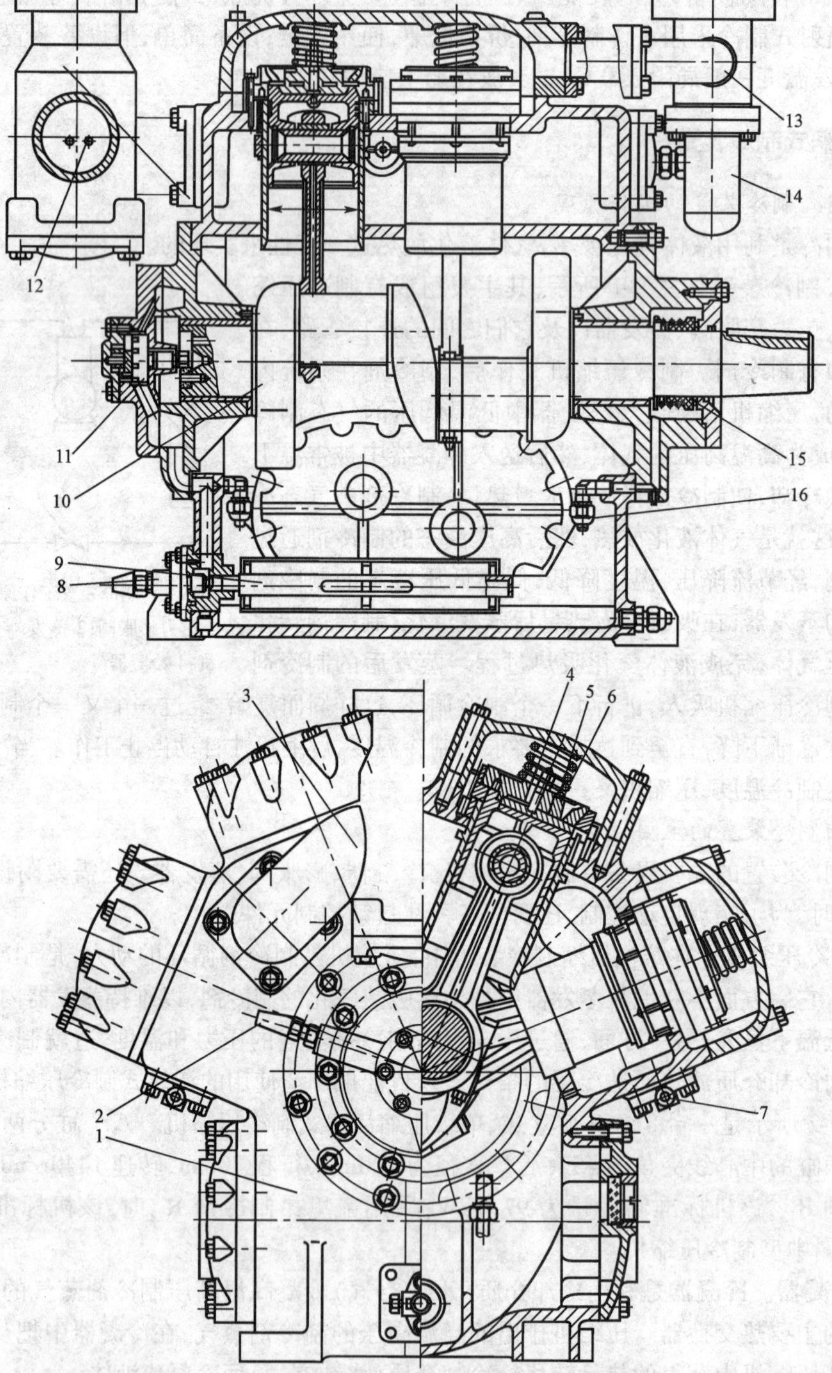

图 9-2　8FS10 型立式、八缸活塞式制冷压缩机

1-机体；2-油压调节阀；3-吸气集管；4-连杆；5-活塞；6-假盖；7-卸载装置；8-充放油阀；9-油粗滤器；10-曲轴；11-油泵；12-吸气过滤器；13-排气集管；14-安全阀；15-轴封；16-油路管

如图 9-3 所示为壳管式水冷冷凝器的结构图。其结构由圆筒形外壳和管群等组成。前后管板上装有铜管或无缝钢管群。前后两端盖的内侧均有隔水板，把端盖和管板之间分隔成几个空间，以增加冷却水在管群中流动的流程，提高冷却效果。如图所示的冷凝器，一般冷却水在管内流过，用来冷凝管外流动的制冷剂。制冷剂蒸汽从冷凝器的上部进入，向管群内流动的冷却水放热，被冷凝后的制冷剂液体则从下部排出。壳管式冷凝器的优点是：传热系数大，结构紧凑，体积小，在船舶机舱易于布置。其缺点是冷却管易腐蚀，污垢排出较困难。

(3)热力膨胀阀。热力膨胀阀是制冷装置的主要设备之一。用于使液体制冷剂节流降压，并能根据冷库对制冷量的需求变化自动调节进入蒸发器的制冷剂的流量，使进入蒸发器中制冷剂产生的制冷量与冷库的所需的制冷量相适应，如图 9-4 所示。

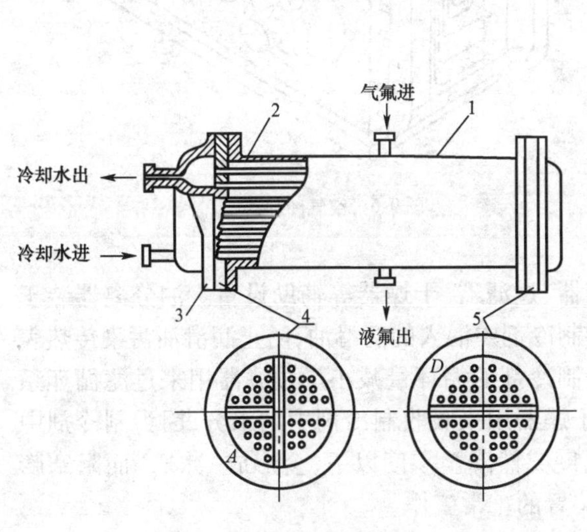

图 9-3　水冷式冷凝器的结构图

1-外壳；2-直管；3-前盖；4-前管板；5-后管板

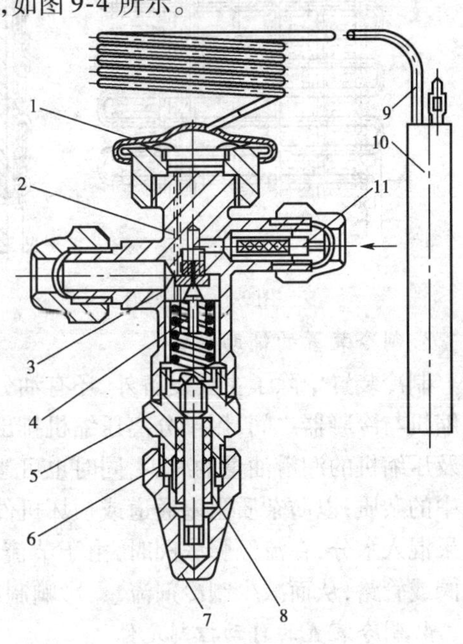

图 9-4　热力膨胀阀

1-膜片；2-顶杆；3-阀座；4-阀芯；5-调节弹簧；6-调节杆；7-阀帽；8-填料压盖；9-毛细管；10-感温包；11-进口滤器

(4)蒸发器。蒸发器也是制冷装置的主要热交换器之一。经膨胀阀节流降压，低温低压的液体制冷剂在蒸发器中吸热气化，吸取被冷却物质或空间的热量，从而达到制冷的目的。

按其冷却介质不同，可分为冷却空气的直接冷却式蒸发器和冷却淡水、盐水或其他载冷剂的间接冷却式蒸发器两大类。间接冷却一般用于氨系统与大型制冷装置。

直接冷却式蒸发器又分有盘管式和表面式(空气冷却器)两种。如图 9-5 所示，蒸发盘管布置于冷库四壁和顶部，靠库内空气自然对流使空气和贮藏物被冷却。这种传热形式的特点是：传热效果差、管径粗、长度大、充剂量多、库温不均匀、检漏不方便、易受船体振动变形影响而损坏造成泄漏，一般用于小型伙食低温库。

表面式蒸发器由多路并列蛇行盘管集合成多层盘管簇，周围用外罩围起一方形箱，位于冷库内一处，用风机强制库内空气通过管簇循环，被管内制冷剂吸热而冷却，其特点为：①采用空气强迫对流传热，传热效果比盘管式大 4 ~6 倍；②尺寸小，充剂量少；③库温均匀；④除湿效果

好,但食品易脱水;⑤风机耗电使冷库热负荷增加;⑥易于采用电热融霜;⑦蓄冷能力小。

空气冷却器式蒸发器是船用伙食冷库中使用较多的一种,使用时常将空气冷却器与风机组合在一起称冷风机。如图9-6所示。

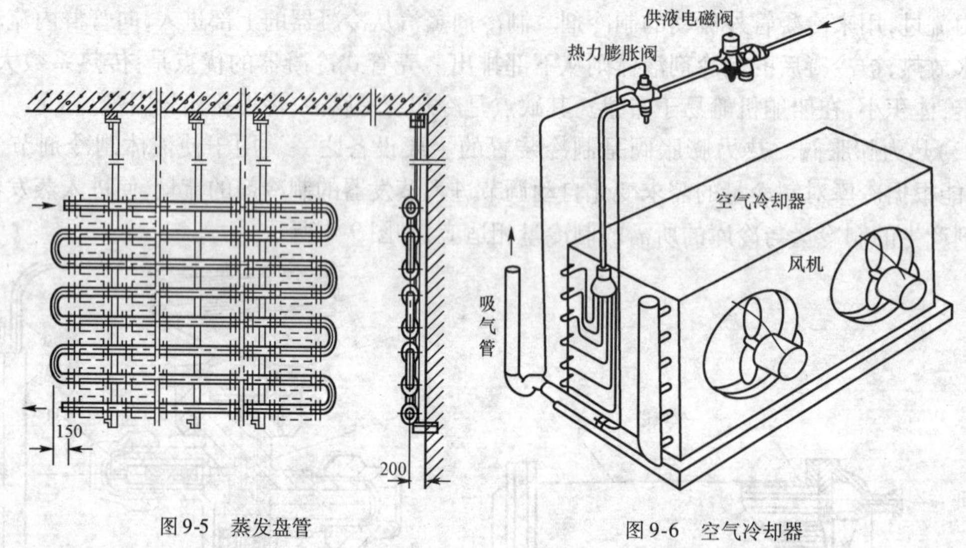

图9-5　蒸发盘管　　　图9-6　空气冷却器

3. 制冷装置的辅助设备

制冷装置中除了主要设备外,还有油分离器、过滤器、干燥器等辅助设备。油分离器装于压缩机与冷凝器之间,用于分离压缩机排出的制冷剂中混入的润滑油,防止润滑油污染传热表面及压缩机的润滑油量的减少,同时也可避免制冷剂的循环量减小。过滤器用来过滤循环系统中的杂质,以防杂质阻塞通道或损坏机件;干燥器用来吸收制冷剂中的水分,因为制冷剂中如果混入水分,在流经膨胀阀时,由于节流,温度突然降至零度以下,会形成"冰塞"而阻塞膨胀阀或管路,从而减少制冷剂流量,影响制冷装置的正常工作。

4. 制冷装置的自动控制元件

制冷装置为了实现自动控制,还要配备一些自动控制元件,如热力膨胀阀、温度继电器、高低压继电器、电磁阀、水量控制阀等。这些自动控制元件有各自功能,在制冷装置中发挥各自重要的作用,从而实现对制冷剂流量的控制,冷库温度的控制,蒸发器蒸发温度的控制,压缩机排气压力和进气压力的控制,蒸发器供液通断的控制,冷却水流量的控制。制冷装置的自动控制,使船员的管理工作简化,保证了制冷装置正常有效安全稳定地工作。

三、半导体制冷

压缩式制冷装置中的制冷剂——氟里昂,在制冷装置内循环流动,时间久了,难免会从接口缝隙或受腐蚀的管道孔洞中散逸出来,挥发在空气中。如进入大气平流层,在太阳光中的紫外线强烈照射下,能分解释放出氯原子,氯原子与臭氧层中的臭氧发生反应,会消耗掉大量的臭氧分子,使臭氧层出现空洞,太阳光中的紫外线直接透射到地球上,破坏地球生态环境,危害人类身体健康。为此,国际环境保护组织已规定:各国在2020年之前,制冷装置中全面禁止使用氟里昂。因此采用新的制冷方式势在必行,半导体制冷装置就是一种。

半导体制冷又称温差电制冷或热电制冷。半导体制冷原理应用了珀耳帖效应。1934年,

法国科学家珀耳帖发现:当两种不同属性的金属材料或半导体材料互相紧密联接在一起时,在它们的两端通进直流电后,只要变换直流电的方向,在它们的接头处,就会相应出现吸热和放热现象,起到制冷或制热的效果。因此,应用珀耳帖效应制成的半导体制冷装置,就不需要制冷剂,也不需要压缩机、冷凝器、热力膨胀阀、蒸发器等设备,不但彻底根治了氟里昂破坏臭氧层的源头,而且它具有制冷速度快、体积小、没有机械和管道、无噪声、可靠性高等优点,能方便地实现制冷或制热。但目前半导体制冷装置的效率低,价格较昂贵,在船舶上应用还不普遍。随着电子技术的发展,相信半导体制冷有着十分广阔的发展前景。

第二节　船舶空气调节装置

一、概述

所谓空气调节,就是对空气进行必要的处理,然后以一定的方式送入舱室,使室内空气的温度、湿度、气流速度和清新度适应生活和工作的要求。对空气进行综合处理的装置,称为空气调节装置,简称空调器。船舶由于航区、季节及气象条件的改变,外界空气的温度和湿度变化很大,同时舱室内的各种机电设备工作时产生大量的废气和热量,使舱室内空气浑浊,不新鲜,影响人员的健康和机电设备的正常工作。为此,现代船舶在生活和工作舱室设置了空气调节装置,以保持舱室空气具有适宜人员生活和工作的温度、湿度和清新度。表9-1给出了舱室内空气适宜条件与极限条件。

居住舱室内空气适宜条件与极限条件　　表9-1

居住舱室内空气条件	冬季		夏季	
	适宜条件	极限条件	适宜条件	极限条件
温度(℃)	19～23	17.5～25	25～29	21～30
相当湿度(%)	30～50	30～70	40～60	30～70
流经人体风速(m/s)	0.15～0.50		0.15～0.50	
新鲜空气供入量(m^3/h·人)	30～50		30～50	

目前,船上常用的空气调节装置有三类:

(1)集中式空调装置。它是将空调器单独设置在一个舱室内,中间用通风管与需要空调的舱室连通,将经过处理的空气分别送到各个舱室内。适用于船员居住舱室较集中的货船。

(2)半集中式空调装置。船舶空调装置将集中处理后送往各舱室的空气进行分区处理或舱室单独处理。适用于船舶的舱室较多,而且对各类舱室的空气调节要求不同的客船。

(3)单独式空调装置。直接将空调器在需要空调的舱室内,根据需要可对空气进行调节,是一种适合于一个舱室的小型空调装置。例如机舱集中控制室,单独设专用的空气调节器,如图9-7所示为一种集中式空调装置示意图。图中,

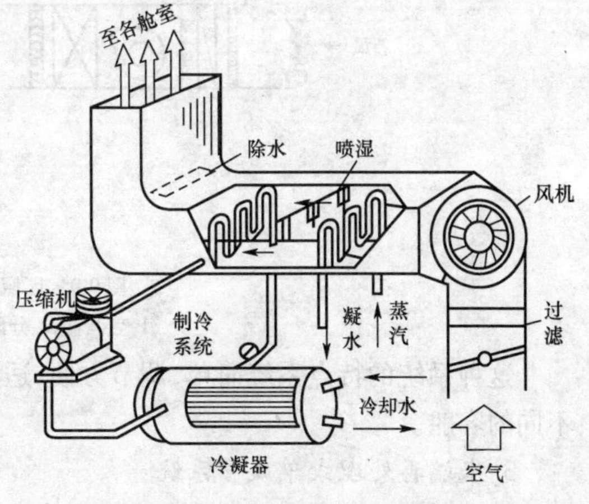

图9-7　集中式空调装置示意图

空气过滤器,去除杂质,改善纯度,由风机吸入,若在冬季或寒冷航区空气调节器对空气进行加热和加湿处理;若在夏季或炎热航区则对空气进行冷却和除湿,然后再通过风管送入各舱室。

集中式和半集中式船舶空调装置根据其调节方法的不同主要有以下 4 种形式。

1. 集中式单风管系统

在这种系统中,送风由中央空调器统一处理,然后通过单风管送到各个舱室,如图 9-8 所示。由于各舱室的送风参数相同,所以对各舱室空气参数的个别调节就只能靠改变布风器风门的开度,即改变送风量来实现。

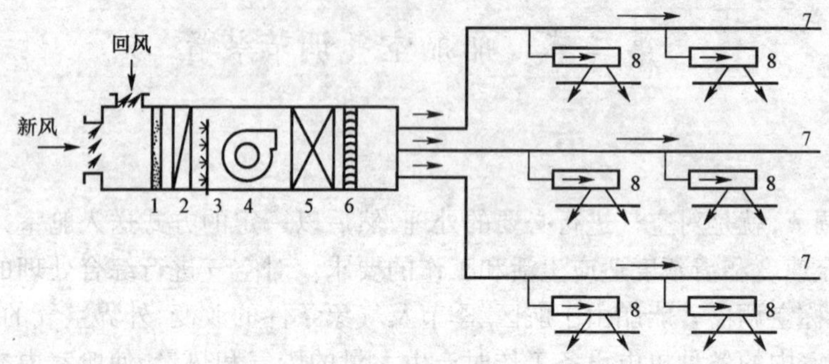

图 9-8 集中处理的单风管系统

1-过滤器;2-加热器;3-加湿器;4-风机;5-空气冷却器;6-挡水板;7-主风管;8-布风器

这种系统比较简单,初置费较低,在货船上用得最普遍。但因采用变量调节,调节幅度不宜过大,否则难以保证舱室的新风供给量和室内空气参数基本相等,此外,调节时还会对其他舱室的送风量产生干扰。

2. 区域再热式单风管系统

这种系统是将中央空调器统一处理后的空气,由设在分区主风管内的二次热交换器对送风进行再加热,即对送风温度作进一步调节,然后再用单风管送至各个舱室。如图 9-9 所示。

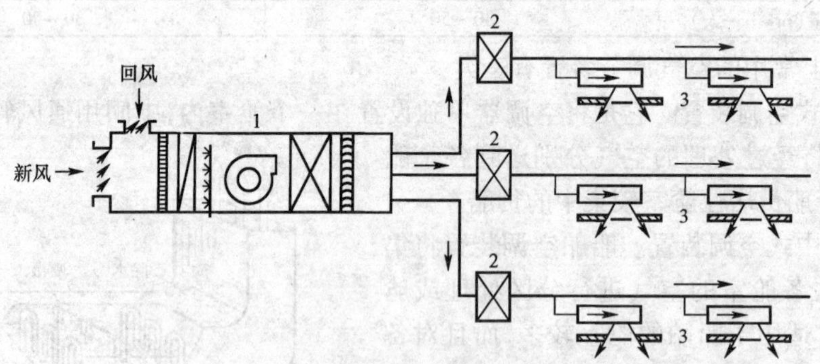

图 9-9 区域再热式单风管系统

1-空调器;2-分区热交换器;3-布风器

这种系统的特点系统简单,调节方便,适用于空调分区较多,对各类舱室的空气调节要求不同的客船。

3. 末端再处理式单风管系统

这种系统除在中央空调器中对送风作统一处理外,还在各舱室的布风器内设末端换热器,

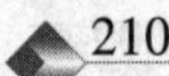

对送风进行末端再处理。

末端再处理的方式通常有两种。

(1)末端再热式空调系统:除在集中式空调器中统一处理供风外,每个舱室布风器上设有加热器,加热方式以电加热最普遍。这种系统的特点是取暖工况可进行变质调节,降温工况只能进行变量调节,适用于无限航区。

(2)末端再热和再冷式空调系统:这种系统的组成如图 9-10 所示。集中式空调器只对空气参数作预处理,取暖工况 15 ~25℃,降温工况 12 ~16℃。每个舱室的诱导式布风器内设换热水管,冬季通热水,夏季通冷水。这种系统的特点是冬夏均采用空气温度调节,调节质量好,但造价高,管理复杂,常用于空调要求较高的船舶上。

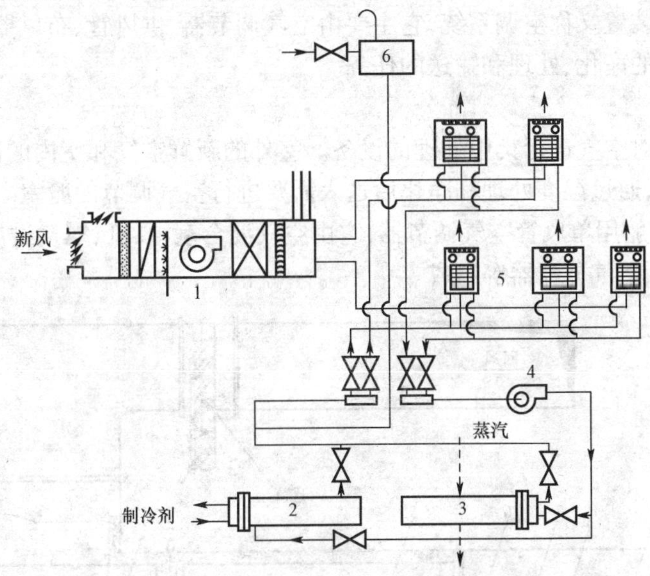

图 9-10　末端再热和再冷式单风管系统

1-中央空调器;2-水冷却器;3-水加热器;4-循环水泵;5-具有末端热交换器的诱导式布风器;6-膨胀水柜

4. 双风管系统

这种系统的中央空调器如图 9-11 所示,由前、后两部分组成,一部分送风经空调器前部预处理后即经中间分配室送至舱室布风器,称为一级送风,而其余部分则经空调器后部再处理后经后分配室送至舱室布风器,称为二级送风。

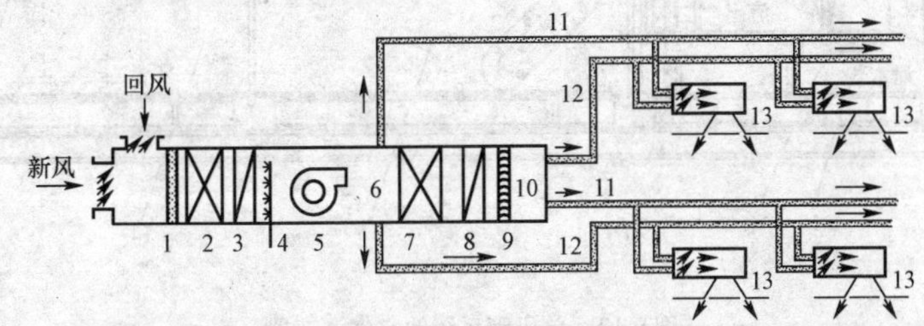

图 9-11　集中处理的双风管系统

1-滤器;2-预冷器;3-预热 4-加湿器;5-风机;6-中间分配室;7-再冷却器;8-再热器;9-挡水板;10-分配室;11-预处理供风管;12-再处理供风管;13-布风器

这种系统能向舱室同时供送温度不同的两种空气，因此通过调节布风器两个风门的开度，改变两种送风的混合比，即可调节舱室温度，冬、夏都可进行空气温度调节，调节灵敏。在取暖工况时：一级送风温度应控制在15℃左右，二级送风温度可视外界气候条件而定，一般在29～43℃的范围内；降温工况时：一级送风温度为进风温度加风机温升（当不装预冷器时），二级风温度为11～15℃。

这种系统的特点是调节两风管风门开度比例可改变供风温度，调节灵敏，在末端不设换热器，可采用直布式布风器，其造价较低，噪声也小，适用于对空调要求较高的船舶。

二、船舶空气调节装置的组成与原理

船舶空气调节装置又称空调系统，它主要由空气调节器、供风管、布风器、自动控制设备等组成。以完成空气的净化、处理和输送的任务。

1. 空气调节器

空气调节器是对空气进行集中处理的设备。室外的新鲜空气和室内的回风经过空气调节器集中加温或降温，通过湿度处理和净化后送入需要进行空气调节的舱室。

图9-12所示为船用单风管空气调节器，它由空气混合室、风机、空气过滤器、冷却器、加热器、加湿器、消音器、空气分配器等组成。

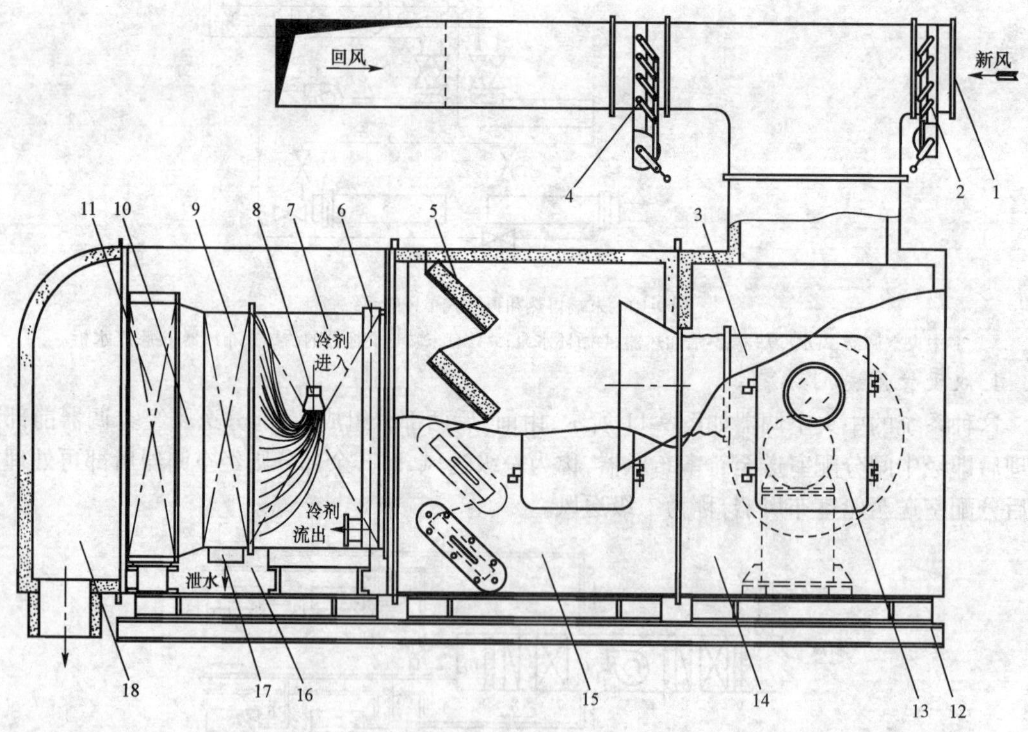

图9-12 单风管系统的空气调节器

1-新风吸入口；2-新风调节门；3-风机；4-回风调节门；5-滤器；6-空气冷却器的制冷剂回气集管；7-空气冷却器；8-制冷剂分配器；9-挡水器；10-空气加热器；11-加湿器；12-底架；13-检查门；14-进气混合室；15-消音室；16-空气处理室；17-集水盘；18-分配室

（1）空气的净化和消音。外界新风和回风由风机吸入，在混合室中混合之后，从风机出口排入消音器，由于通道截面增大是气体流速降低，消除了低频噪声；内壁贴附的多孔吸音材料，吸收高频噪声。在消音器后部装设由滤板组成的过滤器，用于滤除空气中的灰尘，净化舱室的供风，保持热交换器表面清洁。

（2）空气的冷却和除湿。在气温较高时，空气调节器对空气冷却和除湿。空气冷却是由冷却器完成。直接冷却式冷却器的冷却剂直接在管内蒸发吸热，冷却管外空气；间接冷却式是用低温的冷媒水在管内循环流动，冷却管外空气。空气冷却时，当冷却器管壁温度低于被冷却空气的露点时，空气中一部分水蒸气就会在冷却器管壁上凝结，使冷却后的空气温度降低，达到除湿目的。附着在冷却器管上的冷凝水沿肋片下流，聚集在冷却器底部集水盘中，并通过泄水管流出空调器。

（3）空气加热和加湿。在气温较低时，空气调节器对空气加热和加湿。空气的加热由加热器完成，加热方法有蒸汽加热和电加热，加热工质可用低压蒸汽或热水。当空气由低温加热到高温时，相对湿度变得很低，使人们感到干燥。因此，空气加热的同时还必须加湿。最简单的加湿器如图9-13所示。就是一根钢管，沿管长迎着气流方向开一排小孔，使蒸汽从小孔喷出雾状小水珠加湿空气。

2. 供风管和布风器

由空气调节器处理后的空气，通过主供风管和支管输送至各舱室的布风器。布风器的作用是把处理后的空气以一定的流速和方向供入各舱室，使舱室内的空气有比较合理的分布，在室内形成均匀而稳定的温度、湿度和速度场。

布风器的型式很多，根据其安装位置的不同可分为两种：装于舱室天花板上的顶式布风器和装于舱室壁上的诱导式布风器。

（1）顶式布风器。图9-14所示为一种简单的圆形顶式布风器，在进风管出口处设有消音箱，减少噪声。为使空气分布均匀，出口做成喇叭型，并装有挡风板。这种布风器出风速度较低，对室内空气诱导作用不明显，供风量可通过调节风门来调节。

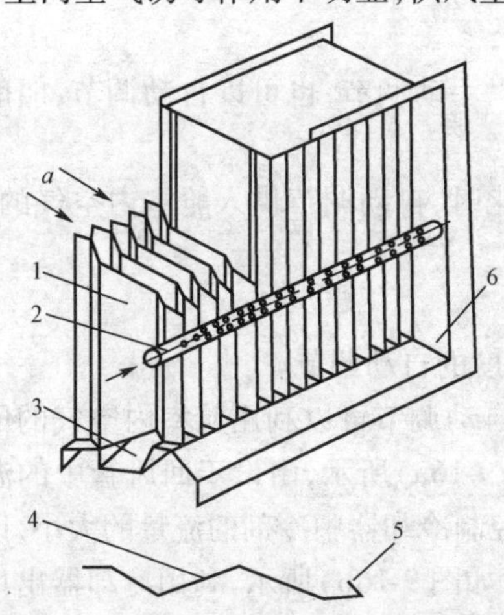

图9-13　挡水板组装简图

1-挡水曲板；2-加湿器；3-集水盘；4-挡水曲板线条图；5-挡水沟；6-支架

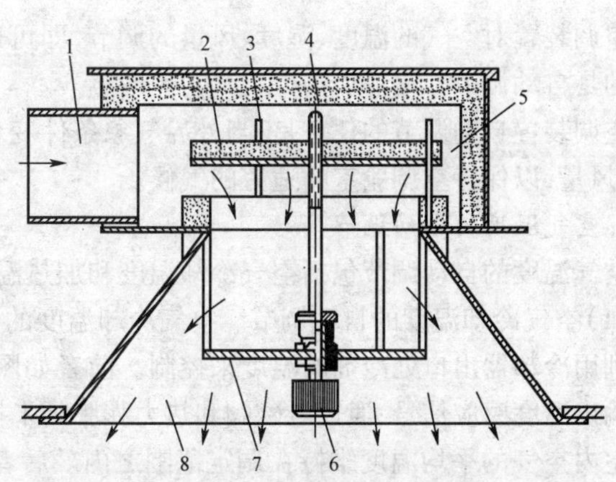

图9-14　顶式布风器

1-进风管；2-调节风门；3-风门导杆；4-调节螺杆；5-出风口；6-挡风板；7-调节旋钮；8-消音箱

(2)诱导式布风器(简称诱导器)。图9-15所示为一常见的带电加热器的壁式诱导器,供风(称一次风)由风管供入,经调风门进入静压箱,将风管中动能转换成压力能,然后从许多小喷嘴中喷出,由于喷出的速度较高,将室内一部分风(称二次风)从进风栅吸入,与一次风混合后从顶部出口格栅吹出。若需要对空气加热,则打开电加热器,二次风即可通过电加热器进行加热,调节室温。这种诱导式布风器由于在装有对舱室空气进行单独的二次处理的热交换器,提高了温度和湿度的调节范围,满足了各舱室的不同需求,但是其噪声大,甚至影响人们正常生活。

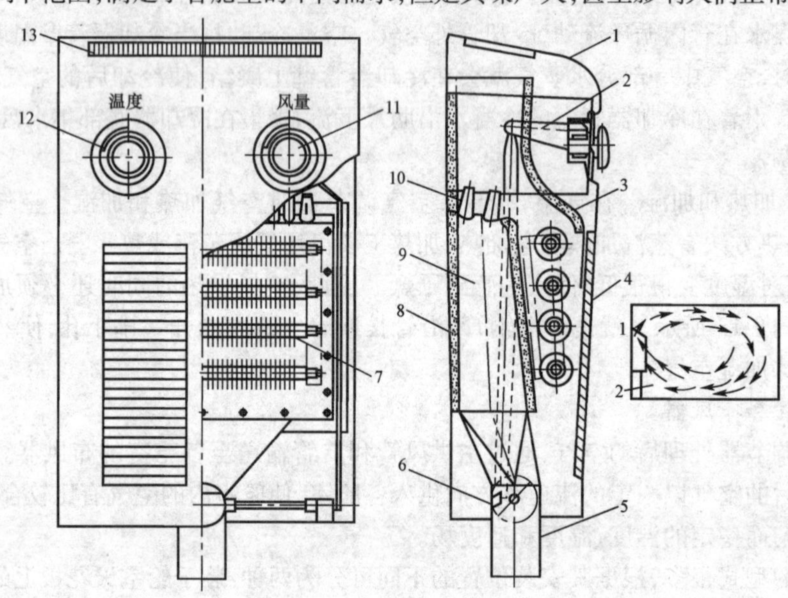

图9-15 带电加热器的壁式诱导器

1-外罩;2-通风机构;3-导流板;4-回风百叶窗;5-供风管;6-出口格栅;7-调温旋钮;8-调风旋钮;9-喷嘴;10-静压箱;11-吸音层;12-电热器;13-调风门

三、空调装置的自动调节

空调装置对空气的温度、湿度、风量的调节,即可以手动调节,也可以自动调节,船舶普遍采用的是自动调节。

空调装置自动调节的任务是,当外界气象条件变化时,自动调节供入舱室内空气的温度、湿度、风量,以保持空调舱室的适宜的气候。

1.空气温度的自动调节

空气温度的自动调节包括空气冷却温度和加热温度的自动调节。

(1)空气冷却温度的自动调节。空气冷却温度的自动调节可以利用舱室内空气的回风温度或利用冷却器出口处冷剂的温度来控制。前者如图9-16a)所示,由设于回风管中的温度继电器输出温度感应信号,通过电磁阀和热力膨胀阀来控制冷却器中冷剂的流量的大小,以保证各舱室内空气的平均温度维持在调定范围之内。后者如图9-16b)所示,利用冷却器出口处冷剂的温度,通过电磁阀和热力膨胀阀来调节冷却器中冷剂的流量的大小,此时冷却器中冷剂的蒸发压力变化,当达到某有限度时,压缩机机自动增减缸工作,使装置的制冷量与冷却器的冷负荷相适应。

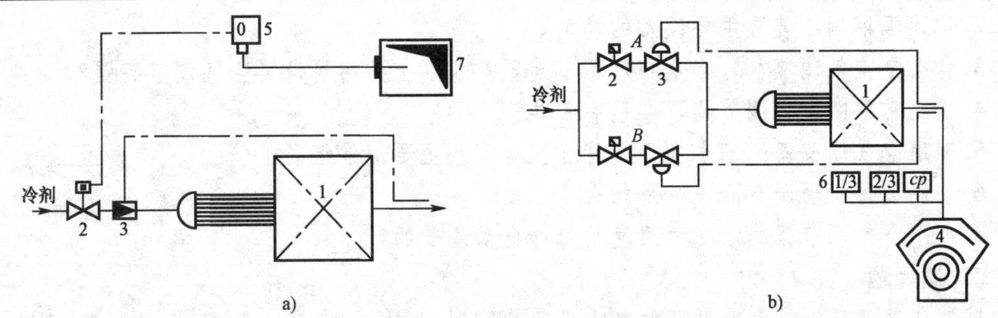

图 9-16　空气冷却温度的自动调节

1-空气冷却器;2-电磁阀;3-热力膨胀阀;4-空调压缩机;5-温度继电器;6-压力继电器;7-回风管

(2)空气加热温度的自动调节。空气加热温度的自动调节通常是根据回风温度或空调器出口处的空气温度来调节流入加热器的加热介质(蒸汽或热水)量,来控制空气加热温度的高低。

2. 空气湿度的自动调节

空气湿度的自动调节是由湿度调节器来控制的。湿度调节器是利用湿度敏感元件输出的湿度感应信号,经转换放大去控制加湿蒸汽调节器,以改变加湿器喷入空气中的蒸汽量,从而达到调节相对湿度的目的。现代船舶空气调节装置常用的有塑料薄膜式或毛发式湿度调节器和氯化锂电阻式湿度调节器。以塑料薄膜或毛发束作为感湿元件,是利用塑料薄膜或毛发束随湿度的升降而伸缩的性能,发出相对湿度变化的信号,并通过气动变送器把相对湿度变化的信号转换为气压变化信号而输出,再通过气动调节器控制加湿蒸汽调节器,调节加湿器喷入空气中的蒸汽量。氯化锂电阻式湿度调节器是用吸水性很强的氯化锂作感湿元件,利用其电阻随吸水多少而降升的性能,发出相对湿度变化的信号,并通过气动变送器把相对湿度变化的信号转换为电压变化信号而输出,再经电动调节器控制加湿蒸汽调节器,调节加湿器喷入空气中的蒸汽量。从而对空气湿度的实现自动调节。

3. 静压的自动调节

空调器中,风机的压头和风量是根据其供风的空调区所有舱室的布风器开足时的工况选定的。当一些空调舱室的布风器关小或关闭时,会引起风管中的风量和气流速度的变化,使风管在的静压改变,也会导致空调系统中空气温度和湿度的波动,噪声增大。为了改善这一不利状况,通常在风管中装设静压调节器,把风管中的静压控制在一定范围内。静压调节的基本方法,一是通过节流调节风量,风管中静压增大时,通过执行结构关小空调器分配器出口处主风管进口的节流风门,减小静压。二是泄放过量的空气,当控制点静压升高时,调节器会使风管道上的泄放风门自动开大,以降低主风管中的静压。

思考与练习 SIKAOYULIANXI

一、简答题

1. 试述压缩式制冷装置的工作原理。

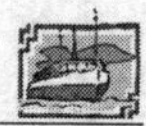

2. 试述压缩制冷装置主要设备的功用。

3. 什么是空气调节？什么是空气调节装置？船舶上为何要设置空气调节装置？

4. 船上常用的空气调节装置类型有哪些？

5. 船用空气调节器的基本功用是什么？有哪些主要部件组成？

6. 空调装置自动调节的任务是什么？

7. 船用空气调节器的温度和湿度是怎样自动调节的？

二、选择题

1. 完成蒸气压缩式制冷循环的基本设备是(　　)。
   A. 压缩器、冷却器、干燥器、蒸发器
   B. 压缩机、冷却器、热力膨胀阀、回热器
   C. 冷凝器、热力膨胀阀、蒸发器、压缩机
   D. 冷凝器、蒸发器、回热器、压缩机

2. 蒸气压缩式制冷装置基本设备：①压缩机；②膨胀阀；③冷凝器；④蒸发器的正确流程是(　　)。
   A. ①②③④　　B. ④③②①　　C. ①③②④　　D. ④②③①

3. 蒸气压缩式制冷是利用(　　)吸热。
   A. 气体膨胀　　B. 液体膨胀　　C. 液体气化　　D. 化学变化

4. 制冷剂从冷凝器进口至出口通常由(　　)变成(　　)。
   A. 饱和蒸汽；饱和液体　　B. 过热蒸汽；饱和液体
   C. 湿蒸汽；饱和液体　　D. 过热蒸汽；过冷液体

5. 制冷装置中控制库温的是(　　)。
   A. 热力膨胀阀　　B. 背压阀
   C. 温度继电器　　D. B + C

6. 制冷装置中利用冷却介质(水或空气)冷凝高温高压制冷剂蒸气的设备是(　　)。
   A. 热力膨胀阀　　B. 蒸发器
   C. 压缩机　　D. 冷凝器

7. 空气调节器的作用有(　　)。
   A. 对空气加温或降温　　B. 对空气进行湿度处理
   C. 对空气净化处理　　D. A + B + C

8. 空调器中的多层曲折板是用来(　　)。
   A. 降低空气噪声　　B. 除尘
   C. 挡除凝水　　D. 防止加湿过量

9. 空调器风机出口风道截面积突然增大，有利于(　　)。
   A. 增大风量　　B. 减小流动阻力
   C. 消减高频噪声　　D. 消减低频噪声

10. 在夏季气温较高时，空气调节器对空气应进行(　　)处理。
    A. 冷却和加湿　　B. 冷却和除湿
    C. 加热和加湿　　D. 加热和除湿

11. 在冬季气温较低时，空气调节器对空气应进行(　　)处理。

A. 冷却和加湿　　B. 冷却和除湿

C. 加热和加湿　　D. 加热和除湿

12. 诱导式布风器与直布式布风器相比主要的好处是(　　)。

A. 外形美观　　B. 噪声轻

C. 出风速度较低　　D. 提高温度和湿度的调节范围

13. 湿度调节器不采用(　　)作感湿元件。

A. 干、湿温包　B. 氯化锂　C. 尼龙　D. 溴化锂

14. 空调系统静压调节是指控制(　　)。

A. 送风压力　B. 回风压力　C. 舱室压力　D. A + B + C

15. 氯化锂电动湿度调节器是利用空气(　　)变化时氯化锂涂料导电性变化的原理来工作。

A. 相对湿度　B. 含湿量　C. 露点　D. 水蒸气分压力

三、判断题(对的打"✓"，错的打"×")

1. 目前，船舶制冷装置广泛采用的是蒸气压缩式制冷装置　(　　)

2. 热力膨胀阀用于使液体制冷剂节流降压，并能根据冷库对制冷量的需求变化自动调节进入压缩机的制冷剂的流量，使进入压缩机中制冷剂产生的制冷量与冷库的所需的制冷量相适应。　(　　)

3. 半导体制冷也需要冷凝器、热力膨胀阀、蒸发器等设备，它具有制冷速度快、体积小、可靠性高等优点，能方便地实现制冷或制热。　(　　)

4. 一般船上用的冷凝器，是由设置于冷库内四周和悬挂于舱顶的盘管串联而成，液体制冷剂在盘管内吸热气化，冷却管外的冷库空间。　(　　)

5. 在夏季气温较高时，空气调节器对空气应进行冷却和加湿处理。　(　　)

第十章　船舶锅炉与船用海水淡化装置

知识目标

1. 熟悉船舶锅炉类型及在船舶上的作用；
2. 熟悉锅炉的主要特性指标、锅炉附件类型及其作用；
3. 了解锅炉的自动控制类型、锅炉燃烧过程控制和给水过程控制；
4. 了解海水淡化装置在船舶上的主要用途、要求；
5. 掌握海水淡化装置的类型和工作原理、控制调节方法。

能力目标

1. 具备船舶锅炉的基本知识；能识别主要锅炉类型及了解内部结构；
2. 具备船舶锅炉安装、操作使用的基本能力；
3. 具备海水淡化装置的基本知识，能识别海水淡化装置的主要锅炉类型及了解内部结构；
4. 具备海水淡化装置的控制调节的能力。

第一节　船舶锅炉

一、船舶锅炉的类型

船舶锅炉是对水加热产生蒸汽的设备，是船舶动力装置的重要组成部分。它的作用随着船舶种类和主机型式的不同而有所差异，相应可分为以下几种类型：

1. 主锅炉

在蒸汽动力的船舶上，船舶蒸汽锅炉产生的高温高压蒸汽用于驱动主汽轮机运转，以推动船舶前进。同时，也为各种蒸汽辅机和其他需要以蒸汽为热源的设备提供不同质量的蒸汽。这种以驱动主汽轮机运转为主要任务的蒸汽锅炉称为主锅炉。其蒸汽压力约为6.0～10.0MPa，蒸汽温度为520～545℃。一般每艘船上装有两台主锅炉。

2. 辅助锅炉

在柴油机动力装置的船舶上，锅炉产生的蒸汽主要用于加热燃油、润滑油、工作水以及提供各种生活用汽(如蒸饭、取暖、热水)等。这种锅炉称为燃油辅助锅炉，简称辅助锅炉，其蒸汽压力较低，在柴油机动力装置的干货船上，一般装设一台产生饱和蒸汽的辅助锅炉，蒸汽压力约为0.5～0.8MPa，蒸发量为1～2 t/h。在以柴油机为动力装置的油船上，一般装设1～2台产生饱和蒸汽的辅助锅炉，蒸汽压力约为1.3～1.7MPa，蒸发量为20～150 t/h。在以柴油机为动力装置的大型客船上，一般也装设两台辅助锅炉，以满足船员和旅客正常生活的需要，并提高供汽的可靠性。

3. 废气锅炉

在柴油机动力装置的船舶上，作为主机的大型低速二冲程柴油机的排气温度为 250 ~ 380℃，四冲程柴油机的排气温度为 350 ~ 400℃。因此，在船舶航行时，将排气通入主机烟道中特设的锅炉中，利用主机排气的热量，把锅炉中的水加热成饱和蒸汽，以代替辅助锅炉向全船提供蒸汽，同时又提高了动力装置的热效率，这种锅炉称为废气锅炉。

一般情况下，船上需要的蒸汽，在航行时由废气锅炉供应，燃油辅助锅炉补充其不足；在进出港或停泊时，由燃油辅助锅炉供应。为了简化设备，有的船上把辅助锅炉与废气锅炉组合为一体，这种锅炉称为组合式锅炉。

根据锅炉的构造，锅炉可分为火管锅炉，水管锅炉和混合式锅炉。火管锅炉也称烟管锅炉，是指燃烧产生的高温烟气或火焰在管束内流动加热管外的水。水管锅炉是指燃烧产生的高温烟气或火焰在管束外流动加热管内的水或汽水混合物。混合锅炉式是指在锅炉的管束中，一部分管子按火管锅炉方式产生蒸汽而另一部分则按水管锅炉方式产生蒸汽。

按水在锅炉中的循环方式可分为自然循环锅炉和强制循环锅炉。水的流动是由于水与汽水混合物的密度差而产生的锅炉称为自然循环锅炉。如果管子中水的流动是靠外来动力（如水泵）实现的锅炉称为强制循环锅炉。

锅炉按蒸汽压力可分低压锅炉、中压锅炉；中高压锅炉和高压锅炉。蒸汽压力在 2.0MPa 以下者为低压锅炉；蒸汽压力在 2.0 ~ 4.0MPa 的为中压锅炉；蒸汽压力在 4.0 ~ 6.0MPa 的为中高压锅炉；蒸汽压力在 6.0MPa 以上为高压锅炉。

此外，锅炉按布置型式，可分为立式锅炉和卧式锅炉；按管群的布置走向有横管和竖管之分。

二、锅炉的特性指标

锅炉的特性指标是表征锅炉规格、性能和技术经济的指标。主要的特性指标有：蒸汽参数、蒸发量、蒸发率、锅炉效率等。

1. 蒸汽参数

蒸汽参数表示锅炉所产生蒸汽的质量。当锅炉向外供应蒸汽时，一般用蒸汽压力 p（MPa）和蒸汽温度 t（℃）来表示。

2. 蒸发量

锅炉每小时产生的蒸汽数量称为蒸发量。在设计工况下，每小时产生的蒸汽数量称为额定蒸发量。蒸发量通常用符号 D 表示，单位是 kg / h 或 t / h。

3. 蒸发率

锅炉的蒸发率是锅炉的蒸发量 D 与蒸发受热面积 H 之比，用 ϕ 表示，其单位 kg /（m^2 · h）。蒸发率表示蒸发受热面积的传热强度，也表征锅炉结构的紧凑程度。因锅炉受热面各部分的受热量大小不等，所以蒸发率为平均值。火管锅炉蒸发率较低，仅为 25 kg /（m^2 · h）左右，水管锅炉蒸发率约为 30 ~ 50 kg /（m^2 · h）。

4. 锅炉效率

锅炉对水加热产生蒸汽用去的有效热量与向蒸汽锅炉内供应的热量之比称为锅炉效率，用 η 表示。锅炉效率表示燃料完全燃烧所释放出的热量被锅炉有效利用的程度。

5. 受热面积

受热面积包括蒸发受热面积(炉水被加热产生饱和蒸汽的受热面积)和附加受热面积(过热器、空气预热器和加热给水的经济器等附加设备的受热面积),单位是 m^2。辅锅炉通常没有上述附加设备,故受热面积即为蒸发受热面积。

6. 炉膛容积热负荷

炉膛容积热负荷是指每单位炉膛容积在单位时间内燃料燃烧放出的热量,用符号 q_v 表示。燃油锅炉在燃油耗量和热值一定的条件下,q_v 值越大则炉膛的相对容积越小,燃油在炉膛内燃烧停留时间越短,炉膛内的烟气平均温度也越高。q_v 是影响燃烧质量、锅炉效率、工作可靠性以及锅炉尺寸和重量的一个重要参数。

三、锅炉的总体结构

锅炉构造主要有三大部分组成:即燃油燃烧产生热量的炉膛(或炉胆)——燃烧室;将热量传递给锅炉水使其汽化的管簇(火管或水管);使蒸汽从水中分离出来的容汽空间。

对大中型锅炉,为进一步提高蒸汽参数和锅炉效率,设有产生过热蒸汽的过热器及预热空气的空气预热器。此设备一般装在烟气出口或烟道后段,所以被称为尾部受热面。

1. 燃油辅助锅炉的结构

(1)立式火管锅炉。如图 10-1 所示是一种船舶上广泛使用的立式火管锅炉。它具有一个直立的圆筒锅壳 1,其顶、底部均为椭圆形。锅壳下部是球形炉胆 3,是燃油燃烧的炉膛,它通过圆形出烟口 4 与上面方形燃烧室 5 相通。在燃烧室和烟箱中装有管板 6 和 7,管板间装数百根水平烟管 8。炉胆和烟管将整个锅壳内部分成两个相互分隔的空间。炉胆和烟管的内部是烟气,外部充水。电动油泵 9 通过喷油嘴向炉膛内喷油,同时风机 11 将空气送入炉膛内助燃,使燃油在炉膛内基本燃烧完毕,部分热量通过炉胆壁传给炉水。未燃烧完的燃油在燃烧室继续燃烧,同烟气一起顺烟管将热量传给外围的炉水后流至烟箱,最后烟气从烟箱经过烟囱排至大气。

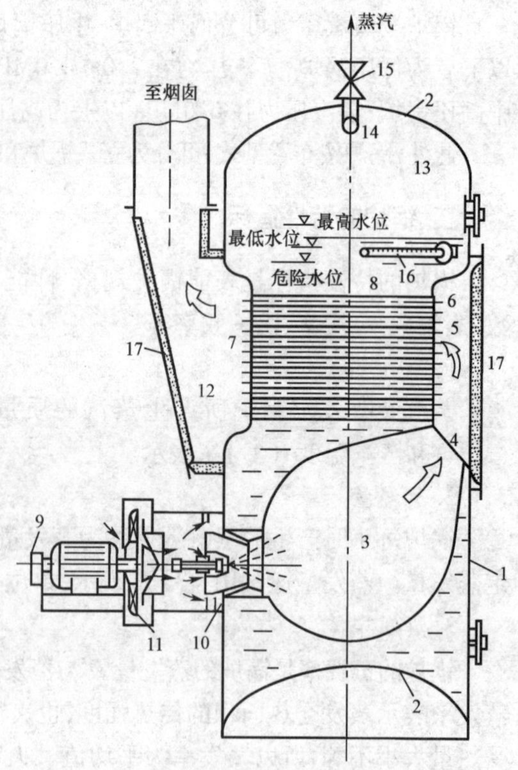

图 10-1 立式火管锅炉

1-锅壳;2-封头;3-炉胆;4-出烟口;5-燃烧室;6-后管板;7-前管板;8-烟管;9-电动油泵;10-燃烧器;11-鼓风机;12-烟箱;13-汽空间;14-集汽管;15-停汽阀;16-内给水管;17-检查门

锅炉中不能完全充满水,水面只需比蒸发面高出一定高度即可。水面上部为汽空间 13。炉水吸收热量而蒸发产生蒸汽并聚集在汽空间,然后经过顶部的集汽管 14 和停汽阀 15 输出,由蒸汽管输送至各用汽场所。

炉水由于不断的蒸发输出蒸汽,水量减少而使水位下降。当水位下降到最低工作水位时,自动起动水泵,向锅炉补水至最高工作水位。

在燃烧室背后和烟箱前面都设可开启的检查门，以便清除积存在烟管的烟垢和修复损坏的烟管，另外，在锅炉上部还设有入孔门，便于工作人员进入锅炉内部进行维修和清除积存的污垢。

火管锅炉的优点是蓄水量大，蓄热性能好，气压和水位容易保持平稳，易实现气压和水位的自动调节；对水质要求不高，烟管外的水垢容易清除，管理方便。缺点是烟管间的水垢难以清除，传热性能差，热效率低，结构笨重。

(2)立式水管锅炉。如图10-2所示为船舶上广泛使用的立式直水管锅炉的结构图。

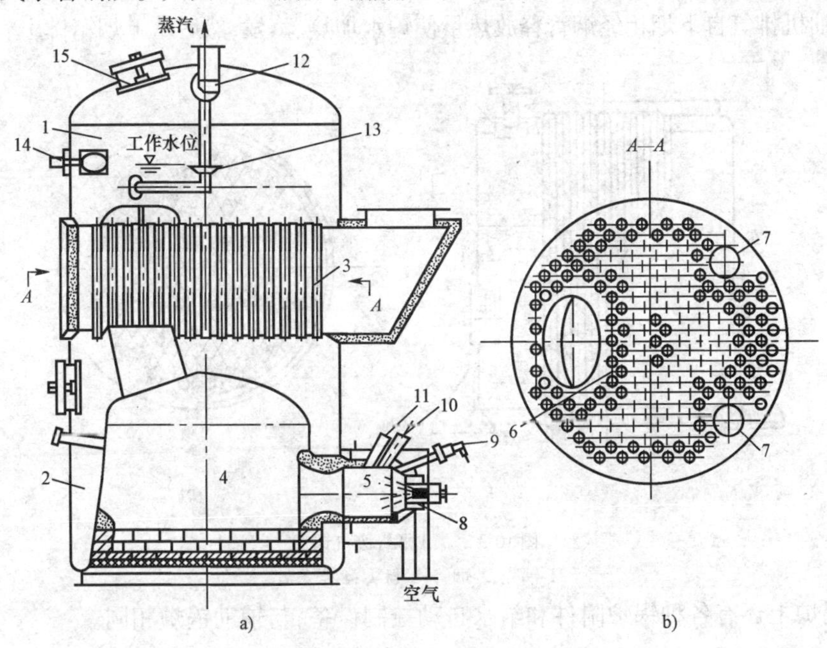

图10-2　立式水管锅炉

1-上锅筒；2-下锅筒；3-直立水管束；4-炉膛；5-预燃室；6-挡烟墙；7-下降水管；8-喷油调风装置；9-点火器；10-点火喷油器；11-火焰感受器；12-汽水分离器；13-上排污漏斗；14-自动水位调节器；15-人孔门

整个锅炉本体为一直立圆柱体，高度大于直径。其主要部件有：上锅筒1和下锅筒2，中间连接着直立水管束3。炉膛4位于下锅筒内，在炉膛的前方，加装一个完全没有受热面的预燃室5。因此，供入的燃油和空气在其中混合燃烧时，具有很高的燃烧强度和温度，尚有未燃尽的可燃气体，在进入主燃烧室后可进一步燃烧。装设预燃室后可以使燃烧过程进行得比较完善；整个炉膛的热负荷均匀，不会产生局部过热现象；在锅炉低负荷工况时，也能达到较好的燃烧工况；由于预燃室内的温度很高，在燃用劣质燃油时，也能进行良好的燃烧，从而提高了锅炉在燃用劣质燃油的适应能力。烟气出炉膛后，经喉部接管进入直立水管束烟道中，横扫这些蒸发管束受热面。为了加强锅炉炉水的循环，在烟气温度较低的出口处左右方，各设有一根粗管作为下降管7，专供锅炉水由上锅筒流向下锅筒，来保证锅炉水循环的可靠性。在水管受热面的周围外壁上，设有铰链式清理门，可方便地清理管束外壁积存的烟垢。锅炉内部的水垢清理或检修工作可通过人孔门15进入锅筒内进行。

这种燃油辅助锅炉受热面的传热效果好，安全可靠，操作维修方便，制造工艺简单；另外，锅炉的水容积也较大，变负荷工作特性较好，容易管理；水管受热面部分清垢方便，故对水质要求也不高。近年来，这种立式直水管锅炉作了新的改进，在保持原有尺寸的基础上，通过改变

锅炉内部结构,强化对流传热,进一步提高了蒸发量。

(3)废气锅炉。废气锅炉是船舶航行时吸收柴油机排气的余热而产生蒸汽的设备。其蒸汽产量是由柴油机主机的排气量和排气温度决定的;其蒸汽压力一般与辅助锅炉相同。如图10-3所示为立式火管废气锅炉。其结构极为简单。在圆筒锅壳1中贯穿着数百根烟管2,锅筒两端的封头3兼作管板。为了使封头不致向外凸出而造成变形和减少烟管所承受的拉力,在管群中用少量厚壁管子与封头强固连接,这些管子即称牵条管。实船安装时,在锅炉的上下两端还装有进出烟箱,柴油机排气自下烟箱经烟管释放热量使炉水加热、蒸发,然后从上烟箱排出。

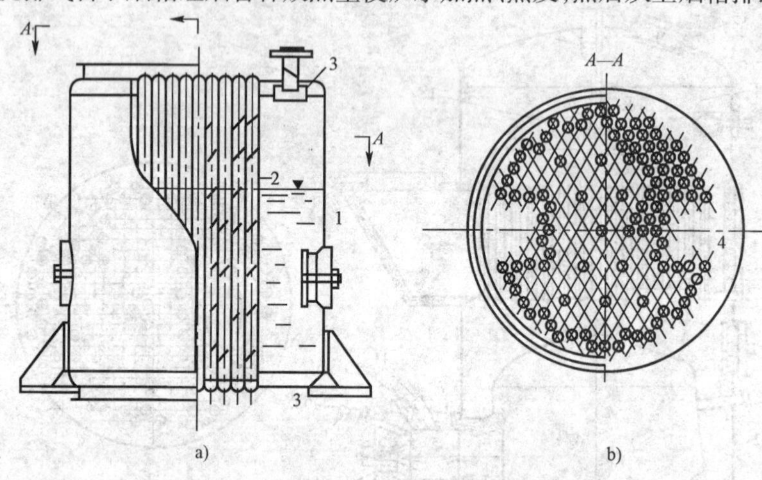

图10-3　立式烟管废气锅炉

1-锅壳;2-烟管;3-封头;4-牵条管

废气锅炉上还有各种锅炉附件和给水自动控制设备,与辅助锅炉相同。

四、辅助锅炉的附件和附属装置

一个完整的锅炉装置除总体结构外,还需要配有一些必要的锅炉附件和附属装置才能正常工作。

1.锅炉附件

锅炉附件的种类很多,其中最重要的且任何锅炉都必须设置的是安全阀、水位计和压力表。如果它们中的任何一个出了故障,就会影响锅炉安全可靠的工作,甚至会发生危及人身和设备安全的事故。

(1)安全阀。当外界用汽量突然减少或炉膛内的燃烧过于强烈时锅炉汽压都会相继上升,甚至超过额定工作汽压。为了防止汽压过高对锅筒和受热面管子产生损伤,尤其是为了防止在压力表失灵时,导致锅炉爆炸,锅炉必须装设安全阀,这样当汽压超过一定值时,将安全阀顶开,大量蒸汽排入大气,使锅炉的蒸汽压力迅速降低。当锅炉蒸汽压力降低到规定值时,安全阀立即关闭。

安全阀要有足够的排放能力和稳定的开启压力。阀关闭后要严密不漏。安全阀的型式、数量和安装地点应符合“蒸汽锅炉安全检查规程”的要求。安全阀经船舶检验局调定后铅封,未经该局许可不得随意改变其开启与关闭压力。安全阀顶部装有拉杆,紧急时在机舱或甲板上借用拉杆,人工强行打开安全阀。平时每月拉动拉杆1~2次。

图 10-4 所示为一个双联弹簧式安全阀,它是由两只弹簧式安全阀组装在一个阀体内而构成的。它用弹簧 1 压紧阀盘 2,改变弹簧的张力即可调整安全阀的开启压力。

(2)水位计。锅炉工作时,必须随时了解锅炉的水位。锅炉水位有最高工作水位,最低工作水位和最低危险水位,当锅炉正常工作时,允许锅炉水位在最高工作水位与最低工作水位之间波动。

通常在船用锅炉上装有两只水位计,分别布置在左右两侧,一方面是为了互为备用,另一方面是为了在船舶摇摆或倾斜时,通过比较两只水位计中的水位来判断锅炉内的水位情况。

水位计有玻璃管式、平板玻璃式、云母片式、低水位计式等几种型式。

图 10-5 所示为玻璃管式水位计,上下各连通一根水平布置的汽连通管和水连通管,分别与锅炉的汽空间和水空间相通。在两个连通管之间装有耐热钢化玻璃管,玻璃管与连通管的连接处由填料保证汽封和水封。

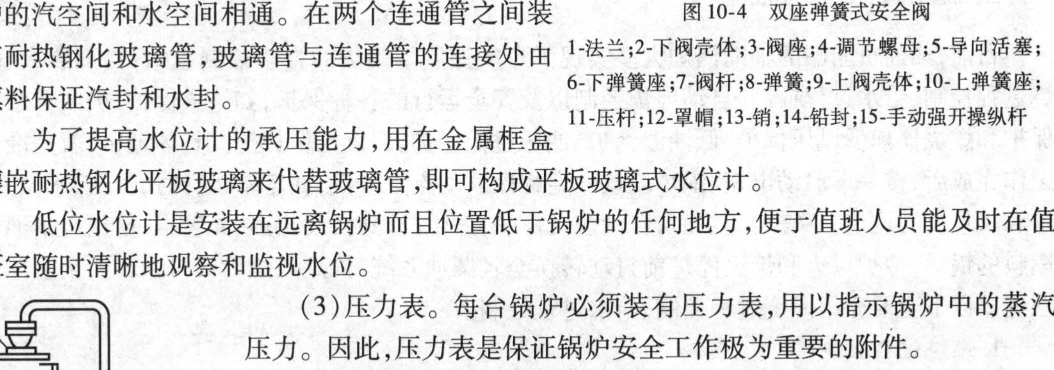

图 10-4 双座弹簧式安全阀

1-法兰;2-下阀壳体;3-阀座;4-调节螺母;5-导向活塞;6-下弹簧座;7-阀杆;8-弹簧;9-上阀壳体;10-上弹簧座;11-压杆;12-罩帽;13-销;14-铅封;15-手动强开操纵杆

为了提高水位计的承压能力,用在金属框盒镶嵌耐热钢化平板玻璃来代替玻璃管,即可构成平板玻璃式水位计。

低位水位计是安装在远离锅炉而且位置低于锅炉的任何地方,便于值班人员能及时在值班室随时清晰地观察和监视水位。

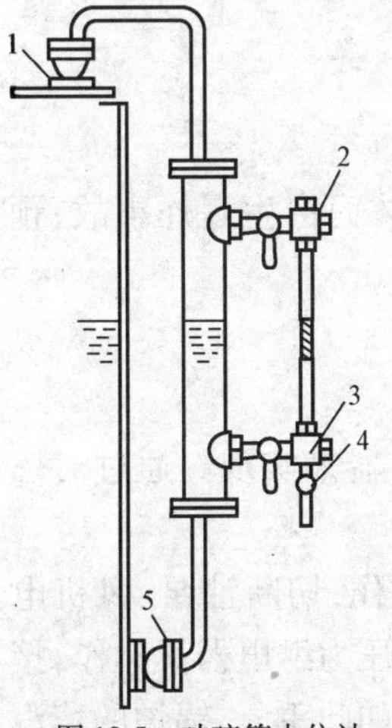

图 10-5 玻璃管水位计

1、2、3、5-旋塞;4-放水旋塞

(3)压力表。每台锅炉必须装有压力表,用以指示锅炉中的蒸汽压力。因此,压力表是保证锅炉安全工作极为重要的附件。

2. 辅助锅炉的附属装置及系统

辅助锅炉有燃烧装置和燃油系统、给水装置等主要附属装置和系统。

(1)燃烧装置。辅助锅炉是靠炉膛中燃油燃烧来产生热量。目前锅炉的常用方法是通过喷油嘴使油成雾状入炉膛,通过调风器,供入旋转的高速空气,使油雾在风口处良好混合,以获得完全燃烧。燃烧装置主要由喷油嘴、调风器、点火器三部分组成,并装于锅炉底部由耐火砖砌成的圆孔中。喷油嘴的任务是将油喷成很细的雾滴,以利完全燃烧。调风器的任务是正确引导空气流动,使供入炉膛中的空气与喷入的油雾均匀混合,以保证燃烧良好,并保证火焰在锅炉各种负荷下工作稳定。点火器由两根铬镍合金的电极

棒组成。当两极棒通以点火变压器提供的1000～15000V高电压时，尖端间产生电弧火花，从而点燃喷入炉膛内的燃油。

(2)燃油系统。燃油系统是指日用油柜至锅炉前燃烧装置所使用的管路及管路中所装设的各种设备。主要应包括：液体燃料的升压、输送、预热及过滤等装置，以及适应锅炉负荷变化的各个自动控制元件、仪表和安全装置等。

(3)给水装置。给水装置的主要组成部分有清水柜、电动给水泵组、给水安全阀、止回阀、截止阀、压力表等。整个装置的任务是向锅炉供给足够的干净炉水。其中清水柜用来储存经过过滤的清洁炉水；电动给水泵组多为交流电动机与双级旋涡泵组成，通过自动控制，及时地向锅炉内给水或停水；给水安全阀作为保护给水管系及防止水泵过载之用；止回阀用来防止给水泵不工作时，炉水发生倒流现象；截止阀用来连通或截断给水管路，它要么全开，要么全关，不应处于中间位置，以免阀盘遭受水流冲蚀而破坏其水密性，起动水泵前应将它全开；压力表用于指示给水压力，它装在给水泵的输出端。为了保证安全，每台锅炉设有两路给水管系，其中一路备用。

除了以上主要附属装置和系统外，锅炉还有蒸汽系统、凝水系统、排污系统。蒸汽系统的任务是将锅炉产生的蒸汽按不同压力的需要，送至各用汽设备。凝水系统的任务是回收各处的蒸汽凝水，并防止混入水中的油污进入锅炉。排污系统的任务是定期将锅炉工作一段时间或投放除垢后底部可能聚集泥渣及沉淀物排除。

五、辅助锅炉的自动控制

目前，柴油机船舶的辅助锅炉大多实现了自动控制。锅炉的自动控制包括：自动点火、燃烧过程控制、给水过程控制、自动停炉控制以及安全运行的各种保护，如熄火保护、极限低水位保护和燃烧器前低风压保护、低油温保护、油压过低保护、超汽压保护等。具体地讲，就是准备工作完成后，按一下启动电钮，锅炉就按一定程序自动点火升汽；在正常运行时，气压、水位、油量和风量自动调节；不需要蒸汽时，自动熄火停炉；发生故障时，发出声、光警报；使用重柴油作燃料的锅炉，冷炉点火和熄火停炉前自动转换至轻柴油系统，锅炉点燃后又自动转换至重柴油系统。以下主要介绍燃烧过程控制、给水过程控制。

1.燃烧过程控制

锅炉的燃烧过程控制通常采用电器程序控制，其主要工作过程为：

(1)起动前，首先对锅炉炉膛进行预扫风，防止炉膛内积存可燃气体而产生爆炸事故，预扫风持续的时间通常超过30s。

(2)高压点火器放电产生电火花，火花持续的时间一般为5～10s。

(3)燃油从喷油器喷出被电点火器点燃。

(4)燃烧过程的自动调节是根据蒸汽压力的变化，由蒸汽压力调节器来实现。通过对燃油和空气的双位调节或比例调节，使得蒸汽压力保持在一定的范围之内。

采用双位调节时，当蒸汽压力上升到设定值上限时，压力继电器动作，切断油泵、风机电路，锅炉熄火；锅炉熄火后，汽压下降，当蒸汽压力下降到设定值下限时，压力继电器又动作，接通油泵、风机，点火变压器等电路，使锅炉点火运行，随之蒸汽压力上升，如此重复，锅炉的蒸汽压力控制在一个适当的范围内。

比例调节是根据蒸汽压力的变化，使蒸汽比例调节器输出可变电信号，控制电动比例操作器的转动角，调节喷油器的喷油量以及与之对应的空气量，从而改变锅炉的产汽量。采用这种调节方式时，当蒸汽压力仍然超过设定值上限时，喷油器的供油电磁阀关闭，停止燃烧，但风机仍然运转一段时间进行后扫风，将炉膛中的可燃气体驱除后才停止运转。随后电器程序器又回到初始状态。

2. 给水过程控制

锅炉工作时，炉水不断地被蒸发并获得补充。如果蒸发量和补充量不平衡，水位必然上下变动，即使采用连续调节，水位也不可能维持在某一位置上。对蓄水量较小的水管锅炉来说，更是如此。在自动化的辅助锅炉中，根据锅炉结构定出最高水位和最低水位（两者的距离为60～120mm），利用双位式水位调节器或比例调节器控制给水泵电动机的电路，实现水位的自动调节。采用双位式调节器时，当锅炉水位降至最低水位时，水位调节器中的水位感受元件发出低水位信号，将给水泵电动机的电路接通，泵启动，向锅炉给水；当炉水上升至最高水位时，水位感受元件发出高水位信号，水泵电动机的电路断开，给水泵停止运转，给水停止。于是，锅炉的水位就自动控制在最高与最低水位之间。

如图10-6所示是一种常见的磁性浮子式水位双位调节系统。它是利用漂浮在水面上的浮子1作为水位感应元件。浮子浮动时绕支点4摆动。浮子上还装有调节板3，它的一端装有磁铁9。浮子随着水位的降低而下降，当水位降至最低工作水位时，浮子杆到调节板上的下定位钉10，带动调节板一起向下，使磁铁9向上摆动。在锅筒外部也有一块磁性相同的磁铁5，可绕支点8摆动，它的另一端装有电触头7。当磁铁9向上摆动与磁铁5相遇时，因同性相斥，于是电触头7闭合，接通给水泵的电路，给水泵起动并向锅炉给水，锅炉水位逐渐上升，浮子随之上浮。当锅炉水位达到最高水位时，浮子杆又与调节板上的上定位钉2接触，带动磁铁9向下摆动，再次与磁铁5相遇，又将它推斥，向上使电触头7断开，切断给水泵电路，停止给水泵向锅炉给水。

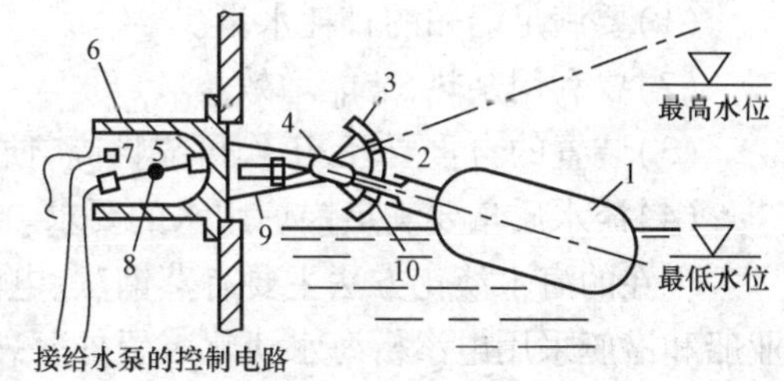

图10-6　磁性浮子式水位双位调节系统

1-浮子；2-上定位钉；3-调节板；4-支点；5-触头磁铁；6-外壳；7-电触头；8-支点；9-磁铁；10-下定位钉

另外，还有将水位感受器用电极棒来代替浮子的电极棒式水位调节器，以及用火花塞作为水位感受元件的火花塞式水位调节器。

第二节　船用海水淡化装置

一、概述

船舶在大海中航行，每天需要消耗大量淡水，一般淡水含盐量（NaCl）应在1000mg/L以下，远洋船舶的航线长，淡水完全靠携带，势必要减少船舶的装载能力。因此，远洋船舶一般都设有海水淡化装置（俗称造水机），一方面可减少向港口购买淡水的费用，另一方面以提高船舶续航能力，增加货运量，满足船舶航行中的多变性。

1. 在船舶上的淡水主要用途

(1)船舶动力装置用水:柴油主机和辅机等设备的冷却用水。柴油机冷却水只要是淡水即可,每日每千瓦约消耗0.2~0.3L。

(2)生活用水:洗涤和饮用水等。洗涤水要求氯离子浓度不大于200mg/L,1 mg/L(NaCl)相当于0.606 mg/L(Cl^-),硬度不大于7毫克当量/L。饮用水必须不含有害健康的杂质、病菌和异味。造水机生产的蒸馏水所含矿物质太少,也不能杀灭病菌,因此作为饮用水时应经过矿化和杀菌处理。饮用水中含盐量不大于500~1000mg/L,氯离子浓度不大于250~500mg/L(Cl^-),pH值为6.5~8.5。生活用水每人每天约消耗150~250L淡水。

(3)锅炉补给水:对锅炉补给水的水质要求最高,一般船用海水淡化装置对所产淡水含盐量的要求皆以锅炉补给水标准为依据。我国船用锅炉给水标准规定补给蒸馏水的含盐量应小于10mg/L(NaCl)。对锅炉补给水的水质要求最高,淡化装置对产水含盐量要求以锅炉水标准为依据。船用锅炉给水标准:含盐量小于10mg/L(NaCl)。辅锅炉的补水量可按蒸发量的1%~5%估计。

2. 对海水淡化装置提出主要要求

(1)要满足船舶的日耗水量。

(2)要利用余热,节能增效。

(3)装置的自重要轻,工作可靠性高,便于维护管理。

(4)淡水质量要满足锅炉用水的要求。

现在的海水淡化方法主要有蒸馏法、电渗析法、反渗析法和冷冻法,除某些缺少热能的作业船和潜艇采用电渗析海水淡化装置外,一般船舶几乎都采用蒸馏式海水淡化装置。

二、真空蒸馏海水淡化装置类型及工作原理

蒸馏法淡化海水,是利用盐分几乎不容于低压水蒸气的特性,使海水受热汽化,然后将海水产生的水蒸气冷凝获得含盐量很少的淡水,即蒸馏水。所以海水淡化装置又称为蒸馏装置。

船用海水蒸馏装置一般都采用真空式,其目的是便于利用温度不太高的柴油机缸套冷却水作热源,提高经济性。例如到真空度为93%时,对应的海水沸点为38.6℃,而一般柴油机缸套冷却水为60~65℃,足够用作真空式蒸馏装置的热源。第二是保持较低的加热温度能使蒸发器换热面上结垢明显减少,便于清洗。第三是有利于蒸汽净化,提高淡水品质。装置真空度越高,蒸汽密度越小,蒸汽与水滴的密度差越大,越有利于水滴的分离。

1. 真空沸腾式海水蒸馏装置

图10-7所示为真空沸腾式海水蒸馏装置原理图。当装置工作时,海水泵2所供海水的一部分经阀3流向蒸馏器1下部的竖管式蒸发器,在其竖管内向上流动。缸套冷却水作为加热工质进入蒸发器在竖管外流动,对竖管内的海水加热,海水受热沸腾汽化,产生不含溶解物的蒸汽(称为二次蒸汽)。蒸汽经汽水分离器(在冷凝器两侧,图中未示出)除去带有微量盐分小水滴后从冷凝器上部的开口进入,供冷却用的海水在冷凝器管内流动,管外的蒸汽被冷凝成淡水,由凝水泵4送至淡水舱。真空泵6不断从冷凝器中抽除气体,以保持蒸发器和冷凝器所适合的真空度,排盐泵5将蒸发器内浓缩的海水(盐水)排出舷外。

如图 10-7 所示，在蒸发器稳定工作，水位保持稳定时，装置的给水量 W_0 应等于装置的产水量 W 和排盐量 W_B 之和，而给水量 W_0 与产水量 W 之比称为给水倍率 ε

$$\varepsilon = W_0/W$$

排盐量 W_B 与产水量 W 之比称为排污率，给水倍率 = 排污率 +1。

目前在柴油机船上，海水淡化装置一般都使用主机缸套冷却水作为加热工质，只有在主机停车而又需淡化装置工作时，才采用辅锅炉的减压蒸汽来加热。对某些淡水耗量较大的船舶，因为其动力装置的余热不足以满足装置的需要时，则可使用低压蒸汽作为补充热源。

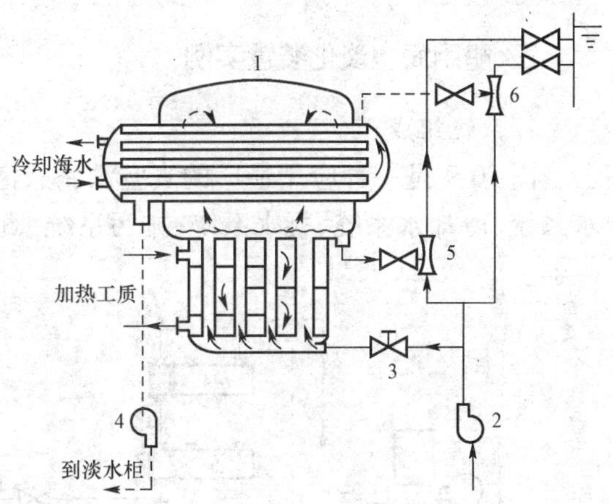

图 10-7　真空沸腾式造水装置系统原理图

1-蒸馏器；2-造水机海水泵；3-给水调节阀；4-凝水泵；5-排盐泵；6-真空泵

2. 真空闪发式海水蒸馏装置

闪发式的特点是使海水加热与蒸发分别在工作压力不同的容器中进行。图 10-8 为真空闪发式海水蒸馏装置的原理图。装置运行时，由盐水循环泵 4 供入的海水进入加热器 5，并被加热，再经喷雾器 6 喷入闪发室由真空泵抽吸保持一定的真空度，室内的压力低于加热后海水的饱和压力，所以喷入的海水呈过热状态，其中一部分海水迅速闪发成汽（汽化的潜热来自另一部分未汽化的海水），产生的蒸汽经汽水分离器进入冷凝器 3，泵 9 供入海水将蒸汽冷凝。凝水由凝水泵 8 送至淡水舱。剩下大部分未汽化的浓缩盐水，其温度已降低到与闪发室压力相对应的饱和温度，落于闪发室底部，由盐水循环泵抽出，大部分重返加热器，少部分由排污调节阀 10 排出舷外，以免盐水浓度过高。因蒸发和排盐所减少的海水可以由冷凝器流出的冷却海水中引一股补充，补充量可由给水调节阀 11 调节。

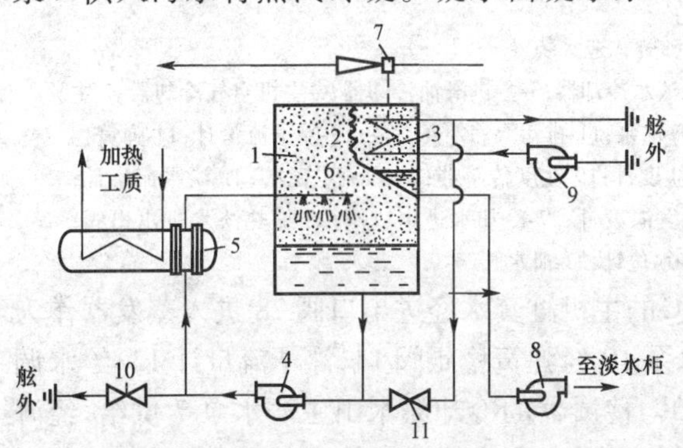

图 10-8　真空闪发式造水装置系统原理图

1-蒸发器；2-汽水分离器；3-冷凝器；4-盐水循环泵；5-加热器；6-喷雾器；7-真空泵；8-凝水泵；9-海水泵；10-排污调节阀；11-给水调节阀

闪发式与沸腾式相比，由于海水在加热器中只加热不汽化，在闪发室内不加热，喷雾成汽（无加热面），减轻了海水结垢的危害，但海水闪发成汽的汽化潜热取自海水本身，闪发的海水比例小（仅占循环量的 0.8% ~1.4%）限制了产汽量，单级闪发式蒸馏装置从尺寸、造价和运行经济上不如沸腾式蒸馏器，产量相同情况下，闪发式海水淡化装置的造价比蒸馏式高35% ~ 50%，此外闪发式汽化所产生的二次蒸汽携带的水珠较多，为保证淡水质量，必须加大排污量，以降低盐水浓度，因此随排污所带走的热量也多，热利用率低。因此，闪发式装置虽有结垢少的优点，但经济性不如沸腾式，船上已基本不用。目前船用海水淡化装置产淡水量小于 20t/d 的多采用真空沸腾式蒸馏器。

三、船用海水淡化装置实例

1. 系统组成

图 10-9 是一种应用最广的真空沸腾式海水淡化装置系统原理图。包括其加热系统、给水系统、冷却水系统、凝水系统、排污系统、真空抽气系统六大部分，核心设备是蒸发器和冷凝器。

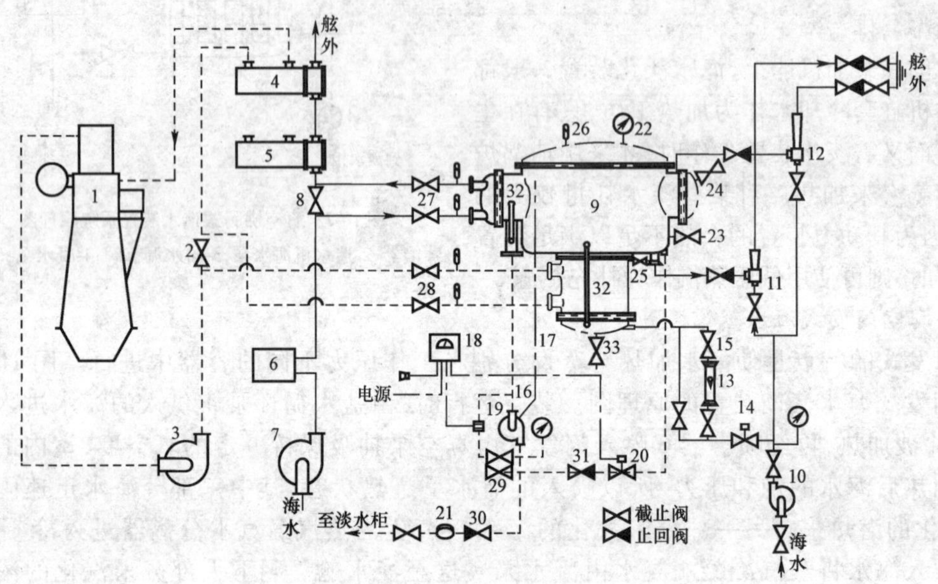

图 10-9 真空沸腾式造水装置

1-主柴油机；2-加热水调节阀；3-主机淡水冷却泵；4-主机淡水冷却器；5-主机滑油冷却器；6-主机空气冷却器；7-主机海水泵；8-海水调节阀 9-蒸发冷凝器组；10-造水装置海水泵；11-排污泵；12-真空泵；13-浮子流量计；14-弹簧稳压阀；15-给水调节阀；16-凝水泵；17-凝水泵平衡管；18-盐度计；19-盐度传感器；20-回流电磁阀；21-淡水流量计；22-真空压力表；23-真空破坏阀；24、25-放水旋塞；26-蒸发温度计；27-冷却水进出口阀；28-加热淡水进出口阀；29-取样阀；30-淡水排出阀(截止止回阀)；31-止回阀；32-水位计；33-泄水阀

真空沸腾式海水淡化装置工作时，60 ~ 65℃的主机缸套水经进出口阀 28 进入蒸发器作为加热工质，流量可由旁通阀 2 调节，给水由海水泵 10 经弹簧稳压阀 14，浮子流量计 13，给水调节阀 15，从底部进入蒸发器。流量由阀 15 调节。冷凝器的冷却海水由主海水泵 7 供给，经海水进出阀 27 进入冷凝器，流量可用阀 8 进行调节。凝水由冷凝器壳体底部的集液管引出，由凝水泵 16 经止回阀 30 和流量表 21 泵入淡水舱，与凝水泵并联——盐度检测回路，盐度传感器数 19 将凝水盐度变化的信号送至盐度计 18 中，随时检测凝水的盐度，一旦凝水盐度超过规定标准，盐度计便会发出声光警报，同时打开回流电磁阀 20，使不合格的凝水回到蒸发器，此时因凝水泵排出压力降低，截止止回阀 30 关闭，凝水的输出自动停止。盐度计是靠测量凝水导电率来测量含盐量的，出含盐量外，凝水温度也将影响其导电率，在实际使用中可通过温度修正旋钮进行修正。

排盐喷射泵 11 从蒸发器上部吸入盐水，经止回阀排出舷外，进口止回阀为防止泵失压、海水倒灌而设。出口止回阀为防止舷外风浪造成海水倒灌而设。真空喷射泵 12 经止回阀从冷凝器中部的出口不断抽气，以保持蒸发冷凝器组适宜的真空度。喷射泵 11 和 12 的工作水由

海水泵10提供,海水泵排出压力应不低于0.35～0.4 MPa 。

2. 真空沸腾式海水淡化装置的构造

图10-10所示为带竖管蒸发器的真空沸腾式蒸馏器。蒸发器、冷凝器、汽水分离器等组装在一个钢板焊制的壳体内,蒸发器竖管上下端固定于管板8上,给水从壳体底部供入,被管外横向流过的缸套水加热,管外横向隔板是增加加热水流程,增强加热工质与管内海水的热交换。蒸发器上方设有拱型挡板20,使飞溅的盐水在碰壁挡板后返落下来,蒸汽可绕过挡板继续向上,在通过波纹板汽水分离器13,除去二次蒸汽所夹带的大部分水珠,从上部进入卧式冷凝器的管外空间,管内海水的冷却作用使蒸汽冷凝,积存于壳体底部集液筒33被泵抽走。

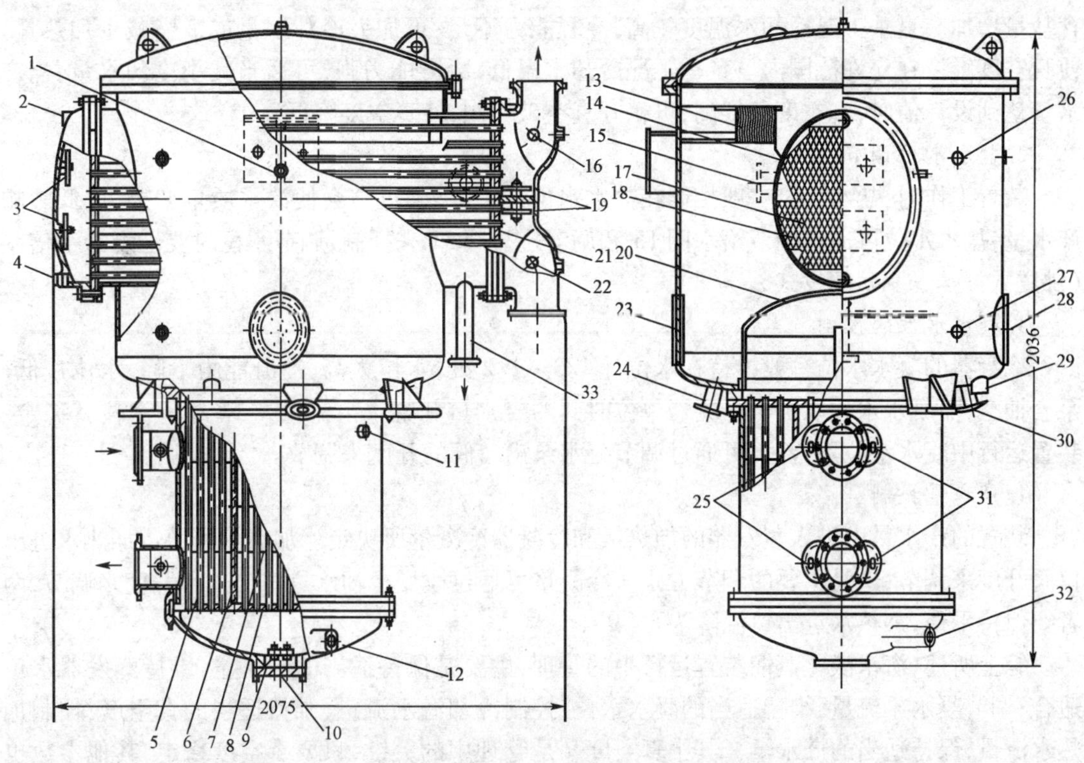

图10-10 真空沸腾式造水装置的蒸发冷凝组

1、16、22、31-温度计插座;2、11-空气旋塞接头;3、9、19-防腐锌板;4-放水旋塞;5-蒸发加热管;6-隔水板的定位套管;7-隔水板;8-管板;10-泄水阀接头;12-给水进口;13-汽水分离器;14-冷凝器管束;15-空气抽出口;17-挡板;18-空气冷却管束;20-汽水分离挡板;21-冷凝器管板;23、28-观察窗;24-排污口;25-压力表接头;26-真空表接头;27-真空破坏阀接头;29、32-水位计接头;30-不合格凝水回流口;33-凝水集液筒

蒸馏器壳体上的接头29、32以及34、35分别用来安装盐水水位计和凝水水位计,接头26用来安装真空表,壳体接头1处装有温度表,壳体中部接头27装有真空破坏阀,当蒸馏器中真空度过高时,可稍微打开此阀放入少量空气,以保持合适的真空度。在海水淡化装置的壳体上设有安全阀,以防蒸汽压力过高。

蒸馏器壳体由钢板焊接而成,为防止海水腐蚀,蒸发器和冷凝器的管子与管板均采用锡黄铜或铝黄铜制造,并在壳体内设置防腐锌板3、9、19,有的蒸馏器壳体内表面涂有塑料防蚀保护层,这种涂层不耐高温,操作时务必注意,如有破损可用环氧树脂修补。

四、海水淡化装置的控制调节

海水淡化装置的控制调节的内容主要是维护装置的给水倍率、真空度、淡水的质量、盐水水位、凝水水位、海水压力在正常范围内。

1. 真空度调节

真空度一般控制在90%～94%，对应的蒸发温度为45～35℃。装置的真空度可通过调节冷凝器的冷却水流量来控制。一般冷却海水流量控制在冷却海水温升为5～6℃。真空度太低，海水沸点升高，会使结垢加剧，产水量减少；而真空度太高，则沸腾过于剧烈，又会使产水的含盐量增加。夏季工况冷却水温度较高，冷凝能力不足，可加大冷却水量或适当减少加热量。使真空度维持在允许范围内。冬季工况冷却水温低，冷凝能力强，可适当减小冷却水量，当产水量达到设计值时，真空度仍很高，可稍开真空破坏阀，使真空度降低。

2. 盐水水位调节

装置工作时，盐水水位一般控制在盐水水位计1/2处，过高会使淡水质量变差，过低影响产水量，盐水水位可通过调节给水阀15和调节排盐阀31来控制，调节水位时要注意给水倍率（沸腾式 $u = \varepsilon \sim 4$，闪发式 $\varepsilon = 8$）。

3. 凝水水位的控制

冷凝器的凝水水位一般维持在水位计1/3～1/2处，水位太高，冷凝能力下降，水位过低，泵会抽空，而凝水水位取决于冷凝器单位时间的凝水量和凝水泵流量，二者相等水位就稳定。装置运行中凝水水位不合适，可通过调节凝水泵出口阀的开度来调节。

4. 产水量控制

装置的产水量由进入蒸发器的加热量和冷凝器冷凝量所决定。加热量可通过加热水进出口阀开度来调节，这是主要的调节方式。冷凝量可通过改变冷却水进口出口阀开度来调节，两者要保持平衡，加热水进出口温降为6～9℃。

综上所述，海水淡化蒸馏装置运行中的管理，主要是保持适当的给水量，维持蒸发器水位适合；调节凝水泵流量，维持适当的凝水水位；控制冷却海水流量，维持适当的真空度；控制加热水流量，保持适当的产水量。其中真空度又是管理中的关键，只要真空度稳定，其他参数也就容易稳定。

SIKAOYULIANXI

一、简答题

1. 船舶锅炉类型有哪些？锅炉在船舶上的作用有哪些？
2. 柴油机船为什么设置废气锅炉？
3. 锅炉的主要特性指标有哪些？
4. 锅炉有哪些附件？其作用各是什么？

5. 简述锅炉燃烧过程控制和给水过程控制。

6. 简述淡水在船舶上的主要用途。

7. 试述对海水淡化装置的主要要求。

8. 简述真空蒸馏海水淡化装置类型及工作原理。

9. 真空沸腾式海水蒸馏装置与真空闪发式海水蒸馏装置主要区别有哪些?

10. 海水淡化装置的控制调节的主要内容有哪些?

二、选择题

1. 在蒸汽动力的船舶上,船舶蒸汽锅炉产生的高温高压蒸汽用于驱动主汽轮机运转,以推动船舶前进。同时,也为各种蒸汽辅机和其他需要以蒸汽为热源的设备提供不同质量的蒸汽。这种以驱动主汽轮机运转为主要任务的蒸汽锅炉称为(　　)。

A. 燃油辅助锅炉　B. 辅助锅炉　C. 废气锅炉　D. 组合式锅炉

2. 在柴油机动力装置的船舶上,蒸汽锅炉靠燃烧燃油产生的蒸汽主要用于加热燃油,润滑油,工作水及提供各种生活用汽(如蒸饭、取暖)等。这种锅炉称为(　　)。

A. 燃油辅助锅炉　B. 辅助锅炉　C. 废气锅炉　D. 组合式锅炉

3. 船舶航行时吸收柴油机主机排气的余热而产生蒸气的设备是(　　)。

A. 主锅炉　B. 辅助锅炉　C. 废气锅炉　D. 组合式锅炉

4. 根据锅炉的构造,燃烧产生的高温烟气或火焰在管束内流动加热管外的水。这种锅炉是(　　)。

A. 火管锅炉　B. 水管锅炉　C. 立式锅炉　D. 卧式锅炉

5. 锅炉对水加热产生蒸汽用去的有效热量与向蒸汽锅炉内供应的热量之比称为(　　)。

A. 蒸发率　B. 锅炉效率　C. 蒸发量　D. 额定蒸发量

6. 锅炉的蒸发率等于(　　)。

A. 蒸发量/锅炉受热面积

B. 蒸发量/锅炉蒸发受热面积

C. 蒸发量/锅炉附加受热面积

D. 蒸发量/(蒸发受热面积+过热器受热面积)

7. 锅炉蒸发率的常用单位是(　　)。

A. kg/h　B. kg/m^2　C. kg/m^2h　D. kg/m^3h

8. 立式烟管式废气锅炉中牵条管的作用是(　　)。

A. 使封头不易外凸变形　B. 减少烟管所承受的拉力

C. 使锅壳不易变形　D. A+B

9. 锅炉不存在(　　)水位的说法。

A. 最高工作　B. 最低工作　C. 最低危险　D. 最高危险

10. 锅炉安全阀的开启压力可调为(　　)。

A. 大于实际允许工作压力5%,但不应超过设计压力

B. 大于实际允许工作压力10%,但不应超过设计压力

C. 大于实际允许工作压力15%,但不应超过设计压力

D. 等于设计压力

11. 锅炉关闭蒸汽阀充分燃烧，安全阀开，烟管锅炉在（　　）min 内，水管锅炉在（　　）min 内，汽压应不超过设计压力 10%。

A. 7;7　　B. 15;15　　C. 7;15　　D. 15;7

12. 锅炉自动点火通常采用（　　）点火原理。

A. 摩擦　　B. 电热丝

C. 常压电极放电　　D. 高压电极放电

13. 锅炉水位双位控制是使给水泵在（　　）水位和（　　）水位起动和停止。

A. 最低危险；最高危险　　B. 最低危险；最高工作

C. 最低工作；最高危险　　D. 最低工作；最高工作

14. 一般船用锅炉给水标准中含盐量（NaCl）小于（　　）。

A. 1g/L　　B. 10mg/L　　C. 50mg/L　　D. 100mg/L

15. 船用海水淡化装置绝大多数采用（　　）。

A. 蒸馏法　　B. 电渗析法　　C. 反渗透法　　D. 冷冻法

16. 一般称为淡水者含盐量应在（　　）以下。

A. 100mg/L　　B. 200mg/L　　C. 500mg/ L　　D. 1000mg/L

17. 船用蒸馏式海水淡化装置多在高真空条件下工作，主要是为了（　　）。

A. 提高热利用率　　B. 利用动力装置热量和减轻结垢

C. 便于管理　　D. 造水量大

18. 大多数柴油机船舶海水淡化装置以（　　）为热源工作。

A. 主机活塞冷却水　　B. 主机缸套冷却水

C. 废气锅炉产汽　　D. 辅机（发电机）冷却水

19. 目前船用沸腾式海水淡化装置，海水加热和蒸汽冷凝是（　　）。

A. 基本上在相同的真空压力下

B. 在不同的真空压力下

C. 前者在正压力下，后者在真空下

D. 与 C 相反

20. 沸腾式与闪发式海水淡化装置工作原理的主要区别是（　　）。

A. 两者海水加热和汽化的真空度不同

B. 两者海水汽化和蒸气冷凝的真空度不同

C. 前者海水在压力下加热而在真空下汽化，后者都在真空条件下

D. 与 C 相反

21. 船用海水蒸馏装置以沸腾式取代闪发式的主要原因是（　　）。

A. 结垢少　　B. 经济性好

C. 产水含盐量少　　D. 管理更简单

22. 船用蒸馏式海水淡化装置的给水倍率是指（　　）。

A. 产水量与给水量之比　　B. 与 A 相反

C. 排盐（水）量与给水量之比　　D. 与 C 相反

23. 船用真空蒸馏式海水淡化装置的凝水泵一般采用（　　）。

A. 水环泵　　B. 离心泵　　C. 旋涡泵　　D. 螺杆泵

24. 带竖管蒸发器的真空沸腾式海水淡化装置空气抽出口设在(　　)。

A. 海水淡化装置顶部　　B. 冷凝器顶部

C. 冷凝器中部　　D. 冷凝器底部

25. 海水淡化装置不合格产水通常是(　　)。

A. 泄放舱底　　B. 回流至蒸馏器

C. 排放污水舱　　D. A 或 B

26. 带壳管式加热器的真空沸腾式海水淡化装置中汽水分离的设备包括(　　)。

A. 汽水分离挡板　　B. 汽水分离波纹板

C. 气体冷却器　　D. A + B

27. 目前大多数船用蒸馏式海水淡化装置设计成在真空度(　　)下工作。

A. 80% ~90%　　B. 90% ~94%　　C. 93% ~97%　　D. 为0(大气压)

28. 目前大多数船用蒸馏式海水淡化装置的蒸发温度为(　　)。

A. 30 ~35℃　　B. 35 ~45℃　　C. 45 ~60℃　　D. 80 ~100℃

29. 下列说法中对的是(　　)。

A. 所谓淡水应不含任何造盐分

B. 蒸流装置所产淡水,病菌已基本杀灭

C. 对饮用水要求最严,海水淡化装置产水含盐量以满足其要求为准

D. 盐水蒸馏所成的干饱和蒸汽基本上不含盐

30. 真空沸腾式海水淡化装置的真空度主要靠调节(　　)来控制。

A. 给水量　　B. 冷却水流量

C. 加热水流量　　D. 凝水泵流量

三、判断题(对的打"✓",错的打"×")

1. 水管锅炉是指燃烧产生的高温烟气或火焰在管束内流动加热管外的水。　(　　)

2. 水管锅炉是指燃烧产生的高温烟气或火焰在管束外流动加热管内的水或汽水混合物。(　　)

3. 蒸发量是锅炉的蒸发率是锅炉的蒸发量 D 与蒸发受热面积 H_b 之比。　(　　)

4. 火管锅炉对水质要求不高,烟管外的水垢容易清除,管理方便。　(　　)

5. 锅炉上必须设置至少两个安全阀。　(　　)

6. 一般称为淡水者含氯离子浓度应1000mg/L在以下。　(　　)

7. 我国船用锅炉给水标准规定补给蒸馏水的含盐量应小于10mg/L(NaCl)。　(　　)

8. 在船舶上,真空沸腾式海水蒸馏装置比真空闪发式海水蒸馏装置应用广泛。　(　　)

9. 船用海水蒸馏装置一般都采用真空式,其目的是便于利用温度不太高的柴油机缸套冷却水作热源,提高经济性。　(　　)

10. 船舶海水淡化装装置的真空度可通过调节冷凝器的冷却水流量来控制。　(　　)

第十一章　船舶防污染装置

知识目标

1. 初步具备船舶油水分离的知识，具备油水分离器工作原理的知识；

2. 初步具备船舶生活污水处理方法的知识，懂得生活污水处理装置工作原理的常识；

3. 初步具备船用焚烧炉的基本知识。

能力目标

1. 了解船舶油水分离的基本方法，熟悉油水分离器的组成及工作原理；

2. 了解船舶生活污水处理方法，熟悉生活污水处理装置的主要组成及工作原理；

3. 掌握船用焚烧炉的用途，熟悉船用焚烧炉的主要组成及工作原理。

船舶对海洋的污染主要有两种类型，一种是船舶油类污染，是指由于船舶运输而使石油及其产品对海洋环境造成的污染，其主要来源是机动船舶机舱舱底污水、油船压载污水洗舱污水以及一些海难事故及装卸事故中的溢油等。另一种是船舶非油类污染，主要是指船舶生活污水、固态废物对水域造成的污染。控制船舶对环境污染主要从船体结构、防污设施以及操作管理三方面入手。尤其是要在船舶上安装防污染装置。船舶控制船舶机舱污水排放的装置有油水分离器和油分浓度监控装置；控制油船排放压载水，洗舱水的瞬时排油率和排抽总量的有排油监控系统以及油/水界面探测器等。船舶控制生活污水排放的主要方法是利用生活污水处理装置。控制固体垃圾排放的主要方法是使用垃圾焚烧炉。

第一节　油水分离器

油水分离器是船舶对机舱污水、油船压载水和洗舱水进行处理，使其达到 IMO（国际海事组织）防污染公约和我国政府规定的排放标准，保护水域环境的有效和必备的设施。目前已研制出多种形式性能良好的油水分离器，并不断地改善其性能，以满足海洋和江河环境保护要求不断提高的需要。

国际海事组织关于《国际防止船舶造成污染公约》规定 400t 以上的非油船和油船机舱舱底水、油压舱水的排放，都必须通过油水分离器。

我国船舶检验局颁布的“内河船舶防污染结构与设备规范”中也明确规定：船舶主柴油机总功率等于或大于 440kW（600 马力）的新船，应于船舶建造时，至少装设一套油水分离设备；总功率大于或等于 220kW（300 马力）但小于 440kW 的新船，应于建造时，至少装设一套处理量为 0.1 ~ 0.25m^3/h 的小船油水分离设备；总功率小于 200kW 的新船，若在建造时不装设油水处理设备，则应装设污水舱（柜）。

船用油水分离器按用途可分为机舱舱底水分离器和压载水、洗舱水油水分离器。前者流量一般在 0.5 ~ 10t/h，通常以 1 ~ 3t/h 的为多见。后者流量较大。目前世界上油水分离器的最大流量 1000 t/h。

在船上装设油水分离器,对含油的机舱水、压舱水和洗舱水进行排放前的处理,可防止船舶对江、河、湖的污染,提高船舶营运经济性。

一、油水分离的基本方法

含油污水的处理方法有物理分离法、化学分离法、电分离法及生物分离法等。油污水中的油分有浮上油、分散油和乳化油三种形式,其中浮上油易分离,乳化油却难以分离。船用油水分离器目前基本上都采用物理分离法,它是利用油和水的密度差或利用过滤、吸附等物理措施使油水分离的。

常见的物理分离法如下:

1. 重力分离

这种方法是在重力场的作用下,利用油和水的密度使油水彼此分离。这种方法的优是结构简单,操作方便。缺点是只能分离自由状态的油(即浮上油和分散油),不能分离乳化状态的油。当油粒直径小于 50μm 时,分离就有困难。

(1)静置分离。将含油污水贮藏在舱(柜)内,利用油和水的密度差,使油上浮,水下沉达到分离的目的。这种方法需要较长的时间和较大的装置,并且难于连续工作,故很难在船上使用。

(2)机械分离。含油污水贮藏通过多层斜板、波纹板、细管等机械装置,使之产生涡流、转折和碰撞,以促进微小油粒积聚成较大的油粒,再经密度差的作用上浮,从而达到了分离的目的。此方法所需的设备体积小,易实现自动控制,可连续工作,故目前船上的油水分离器多采用此法。

2. 离心分离

利用机械带动油水高速回转,利用油和水的密度差,在离心力作用下实现分离。这种方法分离时间短,体积小,效率好,但是投资大,一般在船上用作分离燃油和润滑油中的水分和杂质量。

3. 过滤

所谓过滤,一般是指让某粒度的物质不能通过滤器的一种处理过程。利用这样的滤器可以有效地进行油水分离,但这样的滤器容易产生堵塞,必须经常进行反向冲洗。船舶油水分离器中的滤器,通常采用让微小油粒通过的同时,让他们相互碰撞,以使油粒聚合增大从而上浮分离(这种过滤也称粗粒化过程)。常见的过滤材料有砂、卵石、微孔塑料管、合成纤维、泡沫海绵、烧结状树脂等。

4. 吸附

吸附分离方法不是使油粒聚合增大,而是利用多孔性的固体吸附材料直接吸附水中的小油粒,达到油和水的分离目的。常用的吸附剂有沙、活性炭和各种高分子化合物等。

二、油水分离器的结构及其分离过程

现有油水分离器,采用多层斜板的机械分离为多。也有采用机械分离加纤维粗粒化元件或过滤材料分离的。但不管哪种油水分离器应满足以下基本要求:

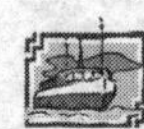

(1)应获得船检、港监部门签发的认可证书;

(2)额定分离量应满足舱底水的处理量;

(3)处理后污水油分浓度能满足排放标准要求(<15ppm);

(4)能实现自动排油;

(5)在船舶倾斜22.5°以内能保证正常工作;

(6)结构简单、质量轻、体积小、易拆洗检修。

船用油水分离器的结构形式很多,但常见的采用机械斜板式、粗粒化过滤式、斜板(或者波纹板)与粗粒化元件组合式等。

1. 多层斜板式油水分离器

此种型式的油水分离器多用作分离机舱舱底水。其结构如图11-1所示。它由上下两部分立式圆桶组成。中部用螺栓连接成一个整体。上部为粗分离室16,下部为细分离室9,在细分离室内设置多层平行斜板10。含油污水从进水口以切线方向进入粗分离室,并在其中作环流运动。在离心力的作用下,比较轻的油粒被水挤向中间,在多孔阻滞板20的阻滞下,一方面使中间环流运动逐渐停止,另一方面使油粒不断长大(粗粒化),然后沿斜板上升至集油室19,完成了第一级的粗分离。粗分离后的油污水通过集油罩6中部流入细分离室9。当微小油粒被水夹带进入斜板之间时,即被阻滞在斜板下表面,并在此聚集长大,直到所受到浮力足以克服本身的重力和斜板表面的摩擦阻力时,油粒开始沿斜板向外移动,并最终脱离斜板边缘而上浮。上浮的油粒集聚在集油罩6的下面,再经过油上升管17进入顶部的集油室19,集油室中的油液经排油管1排至污油柜。失去了油粒的水,则从集水管11的径向孔进入集水管,再由排水管12排出舷外。

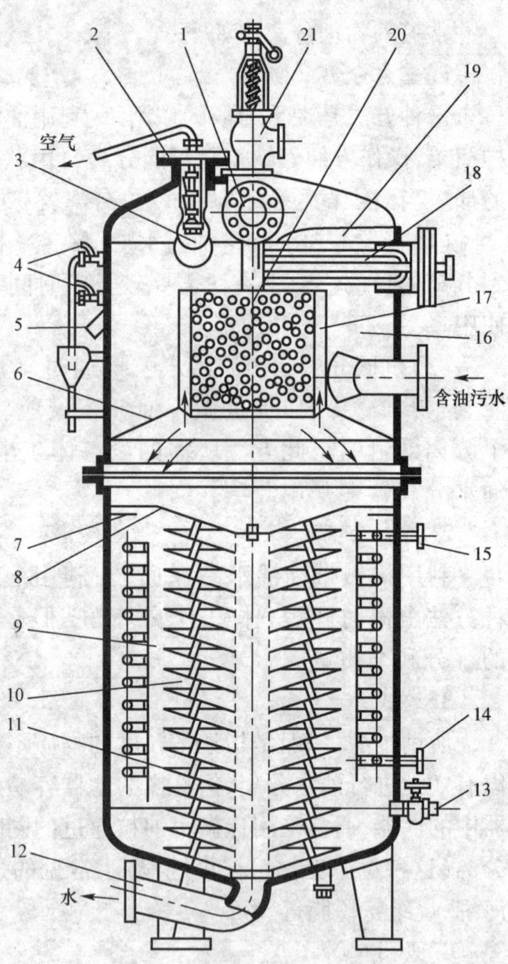

图11-1　多层斜板式油水分离器

1-抽油管;2-空气泄放阀;3-控制浮球;4-实验旋塞;5-自动排油电极插口;6-集油罩;7-支撑板;8-拉撑板;9-细分离室;10-斜板;11-集水管;12-排水管;13-排泄阀;14-加热蒸汽出口法兰;15-加热蒸汽进口法兰;16-粗分离室;17-油上升管;18-蒸汽加热管;19-集油室;20-多孔阻滞斜板;21-安全阀

这种油水分离器结构简单,能保证在船舶倾斜15°时能正常工作。但分离效果一般,处理后的污水含油量为10~20ppm。

2. CYF-B型油水分离器

CYF油水分离器是上海船舶运输科学研究所制成的船用油水分离器(现已形成系列产品),用来处理船舶机舱舱底水,为国内各类船舶所广泛采用。

该油水分离器采用重力分离和粗粒化分离相结合的方法。其流程原理如图 11-2 所示。含污油的机舱舱底水被舱底水泵从油污水进口 6 泵入分离器内,粗大油粒即分离上浮进入左集油室 10 顶部,含有细油粒的污水向下进入多层波纹板组 4 的粗分离装置,细小油粒不断碰撞聚合,直至到波纹板组出口处,形成粗大油粒与水分离,并上浮至右集油室 15 的顶部。污水则经过滤器 19 和外接管路依次进入聚合元件 17、16(即粗粒化元件)进行细分离,油粒上浮至中间集油室 13。分离后的水经过排水口 5 至舷外。聚集在左右集油室的污油,通过油位检测器 9 发出的信号,自动控制排油阀 12 的启闭,间歇排油。排油时经污油排放管 14 排往污油柜。如果中间集油室 13 中的污油量不多时,则采用人工定期排放。在左右集油室还装设有蒸汽或电加热器,保证高黏度污油在较低环境温度下也能顺利排出。

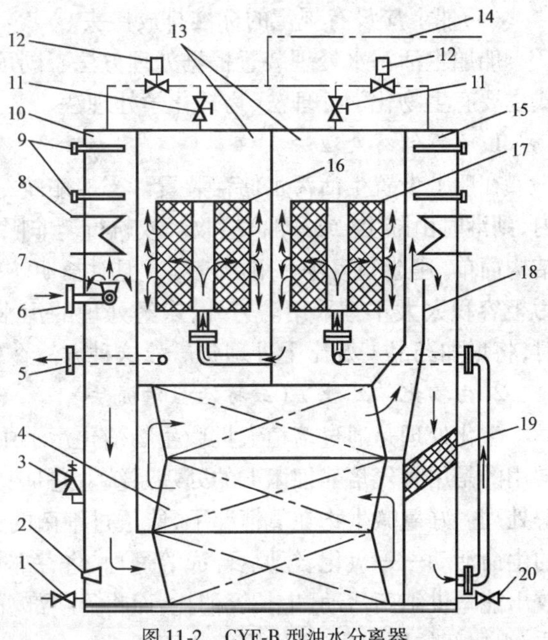

图 11-2　CYF-B 型油水分离器

1-泄放阀;2-蒸汽冲洗喷嘴;3-安全阀;4-多层波纹板组;5-清水排出口;6-油污水进口;7-扩散喷嘴;8-加热器;9-油位检测器;10-左集油室;11-手动排油阀;12-自动电磁阀;13-中间集油室;14-污油排油阀;15-右集油室;16、17-聚合元件;18-隔板;19-过滤器;20-泄放阀

这种油水分离器能使处理后的污水含油量在 10ppm 以下,并能保证在船舶倾斜 22.5°时能正常工作。

第二节　船舶生活污水处理装置

船舶生活污水是指任何形式的厕所排出的粪便污水;从医务室排出的污水;装有活的动物处所的排出物;混有上述几种排出物的其他废水。通常分为两类,一种是指厨房、浴室和盥洗室出来的生活污水称为灰水;另一种指厕所、医务室、运输动物舱内的冲洗水和排水称为黑水。生活污水中的有机物在水中微生物的作用下消耗大量的溶解氧,并使水质腐坏。固体悬浮物则悬浮于水中,影响水的透光性,从而影响水生植物进行光合作用,而污水中的病原微生物,如不进行处理直接排入海洋中,就容易引起疾病的传播。例如:大肠杆菌、肝炎病毒等等,都有可能引发人类大的瘟疫和灾难。

国际海事组织《73/78 防污公约》,对船舶生活污水的排放规定了一系列排放标准。所有 200 总吨以上和船员在 10 人以上的船舶,应装有如下设备:

(1)需要在距离最近陆地 4 n mile 以内的地方排放生活污水,应装有生活污水处理装置。要求生活污水处理装置能正常运转,装置要符合主管机关的规定,且排出的废液在其周围的水中不会产生可见的漂浮固体,也不会使水变色。

(2)如需在距离最近陆地 4 n mile 以外的地方排放生活污水,船舶应装有能将生活污水粉碎和消毒处理的装置。

(3)如在离岸最近距离为12n mile 以上的地方排放生活污水,可只设集污柜。

(4)船上应设有规定的标准排放接头。

船舶生活污水处理装置根据处理方法不同可分为存储式与处理排出式两大类。处理排出式主要有生物化学处理法、物理化学处理法。

1.收集储存处理法

在船上设置生活污水储存装置。当船舶航行于内河或沿海时,将生活污水储存在集污柜内,到港时由陆上(或派船)接收。或航行至非限制海域排放出舷外。这种生活污水处理方式结构简单,建造和运转费用均较低。但对长期航行或停泊在禁止排放的特殊水域的船舶,因集污柜容积太大不宜采用。另外,未经处理的污水储存在柜内也不卫生,使用药品杀菌和除臭时,将增加药品费及岸上处理费。故这种方法在目前已逐渐被淘汰。

2.生物化学处理法(或称活性污泥法)

生化处理是通过培植大批微生物消化污水中的有机物质,以达到污水处理目的。目前最常用的是用曝气培养细菌群的处理系统。它是利用好氧微生物为主的活性污泥对污水进行分解处理。好氧微生物在氧情况下,能透过细菌的细胞壁将污水中的有机物吸收,细菌通过自身的生命活动——氧化、还原、合成等过程,将一部分被吸收的有机物氧化成简单的无机物,同时放出能量供细菌活动、生长等消耗,而将另一部分被吸收的有机物转化为生物体所必须的营养质,组成新的原生质,使细胞生长繁殖。

粪便污水经过滤或粉碎进入收藏柜,然后流入曝气室中由曝气风机不断供入空气,维持细菌的生命活动,并借以消化污水中的有机物质,使污水净化。处理后的净水则送至消毒室,然后由排出泵排出舷外。

图11-3 所示为活性污泥法生活污水处理装置。这种装置主要由曝气室、沉淀室和消毒室组成。另外还有排出泵、空气压缩机、浮子开关和控制箱等辅助设备。

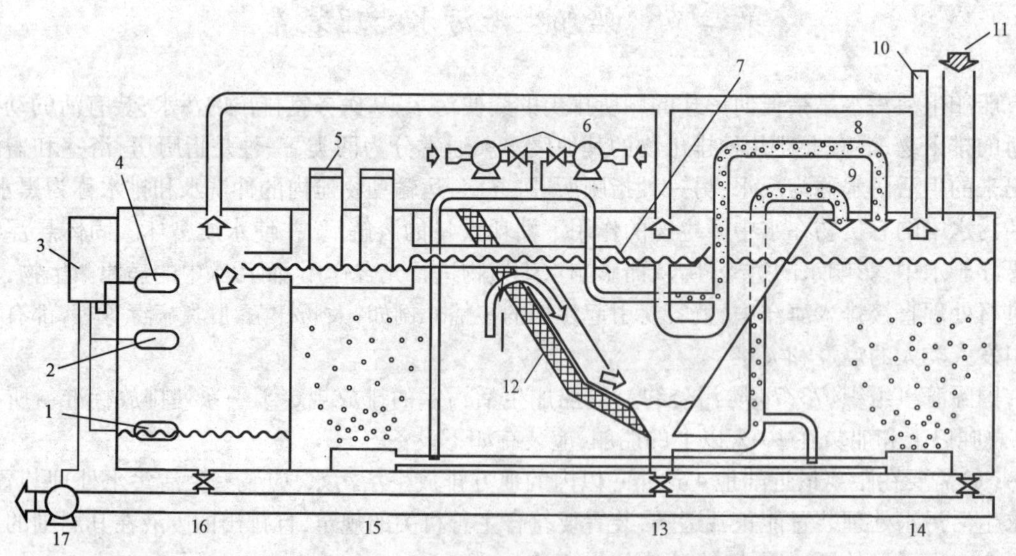

图11-3 活性污泥法污水处理装置示意图

1-低水位浮子开关;2-高水位浮子开关;3-控制箱;4-反常高水位浮子开关;5-氯化器;6-空气压缩机;7-漂清器;8-送回浮渣;9-送回污泥;10-通气管;11-污水进口;12-滤网;13-沉淀室;14、15-曝气室;16-杀菌室;17-排出泵

(1)曝气室。生活污水由顶部进口管送入曝气室,压缩空气经安装在底部的扩散器供入污水中,搅拌污水使其与活性污泥充分混合完全接触,保证好氧性微生物生活所需氧气。经24h左右曝气,污水中有机污染物质通过微生物新陈代谢分解氧化,最终转化为二氧化碳和水,使污水得到净化,同时又合成新的细胞质(活性污泥)。水和新形成的活性污泥流入沉淀池,而二氧化碳通过排气系统放出。

(2)沉淀室。活性污泥在沉淀室内沉淀,一部分通过空气式提升器回流到曝气室,补充活性污泥的流失,保持一定的活性污泥浓度,多余污泥定期排出。净化的水从溢流管流入消毒室。在沉淀室上部有一个集渣盘,使收集的碎片等杂质回流到曝气室。

(3)消毒室。从沉淀室流出的净化水经加氯器杀菌消毒后流人消毒室。加氯器由方形本体和两个填充药片的圆筒组成。净化消毒后符合排放标准的水,由排出泵排出。

这类装置运行时应特别注意,由于活性污泥的培养通常需要10天到1个月的时间,因此,每次开始使用前必须先送入一定量活性污泥或直接加入带有粪便的污水进行保温培养,经过10天以后再启动运行。最好是运行后就不停地连续运行,如停止几天以后,活性污泥的功能就会下降。生物化学处理污水处理效果好,体积小,简单可靠,近年来,被广泛采用。

3.物理化学处理法

物理化学处理生活污水的过程包括接受污水,对污水分离,储存分离出的固体(待以后处理),对分离后的污水进行消毒,然后排至舷外或循环使用等。

物化处理就是先用物理方法对污水进行固液分离,然后向存放液体的处理柜中加入具有絮凝作用的化学药剂,从而在污水中产生絮凝胶团并吸附污水中的有机悬浮物质,同时污水中的大肠杆菌群也被化学药剂杀死,再经过沉淀柜沉淀后,污水得到净化,净水可排住舷外或循环使用,另一方面,分离出的固态污泥存入污泥柜中,然后进焚烧炉焚烧或在允许区域排放至舷外,这种系统可以实现“无排放”要求。图11-4为物理化学处理流程图。

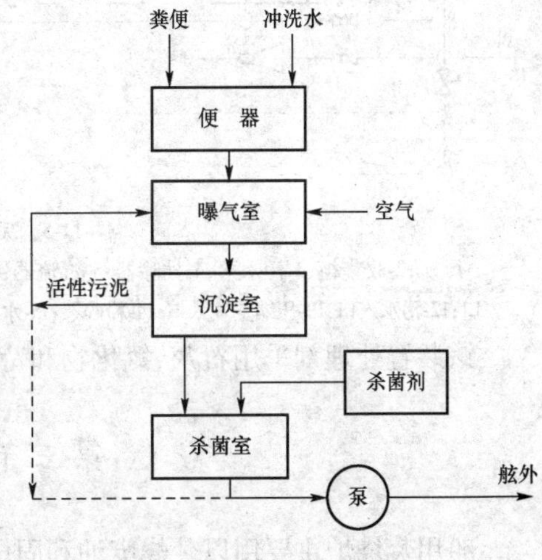

图11-4　物理化学处理流程图

这种方法由于结构简单紧凑,性能良好,化学药品需要量少,造价和运行费用适中,是很有前途的一种处理方法。特别是再循环处理装置对节约用水更具有优越性。它是将污水处理装置排出的液体作为冲洗介质,以冲洗厕所。液体再循环前,先经过分离、处理、澄清、过滤,然后储存在蓄压器或压力水柜中以备使用。被分离出来的固体污物用粉碎泵粉碎,排至污泥储存柜,然后排至非限制海城或排至港口接受装置处理。若在限制海域,可排至焚烧炉焚烧掉。

图11-5所示为用物化法处理生活污水装置的工作原理图。污水首先进入收集柜2,污水通过柜内滤器由污水泵抽出,经抽除器4和混流器5送入浮选柜6,少部分通过电磁阀V_{13}和V_{14}回流到收集柜,反冲洗滤器。具有压力的污水通过抽除器时,吸入由定量泵18、19和20送来的处理药剂,污水和药剂在混流器中充分混合,然后流入浮选柜6。污水在浮选柜内产生絮

凝,污水中的杂质、悬浮固体物质被絮凝体吸附上浮,由顶部的浮渣盘收集放入残渣柜 7。较干净的污水在浮选柜的下部经过几道挡板后,由排放泵 8 排出舷外。当残渣柜内污泥达到一定高度时,由粉碎泵自动抽送到收集柜内。收集柜底部的污泥也可通过粉碎泵循环送到收集柜上部。收集柜内污水浓缩达到一定程度后,用粉碎泵通过污泥出口 16 送到焚烧炉烧掉或在非管制海域排至舷外或送到岸上接收设备。

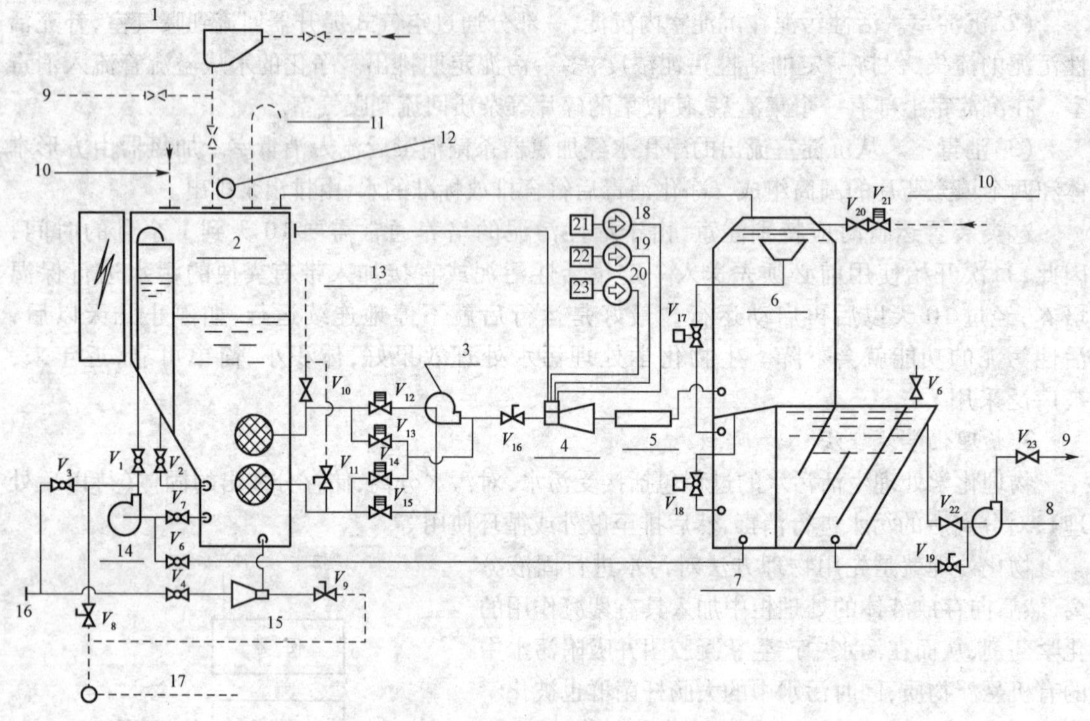

图 11-5　WCE 型物化法污水处理装置

1-厕所;2-收集柜;3-污水泵;4-抽除器;5-混流器;6-浮选柜;7-残渣柜;8-排放泵;9-通舷外;10-清洗水入口;11-通气口;12-污水入口;13-压缩空气入口;14-粉碎泵;15-水喷射器;16-污泥出口;17-来自消防水;18、19、20-定量泵;21 ~ 23-药剂柜

该装置处理剂采用石灰、氯化物和苛性碱等,分别存放在药剂柜 21、22 和 23 中。

第三节　船用焚烧炉

船用焚烧炉主要用以焚烧废油和固体废弃物。废油几乎全部来自机舱,通常多含有较多的水分,但经过沉淀除水后均可燃烧。固体废弃物主要有棉纱、食物残渣、机舱和居住区所产生的可燃性垃圾等。这些固体废弃物可直接投入焚烧炉内,利用废油中的燃油燃烧掉。生活污水处理装置的污泥残渣,可直接由定量泵投入炉内焚烧,也可送入废油柜与废油混合,由粉碎机循环粉碎成可燃烧状态,通过废油燃烧器喷入炉内焚烧。

如图 11-6 所示是 CFZ-40 型焚烧炉系统的工作原理图。该装置主要由三部分组成:①焚烧炉本体,包括风机、燃烧器及电磁阀、仪表等;②污泥柜,包括粉碎泵组件、加热系统;③自动控制箱。污油泥或污水污泥送入带有蒸汽加热的污泥柜搅拌混合,并用粉碎泵粉碎成粒度小于 2mm、含水率为 50% 左右的颗粒乳状液,再由定量泵注入燃烧器,喷入炉内在高温负压下燃

烧。固体废弃物应先装在标准袋内，在停炉时从加料门投入预燃室，受主燃烧室火焰辐射热照射温度升高，热解自焚，从排灰口排出灰渣。焚烧炉运行完全按自动控制程序进行，不需人工看管，而且焚烧液态废弃物与单纯焚烧固体废弃物控制程序不同。

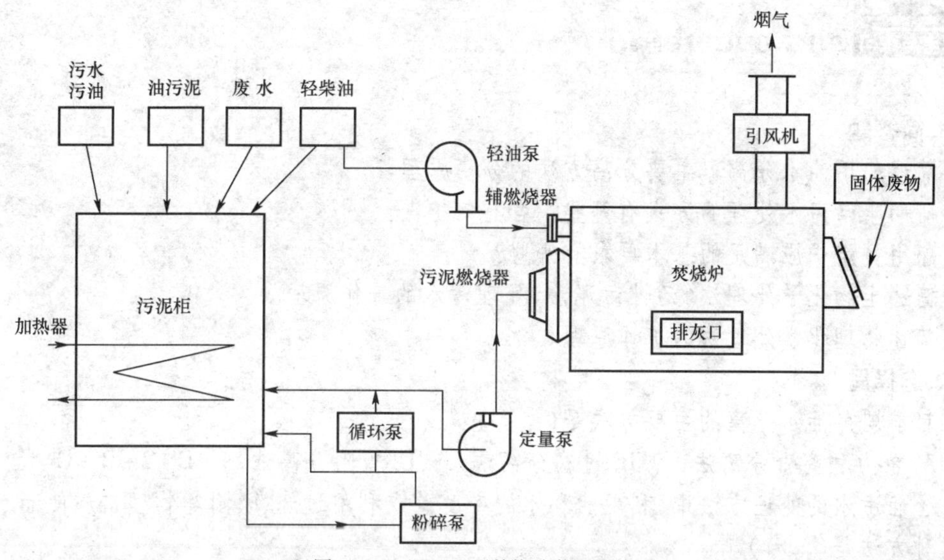

图 11-6　CFZ-40 型焚烧炉装置系统

图 11-7 为焚烧炉的实例。由图可见，焚烧炉具有一个钢板制成的外壳 1，在壳体内砌有隔热耐火砖 12，它所包围的空间即为焚烧室。在焚烧室内既可焚烧由进料口 9 投入的固体废物，也可焚烧经燃烧室 6 前方的燃烧喷射器 5 喷入的污油、污泥等。燃烧用的空气由风机 8 经风管 7 供给，废气由排烟管排出。燃烧后的灰分由出灰口 11 排出。另外，焚烧炉还设有火焰监视器 3，视窗 10、点火孔 13 等。

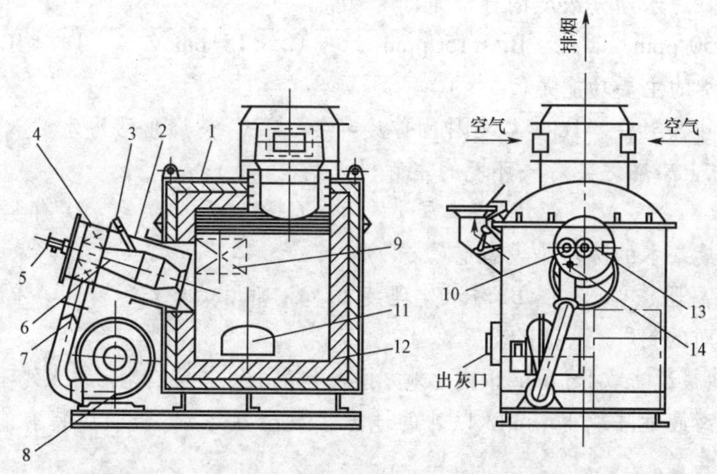

图 11-7　焚烧炉的结构

1-外壳；2-燃烧器本体；3-火焰监视器；4-气流回旋室；5-燃烧喷射器；6-燃烧室；7-风管；8-风机；9-垃圾投料口；10-视窗；11-出灰口；12-耐火砖；13-点火孔；14-风门

这种焚烧炉具有安全、点火容易、体积小、环境适应性好、耗能少等特点，此外，还能确保排出的烟气无烟灰和气味，避免对空气造成二次污染。

SIKAOYULIANXI

一、简答题

1. 简述船用油水分离器主要分离方法的分离原理。

2. 船舶生活污水处理的方式有哪些？各有何特点？

3. 船用焚烧炉应满足的基本要求有哪些？

4. 简述生物化学处理法(活性污泥法)处理污水的工作原理。

5. 简述物理化学处理法的工作原理。

二、选择题

1. 目前船舶油水分离的主要方式是(　　)。

A. 重力和离心分离法　　B. 过滤分离法　　C. 吸附分离法　　D. A+B+C

2. 含油污水的处理方法中，利用油和水的密度差或利用过滤、吸附等物理措施使油水分离的。这种方法是(　　)。

A. 物理分离法　　B. 电分离法　　C. 生物分离法　　D. A+B+C

3. 船舶生活污水处理装置根据处理方法不同可分为(　　)两大类。

A. 存储式与处理排出式　　B. 物理式及化学式

C. 沉淀式及搅拌式　　D. 重力式及离心式

4. 油水分离器对船舶机舱污水、油船压载水和洗舱水进行处理，处理后污水油分浓度应满足排放标准要求。污水油分浓度的标准是(　　)。

A. 等于 150 ppm　　B. <150ppm　　C. <15ppm　　D. <10 ppm

5. 船舶焚烧炉的主要功能是(　　)。

A. 焚烧船上废油　　B. 焚烧各种固体废弃物　　C. 焚烧生活污水　　D. A+B

6. 按规定，防止船舶污染海域环境的主管机关是(　　)。

A. 环保局　　B. 海事局　　C. 海洋局　　D. 船检局

7. 当今船舶最基本的防污染设备有(　　)。

A. 油水分离器　　B. 污水处理装置　　C. 船用焚烧炉　　D. A+B+C

三、判断题(对的打“✓”，错的打“×”)

1. 需要在距离最近陆地 4 n mile 以内的地方排放生活污水，应装有生活污水处理装置。(　　)

2. 如需在距离最近陆地 4 n mile 以外的地方排放生活污水，船舶应装有能将生活污水粉碎和消毒处理的装置。(　　)

3. 如在离岸最近距离为 12n mile 以上的地方排放生活污水，可只设集污柜。(　　)

4. 生化处理是通过培植大批微生物消化污水中的有机物质，以达到污水处理目的。(　　)

5. 物理化学处理生活污水的过程包括接受污水，对污水分离，储存分离出的固体，来培植大批微生物，对分离后的污水进行消毒，然后排至舷外或循环使用等。(　　)

第三篇　船舶电气概论

第十二章　船舶电器设备

知识目标

1. 熟悉电气技术所涉及各种基础知识；
2. 熟悉电气设备的主要类型及应用条件；
3. 熟悉接触器、继电器、空气断路器等常规电器的作用,结构及使用范围；
4. 了解各种电机的基本原理,分类；
5. 了解电机的启动、调速等基本常识。

能力目标

1. 具备低压电器的基础知识；
2. 正确识别各类常见的船舶电器设备,了解使用场合；
3. 初步具备操作有关电器设备的能力；
4. 具备基本的电器设备符号识读能力。

第一节　船舶电气基础

一、船舶电气基础知识

现代船舶大多采用内燃机作为主推进动力装置,所配备的绝大多数机械都采用电力拖动方式进行工作。其电能供给由独立的船舶电力系统予以实现。为了满足船舶正常运营的需要,该系统必须具备供电、配电、控制与保护等功能。因此,船舶电力系统是一个电气线路十分复杂的系统。

任何复杂的电气线路都是由一些基本的单元电路组合而成,而基本单元电路又均为若干功能不同的电器元件的组合。所谓电器,即是根据外界的电信号或非电信号自动或手动地实现电路的接通、断开、控制、保护与调节的电路元件。简言之,电器就是电的控制元件。

电力系统中所使用的电器,种类数非常之多,下面就扼要介绍一下它们的分类方法及相应类型。

1. 按工作电压分类

(1)高压电器:交流大于1000V,直流大于1500V的电器。

(2)低压电器：交流小于1000V,直流小于1500V的电器。

2.按用途分类

(1)控制电器:用于各种电气传动系统中,对电路及系统进行控制的电器。如接触器、各种控制继电器。

(2)保护电器:用于电气系统中,对发电机电网与用电设备进行保护的电器。如:熔断器、热继电器等。

(3)主令电器:在电器控制系统中,发出指令,改变系统工作状态的电器。如:按钮、主令控制器等。

(4)执行电器:接受电信号以实现某种功能或完成某种动作的电器。如:电磁铁、制动器等。

3.按动作方式分类

(1)手动控制电器:依靠人工操作进行动作而执行指令的电器。如:按钮、转换开关等。

(2)自动控制电器:能够感受电或非电信号,自动动作而执行指令的电器。如:接触器、继电器等。

4.按执行元件分类

(1)有触点电器:通过触头的接触与分离而通断电路的电器。如:刀开关、继电器等。

(2)无触点电器:通过电子电路发出检测信号而实现(执行相应指令或通断电路)功能的电器。如接近开关、晶体管式时间继电器等。

二、船舶电气系统基本参数及特殊要求

1.电制

船舶电力系统的基本参数是指电流种类(电制)、额定电压和额定频率的等级。它们决定了电站工作的可靠性和电气设备的重量、尺寸、价格等。

由于电源有直流电源与交流电源之分,因此船舶电力系统也相应有直流电力系统船舶与交流电力系统船舶,习惯上把它们称为直流船与交流船。在20世纪50年代以前所建造的船舶,绝大部分是直流船,而后随着科学技术的发展,在20世纪50年代以后建造的船舶主要是交流船,20世纪70年代后除特种工程船舶外,几乎都采用交流电力系统。

2.额定电压等级

我国采用交流电制的船舶,其额定电压与陆地的低压交流电制基本一致。

船舶电气系统额定电压的大小直接影响到电力系统中所有电气设备的重量和尺寸、价格等技术经济指标和人身安全问题。

提高电压主要是使电缆网络的重量和外形尺寸减少,对电力系统中的其他元件的重量、尺寸特性影响并不大。可是电压的提高对电气设备的绝缘和安全方面也提出了更高的要求,因此船舶建造时选择额定电压主要考虑是与本国陆上低压电网额定电压相一致。

目前,随着船舶电站容量的增加,在一些大型船舶、工程船舶及舰船上电站容量已达数万千瓦,这时仍采用低压系统标准显然已不合理,因此这类船舶大多采用陆上相应中压等级标准(如3.3kV)。

我国船用额定电压情况见表12-1。

额定电压 U(单位:V) 表 12-1

额定电压 / 电气设备	电源设备额定电压	受电设备额定电压
直流电气设备	28、115、230	24、110、220
交流电气设备	115、230、400	24、110、220、380

3. 额定频率

船舶电网的额定频率 f 通常为 50Hz/60Hz,部分通信设备电源采用中频局部供电(115V,400Hz)。

我国船舶上一般采用交流 220V/380V 三相三线制 50Hz 和直流 24V 蓄电池两种电源。其中,直流蓄电池主要用于应急、交流发电机的励磁等。

4. 船舶电气设备和工作条件及其基本要求

船舶电气设备工作条件比陆地恶劣得多,环境条件对电气设备的运行性能和工作寿命有严重影响。当环境温度高时,会造成电机出力不足,绝缘加速老化。相对湿度高则会使电气设备绝缘受潮、发胀、分层及变形等,使绝缘性能降低,并且会使金属部件加速腐蚀。空气中的盐雾、油雾的存在,霉菌的生长及灰尘粘结都能使电气设备绝缘下降、工作性能受到影响。当船舶营运时常常受到严重的冲击、振动、倾斜和摇摆时,也会造成电气设备损坏、接触不良或误动作。由此可见,船用电气设备必须满足"船用条件"的要求(表 12-2)。

船用电器工作条件 表 12-2

	工作条件	要 求		工作条件	要 求
1	周围温度	-25 ~ +45℃	6	霉菌	有
2	相对湿度	95%	7	船体倾斜:周期横倾	22.5°
3	凝露	有	8	振动	有
4	盐雾	有	9	冲击	有
5	油雾	有			

相关技术要求有:GB/T 3783-1994 船用低压电器基本要求。

无船用产器时,可以考虑采用陆用产品加三防(防湿热、防盐雾、防霉菌)来代替。

第二节 船舶电气系统常见电气元器件

一、接触器

接触器为一种利用电磁吸力的作用远距离频繁通断大电流电路(即主电路)的开关电器。

其基本工作原理如图 12-1 所示。当吸引线圈通电时磁路中产生磁通,当由此而产生的电磁吸力大于反力弹簧等的反力时,衔铁吸合而使触头通断状态改变;当吸引线圈失电时,电磁吸力小于反作用力,衔铁释放而使触头状态复原。由此,通过对小功率电磁线圈得失电的控

制,使其触头通断状态相应改变即可实现对大功率主电路的通断控制。交流接触器的灭弧装置有磁吹式和灭弧栅式。

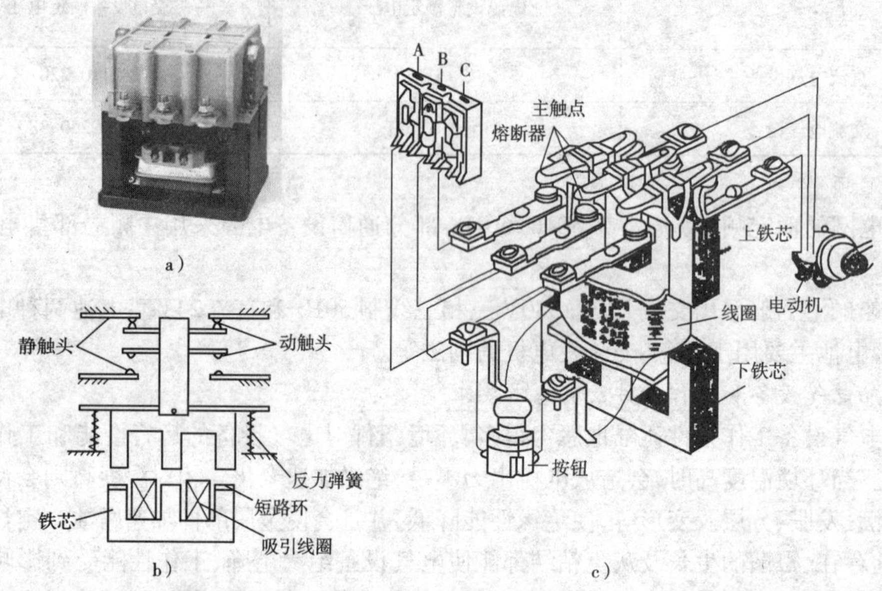

图 12-1 接触器

a)接触器外形;b)接触器原理;c)接线示意图

由于交流接触器吸引线圈中通过的是交流电,故铁芯中产生的磁通是交变磁通,电磁吸力与磁通的平方成正比,当交流电过零时,磁通为零,吸力为零,这时候衔铁在弹簧的反力作用下被拉开,磁通过零后吸力又开始增大,衔铁又吸合。在如此反复循环的过程中,衔铁产生强烈的振动和噪声,振动使电器寿命缩短,并使触点接触不良、磨损或溶焊。为此,在交流接触器中设置有短路环(参见图 12-1b)。短路环通常套在静铁芯接触面的 2/3 部分上,装了短路环后将气隙磁通一分为二,一部分磁通穿过短路环,将在环内产生感应电动势、感应电流,产生磁通 ϕ,磁通 ϕ 分别与磁通 ϕ_1 磁通 ϕ_2 相量相加,使穿过气隙的磁通 ϕ_{1k} 和 ϕ_{2k},它们不仅相位不同而且幅值也不一样,有这两个磁通产生的电磁力就不再同时过零点,这时,合成磁力就相当平稳,只要最小吸力大于反力,那么衔铁将会牢牢地吸住,不会产生振动和噪声。

船用交流接触器主要用于交流频率 50Hz 和 60Hz,额定电压至 1000V,额定电流至 800A 的电气系统中接通和分断电路,并可与适当的热继电器或电子式保护装置组合成电动机起动器,以保护运行中可能发生过载的设备。

船舶上还使用不少直流接触器,有 CZ0、CZ1、CZ2 和 CZ5 等系列。

二、继电器

继电器为一种根据某种特定信号的变化来控制小电流电路(控制电路)的通断状态以实现对电力拖动设备和系统的自动控制与保护的电器,如图 12-2 所示。其输入信号可以是电信号(如电流、电压等),亦可以是非电信号(如时间、温度、速度、压力等)。按照不同的分类方法,继电器可分为多种类型:

(1)按输入信号分:有电压继电器、电流继电器、时间继电器、速度继电器等;

（2）按动作原理分：有电磁式继电器、感应式继电器、电子式继电器、热继电器等；

（3）按动作时间分：有快速继电器（0.005～0.05s）、瞬时继电器（0.05～0.15s）、延时继电器等；

（4）按执行环节分：有触点继电器、无触点继电器等。

三、自动开关

低压断路器即低压自动开关，又称低压空气开关或自动空气断路器（如图12-3、12-4所示）。它具有灭弧能力相当强的灭弧罩，因此不仅能带负荷通断电路，而且能通断一定的短路电流。

图12-2　继电器

图12-3　自动开关一

图12-4　自动开关二

配电用低压断路器按结构型式分，有塑型外壳式和万能式两大类。

塑壳式低压断路器，又称装置式自动空气断路器。国产型号"DZ"。

DZ10型断路器的操作手柄有三个位置：①合闸位置；②自由脱扣位置；③分闸和再扣位置。DZ10型断路器内装设的电磁脱扣器，作短路保护用；装设热脱扣器（双金属片式），作过负荷保护用。DZ10型断路器，采用钢片灭弧栅。

万能式低压断路器又称为框架式断路器。由于其保护方案和操动方式较多，装设地点也很灵活，因此有"万能式"之称，国产型号为"DW"。

DW型断路器（图12-5）的合闸操动方式较多，除直接手柄操动外，还有杠杆操动、电磁铁操动和电动机操动等方式。断路器有选择和非选择型两类。DW型的断路器可装设的脱扣器类型有：过电流脱扣器、欠电压脱扣器和分励脱扣器。主要型号有：DW10；DW15；DW94；DW95；DW98等。

四、熔断器

熔断器是电气线路中最常见、最廉价的保护电器。熔断器在电气线路中主要起到短路保护的作用。熔断器具有价格低廉、更换方便、工作可靠等优点。因此，在船舶电气系统中有着十分广泛的运用。图12-6所示为常见的熔断器。

保护电气线路的熔断器熔体电流的选择应满足以下要求：

（1）熔断器额定电流应不小于线路的计算电流，以使熔体在线路正常最大负荷下运行时

不致熔断。对有并联电容器的电路来说，由于其瞬间涌流较大，熔断器额定电流应取为其电路额定电流的 1.43 ~ 1.55 倍。

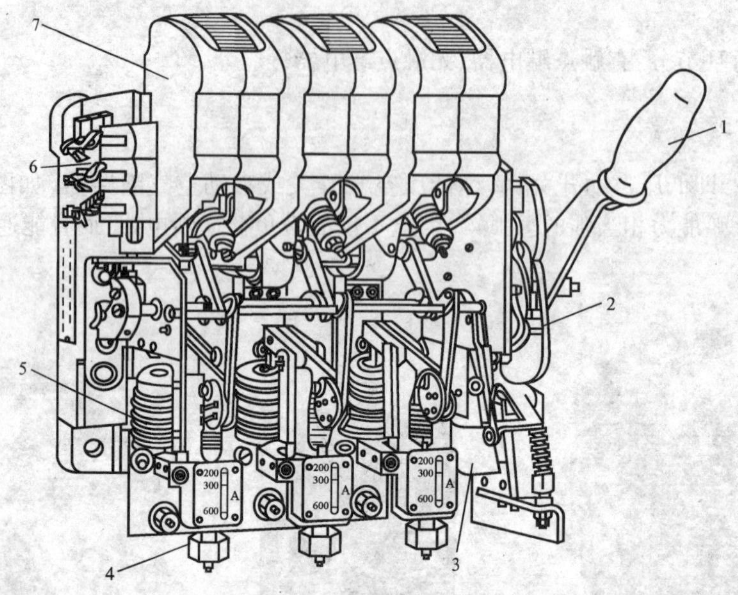

图 12-5　DW10-200 型万能式低压断路器

1-操作手柄；2-自由脱扣机构；3-失压脱扣器；4-过电流脱扣器脱扣电流调节螺母；5-过电流脱扣器；6-断路器辅助触头；7-灭弧罩（内有主触头）

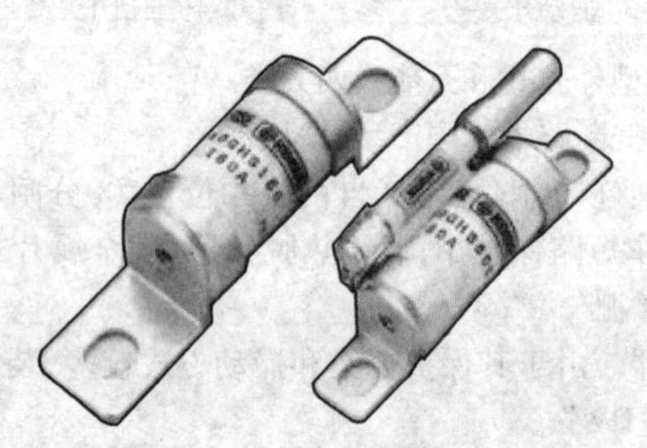

图 12-6　熔断器

（2）熔断器额定电流还应“躲”过线路的正常尖峰电流，以使熔体在线路出现正常的短时尖峰电流时也不致熔断。

（3）熔断器保护还应与被保护的线路相配合，使之不致发生因出现过负荷或引起短路而引起绝缘导线或电缆过热甚至起燃而熔断器不熔断的事故。如果不满足配合要求，则因改变熔断器的型号规格，或者适当增大导线或电缆的线芯截面。

熔断器保护范围如图 12-7 所示。

五、主令电器

主令电器为切换控制线路的单极或多极小电流开关电器，其触头容量小，不能用于主电路，而是用于控制电路，控制其他电器的工作状态。主令电器发出指令改变其他电器的电磁线圈的得失电状态，以切换线路而改变被控装置的工作状态从而实现对系统的自动控制。主令电器应用广泛，种类繁多，主要包括按钮、万能转换开关、行程开关、主令控制器、接近开关等。

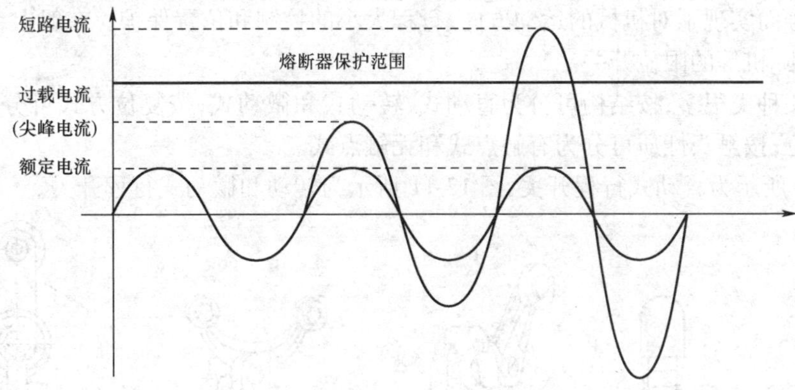

图 12-7　熔断器保护范围

1. 按钮

在控制电路中，按钮通过控制接触器、继电器等来通断电路而实现对电动机或其他电气设备的远距离控制。其外形见图 12-8a)，结构见图 12-8b)，主要由按钮帽、复位弹簧、指式动触头、静触头与外壳等组成。工作原理为当按钮被按下时，其上面一对动断(常闭)触头先断开，然后接通下面一对动合(常开)触头，释放后，在复位弹簧作用下，按钮复原。其电路符号见图 12-8c)。

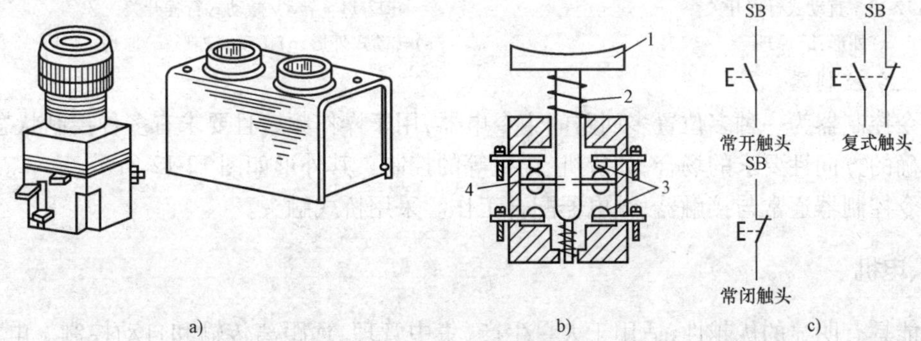

图 12-8　按钮

a) 外形；b) 原理图；c) 符号

为便于识别，避免误操作，通常采用不同颜色的按钮帽来区别起动、停止按钮。绿色用于起动按钮，红色用于停止按钮。

2. 万能转换开关

万能转换开关亦称多路多极开关，如图 12-9 所示，为一种多触头多位置式可以控制多个电气回路通断状态的主令开关。作为不作频繁操作的手动电器，万能转换开关一般用于各种配电装置的远距离控制和电气测量，如作为电压表、电流表的换相开关。

图 12-9　转换开关

3. 行程开关

行程开关又称限位开关，是一种根据行程位置实现线路切换的主令电器。其基本原理即是利用机械运动部件的碰撞或接近来控制触头动作而使电路通断。通过将机械（位移）信号转换为电信号而实现了对机械的运动方向、行程大小的控制和位置保护。在船上，行程开关常用作舵机、升降机等的限位开关。

行程开关种类很多，按结构可分为直动式、转动式和微动式；按复位方式可分为自动复位和非自动复位；按触头性质可分为有触点式和无触点式。

图 12-10 所示为直动式行程开关；图 12-11 所示为转动和微动式行程开关。

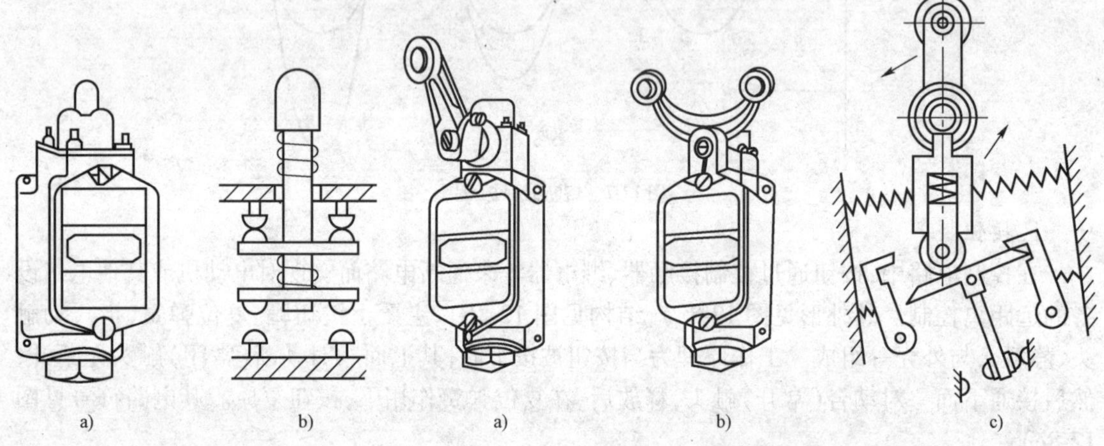

图 12-10　直动式行程开关
a）外形；b）原理

图 12-11　转动/微动式行程开关
a）转动式外形；b）微动式外形；c）原理

4. 主令控制器

主令控制器为一种多位置多回路的主令电器，用于操作频繁且要求有多种控制状态，尤其是有明确的方向性要求的场合，如货机、锚机等的控制。其外形如图 12-12 所示。

主令控制器通常与接触器、继电器配合工作。采用桥式触头。

六、电机

电能具有明显的优越性，适用于大量生产、集中管理、远距离传输和自动控制。电机就是一种将电能与机械能相互转换的电磁机械装置。电机一般有两种应用形式。一种是把机械能转换为电能，称之为发电机。另一种是把电能转换为机械能，称之为电动机，它用来驱动各种用途的生产机械和其他装置，以满足不同的要求。

电机使用的电源不同，可分为直流电机、交流电机（交流又有异步电机和同步电机之分）。目前，船舶上的交流发电机主要是交流同步发电机，运用于各种船舶辅机设备的电机主要是交流异步电动机。下面，就这两种船舶上最为常见的电机作简单介绍。

图 12-12　主令控制器

1. 交流异步电动机

（1）交流异步电动机的结构。交流异步电动机一般分为两种结构类

型，一是笼式结构（图 12-13），即转子绕组由封闭的铸铝导条构成，因转子绕组形似鼠笼而得名。另一种是绕线式结构（图 12-14），即转子绕组由导线绕制而成。转子绕组可以通过电刷和滑环与外部电路连接。

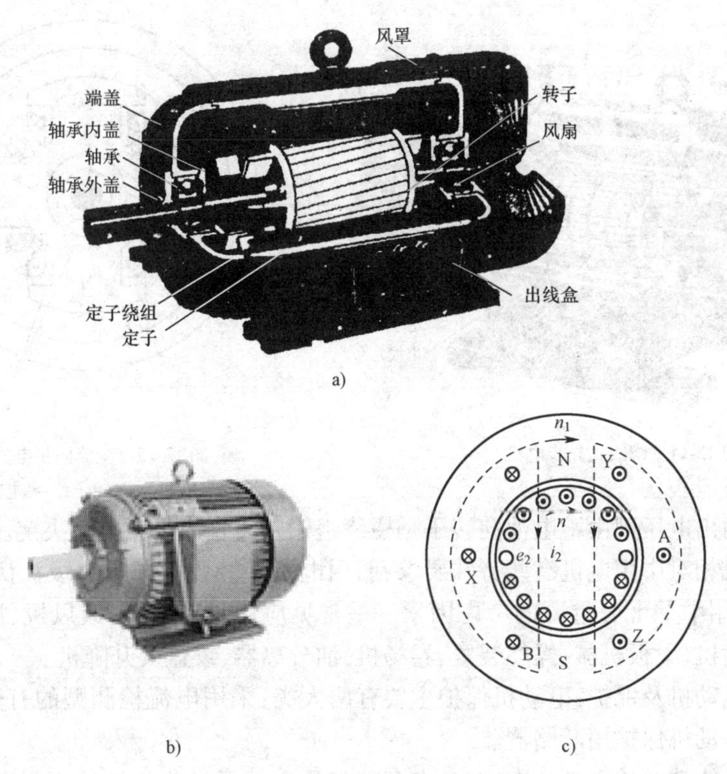

图 12-13　笼式异步电机

a）剖面图；b）外形；c）原理分析

（2）交流异步电动机的基本工作原理。当定子绕组通入三相交流电流后，在电机内部产生一旋转磁场（图 12-13c），转子绕组在该旋转磁场作用下，产生感应电流，形成转子磁场。定子产生的旋转磁场与转子产生的磁场相互作用，带动转子转动，输出机械转矩和机械能。

（3）交流异步电动机的启动、制动与调速。由于交流异步电动机启动时，启动电流是额定电流的数倍，对电动机本身和电网电压的稳定都有很大的影响。因此，必须采取必要的措施来降低启动电流。如降压启动；Y/Δ 启动；转子串频敏变阻器启动等。

交流异步电动机的电气调速方法，主要有变极调速（如三速锚机的电动机）；变频调速；调压调速等方法。在船舶辅机系统中，通常将电气调速方法与机械调速结合使用。

交流异步电动机的电气制动方法主要有能耗制动、倒拉反接制动以及再生发电制动。

2. 交流同步发电机

三相交流同步发电机的工作原理如图 12-15 所示。首先，由蓄电池向转子励磁绕组输入直流励磁电流，产生转子磁场，原动机带动转子转动后，该磁场成为一旋转磁场。

分布在定子上的三相绕组在旋转磁场中，切割磁场，产生三相交流感应电势。

交流同步发电机的频率由转子的转速决定，也就是说，在发电机的负载不变的情况下，原动机输入的机械功率大小可以决定发电机输出电压的频率。

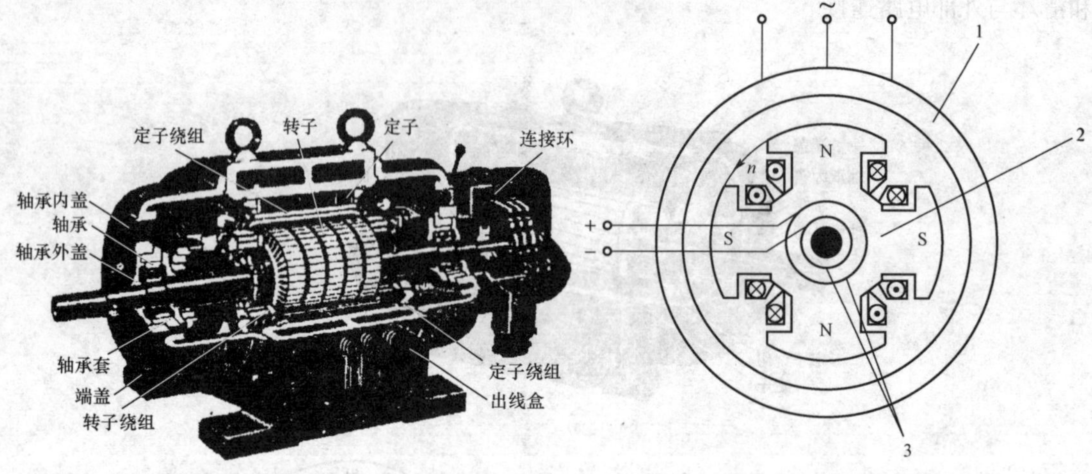

图 12-14　绕线式异步电机

图 12-15　交流同步电机原理
1-定子；2-转子；3-集电滑环

发电机的输出电压则由蓄电池向转子励磁绕组输入的直流励磁电流决定。

对船用电机相对岸用电机有些特殊要求：船用电机需经各大国际船级社认证。电机节省能源，在船舶应用中是十分重要的考虑因素。最常见应用：风扇、泵、鼓风机、液压装置、推进器、推力器、压缩机、甲板机械、操舵装置、卷扬机、油分离器、绞盘及升降机。

船用异步电动机及保护：电动机保护主要有两大类：采用电流检测型的有热继电器，带有热—磁脱扣的电动机保护用断路器。

船舶电气系统涉及的设备还有许多，本章节只是介绍了一些常见的主要设备。其他的有关设备我们将在有关章节中予以简要介绍。

思考与练习 SIKAOYULIANXI

一、选择题

1. 所谓高压，对于交流电路来说，是指电压高于(　　)伏。

A. 380V　　B. 1000V　　C. 1500V　　D. 36V

2. 热继电器主要起什么作用？(　　)

A. 加热　　B. 电路保护　　C. 测量热量　　D. 都不对

3. 下列哪个参数属于电力系统电制的参数(　　)。

A. 电功率　　B. 频率　　C. 电阻　　D. 电流

4. 船用电器三防是指(　　)。

A. 防湿热、防盐雾、防霉菌　　B. 防湿热、防高温、防霉菌

C. 防振动、防摇摆、防倾斜　　　　D. 防高温、防冰冻、防水雾

5. 根据接触器的原理和结构图，下列哪个部件不是接触器所有的（　　）。

A. 静触点　　B. 动触点　　C. 短路环　　D. 散热片

6. 从熔断器保护范围可见，当其所保护的电路出现什么电流时，才能进行熔断保护（　　）。

A. 过载电流　　B. 短路电流　　C. 尖峰电流　　D. 额定电流

7. 电器控制线路中的行程开关主要作用是（　　）。

A. 限制运动部件的位置　　　　B. 控制电动机的位置

C. 控制电动机的行程　　　　D. 测量运动部件的行程

8. 下列哪个部件是笼式异步电机所没有的（　　）。

A. 轴承　　B. 定子绕组　　C. 转子绕组　　D. 出线盒

二、填空题

1. 所谓电器，即是根据外界的电信号或非电信号自动或手动地实现电路______、______、______和保护与调节的电路元件。

2. 我国船舶上一般采用交流______V 三相三线制____Hz 和直流____V 蓄电池两种电源。

3. 接触器为一种利用______的作用远距离频繁通断大电流电路（即主电路）的____电器。

4. 低压断路器具有灭弧能力______灭弧罩，因此不仅能____通断电路，而且能通断一定的____。

5. 主令电器为切换控制线路的单极或多极____电器，其触头容量____，____用于主电路。

6. 电机就是一种将____能与____能相互转换的装置。把____能转换为____能，称之为发电机。

7. 万能转换开关为一种____触头____位置式可以控制多个电气回路____状态的主令开关。

8. 船舶上通常用于锚机和起货机控制的主令控制器通常与____、____配合工作。

三、简答题

1. 组成船舶电力系统的设备按用途可以分几类？举例说明。

2. 船用电器条件列表说明，如果没有符合船用电器条件的，怎么办？

3. 交流接触器如何克服因铁芯中产生的磁通是交变磁通而产生的振动和噪声？简述其原理。

4. 断路器的操作方式有哪三种？如何操作？

5. 什么是主令电器？主要包括哪些种类电器？

6. 交流异步电动机一般分为哪两种结构类型？

7. 交流异步电动机的电气调速方法主要有哪些？

第十三章　船舶辅机电力拖动

知识目标

1. 了解电力拖动的概念以及基础知识；
2. 初步熟悉电力拖动控制电路的构成及电路保护的类型；
3. 熟悉锚机、舵机、起货机等主要辅机电力拖动对电机、控制系统的一般要求；
4. 熟悉各种辅机设备对电力拖动系统的特殊要求；
5. 了解各种辅机电力拖动系统的基本原理；
6. 熟悉船舶灯光传讯系统的构成、类型；
7. 了解基本的检测、报警系统类型及传感器常识。

能力目标

1. 初步具备分析简单电力拖动控制电路的能力；
2. 初步了解各种辅机拖动电机的位置，控制箱的安装；
3. 初步了解辅机控制系统的操作；
4. 简单分析舵机控制系统的基本原理；
5. 能识别基本的船舶灯具，了解灯光信号的布置位置及颜色；
6. 了解常见探测、报警系统的安装、布置要点，识别基本的探测、报警器材。

第一节　船用辅机电力拖动的基本控制电路

电力拖动就是由电动机通过传动机构拖动生产机械运行，其系统包括电动机、传动机构和控制设备三个环节。电动机有直流电动机和交流电动机，控制设备分为手动控制和自动控制。船舶电力拖动是船舶各种生产机械拖动，包括起货机、锚机、机舱里的海水泵、淡水泵、自动操舵系统等等。

电力拖动控制系统已广泛地应用在船舶各类辅机。这类控制系统在提高设备运行性能的同时，也大大减轻了人的劳动强度。目前，利用继电器、接触器等构成的有触点的控制系统所采用的元件结构简单，易于掌握，比较经济因而采用较多。随着电子技术，特别是计算机技术的发展，越来越多的控制系统引进和开始采用计算机控制技术。这里，先就有触点的基本控制电路作些介绍，对电力拖动控制系统有一个初步的了解。

对于电力拖动控制的电路图，一般分为两种，一种是原理图，一种是安装图。原理图包括主路和控制电路(又称辅电路)，主电路是强电流部分，一般用粗实线表示。控制电路是弱电流部分，一般用细实线表示。应用各种电器符号，就可在控制电路中清楚地表达各元件的工作过程。原理图中电器触头的开闭状态均是以吸引线圈未通电励磁，或操作手柄处在零位、未受外力作用或生产机械处于原始位置时的状态。

原理图中的同一电器元件的各个部分代号相同,却往往不是画在一起的,有的画在主电路中,有的画在控制电路中,这样画的目的是为了便于理解。下面,以船舶上常见的几个简单控制电路为例,简要介绍电力拖动控制的电路图的阅读。

一、电动机点动控制

有些生产机械的运行必须在人的直接操纵下进行。如机舱的盘车机、甲板上的舷梯、吊艇机和行车等,这时电动机的控制就要采用点动控制方式。点动控制方式的特点是电器设备的起动、运行、停止都必须在操纵人员的直接参与下完成。

图 13-1 为电动机单向点动控制原理图。图中 QS 为电源开关,FU1、FU2 为主电路与控制电路熔断器,KM 为接触器,SB 为起动按钮,M 为三相鼠笼式异步电动机。

其基本控制原理:按下 SB 按钮,接触器 KM 线圈通电,动作,其主触点 KM 闭合,电动机起动并运行。松开 SB 按钮,则线圈断电,释放,其主触点断开,电动机停止运行。

二、电动机连续运行控制

电动机连续运行控制的特点是电器设备的起动与停止需要操作人员参与,但起动后的连续运行则有电路自行保证,不需要操作人员参与。图 13-2 是电动机连续运行控制电路原理图。SB1 是停止按钮,SB2 是起动按钮,FR 是热继电器。

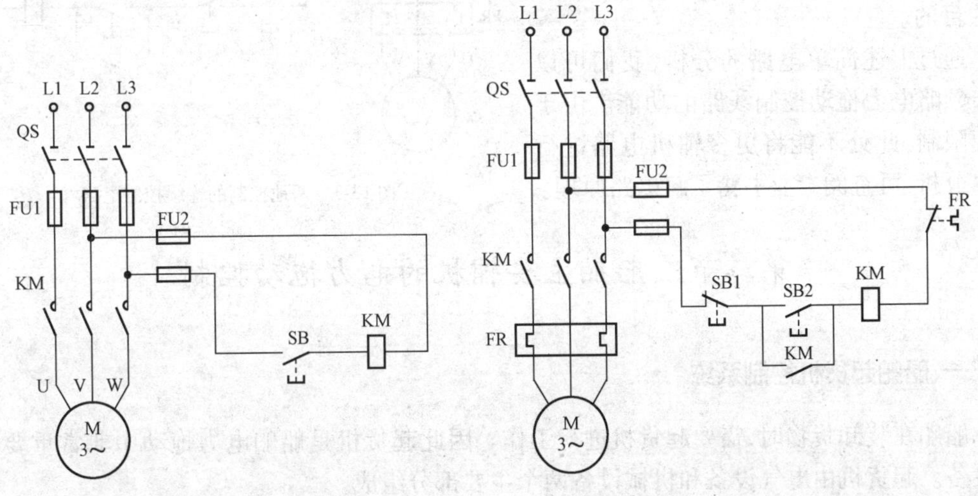

图 13-1　电动机点动控制线路图

图 13-2　电动机连续运行控制电路

其基本控制原理:按下 SB2 按钮,接触器 KM 线圈通电,则动作,其主触点闭合,电动机起动并运行。同时其常开副触点闭合把 SB2 按钮短接,保证当操作人员松开按钮时,KM 线圈继续保持通电。这种依靠接触器自身辅助触点保持线圈通电的电路称为自保电路或自锁电路,这对常开副触点称为自保触点。要使电动机停止运行,按 SB1 按钮,接触器线圈断电,释放,其主触点断开,电动机停止运行。

电路保护环节有:

(1)短路保护:由熔断器 FU1、FU2 分别实现主电路与控制电路的短路保护。

(2)过载保护:由热继电器 FR 实现电动机的长期过载保护。当电动机出现过载时,热继

电器中的发热元件使双金属片受热弯曲，使其常闭触点断开，切断接触器线圈电路，使电动机断电，实现保护目的。

(3)欠压和失压保护：电源电压下降对电动机是不利的。因此当电源电压下降时，接触器的电磁吸力也急剧下降，使接触器释放，主触点断开，切断了电动机的电源。称为欠压保护。在电源电压消失时，接触器的电磁吸力也消失，使接触器释放，电动机停止运行，当电源电压恢复时，由于自保触点断开电动机也不会自行起动。一旦长时间欠压，有必要在电压下降时切断电动机的电源。

三、两地控制的连续运行控制电路

船舶机舱里的各种水泵、油泵的控制一般都采用两地控制的方法。就是在泵的旁边可以进行控制，在集中控制室里也可以进行控制，两边都可以对同一个泵的运行进行控制。电路如图 13-3 所示。SB1、SB2 是一对停止与起动按钮，SB3、SB4 是另一对停止与起动按钮，两个停止按钮相互串联，而两个起动按钮相互并联。把两对按钮安装在不同的地方就可以实现两地控制的目的。

通过上述简单电路的分析，我们可以初步领略电力拖动控制线路的功能。由于篇幅限制，此处不能将更多辅机电路进行详尽分析，可查阅专业书籍了解电路原理。

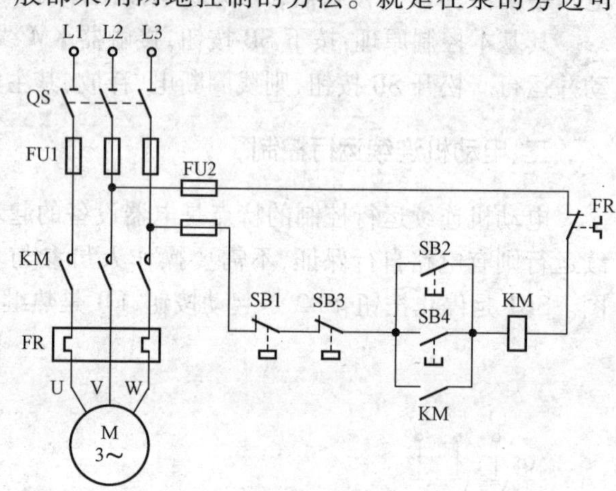

图 13-3　两地控制的连续控制电路

第二节　船舶主要辅机的电力拖动控制

一、船舶起货机控制系统

船舶在装卸货物时，需要起货机进行工作。因此起货机是船舶电力拖动中非常重要的电气设备。起货机由电气设备和机械设备两个主要部分组成。

船用起货机从机械结构主要分为吊杆式起货机和回转式起货机两大类。而吊杆式起货机又可以分为单吊杆式和双吊杆式两种。

1. 单吊杆式起货机

单吊杆式电动起货机是一种具有电动回转和变幅的起货机。如图 13-4 所示。有三台电动机带动的绞车，其中“1”是提升和下降货物的升降绞车，“2”是吊杆升降的变幅绞车；“3”是吊杆回转的回转绞车。

2. 双吊杆式起货机

双吊杆式起货机是利用二台起货机的相互配合进行工作、通过双吊杆共用一个吊钩的方法起卸货物。如图 13-5 所示。

3. 回转式起货机

回转式起货机，又称克令吊，它包括提升电动机、变幅电动机和旋转电动机三个部分组成。如图 13-6 所示。

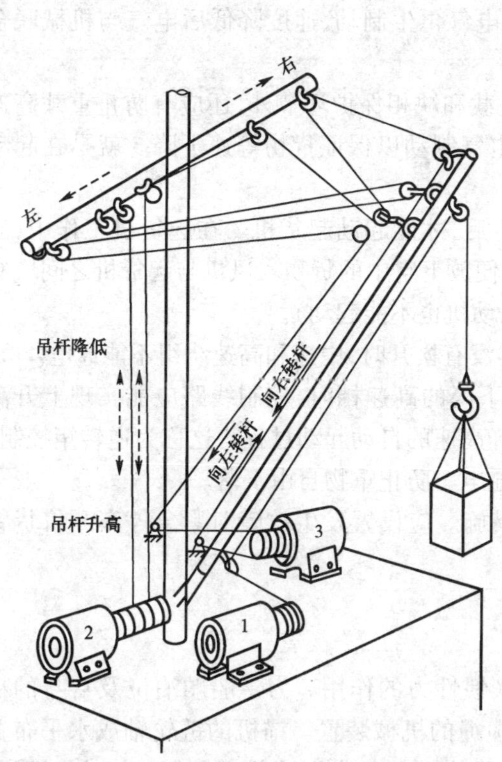

图 13-4　单吊杆式起货机

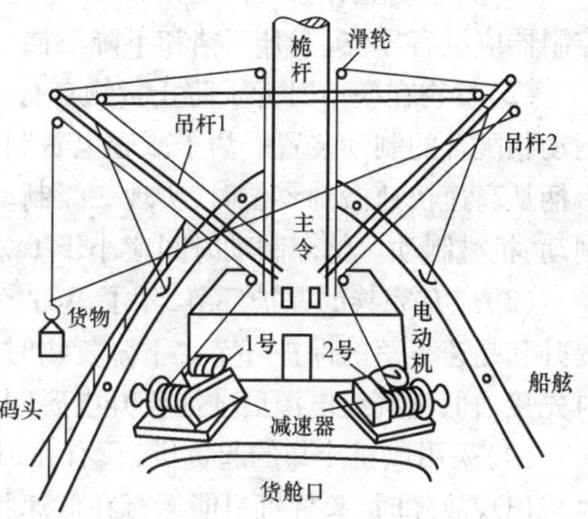

图 13-5　双吊杆式起货机

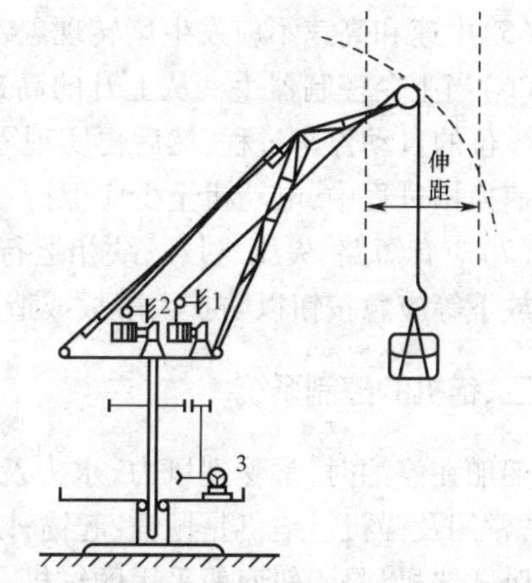

图 13-6　回转式起货机

船舶交流电动起货机，一般有鼠笼式异步电动机变极调速的交流起货机、绕线式异步电动机拖动的交流起货机和采用变频调速的交流起货机。

常见的三速起货机，其三速鼠笼式异步电动机有三套各自独立的绕组。其磁极对数分别是 2/4/14，同步转速分别是 500/750/214r/min。

对起货机电动机的要求主要有以下几点：

（1）要求电动机的过载性能好，起动力矩足够大。

（2）要求电动机适应轻载快速，重载慢速的要求。

（3）调速范围要广，既要空钩时高速，又能够着陆时低速，n_{max}/n_{min} 通常在 7～10 倍范围内。

（4）为了加快起动和制动时间提高劳动生产率，减小起、制动过程中的能量损耗，要求电动机的转子惯量尽可能小的电动机，这种电动机的特点是电动机的转子细而长。

（5）因为在甲板上工作，需采用防水式电动机。

(6)电动机的起、制动非常频繁,宜选用重复短时工作制的电动机。

2. 对控制线路的要求(以三速起货机为例)

(1)为了防止频繁起降上的误动作,应采用具有明显空间位置差异的主令控制器。主令控制器应设有零位,上升三档和下降三档。

(2)货物在空中时为了防止货物自行下落,应有可靠的制动环节,通常有电气制动与机械制动相配合的制动装置。为了减轻电磁制动器的负担,减少制动能量损耗,缩短制动过程,当手柄从高速快速搬到零位时,实现三级制动:高速电气再生制动、速度降低后电气与机械联合制动、机械制动。整个制动时间应小于1s。

(3)应有完善的保护环节,除了短路、失压、过载和缺相保护环节外,还应有防止重载高速提升和超速下落的保护环节。下降货物时,应有电气制动以保证货物等速下降。就是在起动时先接通低速绕组电源后才能松开电磁制动器。

(4)采用风机冷却的起货机,只有在风机运行后,才能起动起货机。在起货机工作中,当风机出现故障时.起货机只能运行在低速状态,以便放下空中的货物。风机与起货机之间应有连锁环节(如风门未打开风机不能起动,起货机电动机也不能起动)。

(5)中速和高速不应发生堵转现象,即制动器没有松开时,中速和高速绕组不能通电。

(6)当主令控制器手柄从上升的高速挡扳到下降的高速档时,控制线路应能实现上升高速到零位的自动停车过程,然后再实现零位到下降高速的自动起动过程。这称为逆转矩控制。在变速换档过程中,电功机至少应保持一副绕组通电。防止重物自由下落。

(7)应有短路、失压、过载、缺相运行等保护措施。应设置发生故障时紧急停车和将货物低速放下等应急按钮以防扩大事故或造成货损。

二、锚机的控制系统

船舶在停泊时,常受到风力,水力及船体摇摆惯性力的作用。为了船舶泊位及自身的稳定,常常用及锚机。锚机是抛锚、起锚,以及绞收缆绳的机械装置。锚机的链轮轴成水平布置的叫卧式锚机,是一般商船采用的锚机;成垂直布置的叫立式锚机,多用于军舰。按动力不同,分为电动锚机、液压锚机和蒸汽锚机三种。

当船舶要抛锚时,如水深不大,则可松开锚机的制动器,依靠锚及锚链的自重进行重力抛锚,此时可由手动带式制动器来控制和调节抛锚速度。当海水较深时,锚链及锚的自由下落速度很快,手动制动器难于控制抛锚速度,为避免过大的抛锚速度需要采用电动机抛锚,这时电动机将工作在再生制动状态,使得抛锚速度稳定。起锚时,锚机必须有足够的力矩克服风、水流及锚链的阻力,收进锚链。

在起锚运行中,锚机有正常起锚和应急起锚两种工作情况。正常起锚过程如图13-7所示,整个过程按拉力的变化特性可分为5个阶段:

第一阶段:收起躺在海底的锚链

操作人员接到“起锚”命令后,把主令控制器的有关开关扳到“起锚”位置,锚机以全速收起躺在海底的一段锚链。此时认为锚链悬垂部分的形状不变,只作平行移动。船舶在锚机收链拉力的作用下慢慢接近抛锚点,此时锚机轴上的辅助转矩是不变的,如图13-7a)所示。

第二阶段:收紧锚链

此时锚爪紧紧抓住锚地泥土或石头，锚机将锚链拉紧，船在此力的作用下前进逐渐增加，电动机转速下降，拉力增加，如图 13-7b）所示。

第三阶段：拔锚出土

在锚链拉紧后，一般可靠船舶前进的惯性来拔锚出土。若电动机的拉力尚不能使锚出土，这时电动机的负载转矩将突然增大，电动机便进入堵转状态。为了防止电动机因较大的堵转而烧坏，要求锚机电动机的堵转转矩为额定转矩的两倍，并能承受一定的堵转时间（一般为 1min）。此时可靠主机推进器推动船舶前进拔起锚链出土，如图 13-7c）所示。

第四阶段：收起悬于水中的锚及锚链

拔锚出土后，电动机的负载力矩突然降低，随着锚链长度不断缩短，拉力逐渐减小，电动机的负载力矩逐渐下降，如图 13-7d）所示。

第五阶段：将锚拉入锚链孔中

锚出水面后电动机应以很低的速度将锚拉入锚链孔中，在拉锚入孔的过程中，由于锚与锚链孔间的摩擦，电动机的负载力矩有所增大。将锚拉入锚链孔后，用止链刹车刹住锚链。

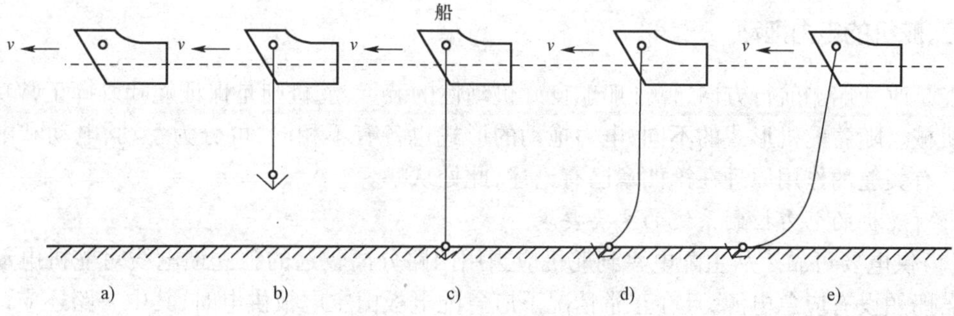

图 13-7　正常起锚过程

根据锚机的工作特点，要求锚机电动机应满足下列要求：

（1）根据我国钢质海船建造规范规定，锚机电力拖动装置在规定的海区内，应能满足单锚破土后起双锚的要求。

（2）电动机能在最大负荷转矩下起动。要求锚机、绞缆机工作定额不小于 30min，且应满足 30min 内起动 25 次的要求。

（3）要求电动机有软的或下坠的机械特性，其堵转转矩应为额定转矩的两倍，以满足拔锚出土和系缆开始时，需要很大的拉力来克服船舶惯性的要求。

（4）电动机能在堵转情况下工作 1min 左右。

（5）电动机应有一定的调速范围，要求破土后的起锚速度是，单锚不小于 12m/min，双锚不小于 8m/min，拉锚入孔的速度为 3～4m/min。

（6）为适应甲板上的工作条件和短期工作状态，应选用防水式和短期（一般为 30min）工作制电动机。

锚机的电力控制系统应满足如下要求：

在交流船舶上，锚机拖动的形式一般采用变极调速的三相异步电动机、G—M 系统或电动液压系统等拖动形式。控制线路形式根据电机容量的大小而有所不同，功率在 5kW 以下的一般采用鼓型控制器或凸轮控制器，以手动方式切换锚机电动机的主回路，实现电机的换向和角

度调节,电动机功率在5kW以上常采用主令控制器、继电—接触器控制系统。通过主令电器来控制继电—接触器、励磁发电机的励磁系统、磁放大器等放大环节,进而控制电动机的正、反转和调速。

另外,对电动锚机的控制线路一般还有以下要求:

(1)当主令控制器手柄从零位迅速扳到高速档时,控制线路应具有按时间原则或电流原则逐级自动起动的环节,以避免过大的冲击电流给电动机带来危害。

(2)控制线路应能满足电动机在超负荷时堵转1min的要求,这可以从调整热继电器或过电流继电器的动作整定值来实现。

(3)在深水处抛锚时,控制线路应具有使电动机自动进入再生和能耗制动的环节,以实现等速抛锚。

(4)控制线路应有短路、失压、过载、断相等保护环节。

(5)控制线路还应具有电气制动和机械制动相配合的可靠制动环节,以达到快速停车的目的。

三、舵机的电力拖动

舵是改变船舶航行方向,保证船舶良好机动性的装置,舵机则是保证舵叶发挥正常功能的重要机械。随着舵机形式的不同,电力拖动的形式也各有不相同,可分为手动、电动和电动液压等。有关舵的作用原理在第四章已有论述,此处从略。

1. 对舵机的电力控制系统的主要要求

(1)供电要可靠。从主配电盘到舵机应当用两路分离较远的独立馈电线对舵机电动机供电。若船舶设有应急电源,且在正常情况下应急配电板由主电板供电时,其中一路还应该与应急配电盘相连。驾驶室内操舵装置控制的电源,应从舵机室内操舵装置电源上供电。若在舵机室内设有电流转换装置,应能使任何一路都能供电给任一电动机或多台电动机,电路的容量应能够适应最大负载。

(2)舵机装置的运行要可靠。电动液压舵机对于拖动变量油泵的电动机无特殊要求,普通长期工作制的鼠笼式电动机即可。对于电动舵机的电动机,因为舵机的负荷变化幅度较大,一方面随舵角的增加,航速的增加,作用在舵叶上的阻力将大幅度地增加。为了满足上述要求,在交流船舶上,电动舵机几乎均采用变流机组供电的G—M系统。其中,直流发电机G采用差复励方式,使直流电动机M具有软的机械特性。要求拖动电动机有足够的过载能力,能够在堵转1min的情况下不损坏。此外,由于航行中舵叶偏转十分频繁,电动机起停次数达每小时400~600次,因此要采用断续周期性工作制的电动机。

根据规范的规定,舵机电力拖动装置应能在船舶处于最深航海吃水且以最大营运航运前进时,能将舵自一舷的35°转至另一舷的35°。并能在不大于28s的时间内将舵自任何一舷的35°转至另一舷的30°。舵机在最大倒车速度下不应该损坏。

(3)控制系统要可靠。舵机电力拖动装置至少有两套,驾驶室和舵机房各一套。它们之间设有转换开关。当驾驶室的控制装置失灵时,能够在舵机房里的控制装置上操作。但要防止两套装置同时工作。

(4)操作灵活。要求舵机在任何舵角下都能立即投入工作。能及时准确地将舵转至给定

舵角。驾驶室内装有自动操舵系统、随动操舵系统和应急操舵系统，可以用转换开关很方便地实现转换。

(5)保护措施。舵机的馈电线和电动机电路中只允许设短路保护和过载报警装置。在电动液压舵机装置中应设有过电流保护装置，该装置的额定位应不小于所保护的电动机或电路的满载电流的2倍，且应允许通过电动机的起动电流。

在舵机房内应设有能切断从驾驶室来操纵舵机的控制系统的装置。所有电动操舵装置(除电动液压舵机外)，均设有限制舵位的开关。

驾驶室内应设有舵角指示器，其误差不应大于±1°。当采用自动操舵装置时，应设有航向超过允许偏差的自动报警装置。当舵机系统的电源发生故障时，驾驶室应能发出声、光报警信号。

2. 不同操舵方式的舵机控制

舵机按照操舵方式，可分为单动舵(一般用于应急舵)；随动舵；自动舵。这几种舵各有不同的特点，下面简单介绍随动舵与自动舵的基本电气控制原理。

(1)随动操舵工作原理。随动操舵的控制方式是按偏差进行调节的。其转舵信号的消除是通过舵叶的偏转反馈来实现的。在随动操舵这个自动调节系统中，被调节对象是舵，被调节量是舵角，系统中还有比较、测量和执行等环节。比较机构可以是机械式的、电气式的；放大器也有很多类型；执行机构可以是电动机、电磁阀和电动液压阀等。

如图13-8所示，是以电桥作为比较元件的随动操舵控制系统。当操舵手轮和舵叶分别在零位和首尾线上时，由于舵轮带动的操舵电位器 R_1 和由装在舵柱上的同步传递机构中的接受机带动的反馈电位器 R_2 的滑动臂在等电位点 O 和 O' 上，电桥处于平衡状态，放大器输入信号 U 为零，差复励发电机 G 的励磁电流 I_f 为零，发电机没有电压输出，电动机 M 停止不动。

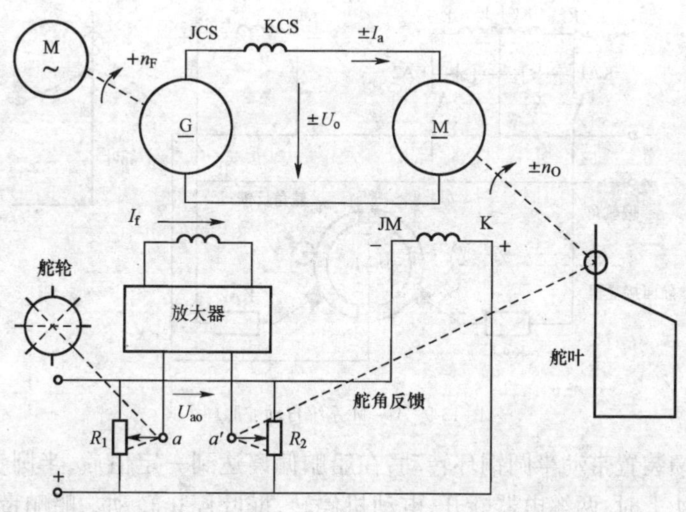

图13-8　G-M随动舵原理图

当舵轮向右转过某一角度时，操舵电位器 R_1 上的滑动臂从 O 点移至电位器上的某一点 a 点，电桥平衡被破坏，在 a 与 O' 点之间产生了电位差信号，该信号输入放大器。发电机

G 有了励磁电流 I_f 并有输出电压 U,电压上正下负,电动机 M 顺时针方向转动,舵叶开始向右偏转。

在舵叶向右偏转的同时,通过舵角反馈同步传递机构的接受机,带动反馈电位器 R_2 的滑动臂也从 O'点不断地向 a'点做追随运动,直至使电桥又重新处于平衡状态,放大器输入信号 $U=O$,电动机停止转动。舵叶处在与舵轮转角相对应的某一角度的位置上。

如果要回舵,则将舵轮扳回零位,操舵电位器 R_1 的滑动点从 a 点重新返回到 O 点,电桥平衡又被破坏,但这时放大器的输入信号 $U<0$,使发电机得到反向的励磁电流 I_f 和反向的输出电压,电动机开始逆时针方向转动,舵叶朝着船方向偏转。与此同时,反馈电位器的滑动臂也从 a'点朝 O'点移动。

当舵叶回到首尾线上时,R_2 的滑动点也从 a'点返回到 O'点,电桥又重新恢复平衡,放大器输入信号 $U=0$,电动机停止转动,舵叶也就停止转动。改变舵轮的转动方向,便可以改变电动机旋转和舵叶偏转的方向。

(2)自动舵的工作原理。自动操舵工作原理如图 13-9 所示,当船舶沿给定航向航行时,舵叶在首尾线上,滚轮 1 与绝缘块 4 接触,两个继电器以 KA1、KA2 都不通电,其常开触点打开,直流发电机 G 无励磁电流,输出电压 U_0 为零,直流电动机 M 不运转,当船舶偏离预定航向时,通过罗经航向发送器的偏转,使自动舵的航向接受器也跟着偏转,于是滚轮 1 在两半圆铜环 2 或 3 上滚动,中间继电器 KA1 或 KA2 通电,触点闭合,电动机 M 正转或反转,并拖动舵叶相应偏转。

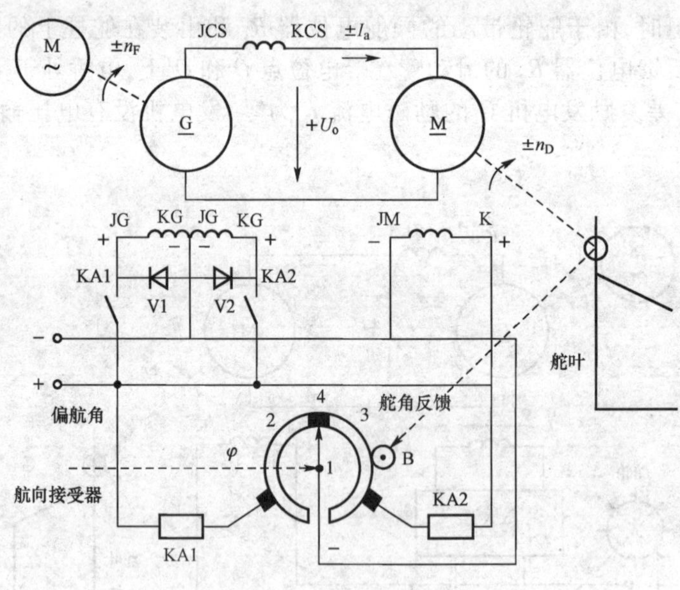

图 13-9　G－M 系统自动舵原理

随后舵角反馈装置带动半圆铜环转动,在船舶偏离达到一定值后,半圆铜环赶上滚轮,使滚轮处于绝缘块 4 上时,两继电器断开,电动机停转,舵叶停止转动。船舶带动滚轮向相反方向滚动时,电动机又反转回舵。

自动舵的五个工作阶段:

第一阶段:船舶沿预定航向航行,滚轮 1 与绝缘块 4 接触,电动机不转,舵叶在首尾线上。

第二阶段:由于受到风、浪的影响,船舶向右偏航,使得航向接受器带动滚轮 1 和左半圆环 2 接触,电动机逆时针方向运转,带动舵叶向左舷偏转。随着舵叶的偏转,舵角反馈装置带动半圆环开始向滚轮运动方向转动。

第三阶段:当船舶的偏航角最大时,半圆环追赶上了滚轮,使滚轮处于绝缘块上,电动机停转,停止偏舵,此时舵角也达到了最大值。

第四阶段:船舶在舵效的作用下向原航向回航,滚轮被航向接受器带动和右半圆环 3 接触,电动机顺时针方向运转,舵叶朝首尾方向回转,半圆环又开始向滚轮运动方向跟踪。

第五阶段:船舶又回到原航向上,半圆环追赶上滚轮,滚轮又处于绝缘块上,电动机停转,舵叶又回到首尾线上。

同理,船舶向左偏航,自动舵将以向样的过程使船舶返回原航向。所不同的是偏舵方向不同罢了。

第三节　船舶信号、传讯与检测报警系统

一、船舶灯光信号

船舶上除了在工作场所和舱室内外需要布置各种照明灯外,还必须按规定装置各种信号灯具。例如显示船舶航行或停泊状态的航行灯;表示船舶处于某种勤务状态的信号灯,用于灯语联络的闪光信号灯;用于搜索水面的探照灯等等。图 13-10 为常见的船舶信号灯的图形符号。下面对有关知识做一简单的介绍。

1. 航行灯

又称“号灯”。一切航行于公海(包括能与公海连通的水域、江河、湖泊)的船舶必须严格按照《国际海上避碰规则》和我国《海轮信号设备规范》所规定的数量和类型设置各种航行灯。航行灯用于表示夜间本船的航行方向和本船的大小。航行灯包括:桅灯、舷灯、尾灯及桅顶灯。

(1)桅灯:白光,装于前桅及后桅的前方,当船长小于 45.75m 时,只在主桅上设桅灯。当有前、后桅灯时,两具桅灯前后相距不小于 13.71m,高低相距不小于 4.57m。最低一盏桅灯必须高出水面 6.1m。灯光向前照射,水平照射角度从船首向左右各 112.5°。

(2)左舷灯:红光,装于左舷舷侧。灯光向左前方照射,照射角度从船首向左 112.5°。

(3)右舷灯:绿光,装于右舷舷侧。灯光向右前方照射,照射角度从船首向右舷 112.5°,红、绿舷灯一般安装在驾驶甲板两侧舷边。舷灯内侧有一道向前伸出 0.91m 的挡板,《国际海上避碰规则》规定挡板为黑色,而在此以前,挡板的颜色与舷灯一致。

(4)尾灯:白光,装在后桅或上层建筑或尾旗杆的后方。灯光向尾照射,照射角度自尾向左右各 67.5°。

在小型船舶上一般是一座灯具一盏灯。现代较大的船舶则采用两盏灯联装的航行灯,一旦一盏灯损坏,另一盏备用灯可以马上启明。

(5)桅顶灯,也称“锚灯”。白光,装于桅杆顶端。水平照射角度 360°,环照。

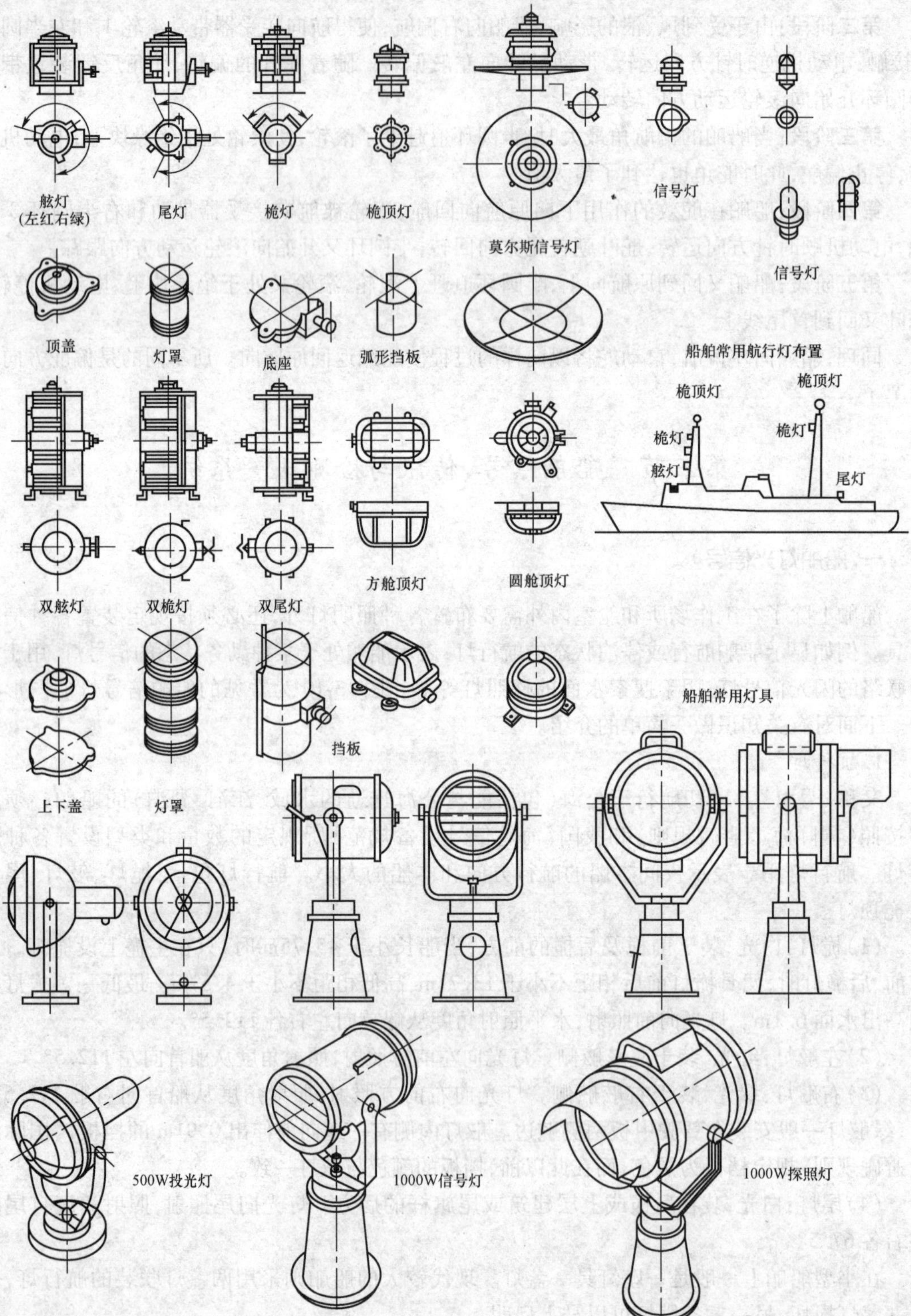

舷灯
(左红右绿)
尾灯
桅灯
桅顶灯
莫尔斯信号灯
信号灯
信号灯
顶盖
灯罩
底座
弧形挡板
船舶常用航行灯布置
桅顶灯
桅顶灯
桅灯
桅灯
舷灯
尾灯
双舷灯
双桅灯
双尾灯
方舱顶灯
圆舱顶灯
上下盖
灯罩
挡板
船舶常用灯具
500W投光灯
1000W信号灯
1000W探照灯

图 13-10　常见的船舶信号灯的图形符号

2. 信号灯

全都为360°环照,安装在雷达桅两侧或独立的信号灯杆两侧,有白光、红光和绿光,用于表示船舶的作业状态。例如船舶夜间在黄浦江苏州河口掉头,必须按规定在同一垂线上开启红、绿、白信号灯各一盏。而这些规定又因地而异,所以,信号灯杆两侧通常装上红、绿、白环照灯多盏,以满足各种规定的需要。

船舶夜航时开启桅灯、尾灯及舷灯。有拖带时,开启两盏桅灯以及尾灯及舷灯。若拖带长度超过183m时,则要开启3盏桅灯。

锚泊时,关闭航行灯而开启锚灯。搁浅时,在开启锚灯同时再开启两盏红信号灯。若是白天,则升挂三个黑球。

船舶失控时,在夜间应开启航行灯并同时开启两盏红信号灯,白天则悬挂两个黑球。

拖网渔船作业时,在夜间,除开启航行灯外还开启一白一绿信号灯;在白天是悬挂黑色双锥体。

3. 闪光信号灯

船舶与陆岸或其他的船舶进行通讯联络可以采用无线电报、高频无线电话、悬挂信号旗以及手旗通讯等方法,在夜间还可以用长短的灯光来“通话”。国际通用的莫尔斯电码以“·—”表示字母“A”,以“—…”表示字母“B”,等等,以长短的灯光组合便能表示各个字母,从而组成语句或代号。用来发出莫尔斯信号灯光的常用灯具有两种:

(1)莫尔斯信号灯,白光,360°环照。在桅杆上悬挂信号旗的横桁左右两端各设置一盏。两盏莫尔斯信号灯用一个电键控制使它们明暗同步,也可以与无线电通报联动。

(2)闪光信号灯,一般在罗经甲板左右两侧各装一盏,灯具装在一个能俯仰和旋转的底座上。进行灯语联络时,将灯光正对着受话者。联络时灯具内的灯常明。灯具前盖是一个百叶窗,由手柄控制百叶窗的开闭。开启百叶窗,灯光透出。百叶窗开启时间的长短就是灯光明亮的长短。

4. 探照灯

又称“搜索灯”,是一种聚光灯。常装于驾驶室两侧,并要求水平搜索照射的角度要大,尽可能不被上层建筑遮挡。探照灯主要用于夜间搜索水面。闪光信号灯和探照灯的外形很相似,都是在可旋转的U型支架上装一个圆柱体灯具。支架安装于圆锥形的基座。闪光信号灯上应有百叶窗和操纵手柄,而探照灯的前盖透明,有遮光板,灯体的上下有散热箱。

5. 投光灯

也称“强光灯”。“照明灯”或“工作灯”。用于甲板上的工作区域照明。投光灯布置在下列部位:首锚机后面2盏,装置在前桅的前方。尾甲板系泊作业区2~4盏,装置在上层建筑后端。吊杆或起货设备的起重柱和电动液压式起重机的吊臂下方。救生艇吊艇架的两侧,投放气胀式救生筏的工作区以及舷梯或舷边出入口的上方,等等。

投光灯由防护罩、玻璃罩、灯泡、反光面、灯体、支架、手柄以及底座组成。

6. 舱顶灯

白光。船上舱室外走道处的顶棚上都装有防水型舱顶灯,有长方形及圆形两种,它们都带有防护罩,以防止灯罩被风浪击碎。

二、船舶通信与报警系统简介

1. 船舶通信系统简介

船舶内部通信方面已经形成并正在逐步推广一种多功能综合通信系统。不少国内外的船舶电器设备制造商已经开发、研制各种先进的通信设备,并且推向市场。

多功能综合通信系统是利用微机技术将全船船内通信、自动电话、声力电话、船岸电话、广播、传令对讲、集中管理通信、全船通用报警、机舱组合报警、火灾探测和报警、呼叫系统、电视天线、无线电天线、卫星电视天线、旅客信息系统、娱乐系统、电视摄像,数字信息终端、外部声音监测、交通灯系统、船钟及船铃系统等几十个系统集成于一个控制装置。船舶无线电台应具备有效的中华人民共和国船舶电台执照,操作人员必须有操作证。

船舶通信的主要方式和使用频率有:

(1)莫尔斯无线电报、单边带无线电话。

(2)甚高频无线电话 16 频道(156.800 MHz)是水上移动业务无线电话国际遇险、紧急、安全和呼叫频率,用于发送遇险信号,进行遇险呼叫和遇险通信,还用于发送紧急和安全信号、进行紧急通信。

(3)甚高频无线电话 06 频道(156.300MHz),为长江机动船舶间的导航、避让等的专用频道,以辅助声号和雷达观测的不足。

船舶需要进行遇险、紧急通信时,经船长批准,应及时发送“SOS”或“Mayday”和“XXX”或“Pan Pan”信号和报告。

现代船舶还普遍装备了回声测探仪、船用雷达、全球定位系统(GPS)系统。

2. 火警监测报警系统简介

(1)火警探测器。船用火警探测器根据原理不同有以下几种类型:

①感温式:利用火灾前兆的温度效应探测火警;分为定温式,差温式以及定差温式等主要几种类型。

其中,定温式是指当温度超过限定值发出报警信号;差温式是指温升变化率超过限定值发出报警信号;差定温式是指温度超过限定值和温度变化率超过限定值发出报警信号。

②感烟式:利用火灾前兆的烟气浓度探测火警。包括离子感烟式:感光式;光电感烟式等主要几种类型。

其中,离子感烟式是指利用烟气粒子吸附被放射线的导电离子的多少来检测烟气浓度;感光式是指根据火焰光谱特性、光照强度和闪烁特性检测火灾;光电感烟式是指兼有感烟式和感光式性能的探测器。

(2)火警报警系统。火警报警系统是利用装在各舱室的传感器检测烟雾浓度,当烟雾浓度超标时发出开关信号,通过或门电路发出声光报警。消防电铃等设在驾驶台,船员、旅客居室通道上。消防报警监视装置设在驾驶室,值班驾驶员听到警铃查看火警区域(通过信号灯),关闭该区域通风机。如图 13-11 所示。

火警报警装置的主要类型有:

①失火自动报警:发出火警声(间断警铃)、光(红色闪光)报警;按下消声按钮,火警灯仍亮。

②手动（玻璃）报警按钮（器）：相当于自动火警探测器的常开触点，当人员发现火警时，利用小锤击碎按钮盒的玻璃，按下按钮，按钮灯亮接通触点，报警信号发到报警指示器。消防通道里边装有多个这样的报警装置，原始安装与触点状态为并联且断开。

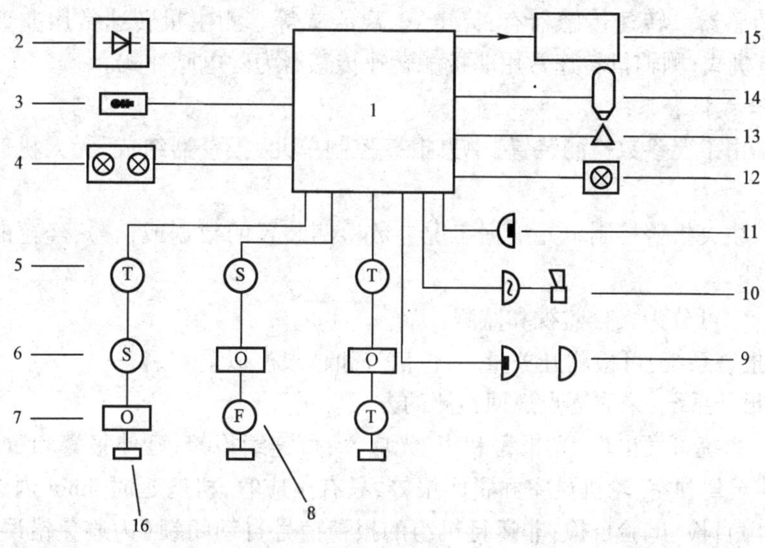

图 13-11　船用火警报警装置

1-主机；2-电源回路；3-蓄电池；4-遥控显示板；5-感温探头；6-感烟探头；7-报警按钮；8-感火焰探头；9-24V 报警铃；10-220V 报警笛；11-故障报警器；12-自动停止风机；13-防火门电磁铁；14-自动灭火装置；15-报警输出继电器；16-终端电阻

③监测探测器：可同时用于探测火警和检测器断线报警（蜂鸣声/黄光），装在报警终端。若同时有火灾和断线出现，则火灾优先报警。

④气体探测器：装于危险处所空间底部，使较重的可燃气体能充分扩散进入探头。以提高探测的灵敏性。

3. 机舱监测报警系统

机舱常用报警传感器，按检测参数可分为：温度、压力、液位、粘度、烟雾、二氧化碳、火警、位移等。

（1）温度传感器。机舱常用的温度传感器有：热电偶、热敏电阻、温敏二极管、感温包等。动力装置常用传感器除前两种外还有：铜热电阻、铂热电阻。

热电偶是基于热电势原理（不同金属导体结点置于热端，冷端产生不同电势）制成的温度传感器。简单、可靠、精度高，适用于远距离传送温度信号，常用来检测船舶动力装置箱体内、管路内的高温气体、蒸汽或液体介质的温度。

热敏电阻温度传感器体积小、感温灵敏度高，可置入狭窄的空隙、腔体、内孔，船上用于轴承、热保护报警、火警测温等。

（2）压力传感器。压力传感器按原理分有：电位器式、应变式、电感式、电容式（四种属弹性）、压电式等；机舱常用的压力传感器有：弹簧管或片、波纹管、膜片、膜盒、应变片等。

作用：检测压力信号，并将其转换成电信号输出。

压电式用于检测气缸爆发压力或喷油嘴压力；弹簧管和波纹管用于检测气、液压；波纹管

还用于检测温度。

(3)液位传感器。机舱常用的液位传感器有:浮子式、静电式、电极棒式、电容式、超声波等。

(4)转速传感器。转速传感器有:光电式、离心式等。测主机转速常用非数字转速传感器,为测速发电机式;测辅机转速常用非接触转速传感器为磁电脉冲式。

4. 单元组合式报警系统

(1)组成。由工况参数检测装置、中央报警控制单元、报警器组成,无人机舱还有延伸报警单元。

(2)原理。中央报警控制单元根据工况参数检测装置的数据或信号,经延时确认为故障时发出报警信号。

(3)分类。它可分为又分监视和监测:

连续监视报警系统:可检测开关量、二位信号和越限模拟量。

巡回监测报警系统:采取逐点巡回检测的方式。

(4)功能。系统可发出声、光报警和声、光应答;可连续报警;延伸报警和重复报警(无人机舱故障,延伸至驾驶室、轮机员室和餐厅报警,只有声应答,机舱延时 3min 内无人应答则重复报警);可故障自检、试验自检;非运行机组的报警信号自动闭锁(为避免错误连续报警,分组闭锁不运行设备的参数检测)等。

为防止由于干扰引起误报警或不必要的报警,通常采用延时来确定报警。

SIKAOYULIANXI

一、选择题

1. 下列说法中,不正确的是(　　)。

   A. 电力拖动就是由电动机通过传动机构拖动生产机械运行,其系统包括电动机、传动机构和控制设备三个环节

   B. 电力拖动控制的电路图,一般分为两种,一种是原理图,一种是安装图

   C. 电力拖动控制系统的原理图中,主电路是强电流部分,一般用细实线表示

   D. 电力拖动控制系统的原理图中,控制电路是弱电流部分,一般用细实线表示

2. 原理图中的同一电器元件往往不是画在一起的,有的画在主电路中,有的画在控制电路中,这样画的目的是为了便于理解。我们一般用下列哪种方法确定各元件是否属于同一个电器(　　)。

   A. 图形相同　　B. 代号相同　　C. 名称相同　　D. 功能相同

3. 如图 7-2 所示的电动机连续运行控制电路中,与“SB2”并联的“KM”触点,其作用是(　　)。

   A. 起自锁作用　　B. 起分流作用　　C. 起保护作用　　D. 上述说法都不对。

4. 常见的三速起货机,其三速鼠笼式异步电动机调速的方式为(　　)。

A. 改变电机本身的磁极数来调速　　B. 改变电机的电压来调速

C. 改变电机的电压频率来调速　　D. 改变传动齿轮的传动比来调速

5. 电动锚机收紧锚链时,电动机应该(　　)。

A. 电动机转速下降,拉力增加　　B. 电动机转速上升,拉力增加

C. 电动机转速上升,拉力减小　　D. 电动机转速下降,拉力减小

6. 由于航行中舵叶偏转十分频繁,因此,电动舵的电动机应采用(　　)。

A. 短时工作制电机　　B. 重复周期性工作制电机

C. 连续工作制电机　　D. 瞬时工作制电机

7. 根据有关规范,船舶航行灯的主要作用是(　　)。

A. 航行灯用于表示本船的航行方向和本船的大小

B. 航行灯用于表示夜间本船的类型和航速

C. 航行灯用于表示夜间本船的航行方向和本船的大小

D. 航行灯用于表示夜间本船的所在位置

8. 信号灯的照射角度为(　　)。

A. 左右各67.5°　B. 360°环照　C. 左右各112.5°　D. 左右各35°

9. 在船舶火警报警系统中,手动(玻璃)报警按钮(器)的按钮触点的常规状态是(　　)。

A. 任意　B. 断开　C. 闭合　D. 可人工设置

二、填空题

1. 在如图13-1所示的电动机点动控制电路中,按下SB按钮,则接触器____通电动作,其主触点____闭合,电动机起动并运行。松开SB按钮,则____线圈断电释放,其主触点断开,电动机________。

2. 对起货机电动机,要求能够适应____快速,____慢速的要求且调速范围要____。

3. 对于三速起货机来说,应有完善的保护环节,除了短路、失压、过载和____保护环节外,还应有防止____提升和____下落的保护环节。

4. 锚机电动机应能在最大负荷转矩下起动。要求锚机、绞缆机工作定额不小于____min,且应满足____min内起动____次的要求。

5. 为保证舵机电动机的供电可靠性,要求从主配电盘到舵机应当用____路____的____馈电线对舵机电动机供电。

6. 根据规范的规定,舵机电力拖动装置应能在船舶处于最深航海吃水且以最大营运航运前进时,能将舵自一舷的____转至____。并能在不大于____的时间内将舵自任何一舷的____转至另一舷的____。

7. 航行灯包括:____灯、____灯、____灯及____灯。

8. 探照灯又称“搜索灯”,是一种聚光灯。常装于驾驶室____,并要求水平搜索照射的角度要____,尽可能不被上层建筑遮挡。探照灯主要用于__________。

9. 感温式火警探测器可分为____式,____式以及______式等主要几种类型。

三、简述题

1. 简述电力拖动控制电路图的组成及特点。

2. 简述电动机连续运行控制电路中的电路保护环节。

3. 简述两地控制电动机的控制按钮的连接特点及作用。

4. 简述采用风机冷却的起货机,控制要点。

5. 对于电动锚机控制系统而言,当主令控制器手柄从零位迅速扳到高速档时,简述其控制线路的要求。

6. 简述随动舵 G-M 控制系统的原理。

7. 简述自动舵 G-M 控制系统的原理。

8. 简述图 13-11 所示的火警报警系统工作要点。

9. 简述机舱监测报警系统中,温度、压力、液位及转速传感器的类型。

第十四章　船舶电站及电力系统

知识目标

1. 了解船舶电力系统及各部分的构成；熟悉船舶电力系统的主要特点；

2. 了解蓄电池的基本原理；

3. 初步熟悉船舶电力系统的电压、频率等自动控制的基本原理；

4. 初步熟悉船舶交流发电机的并联运行条件；

5. 了解电力系统继电保护系统的保护项目、方式；

6. 了解柴油发电机组的自动控制要点。

能力目标

1. 识别柴油发电机组、蓄电池、主要配电装置，了解安装位置；

2. 识别主要配电装置的操作器件，初步具备简单的操作能力；

3. 初步了解发电机并联控制器件、继电保护器件的安装位置及作用。

第一节　船舶电力系统的构成及特点

现代船舶就像一个可移动的海上城市，它有许多设备都需要使用电能，因此，在现代船舶上都配备有一个发电、配电、输电、用电的独立系统——船舶电力系统。船舶电力系统主要由电源、配电装置、电力网与负载四部分组成。

一、船舶电力系统的组成

船舶电力系统的组成如图14-1所示。

(1)电源：是将机械能、化学能等能源转变成电能的装置。船舶常用的电源装置是柴油发电机组和蓄电池组。

(2)配电装置：配电装置是对电源和负荷进行分配、监视、测量、保护、转换和控制的装置。配电装置主要可分为主配电板、应急配电板、分配电板(动力、照明)、蓄电池充放电板、弱电配电板及岸电箱等。

(3)船舶电力网：它是全船配电系统与电缆电线的总称。电网是联系发电机、主(应)配电板、分配电板和负荷的中间环节，是将电源的电能输送到负荷的传输媒介。

(4)负荷：即船舶各种用电设备，它是将电能转换成其他形式能量的装置。船舶负荷大体可分成舱室机械、甲板机械、船舶照明、通导设备、生活及其他用电设施。

二、船舶电力系统的主要特点

1. 船舶电站容量较小

陆上电网容量一般在几百万至几千万千瓦，远远高于用电设备的功率。因此，陆上电网被

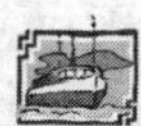

称为“无穷大电网”,即用电负载的变化对电网电压、频率的影响比较小。

一般远洋船舶的电站大多装几台发电机,多数发电机的单机容量为 400 ~ 1000kW,与船上的某些用电设备的功率处于同一个数量级。由于船舶电站容量较小,而某些大负载容量可与单台发电机容量相比,所以当这样的负载起动时,对电网将造成很大的冲击(电压、频率跌落均很大),此外,误操作或局部故障都容易致使全船断电,威胁船舶安全。因而,对船舶电力系统的稳定性提出了较高的要求。另外,由于船舶工况变动也较频繁,因此对自动控制装置的可靠性也提出了较高的要求。

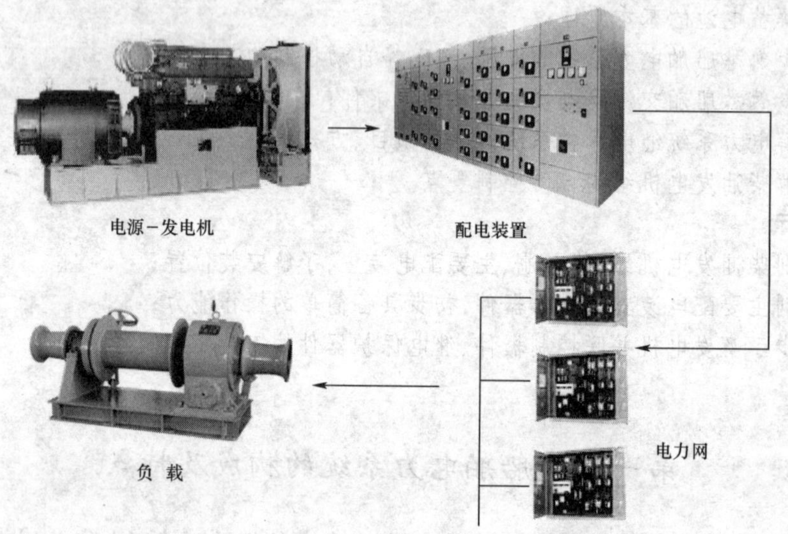

图 14-1　船舶电力系统组成

2. 船舶电网输电线路短

与陆地数千公里高压输电网络相比,船舶电网输电线路短,大多数船舶发电机端电压、电网电压、负荷电压是同一个电压等级(500V 以下),所以输配电装置较陆上系统简单。此外,受船舶空间的限制,船舶上的电气设备比较集中,电网长度不长(一般不超过 200m),并都采用电缆,所以对发电机和电网的保护比陆上系统要简单,一般只设置有发电机过载及外部短路的保护,电网的保护和发电机的保护通常共用一套装置。

3. 船舶电气设备工作环境恶劣

船舶电气设备工作条件比陆地恶劣得多,如前所述,环境条件对电气设备的运行性能和工作寿命有严重影响。

第二节　船舶电力系统的主要设备

一、柴油发电机组

柴油发电机组由柴油机、三相交流同步发电机、配套电气控制设备及各种辅助部件组成。柴油发电机组是一个技术密集型,机电一体化产品。可以有效保证连续、正常、稳定、安全用电。柴油发电机组的组成如图 14-2 所示。

其主要特点是：燃油经济、热效高；工作可靠、耐久，有害排放物较低、防火安全性好、单机容量等级多、起动迅速，并能很快达到全功率等等。

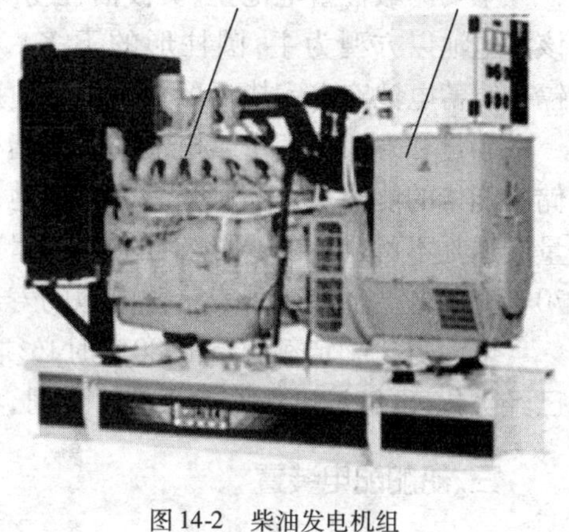

图 14-2　柴油发电机组

二、蓄电池

蓄电池是一种能够储存电能的设备如图 14-3 所示。它能把电能转化为化学能储存起来，使用时又把化学能转化为电能通过外电路释放出来。这种可逆的变换过程，可以重复循环进行。蓄电池是一种低压直流电源。它具有供电方便，安全可靠等优点。

船用蓄电池的主要用途有：

(1)船舶电网断电时短时提供必要的应急照明；

(2)向船舶各类自动化装置、报警装置提供工作电源或作其备用电源；

(3)向发电机励磁绕组提供充磁直流电源；

(4)向船用电话交换机提供工作电源；

(5)向船舶通信、导航设备提供工作电源；

(6)用作应急柴油发电机组起动电源等。

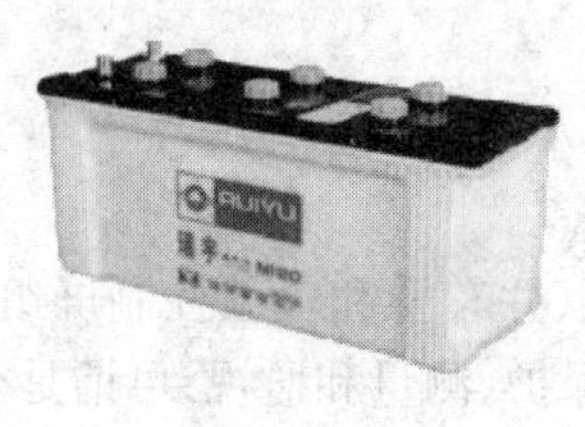

图 14-3　各种蓄电池产品

船用蓄电池主要有两类：酸性蓄电池与碱性蓄电池。两种蓄电池的比较见表 14-1。

两种蓄电池的比较　　表 14-1

项 目 名 称	酸性蓄电池	碱性蓄电池
放电电压	较高：2.1V	较低：1.25V
内电阻	较小：平均为 0.005Ω	较大：平均为 0.03 ~ 0.06Ω
体积	较小	较大
维护	较易	较精细
机械性能	较差	较好：不怕摇摆，能耐振动和冲击
使用寿命	较短	较长
保管	有酸液腐蚀性	较方便
开路或空载损失	较大：需进行维护充电	较小：可长期放置
放电	不可处于长期放电状态	可处于长期放电状态
承受短路的性能	较好	较差
电解液	不需调换	需调换
价格	较便宜	较贵：需用贵重金属镍镉

主要的酸性蓄电池正、负极活性物质是二氧化铅、铅，电解质是硫酸，这就是铅酸蓄电池。该蓄电池以方型为主，圆柱形的不多。酸性蓄电池充电完毕后的单个电池电压约 2.1 V。镉—镍蓄电池充电完毕后的单个电池电压约 1.2 V。

容量和寿命是衡量蓄电池的主要指标，容量一般用“安·时(A·h)”来表示，表征蓄电池储备能量的能力。寿命则是表示蓄电池容量衰退速度的一项指标，随着使用的深入，蓄电池容量衰退是不可避免的，是绝对的，当容量衰退到一个规定值时，可以判定寿命终结，以额定容量70%充放电循环次数来表示蓄电池的寿命，合格底线为350次左右。

电池劣化到定额容量的80%时必须换掉，此时极板格栅已经腐蚀和膨胀，极板活性材料已经劣化，电解液已经开始干涸。此时，电池容量下降，就该退出服务。

三、船舶配电装置

船舶配电装置是用来接收和分配船舶电能，并能对发电机、电网及各种用电设备进行切换、控制、保护、测量和调整等工作的设备。它是由各种开关、自动控制及保护装置、测量仪表和互感器、联接母线、调节手柄和信号指示等电器设备按一定要求组合而成的一个整体。

船舶配电装置的主要功能有：正常运行时接通和断开电路（手动或自动）；电力系统发生故障或不正常运行状态时，保护装置动作，切断故障元件或发出报警信号；测量和显示运行中的各种电气参数（如电压、电流、功率、频率、功率因数、绝缘电阻等）；进行某些电气参数或有关的其他参数的调整（如电压、频率即转速的调整）；对电路状态、开关状态以及偏离正常工作状态进行信号指示等。

船舶配电装置按其用途的不同可分为：

1. 主配电板

主配电板或称主电站、总配电盘主要由发电机控制屏、并车屏和负载控制屏组成，全船电力系统的发电、配电都集中在主配电板上进行操作控制、保护、测量和监视，可谓是全船电力系统的中枢，如图14-4所示。

a)

b)

图 14-4　船舶主配电屏

a) 主配电屏正面；b) 主配电屏背面

2. 应急配电板

应急配电板或称应急电站、盘是用来控制和监视应急电源的工作情况，并将应急发电机送出的电能，通过应急电网向全船应急负载供电。它通常由应急发电机控制屏和应急负载屏组成（图14-5）。一般安装在艇甲板上与应急发电机在同一舱室中，屏上所安装的仪表和电器与总配电板基本相同，只是因应急发电机总是单机运行的，故不需要并车和逆功率保护装置。应

急配电板和主配电板之间有互锁，避免同时供电造成事故。

3. 分配电箱(盘)、充放电箱(盘)、岸电箱、集中综合控制台

分配电箱是将主配电板负载屏输送来的电能经分配电箱对所在区域的各类(或同类)用电设备进行配电。分配电箱通常又分为动力、照明、无线电、助航通信等类型，如图 14-6a)所示。

充放电箱(盘)是用来控制和监视充电电源的工作情况和蓄电池组的充电和放电，并对负载进行配电，如图 14-6b)所示。

图 14-5　应急配电箱

a)

b)

图 14-6　分配电箱

a)分电箱;b)充放电箱

岸电箱是为了在船舶停泊和修理时，能将岸上的交流电源接入船舶而设置的。必须设置有相序检测、负序保护，以防将岸上的交流电以负序形式接入船舶电力网。

集中综合控制台是随着计算机技术和现代控制技术的发展，而得到广泛运用的集控装置，使操作人员能通过集控台方便地对各种设备进行控制，如图 14-7 所示。

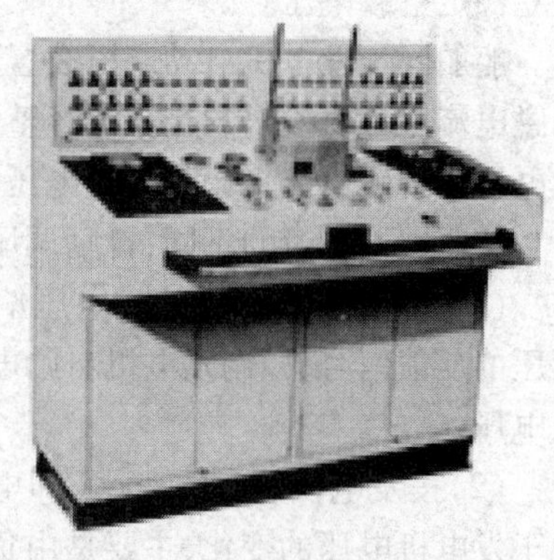

图 14-7　集中控制台

4. 船舶配电装置的结构形式

船舶配电装置按其结构形式可分为防护式、防滴式、防水式三种，通常主配电板和应急配

电板多采用防护式。

船舶配电装置通常由钢板(2mm 厚)做成箱体式结构。各种开关设备、控制器、电气测量仪表、信号指示器及保护电器等均安装在其上面。板面还装有扶手,使工作人员操作时不致触及带电部分,板后敞开以便维修。仪表、指示灯与转换开关等小型电器常安装在面板上,其安装位置应便于观看,大型开关和调节、控制设备安装于底座上,操作手柄伸出板面,面板做成固定形式并安装在便于操作的位置。配电装置内电器安装的位置也应考虑到便于调整、检修和拆换,配电装置的骨架和箱体应有足够的强度,在振动和冲击情况下,不应发生有害的变形。

第三节 船舶电站的自动控制及继电保护

一、船舶电网电压的自动调整

任何一个电力系统,都必须保持在额定电压下运行。因此,保持电压的恒定是供电质量的重要指标之一。但是实际上,电压总是经常变动的,船舶电网由于容量小,所以电压变动尤为严重。为了保证电力系统的正常运行,同步发电机自动电压调整器起着十分重要的作用。为了保证供电质量,对自动电压调整装置总的基本要求是:简单可靠;灵敏度高而稳定;静态、动态特性好。

根据船舶电力系统正常运行的要求,自动电压调整装置应具有下述两个主要作用:

(1)电压控制;

(2)无功功率分配控制。

另外,还要求自动电压调整装置应具有强行励磁能力,在船舶电网发生短路故障时,实行强行励磁,提高电力系统并联运行动态的稳定性和继电器保护装置动作的可靠性。

当发电机组起动运行且转速接近额定转速时,自动电压调整装置应能使发电机可靠起励建立额定空载电压。

船舶同步发电机自动调压装置的类型很多,其中绝大部分是采用自励形式(即发电机的励磁电流由自身发出的交流电经整流后输入励磁绕组),但不论何种调压装置,都是通过调整发电机的励磁电流来调整其端电压和并联运行时承担的无功功率的。

按照被检测量的不同,自励调压装置一般可分成三种类型(图 14-8):

(1)按系统电压负反馈(电压偏差 ΔU)进行调节;如可控硅自动调压器。调压器根据电网电压的反馈信号,控制发电机自励电路的可控硅导通角,以控制发电机励磁电路,从而控制输出电压。

(2)按发电机的负载变化(即电流 I 和功率因素 $\cos\phi$)进行调节;如不可控相复励系统。由于发电机电压的变化,主要是由负载电流和负载功率因数 $\cos\phi$ 的变化引起的,所以,按照发电机的负载电流和 $\cos\phi$ 的变化来调节发电机的励磁电流,同样可以达到自动调整和稳定电压的目的。

(3)按发电机的负载变化和电压偏差 ΔU 复合原理进行调节;如可控相复励系统。单纯地按照发电机的负载电流和 $\cos\phi$ 的变化来调节发电机的励磁电流,电压调整的静态特性(也就

是电压精度)比较差。如果在上述调整方法的基础上,再根据系统电压的实际偏差,通过自动调压环节(AVR)进行二次调节,就能够大幅度提高调压精度。

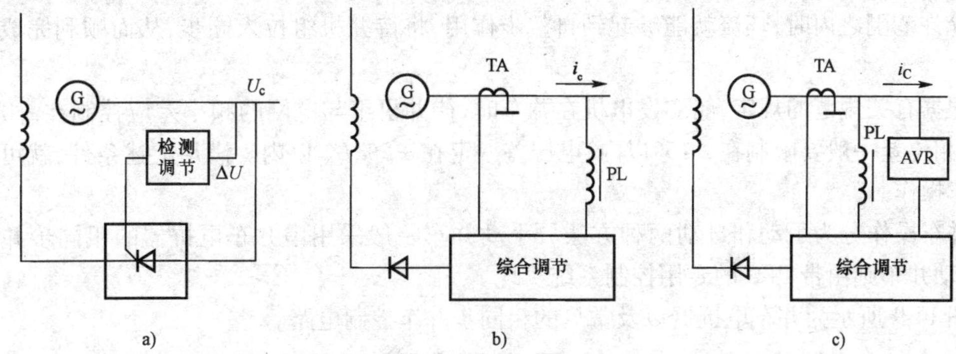

图 14-8 不同的自励调压类型

a)可控硅自动调压;b)不可控相复励自动调压;c)可控相复励自动调压

二、发电机的自动并联

随着船舶吨位的增加和电气化、自动化程度的提高,船舶电站容量在不断增加,因此主电站通常设有两台甚至更多的发电机组。根据船舶不同运行工况所需用电量的不同,可以使用一台、两台或三台以上的发电机组通过主配电板汇流排(母线)共同向全船负荷供电,这就是通常所说的并联运行。

1. 同步发电机组的并联运行的优点

(1)能增加电站的可靠性;

(2)能使发电机经常处于最佳运行状态;

(3)能使电能得到合理地使用;

(4)能减少备用发电机组的数量。

但是,一台发电机组在投入电力系统前,它的某些参数必须要满足一定的要求,才允许进行并车操作,而后进入并联运行。所以,待并发电机组在并车前,要通过并车装置进行适当的操作,使这些参数符合并车条件。

2. 同步发电机的理想并车条件

对于一个运行中的电站,三相同步发电机准确同步并车操作时,最理想的情况是满足下面四个条件:

(1)待并发电机组的电压与电网(或运行机组)电压的相序一致;

(2)待并发电机组的电压与电网(或运行机组)电压的有效值大小相等;

(3)待并发电机组的频率与电网(或运行机组)频率相等;

(4)待并发电机组电压的相位与电网(或运行机组)电压的相位一致。

符合上述四个条件,则待并发电机的电压相量与电网(或远行机组)的电压相量完全重合。若在此瞬间将待并发电机主开关合闸投入电网(并车操作),则在待并机组与电网(或运行机组)之间不会产生冲击电流,这是准确同步的理想情况。

不过,在通常的并车操作中,除第一个条件外,要完全达到理想并车条件是不可能的。当

任一并车条件不符时，在并车的瞬间，待并机组与电网间会产生发电机之间的环流。

当环流较大时，就会产生比较大的冲击电流，使保护电器跳闸，无法完成并车操作。当环流在允许范围之内时，环流就能够起到自整步作用，将待并机组拉入同步，从而顺利完成并车操作。

根据有关规范的规定，船舶发电机在并车时，待并机组与电网的频率差应控制在 ±0.5Hz 以内；相位差一般要限制在 ±15°以内，电压差一定在 ±5% U_N 以内。满足上述条件，就可以实施并车操作。

并车操作分为手动和自动两种方法。手动并车一般采用串并车电抗器的粗同步并车方法，自动并车则由带 PLC 的专用控制系统实现。

图 14-9 所示为并车电抗器以及常见的粗同步并车控制电路。

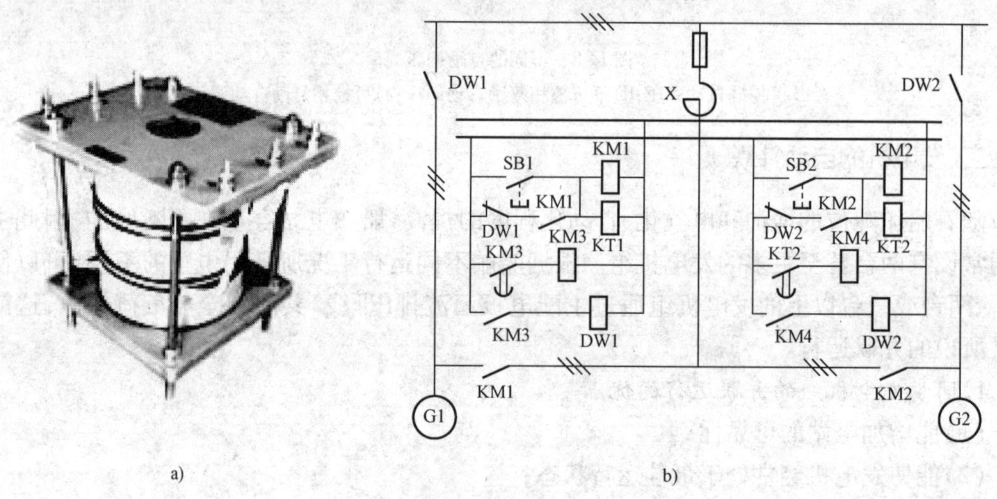

图 14-9　手动粗同步并车

a）并车电抗器；b）粗同步并车控制电路

图 14-9b）所示电路的原理为（假设 G1 为电网运行发电机，G2 为待并机）：此时，DW1 已合上，按下并车操作按钮 SB2，KM2 线圈和时间继电器 KT2 得电，KM2 触点闭合，G2 通过并车电抗器 X 并入电网，同时，时间继电器开始计时。由于此时 G1 和 G2 并未满足规范规定的并车条件，可能会有较大的环流，但电抗器 X 的存在限制了环流，使环流起到自整步作用，将待并机 G2 拉入同步，待 KT2 延时结束，KT2 延时触点闭合，KM4 线圈得电，触点闭合，DW2 线圈得电，断开 KM2 线圈，同时，DW2 开关闭合，电抗器退出电路，同时，G2 并入电网，并车结束。

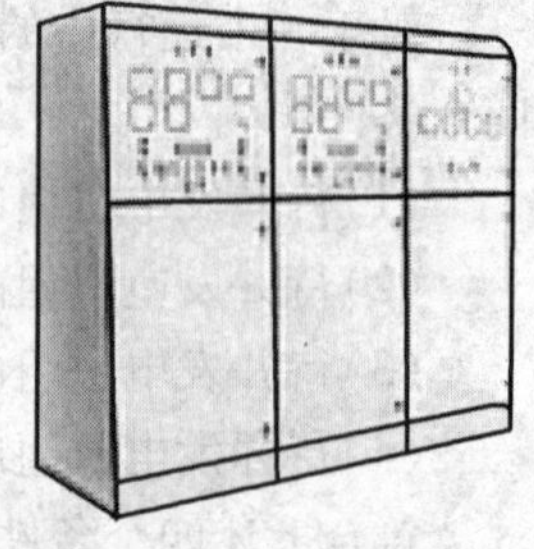

图 14-10　自动并车柜

自动并车装置如图 14-10 所示。其主要的作用有：

（1）自动监测电网，失电时可自动起动待并机组，并自动升速成至额定状态，自动合闸；

（2）可自动对运行机组和待并机电进行切换。

（3）自动监测机组各运行参数；各参数报警、保护停机由程序任意设定；

（4）自动检测在运行机负载大小，当负载持续超过设定值时，自动起动备用机组，并自动

整步，自动并车；对并联运行机组实现自动调频调载，并可实现多台机组稳定并联运行；

(5)根据功率原则，自动平滑转移负载，并自动解列。

为了保证并联运行的稳定性，对容量相同的发电机组应能均分电网的有功功率与无功功率，这就要求并联运行机组间应有大体相同的有功负荷与无功负荷。发电机有功负荷特性实质就是原动机的调速特性。无功负荷特性实质就是发电机励磁调整特性。也就是说，并联运行的发电机之间，调整有功功率的分配就是要分别调节原动机的输出功率(对于柴油发电机，就是分别调节油门开度)。调整无功功率的分配就是要分别调节发电机的励磁电流。自动并车装置应该能满足这些要求。

虽然自动并车装置是短时工作的，控制原理也比较简单，但对合闸指令的控制却要求有高度的准确性和可靠性，绝不允许在反相点合闸。比较完善的自动并车装置都设有故障自检及合闸时能避开频率、电压发生的突然扰动。

以微机为基础的自动化船舶电站，自动并车也由计算机控制。这种自动并车部分除输入信号(如电网电压和发电机电压)和输出信号(如整步调速信号和合闸信号)设置适当的接口电路外，所有功能均由软件完成。

三、发电机的继电保护

船舶电力系统的供电可靠性和连续性是保证整个船舶正常安全航行和进行各种作业的必备条件。船舶电力系统在实际运行过程中，由于设备本身或操作管理等方面的原因，而出现各种故障或非正常运行状态，它们会使电力系统的安全可靠运行受到威胁，严重者会导致设备的损坏或位电力系统供电中断。

船舶电力系统的主要故障(也是船舶同步发电机的主要故障)有：过载、(同步发电机外部)短路、欠压、频率不正常和逆功率等状态。

船舶电站是现代船舶的心脏，发电机是船舶电站中最重要的设备，保护发电机不损坏是船舶安全航行的重要保证。针对船舶发电机各种不正常运行和故障，必须装设相应的继电保护装置。

各国船级社对船舶发电机的保护均只设有：过载保护、外部短路保护、欠压保护和逆功率保护。

通常这些保护装置都是以中断供电来实现保护的。但如保护特性选择不合理，往往会造成不必要的电源中断，影响安全航行和有效的船舶营运。

在大多数情况下，船舶的较大负载的变化使电网出现“故障或不正常运行”，这些都是暂时性的。当不正常运行在一定数量之内和在一定时间之内可以认为是允许的，因为设备允许有一定的过载能力，而且不正常运行也不会立刻引起破坏性事故，因此在一般情况下，保护装置首先应能避开暂时性的“故障和非正常的运行”状态，以保证连续供电。因此，大多数保护设备的动作值均是反延时设置的。

对船舶电站的发电机保护目前主要有继电保护系统完成。主要的器件是框架式空气断路器(图14-5)和逆功继电器等检测器件。例如，SGW1智能型空气断路器(图14-11)，额定电压为交流50Hz、690V，额定电流630～6300A，用于分配电能和保护线路、电

图14-11　智能型空气断路器

源及用电设备免受过载、欠电压、短路、接地故障的危害，具有较高精度的选择性保护，提高了供电可靠性。

自动分级卸载装置的作用是当发电机出现过载时，自动卸载装置动作，将部分次要负载自动切除，一方面保护发电机正常工作，另一方面保证重要负载不间断供电，因此它是提高船舶电站供电能力的一种积极有效的保护措施。

四、其他的自动控制

1. 自动起动备用机组

在船舶电站自动控制装置中，发电机根据电站的运行情况和实际负荷的需要，按预定的顺序自动起动备用机组，并能自动投入、转移负载以及自动解列停机，此称为自动增减运行机组。

柴油发电机组的起动一般设置三种方式：机旁操作、遥控操作和自动操作。而只有自动操作时才能实现自动增减机组程序。

通常备用机组能否起动是有条件的，这些条件为，是否为“第一备用”，机组是否已准备好，系统是否要求增加机组，若这些条件均满足，则可发出起动备用机组的指令。

系统要求增加机组的条件概括如下：

(1)电网失电：当由于某种原因造成电网失电时，自动控制装置应迅速起动备用机组。

(2)电力系统储备功率不足、运行机组重载或即将重载。

(3)当电网需求功率增加，运行发电机组发出的总功率与实际输出的功率之差小于最小功率裕量时，或运行机组已出现过载时，电站的运行功率不足，应当增加新的机组。

(4)当大负载投入电网时，应事先询问一下电站中已运行的发电机组，其功率储备裕量是否允许该设备起动。若功率裕量很大，则可将重负载投入，若功率裕量不足，则应先起动备用机组，并车、转移负载，并经确认允许后，再投入大负载，此称为重载询问。

(5)当出现运行机组滑油压力低、运行机组冷却水温度高、电网电压或频率不正常，或并车失败等故障时，应当起动备用机组，同时停掉故障机组。

2. 柴油机自动启动的过程简介

柴油机接到起动指令后，首先打开起动电磁阀，使压缩空气进入各气缸，柴油机起动。如果第一次起动不成功，可进行第二次或第三次起动，一般情况下按时间原则设定为三次，若三次起动均失败，则自动控制装置发出起动失败报警信号，并发出停机指令，闭锁接受再起动的指令，直到该机组故障排除。

柴油发电机组起动成功后，经一定时间进入正常运转，电压及频率达到要求的数值。如果电网失电，合闸信号使发电机立即合闸，如果电网有电，则按照并车条件进行合闸，并车成功后，自动进行负载的转移。

3. 柴油发电机组维护主要要点

为了获得机组最大的运行安全性和使用寿命，对机组定期进行维护保养至关重要，如果能严格遵守机组维护保养的相关条例，就可保证机组的性能和避免对环境的破坏。

正确识别并严格遵守柴油发电机组机身上的标识(图形、文字、警告等)，对维护保养的正确性及操作使用的安全性有着很大的帮助。

对机组进行维护保养时，必须在停机下进行，且须将机组启动电瓶负极电缆拆除，以确保

机组不会误启动。柴油发电机组绝不允许带负载启动,必须空载启动,否则,柴油机会拉缸,发电机励磁机损坏;发电机组还不允许小负载运行,因为要保持压力密封。

长期运行机组每6~8h应检查一次,备用机组停机后须再检查一次。针对具体的机组,还应参阅发动机有关维护保养资料给予正确实施。

SIKAOYULIANXI

一、选择题

1. 关于下列船舶电力系统组成部分的说法正确的是(　　)。
   A. 电源是船舶电力系统组成部分　　B. 配电装置是船舶电力系统组成部分
   C. 负载是船舶电力系统组成部分　　D. 都是船舶电力系统组成部分
2. 船舶电站容量较小,下列说法中,最为贴切的是(　　)。
   A. 单机容量为400~1000kW,比较小
   B. 与陆地电网相比,很小
   C. 船上的某些用电设备的功率与发电机容量处于同一个数量级
   D. 船舶空间小,所以,只能安装小发电机
3. 关于蓄电池的说法,正确的是(　　)。
   A. 可以将电能转化为化学能储存起来
   B. 可以将化学能转化为电能储存起来
   C. 可以将电能转化为化学能释放出来
   D. 都不对
4. 下列哪个装置不是发电机主配电板的组成部分(　　)。
   A. 发电机控制屏　　B. 并车屏　　C. 负载控制屏　　D. 分配电箱
5. 下列哪个功能不是船舶交流发电机自动电压调整装置所具有的(　　)。
   A. 具有强行励磁能力　　B. 有功功率分配控制
   C. 无功功率分配控制　　D. 电压控制
6. 下列哪个条件是同步发电机并联运行必备的(　　)。
   A. 频率相等　　B. 容量相同
   C. 型号相同　　D. 发电机的磁极对数相同
7. 各国船级社对船舶发电机的保护均要求设有(　　)。
   A. 过载保护　　B. 外部短路保护
   C. 欠压保护　　D. 上述保护都要
8. 船舶继电保护系统的保护动作值通常是(　　)。
   A. 按瞬时动作设置的　　B. 按短延时动作设置的
   C. 按反时限动作设置的　　D. 按长延时动作设置的

9. 柴油机接到起动指令后，允许自动启动的次数为(　　)。

A. 1 次　　B. 2 次　　C. 3 次　　D. 4 次

二、填空题

1. 船舶电力网是______发电机、主(应)配电板、分配电板和负荷的____，是将电源的电能输送到负荷的______。

2. 柴油发电机组由____、________、________及______组成。

3. 蓄电池容量是衡量蓄电池的主要指标，一般用______来表示，它表征了蓄电池能力。

4. 应急配电板是用来__________的工作情况，与主配电板之间必须有____，避免造成事故。

5. 船舶配电装置按其结构形式可分为_____式、______式、____式三种。

6. 自动电压调整装置总的基本要求是：____；______而____；____________好。

7. 根据有关规范的规定，船舶发电机在并车时，待并机组与电网的频率差应控制在____ Hz 以内；相位差一般要限制在______以内，电压差一定在______以内。

8. 并联运行的发电机之间，调整有功功率的分配就是要调节________。调整无功功率的分配就是要分别调节________。

9. 柴油发电机组的起动一般设置三种方式：______操作、____操作和______操作。

三、简答题

1. 简述船舶配电装置的作用以及主要类型。

2. 船用蓄电池的主要运用有哪几个方面？

3. 简述船舶电力系统电压自动调节装置中，不可控相复励系统的电压调节方式。

4. 简述同步发电机并联运行的必备条件，什么是发电机并车时的自整步作用？

5. 简述如图 14-9 所示的粗同步并车操作控制电路的工作过程。

6. 简述船舶电力系统设置继电保护装置的主要作用。

7. 简述船舶电力系统的自动分级卸载装置。

8. 简述当系统要求增加机组时，自动控制系统中的“重载询问”环节。

9. 简述船舶柴油发电机组维护的主要要点。

第四篇 船舶设计制造基础

第十五章 船舶设计基础

知识目标

1. 正确叙述船舶设计程序及特点；
2. 正确叙述船体设计内容；
3. 正确阐述船舶设计任务书的编制；
4. 了解船舶 CAD/CAM。

能力目标

1. 能够初步编制船舶设计任务书；
2. 初步了解船舶设计方法。

船舶是一种水上的工程建筑物，其特点是技术复杂、投资大、使用期长，与国民经济、国防建设等许多方面有着密切关系。船舶是一项复杂的系统工程，它既是整个水运大系统的一个分系统，受系统各方面的影响和约束，船本身又由许多子系统构成，这些子系统间相互影响、相互制约，甚至是矛盾的，因而船舶设计是一个相当复杂的过程，是一门综合性的科学技术。

船舶设计包括了船体设计和轮机、电气等专业设计，而船体设计又可分为总体设计和局部设计。船舶设计是根据船舶的设计任务书，通过分析、研究、计算、绘图等工作，从选择船舶的主要要素、船体型线类型、动力装置，估算和计算各项性能，选定有关材料和设备，直至作出为建造船舶所需的全部图纸与技术文件的过程。

第一节 船舶设计的基本原则

船舶设计是一项相当复杂且综合性强、涉及面广的工作，每一条船的设计要求均有所不同。用正确的原则来指导船舶的设计工作，是关系到设计质量的一个重要问题，必须加以重视和认真研究。船舶设计中必须遵守船舶设计工作的基本原则。

一、严格遵守国家有关规范、法规及有关国际公约

船舶设计必须严格遵守国家颁布的各种技术规范和法规。国际航行船舶还必须符合相关国际公约的技术要求。规范是国家颁布的技术法律文件。为了保证人民生命财产、船舶及其所载运货物的安全，保护海洋江河的自然环境，国家有关部门以及有关国际组织制定了许多的

公约、规范和法规，如不符合这些技术法律文件的规定，设计图纸将无法通过船检部门的审查，船厂不得开工建造，建造好的船舶如不符合要求，船检部门不发证书，船舶无法投入营运。

常用的主要国际公约有：《国际海上人命安全公约》、《国际载重线公约》、《国际防止船舶造成污染公约》等。中国船级社所颁布的主要规范有：《钢质海船入级与建造规范》、《海船载重线规范》、《钢质内河船入级与建造规范》等。军用船舶也有一系列相应的设计建造规范。

二、切合实际，讲求实效

船舶设计中要切合实际，讲求实效，这是一条重要的原则。在新船型开发研究、新船设计中，既要考虑长远的需要和技术发展趋势，也应适合当前经济发展水平，实事求是，讲求实效。不应片面地、盲目地追求技术的先进性，造成经济性下降。在研究采用某项新技术装备的合理性时，也须从技术先进性和经济效益加以综合考虑。船舶设计中应注重降低造价和日常的营运开支的措施，选用技术性能可靠、维修保养方便、经济实用的设备。在讲求经济效益和社会效益的前提下，结合我国的国情，切合实际地采用新技术，追求船舶设计的先进性。

三、树立系统观念．抓住主要矛盾

在具体设计某一船舶或解决某一局部问题时，不应将其孤立起来，应树立系统工程的观点，把它放到整个系统中进行分析研究，搞清楚在系统中地位和作用，以及同其他子系统间的关系和相互影响，协调好它们的关系，处理好各种矛盾。

船舶同水运系统的其他分系统如港口、航道条件等存在矛盾，船舶本身的各个子系统之间也存在各种错综复杂的内在矛盾。在主机已定情况下，增加载重量与提高航速之间有矛盾；降低船造价与提高船舶设计标准之间有矛盾；提高稳性与缓和横摇之间有矛盾；船舶航向稳定性与操纵灵活之间有矛盾；船体结构强度与节省材料之间有矛盾。船舶设计就是在一个充满矛盾系统中，解决和协调好各类矛盾的过程。在设计开始时要根据船的使用任务进行全面综合分析研究，找出设计的主要矛盾，确定设计方案，即使在设计解决每一局部问题时，同样应找出影响这一问题的诸矛盾中的主要矛盾方面，分清主次。

四、满足安全适用、经济美观的要求

作为一般性准则，安全、适用、经济、美观是衡量一艘新船设计成功与否的标准。

1．安全

船舶的安全可靠，是一个关系到国家和人民生命财产的重大问题，是船舶的一个基本质量指标，是船舶设计的基本前提。国家和国际上所颁布的各种技术法规和公约，为保证船舶的安全，对结构、载重线、稳性、分舱、消防、救生、起重、信号设备、通信、建造等诸方面都作了明确的规定。船舶设计人员应认真研究，严格执行，确保所设计船舶的技术条件符合各种规范及公约要求。除了对船体结构和总体性能方面的约束外，船上的某些重大设备（如主机）和某些重要部件（如推进器、舵）的可靠与否，对船舶的安全性影响很大，在设计时也应充分注意。

2．适用

适用性是指新船能否完成预定的任务并满足使用要求。这是建造船舶的目的。对民用运输船，保证运输能力与提高运输质量是设计的基本着眼点。如货船设计中，载重量、航速、舱

容、装卸效率等；而客船的载客量、客舱标准、设备条件、航速、耐波性、安全性等方面则是应重点考虑的。

3. 经济

所谓船舶经济性，就是指船舶完成规定任务时，资金的耗费和积累情况。显然适用性是经济性的重要前提，不适用就谈不上经济性：同样，只考虑适用而不考虑经济效果也行不通。在船舶设计中，怎样花较小的代价取得较大的收益，使船有较好的经济效益是设计民用运输船舶中考虑的中心问题。

4. 美观、舒适

船舶造型的美观和船舶内部的适居性是其中的两个方面，船舶在满足安全、适用、经济的要求前提条件下，力求使船舶外观造型美观，船员和旅客居住舱室的舒适，随着经济的发展和人民生活水平的提高，人们对美观和舒适的要求越来越高，如果设计者重视，往往所花的代价很小，而收到的效果却相当好。

第二节　船体设计的工作内容和设计阶段的划分

一艘新船的设计工作涉及面很广，从专业看包括以下几个方面：船体、轮机、电气等；而在船体方面，又包括总体、性能、结构、舾装等各个部分，同时在船舶设计的各个不同阶段，设计者所要完成的工作内容又是不同的。

一、设计的依据——设计任务书

船舶的技术综合，配套复杂，投资较大，使用周期较长，因此对船舶的设计与建造必须持认真、慎重的态度，一艘船舶的问世，大致要经历船型论证、设计和建造三个阶段。经过船型论证，产生新船的设计任务书，对新船提出使用任务和技术要求，作为设计的依据和出发点。

民用船舶的设计技术任务书主要包括：

1. 航区航线

这是指新船的航行区域。海船通常分为沿海、近洋、远洋等。内河船常按水系名称来分，如我国长江水系分A、B、C级。定航线船通常给出停靠的港口等。不固定航线船（游荡船或不定航线船）通常只给出主要航行的航线或航区。

2. 用途

提出新船担负的任务，载重数量和性质。客船包括旅客人数、舱室标准等要求。货船包括货物的数量、理化性质、舱容等要求。一般货物给出载重吨数，而集装箱船通常为箱数，舱容的要求通常以积载因数 C（m^3/t）来表征货物所需的容积，即每吨货所需求的货舱容积数。货物不同，C 值亦不同。C 值越大，则对舱容要求越多，船的主尺度相对也就越大。对液体货物，通常用其密度 ρ 来表征其理化性质。

有时还会对船提出某些特殊要求，如装大件货、重货等，对多用途船则要指明各种用途的具体要求。

3. 布置特征

提出新船的船型（即船的建筑特征）包括上层建筑形式、机舱位置、甲板层数、甲板间高、

货舱划分、首尾特征等。

4. 船级

提出按什么规范、哪一级设计新船的要求。如结构上按哪一个船级社的规范设计，稳性应符合哪一稳性规范的哪一级船的要求，航行于国际航线的船舶符合有关国际公约和规定，并要依照国际惯例办理申请入级手续，经检验合格后，发给相应的船级证书，才能进行国际航行。

5. 动力装置

给出主机的类型、功率(或型号)及台数的要求。

6. 航速、续航力和自持力

船舶航速常有试航速度与服务航速之分。民用运输船的设计任务书中应提出达到满载试航速度(kn)、续航力(在规定的航速或主机功率下，船上所带的燃料储备量可供船航行的距离)和自持力(船上所带淡水和食物可使用的天数)的要求。

7. 结构

提出有关船体与上层建筑的材料，船体结构型式，特殊加强等要求。

8. 设备

提出起货设备的能力及型式、舵设备、减摇装置、通风空调、导航设备等方面的要求或希望。

9. 性能

提出新船各种装载情况的浮态和初稳性要求或希望，有时也提出耐波性、操纵性等方面要求。

10. 船员及生活设施

给出船舶各类人员的编制，居住舱室及其他舱室标准等。

11. 尺度限制

提出新船的主尺度限制，如船长、吃水、船宽及水上部分的高度等。这些限制主要由泊位、航道、船闸、船坞和桥净空高度所造成。大船通常限制吃水。内河船则对吃水和水面上固定上层建筑高度等方面的限制较多。

设计任务书是进行船舶设计的基础，是关系到新船成败的关键，如果任务书中对新船的使用任务及技术要求提得不合理，即使在设计中尽了很大努力，也不可能设计出一艘成功的新船，甚至会造成重大损失，因此在设计中如果发现了新船设计任务与技术要求方面的重大问题，应进行协商妥善解决。

普通船舶的设计任务书通常由用船部门提出，但有时也可经用船部门和设计部门共同协商后由设计部门负责编制。

二、船体设计的工作内容

船舶设计是一个不断深化的过程。下面以扩大的初步设计(或称基本设计)阶段，船体设计所要完成的内容为例加以说明。

1. 确定新船的排水量、主尺度及船型系数

这是船舶设计中最基本的首要工作。新船的主尺度合理与否，是关系新船成败的主要因

素之一。通常确定新船主尺度与船型系数时要考虑的因素有：

(1)保证重量与浮力的平衡；

(2)满足船舶布置地位的需要(即满足船舶本身设备和所载货物要求的舱容、甲板面积等方面的要求)；

(3)保证船的各项技术与经济性能；

(4)考虑使用、工艺等条件。

2. 船体型线设计

船体型线是关系到新船全局性的设计项目之一。船体型线合理与否，影响到船的性能、总布置、结构、工艺等多方面。船体型线图是总布置设计、船体结构、舱容与性能计算，以及机舱布置等设计项目的依据与基础。船体型线设计应与有关设计项目，特别是与总布置设计协调进行。

3. 总布置设计

通常在船舶设计初期，确定总体设想，选择与确定船的主尺度时，就要对新船的总布置格局，包括甲板层数、建筑特征、机舱位置等进行构思，勾画总布置草图。尤其对客船、汽车渡船、调查船等布置地位型船舶更是如此。

勾画总布置草图对确定一组适宜的主尺度有重要影响，待新船的主尺度确定以后就要进行正式的总布置设计。通常它需与船体型线设计协调进行，总布置设计的内容包括船主体、上层建筑及外部造型设计，进行纵倾调整，保证船有适宜的浮态；进行舱室内部和甲板设备的布置，规划通道与梯口等。总布置图是设计人员最能发挥主动性与创造性的项目之一，它的合理与否，对新船的使用要求、技术性能、经济效益及结构工艺等都有重要影响，也是其他设计项目的主要依据之一。

4. 船体结构设计

船体结构设计是船舶设计的一个重要内容，包括根据船的类型、使用要求及特点，选择船的结构形式；根据船的主尺度、总布置图和建造规范等计算与确定船体结构构件；绘制典型横剖面结构图；全船基本结构图并进行船体强度的校核。

5. 船舶舾装设备设计

包括根据船的使用要求及有关规范，计算、设计与选择船的锚泊与系泊设备、舵设备、起货设备、救生设备、消防设备等。

6. 各种技术性能与经济计算

各种性能计算是船舶设计的重要内容，通常包括船的浮态、稳性(初稳性与大倾角稳性两部分)、抗沉性(特别是对海洋客船有要求)、快速性(包括阻力估算与设计螺旋桨，估算出船的航速)、最小干舷、登记吨位等。显然，各性能与使用要求、经济效益、船的安全性等有密切关系。

经济性计算包括船的造价、营运开支、货运及客运收入、年利润等内容和净现值、必要货运费率、内部投资收益率等经济指标。显然，对于民用运输船，经济性好坏是核准新船设计方案的一个重要方面，而且往往是最主要的标准。

7. 材料及设备清单

包括船体钢料(不同板材及型材的规格与数量)、各种设备与装置的型号及数量，舱室木

作绝缘及甲板敷料的标准和数量等。显然,它们是估算船舶造价的重要依据。

三、船舶设计的特点

前面我们仅以初步设计为例,简要介绍了船舶设计的主要内容。从这些内容可以看出船舶设计是一项复杂的工作,除了内容多、涉及面广外,这些工作内容还存在着互为条件的关系,如总布置设计应同型线设计协调进行,在总布置设计时要知道型线的特征,而型线设计又要求以总布置设计和其他设计项目为依据与基础,因此设计不可能一下子得到结果。用设计螺旋线的概念可形象地反映上述逐步近似过程的特点和内容。

根据船舶设计实践,其特点可以归纳如下:

(1)综合分析,权衡处理,有所侧重。这是船舶设计的一个重要的特点,设计者应充分重视。在初步设计的各个环节上包括的主尺度及船型系数的选择,各项技术性能指标的确定,主要设备的选定,特殊技术措施的采取等等,都应注意在设计过程中根据不同船舶、不同设计条件,综合分析、比较,权衡处理,对于主要问题,应有所侧重,优先加以解决。

(2)逐步深化,不断反馈,渐趋完善。在船舶设计过程中,主要要素、总体方案的确定等设计项目不可能像解方程一样,可以得到精确的答案。在设计过程中应根据各种性能和结构等方面设计和计算结果,多次进行反馈,不断地修正和改进,逐步近似,最后才能趋于完善,了解了这一特点,有利于我们掌握设计的方法,在不同的设计阶段采用不同方法来处理设计问题。

(3)在借鉴与继承的基础上创新。现代船舶是科学技术不断发展的成果,各类船舶都有其独特的发展演变过程,但也都有由其使用任务所决定的共性问题,这决定了它们必然具有许多相近的技术特征和内在规律,合理地吸取和利用这类经验和规律性,可以减少盲目性,使新船设计有较为可靠的基础。

当然借鉴并不意味着不加分析的死搬硬套,继承也只能继承过去的精华,而且新设计的船一般都有新的要求和新的情况,设计工作必须符合新船的特点,做到在设计中有所创新。

(4)密切合作,相互协作,组织有序。船舶设计工作是一个涉及面非常广泛而复杂的系统工程,包括了船体、轮机、电气等多方面的专业内容。在设计工作的组织中,应注意到各个专业之间和专业内部的密切合作,在设计中应注意相互协调。一艘船的设计工作在船体方面、轮机方面和电气方面之间以及其内部都存着大量的矛盾,作好协调工作有利于设计工作的顺利进行。

四、船舶设计程序及内容

1.编制设计技术任务书

设计技术任务书是船舶设计的依据,它全面地反映了对设计船技术性能的要求,并对船的主要技术要素做了具体规定,如船舶类型、用途、吨位、航速、机电设备等。设计技术任务书的各项技术要素,不能凭空编造,必须经过充分的调查研究,有时还要辅以必要的技术经济论证,才能确定下来。而这些要素一旦确定以后,设计船的技术经济性能大体就被确定了。从这个意义上说,任务书的编制,也是船舶设计的一个重要组成部分。

2. 初步设计

初步设计是按设计技术任务书进行的。在这个阶段里，要确定与船舶技术经济性能关系最大的一些项目，如船的主尺度和排水量、船体型线、建筑形式及总体布置、基本结构、主辅机及主要装置系统等。同时要进行船舶主要性能计算，绘制型线图、总布置图、中剖面结构图等主要图纸，编制出全船说明书和材料设备清单。

这个阶段所提供的各项技术文件应能表明船的总体性能，应能据此判断设计船在技术上、经济上的合理性、可靠性及满足任务书各项要求的程度，并作为审批的依据。

3. 技术设计

在初步设计被审查批准之后，即可着手技术设计，技术设计是初步设计的进一步深入。新船的所有主要技术性问题，都需在这个阶段内解决，要做大量准确详细的计算工作，并绘制数量较多的图纸。

这个阶段所提出的技术文件和图纸，应能满足验船部门审查、承造厂进行生产准备、估算造价、订货及绘制施工图纸等方面的需要。

4. 施工设计

技术设计被验船部门审查批准之后，根据建造厂的具体生产技术条件和船舶各项标准文件，应制订建造该船所需的船体、轮机、电气三方面的全部施工图纸和技术文件，称为施工设计。在船体方面要绘制分段结构施工图和制订工艺规程，以及绘制船舶设备、舾装的施工图等。

5. 完工设计

船舶在建造施工中，往往会对原设计作一些修改，如房间设备变动、某一设备的更换，以及经倾斜试验确定了准确的重心垂向高度等。因此，原来的设计图纸和技术文件（如浮态与稳性计算等）就与实船不完全相符了。为反映真实情况，在船舶竣工之后，应按实际情况修改图纸及进行必要的修改计算，为用船部门提供竣工图纸和技术资料，即制订完工文件。

船舶设计阶段的划分并不是一律如上所述。可以根据产品特点、资料的完整程度、设计人员的经验等具体情况的不同而有所不同。如有的单位就把初步设计与技术设计合在一起称为扩大初步设计。有些小型船舶，把初步设计、技术设计、施工设计全部合在一起，整个设计一次完成，设计审批工作也只做一次。

五、设计工作方法

1. 调查研究

设计人员从接受设计任务时起，就应考虑进行调查研究工作，广泛征求使用部门及航道、港务、船厂等有关部门的意见和看法；搜集有关的资料（包括国外实船资料和文献）；在可能的情况下，更应到相近的实船上做深入调查和体验，以获得第一手资料，使设计从一开始就建立在比较符合客观实际的基础上。随着设计工作的深入，设计人员有时还需带着设计方案和问题，通过各种形式做深入的调查研究，征求意见。这样就可少走弯路。

2. 借鉴与创新

在新船设计时，设计者常采用一种行之有效的方法——母型改造法。所谓母型，即与新船在主要方面相近的实船或已设计好的船。将母型各项要素按设计船的要求用适当的方法加以

改造变换，即可得到新船的相应要素，这是一种既方便又可靠的设计新船的办法。借鉴过去的精华，结合新船的特点，考虑到新技术、新设备、新工艺、新材料在新船上的应用，做到有所创新。

3. 逐步近似

由于船舶的内在矛盾错综复杂，设计工作不可能一次完成，而是循着一个逐步近似的过程。初次近似只考虑少数主要因素，而后一次近似则计入更多的因素。后一次近似结果是前一次近似的修正、补充和发展，经过几次近似，最终得到符合各项要求的设计结果。

第三节 现代船舶设计方法的发展

现代设计法是集近代与现代各种科学方法之精髓，运用于设计领域，揭示与描述了现代设计与分析的特征、途径、方法、规律、属性与法规，它使设计活动产生了质的飞跃，从随意的、经验的、感性的、静态的与手工式的传统设计跃变为必然的、科学的、理想的、动态的与计算机相结合的现代设计。

传统的船舶设计，已完成了由直觉设计向经验设计的过渡，现代船舶设计方法正由经验设计向数字化模拟试验设计阶段方向发展。但目前在许多方面还得凭经验，还不能全面应用数学方法。在客观上，掌握设计规律带有很浓厚的经验性，这表现在评定设计时，难以定量地精确地确定最佳值，设计质量也常常取决于设计者个人的素质、工作经验和知识结构。这是与生产发展相适应的，但是随着人们对船舶各个方面的要求日益提高，设计者仅凭经验难以作出更周密的考虑，这种客观发展的要求，必然迫使设计者向更严密的科学方向进化。

一、现代船舶设计方法的发展

从船舶设计学科发展的过程看，现代船舶设计的发展主要反映在设计手段及方法的进步和创新方面。这两个方面都体现了设计方法与计算机科学的紧密结合。

1. 计算机科学的发展为船舶设计方法的进步提供了必要条件

随着计算机应用技术以及现代化造船技术的发展，在船舶设计方法和体系上发生了巨大的变化。从传统设计方法到生产设计，将来会进一步发展到模块设计方法。船舶设计工作从单纯的设计“怎样的船”，到设计“怎样的船”和“怎样造船”，再到解决“怎样的”、“怎样造更易于建造、便于维护、经济性更好的船”的问题。

计算机容量的增加，运算速度的飞速提高，是船舶性能和结构的计算和分析、图形的处理成为可能。在此基础上，计算机辅助船舶设计软件的开发为新的设计方法的产生和运用提供了必要的条件。

2. 计算机在船舶设计中的广泛应用为现代船舶设计提供了必要手段

自20世纪60年代以来，计算机在我国船舶设计中的应用，已经历了几个阶段性的历程，即从单项计算程序到单项程序的组合系统、集成程序系统、交互设计系统等，为船舶设计开创了新途径，业已成为船舶设计中不可缺少的有力工具，使设计工作无论在速度还是在质量等方面都有了极大地提高。

计算机的应用给船舶设计带来了极大的便利,计算机的应用已深深地渗入到现代船舶设计的各个阶段和环节中。在船型论证、方案分析、性能计算、强度校核、结构分析、设备布置、内装设计等各个设计环节中所需的各种计算、分析、绘图工作都有相应的计算机辅助设计 CAD 软件。设计中,现代船舶设计者正越来越多的使用虚拟现实技术,可以通过计算机屏幕,直接体验所设计船舶的工作环境的各种感受。

二、现代船舶设计所用部分软件简介

国内外设计部门开发了大量的计算机辅助船舶设计软件,从设计方案的变量分析,各种技术性能及经济指标的估算和计算到工程制图的一整套设计过程都有相应的软硬件相配套,船舶设计的效能大大提高。

目前在船舶设计中常用的软件类型约有:计算机辅助船舶设计 CAD 软件;计算机辅助船舶结构设计 CAD 软件;计算机辅助船舶性能计算软件;计算机辅助船舶管系设计 CAD 软件;船舶资料数据库等,由于设计、生产的日益一体化,因此在设计中还常用到计算机辅助船舶制造 CAM 软件。这些软件有的是单项计算程序,但许多软件已组合形成计算机辅助船舶设计、制造和管理集成系统。比较著名的有:

1. TRIBON 系统

TRIBON 是瑞典 KCS 公司开发的应用于船舶和近海结构物的 CAD/CAM/MIS 软件集成系统。由船体设计、舾装设计和系统管理与维护等模块构成,各个模块可共享和调用全船信息,它融船体、舾装、涂装和信息管理于一体,可用于船舶总体设计、详细设计和生产设计。在详细设计阶段生成的图形和信息,可以被生产设计阶段调用,通过交互式建模可生成船体及管系三维模型,并能自动进行零件干涉检验和管子的碰撞检查,分离后的零件可在系统内进行套料,并自动产生切割指令,计算各对象的重量、重心及油漆面积、焊缝长度等信息,并能生成各类图纸、材料清册供生成、物资部门调用。目前我国不少大型船厂和设计部门已引进该软件集成系统,用于造船生产设计。

2. FORAN 系统

FORAN 是由西班牙 SENER 公司开发的造船 CAD/CAM/MIS 软件集成系统。该软件系统是目前世界造船业用户最多的软件之一。它提供了从概念设计到生产设计的一体化解决方案。它的多个模块可完成船舶总体布置、性能计算、型线设计、结构设计、电气和管线的设计以及船舶制造中的各种施工图纸和信息。

3. HCS 系统

HCS 系统是由中国船舶工业总公司应用软件开发中心(ASDC)与部分船厂联合开发的船舶 CAD/CAM 软件,主要功能有:型线光顺(人机交互)、外板展开、结构定义、交互式零件套料、数据检验和切割指令动态模拟检验、与 AUTOCAD 数据图形接口等。我国很多中型船厂和设计部门都应用这套软件系统进行设计。

以上所提到的软件集成系统,都是造船领域应用比较多的计算机辅助 CAD/CAM 软件。除此以外,各国造船厂、设计部门和软件商都开发了大量的通用的或专用的、单一的或集成软件,成功地应用于船舶设计中,使现代船舶设计从手段到方法都不断得到创新和进步。

思考与练习 SIKAOYULIANXI

一、简答题

1. 简述船舶设计的基本原则。

2. 简述船舶设计的特点。

3. 简述船舶设计任务书的主要内容。

4. 简述船舶设计程序及内容。

5. 什么是母型改造法？什么是逐步近似法？

二、判断题(对的打“√”,错的打“×”)

1. 适用、经济、美观是衡量一艘新船设计成功与否的标准。 (　　)

2. 在新船设计时,设计者常采用一种行之有效的方法——母型改造法。 (　　)

3. 设计直线的概念可形象地反映船舶设计近似过程的特点和内容。 (　　)

4. 设计任务书是船体设计的依据。 (　　)

5. 对于民用运输船,经济性好坏是核准新船设计方案的一个重要方面,而且往往是最主要的标准。 (　　)

第十六章　船舶制造基础

知识目标

1. 正确叙述现代造船工艺；
2. 正确叙述船体放样、号料的方法；
3. 简单叙述船体钢结构加工方法；
4. 正确叙述船体装配与焊接方法和工艺；
5. 简述船体密性试验方法；
6. 正确叙述船舶下水方式；
7. 正确叙述船舶试验内容；
8. 了解船舶制造技术的发展趋势。

能力目标

1. 具备船舶制造基本知识；
2. 熟悉现代造船工艺；
3. 初步具备制定造船工艺的能力。

船舶是复杂的水上建筑物，是大型综合型工程，产品类型属"订单型"，产品难以形成批量，品种繁多，而且技术密集，配套复杂，多工种立体作业多。因此，船舶制造技术与一般机械产品的制造有很大不同。本章主要介绍船舶建造的一般工艺流程和方法，对造船技术的发展作简要介绍。

第一节　船厂总布置

一、船厂类型

造船工业是综合性的工业，所以必须与其他企业进行广泛的协作，因此一个工厂要承担一艘船的全部建造工作是不可能的，也是不合理的。

根据协作面及协作程度的不同，船厂的类型大体可分为三类：

(1)造船厂：除制造船体外，可制造少量的主辅机和艇装件等。原有的大型船厂多数属于这种类型。

(2)修造船厂：它除了制造船体、少量的主辅机和配件之外，还兼有修船任务。

(3)船舶装配厂：只承担船体的建造和舾装工作。船舶所需的各种机电设备和绝大部分舾装件等，均由专业船舶配套厂协作供应。现在新建的船厂多数属于这种类型。

此外，还有少量的专门从事船舶修理业务的修船厂。

船厂类型还可按其生产的产品类型分为海船厂、内河船厂、渔轮厂、工程船舶厂等；按

产品的结构材料可分为钢质船厂、玻璃钢船厂、木船厂和水泥船厂等。

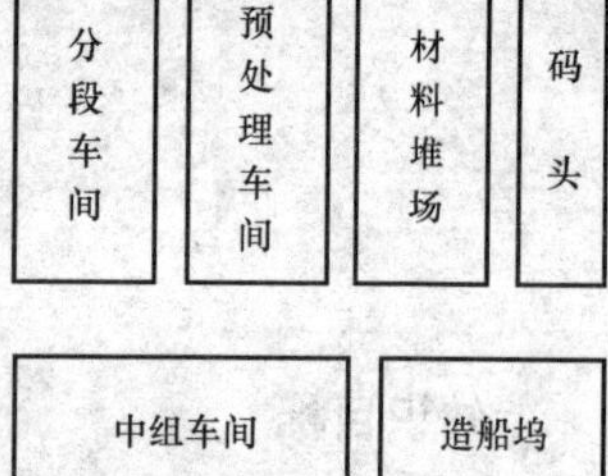

图 16-1 船厂总布置实例

二、船厂总布置

船厂占地面积多比较大,合理的船厂总布置对生产率的提高将起重大作用,船厂布置时,主要是根据造船工艺流程合理性安排各车间与船台的相对位置,使生产中避免迂回路线。图 16-1 为某船厂总布置实例。

第二节 现代造船工艺流程

目前钢质船舶焊接船体常规建造工艺的主要工艺程序如图 16-2 所示。

船舶的建造过程比较复杂。按照现代造船工艺学的观点,船舶建造可分为 3 种类型的生产作业,即船体建造、船舶舾装和船舶涂装。

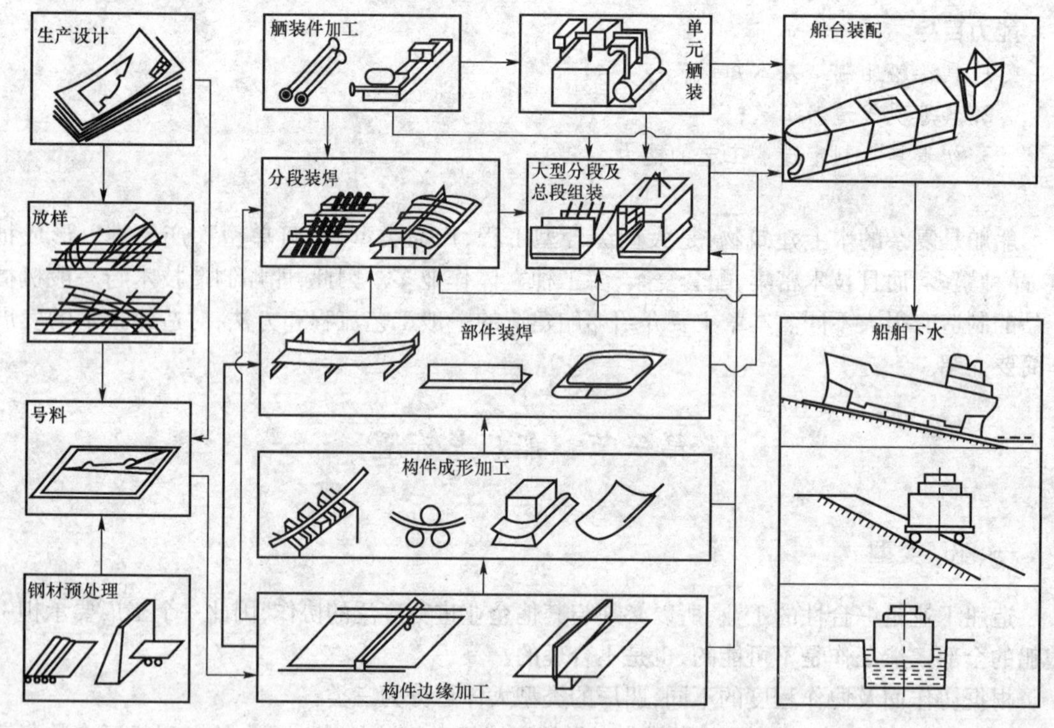

图 16-2 钢质船舶常规建造工艺程序图

船体建造是将船用钢材制成船舶壳体的生产过程。从生产的顺序来划分,船体建造包括 3 个步骤:

(1)将原材料制成船体零件;

(2)将零件组装成部件或进而再组装成分段和总段;

(3)将零、部件或分、总段总装成船体。

船舶舾装是将各种船用设备、仪器、装置和设施等安装到船上的生产过程。按作业区域和专业来分，船舶舾装包括甲板舾装、住舱舾装、机舱舾装和电气舾装等工作内容。按工作地点和阶段来分，有内场预制舾装、外场分段舾装、船台舾装和码头舾装（后两者统称为船上船装）。

船舶涂装是对全船进行除锈、涂漆的生产过程。按作业阶段来分，船舶涂装可分为钢材表面预处理、分段除锈及底漆喷涂（即分段涂装）、下水前船体外部面漆涂装和交船前船舶进坞进行完工涂装等几个阶段（后两者统称为船上涂装）。

船舶是作为水上交通、运输或作业等用途的工具。它是一个漂浮的建筑物，装有各种设备和仪器，能防止海水的腐蚀。欲使船舶完成预定的使命，除了必须精心设计之外，还应该精心建造。

第三节　船体放样与号料

一、船体放样作用

放样作为船体建造施工阶段的第一道工序；不仅是对设计意图的体现，而且也是对设计工作的一次检验、补充和修改。同时，它为后续工序（号料、加工、装配、焊接、检验等）提供施工资料。因此，放样的主要作用有以下三点：

1. 暴露和修正初步设计时的型线误差

将船舶型线设计时所绘制的1∶50或1∶100的型线图在放样间地板上按1∶1的比例放样，或者把型值输入电子计算机进行运算来暴露缺陷、发现问题、修顺型线、对应型值，以消除误差。

2. 补充和完善详细设计时的结构细节

在船舶结构设计时，由于船体形状复杂，仅设计绘制了基本结构图、中横剖面图、分段结构图等主要结构图纸，而实际施工中所需要的船体各构件的准确形状、详细尺寸和安装位置，则由放样来加以补充和完善。

3. 检验和纠正生产设计时的施工缺陷

设计人员在生产设计中难免会发生一些考虑不周、遗漏等不符合施工要求的缺陷，需要在放样时加以更正或修改。

二、船体放样、号料的方法

船体放样经历了实尺放样、比例放样和数学放样三个阶段，并各有对应的号料方法。

1. 实尺放样与手工号料

理论型线放样、结构放样和构件的展开，都是在放样间地板上按实尺进行的。为后续工序提供的是大量样板、样棒、样条、样箱和草图。号料工作也由手工完成。

实尺放样和手工号料，由于效率低、工期长、劳动强度大，并且耗费大量宝贵的材料，现已基本淘汰。

2. 比例放样与光学号料

放样和展开的操作是在专门放样台上，按1∶10或1∶5的比例进行的。并绘制供光学号料

用的样板图和供光电跟踪切割用的仿形图。

3. 数学放样

数学放样也称计算放样。随着电子计算机在船舶设计和建造中应用的不断开发,它已由初期仅限于型线放样和数控加工,发展成为以数据库为核心的设计、建造和管理一体化的造船集成系统。

目前,各船厂都早已以数学放样取代了传统的实尺放样和比例放样。它不仅使放样方法发生了根本的变化,也对号料、加工、装配等后续工序产生深刻的影响。船体放样和生产设计合一以后,整个计算机系统能辅助人工完成船体生产设计和放样的大量工作。

根据船体生产设计(含放样)的任务,向计算机输入或调用初步设计、详细设计的图表文件、数据信息。经过程序系统的处理,完成船体生产设计包括放样在内的大量工作,输出船体生产设计的工作图表,施工信息文件。目前它能完成的工作有:

(1)船体型线的光顺,肋骨型线和结构线的放样;

(2)船体结构零件的自动生成,外板及其他构件的展开;

(3)钢材零件的套料,数控切割、号料的处理;

(4)胎架型值及分段装配数据的计算;

(5)其他数据的计算和统计,如焊缝长度、焊接工时统计,重量重心计算、下水计算等。

由此可见,进行数学放样,尤其是放样和生产设计合二而一以后,不但完成了原来实尺或比例放样的全部任务,还做到了许多在手工放样条件下难以完成的工作。

三、号料与套料

1. 号料

号料作业是在钢板或型钢上画出船体构件展开后的真实形状,并标注船名、构件名称、加工及装配符号等。

实尺放样时,号料用的是样板、样条、样箱和草图。比例放样时,号料用的是样板图、仿形图和部分样板。数学放样时,则分别提供“型钢号料图册”、“手工号料图册”和“数控号料图册”。型钢号料操作简单。手工号料的零件都是形状简单,易于用手工作图完成的板材零件。形状复杂的船体零件则采用数控切割和数控号料。如肋板常带有曲线(型线)边缘,其上有较多开孔(如人孔、减重孔、型材贯通孔、流水孔、透气孔、通焊孔等)。这类零件在手工放样时必须订制样板或绘制样板图。数学放样时都采用数控切割号料,在零件切割的同时,划出其上的结构位置线和基准线作为装配的依据。这类形状复杂的零件在船体结构中占有相当大的比例。

2. 套料

把若干个板厚、型材规格相同的构件合理地排列在一张钢板或型钢上,并依此进行号料以达到有效利用原材料的目的,称为套料。在实尺放样和比例放样阶段,套料作业都是手工完成的。采用数学放样以后,套料作业主要由计算机完成,称为数控套料,这就是计算机以一定比例给出船体构件的图形,并将这些图形在相同比例的钢板边框内进行合理排列,使钢材的利用率达到最高的程度,以取得最好的经济效益。图 16-3 为由计算机完成的船体零件数控套料图。

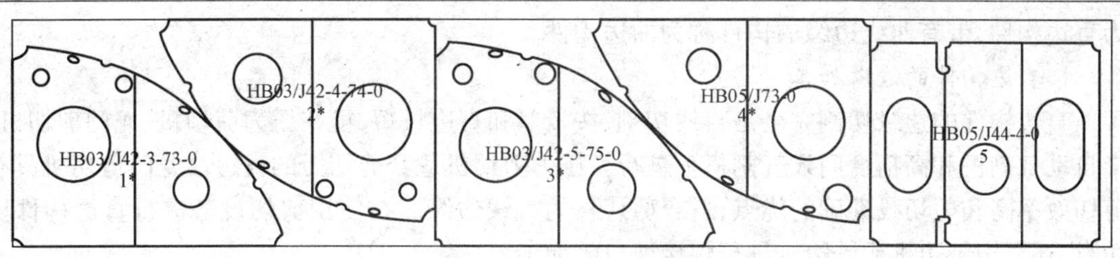

图 16-3　船体零件数控套料图

第四节　船体钢结构加工

一、钢材预处理

船厂使用的钢板和型钢,由于钢厂轧制时冷却收缩不均匀或运输堆放中的种种影响,难免出现变形和轻微的锈蚀。使用前,船厂都先对钢材进行矫正和除锈,并涂上防护涂料,这个工艺过程称为钢材预处理。

船体结构中的平直型钢构件,应先将有变形的型钢在型钢矫形机(撑床)上矫直,再进行号料和切割。对于弯曲的型钢构件,则不必预先矫直,直接进行号料、切割和弯曲加工。

钢板的矫正一般都在七辊或九辊矫平机上进行。少数厚度超过矫平机加工范围的变形钢板. 可使用大功率液压机或三辊弯板机进行矫平。

钢板除锈是清除其表面的氧化质和锈斑,以保证油漆质量,防止钢板锈蚀。船厂采用的除锈方法有机械法(抛丸、喷丸和弹力敲击)、化学除锈(酸洗)、电热法(火焰涂锈)和喷涂带锈涂料等。

船厂都把钢板的矫正、除锈、涂漆和烘干等机械装置,按工艺流程用传送滚道连接起来,组成钢材预处理自动流水线,如图 16-4 所示。钢板由钢料堆场吊至传送滚道 1,由它送入矫平机矫平 2。经预热装置 3 预热后进入抛丸除锈机 4 除锈。然后在喷涂装置 5 内喷涂防护底漆,最后经烘干机 6 烘干送往号料或加工场地。

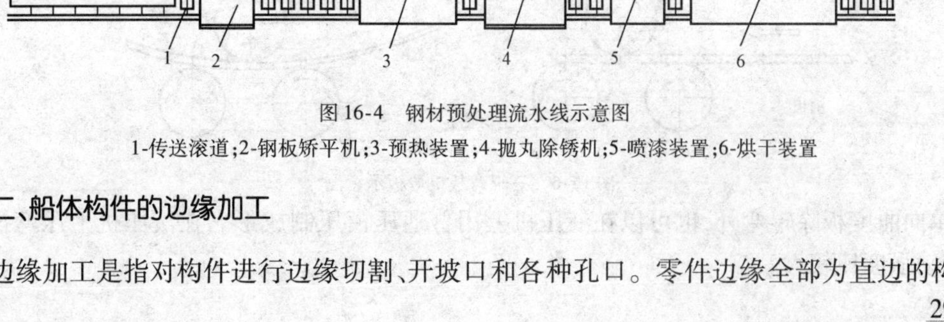

来自钢料堆场

钢板

1　2　3　4　5　6

图 16-4　钢材预处理流水线示意图

1-传送滚道;2-钢板矫平机;3-预热装置;4-抛丸除锈机;5-喷漆装置;6-烘干装置

二、船体构件的边缘加工

边缘加工是指对构件进行边缘切割、开坡口和各种孔口。零件边缘全部为直边的构件称

为直边构件，带有曲线边缘的构件称为曲边构件。

1. 直边构件的边缘加工

直边构件的边缘切割完全是直线切割，按板厚和直边长短，可在压力剪切机、龙门剪切机、半自动气割机和高精度门式气割机上进行。压力剪切机适合剪切短的直边。龙门剪切机具有剪切效率高和剪切线准确的优点，适合剪切长的直线边缘。在使用剪切设备进行直边构件剪切时，还要用刨边机或铣边机进行焊接坡口的加工。

2. 曲边构件的边缘加工

大量船体构件都带有曲线边缘。曲线构件的边缘加工，可以用滚剪机进行机械剪切，也可以用手工割炬、半自动气割机、光电跟踪切割机和数控切割机等气割设备进行切割。数控切割目前在船厂应用广泛。它是依靠数学放样提供的数控指令带或程序卡作为控制信息，操纵切割机自动进行构件边缘切割的。数控切割机同时可以进行零件上的号料工作。数控切割号料具有简化工艺过程、改善劳动条件、提高切割速度和割缝质量等优点。

数控切割、数控号料和数控绘图在原理上都是相同的，只是在执行机构上分别装的是割嘴、号料头、画笔而已。数控切割的过程见图 16-5，代表操作指令的编码信号输入专用电子计算机后，经过运算发出相应的电信号，控制执行机构、完成构件边缘的切割。

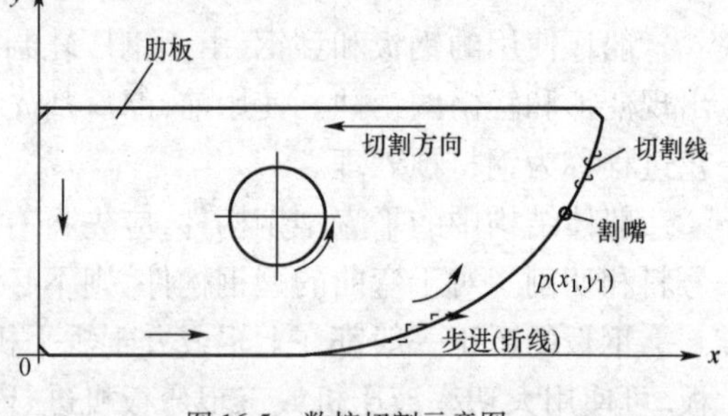

图 16-5　数控切割示意图

三、船体构件的形成加工

对于具有弯曲或折曲等空间形状的船体构件，边缘孔口切割后，还需要进行成形加工。船体构件的成形加工包括单向曲度板和复杂（双向）曲度板的弯制、板的折边和型材的弯曲。

1. 单向曲度板的弯曲加工

这类构件如舭列板或其他部分外板和甲板，只具有圆柱形或圆锥形的简单空间形状。只需在三辊弯板机上来回滚压，用样板不断检查，即可获得所需形状。图 16-6 为三辊弯板机辊弯钢板示意图。

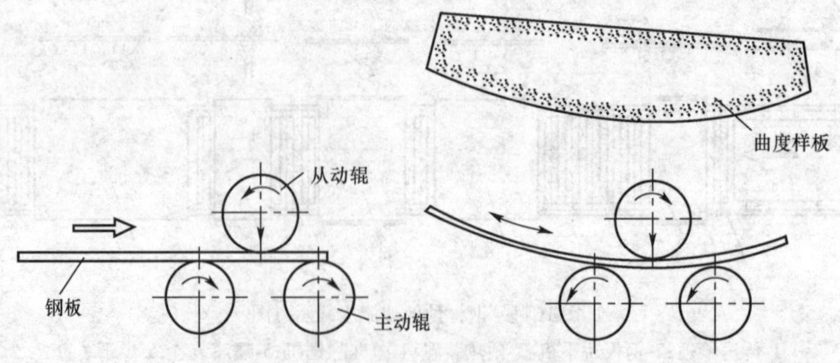

图 16-6　三辊弯板机弯板示意图

单向曲度板除辊弯外，也可以在液压机上用普通压模压制成形。在液压机上压弯操作复杂，劳动强度比较大。

2. 复杂曲度板的弯曲加工

小尺寸、大批量、具有复杂弯曲形状的钣金零件，可在液压机上使用专用压模压制成形，但这在船体加工车间中很少应用。具有双向弯曲的船体外板，通常都是在三辊弯板机或液压机完成一个方向的弯曲加工，然后用水火弯板工艺进行另一个方向的弯曲加工，如图 16-7 所示。水火弯板的成形效果主要决定于加热的温度、速度、加热线的分布以及冷却的方式。

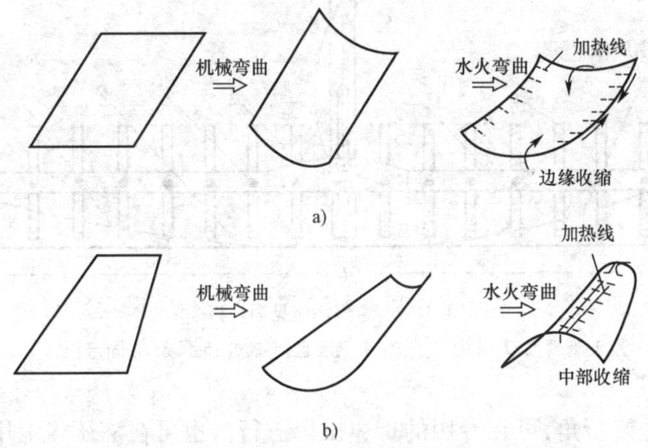

图 16-7　水火弯板示意图

a）同向弯曲（帆形板）；b）异向弯曲（鞍形板）

水火弯板是利用钢材局部加热和冷却时产生的热塑压缩变形达到成形目的的。首先，用氧—乙炔火焰对构件的一定部位进行局部加热。因受热的只是部分金属，它的膨胀就受到周围冷金属的阻碍，在加热到一定温度时（600～700℃），该处金属就产生塑性压缩变形。让其在空气中自然冷却，或在加工钢板的正面或反面，用冷水浇淋加热线的周围，使其快速冷却收缩。正是这种加热部位的局部收缩，导致钢板的弯曲，以获得构件所需要的曲度和形状。如图 16-7 所示为同向弯曲的帆形板和异向弯曲的鞍形板的弯曲过程示意图。

具有双向弯曲的外板，在加工过程中要不断检查其弯曲形状。在传统工艺时期，是使用木质的见通样板，如图 16-8 所示。钉制样板要耗费大量的木料和工时。例如 6.9 万吨成品油轮和 11.8 万吨穿梭油轮共需加工曲形外板 849 张，就需钉制木质见通样板 1200 枚，耗费木材 40 余立方米。采用数学放样以后，木质见通样板已被金属活络样板所代替，节省了大量的木材和

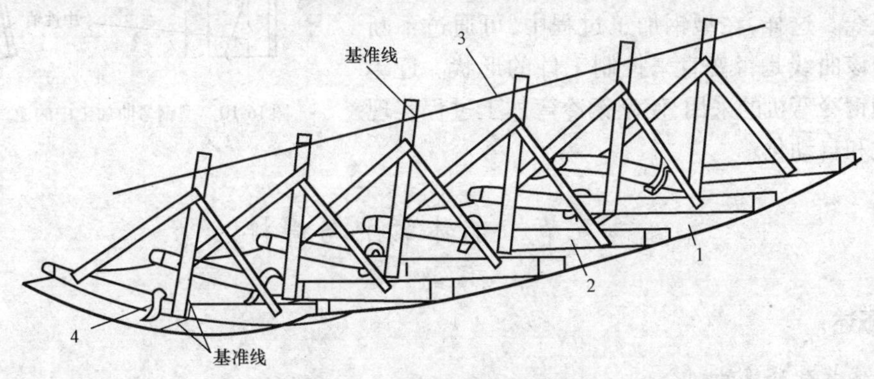

图 16-8　木质见通样板的使用

1-钢板；2-木质见通样板；3-粉线；4-卡子

人工,取得了很好的经济效益。图16-9即为金属活络见通样板的结构。

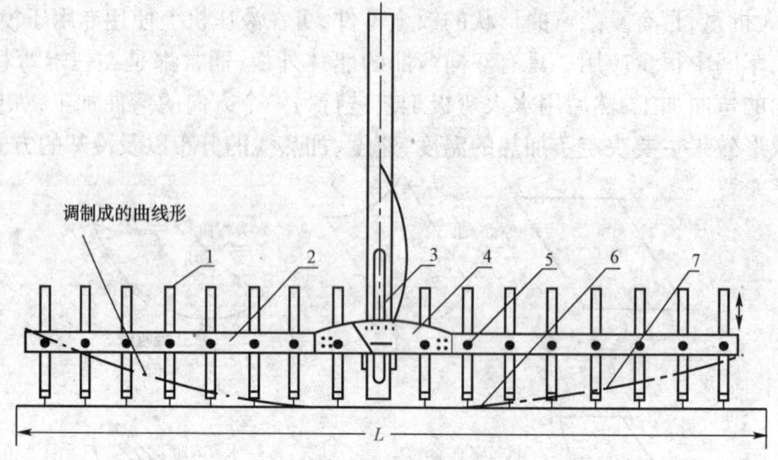

图16-9　金属活络见通样板

1-刻度尺;2-横梁;3-立杆;4-刻度盘;5-螺栓;6-尺条;7-固定板

3. 构件的折边

船体构件的折边或折角,可在专用的折边机上进行。也可在液压机上用模具压制。有时,在三辊弯板机上附加辅助装置,也能对钢板进行折角加工。

4. 型钢弯曲加工

弯曲的型钢构件在船体结构中数量很多,如肋骨、横梁和纵骨。我国船厂多采用三支点逐段进给式肋骨冷弯机进行弯曲。它是对型钢施加外力,使内应力超过屈服极限后产生塑性变形,从而使型钢逐段弯曲成所需要的形状。在加工过程中要不断对工件的形状进行检查。采用数学放样以后,已完全淘汰了过去用铁样条或木质样板人工对样的落后方法,代之以逆直线法,如图16-10所示。所谓逆直线是一条特殊的线,弯曲前,它在平直的型钢上是一条曲线,当型钢腹板边缘逐段被弯成与肋骨型线吻合后,该曲线就变为一条直线。这样,在型钢加工过程中,可通过不断拉线检查该曲线是否变直来控制工件的形状。近年来数控型钢冷弯机的采用,使型钢冷弯加工过程实现了机械化和自动化。

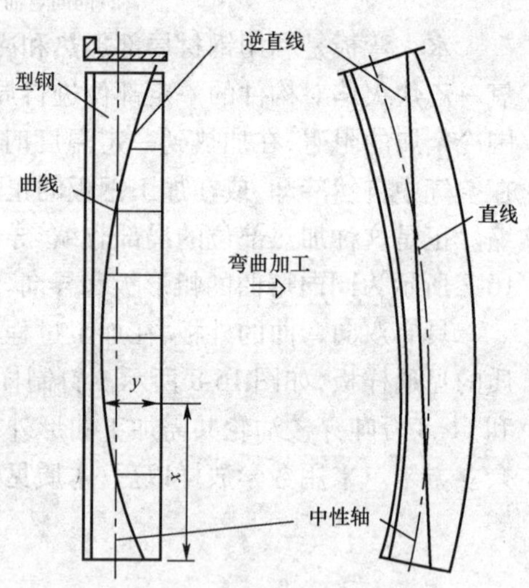

图16-10　型钢弯曲加工中的逆直线

第五节　船体装配与焊接

一、概述

1. 船体装配阶段的划分

船体装配焊接工作量很大,约占船体建造总工时的60%以上,而且基本上使用手工操作。

所以,采用先进的造船方法、合理的装焊工艺,对提高效率、缩短周期和改善劳动条件都有重要的作用。

通常,船体的装配焊接工作可以划分为以下四个阶段。

(1)部件、组合件装焊。将若干个加工好的船体构件,经过一次装配成部件、或经两次以上装配成组合件,如桁材、肋板、强肋骨、强横梁,各种平直板列、肋骨框架等。

(2)分段装焊。由零件、部件和组合时装配成各类船体分段。船体的详细设计和生产设计都是以分段为结构单元设绘图纸。如底部分段、舷侧分段、甲板(平台)分段和舱壁分段。分为平面分段、曲面分段和主体分段。

(3)大型分段和总段。由底部、舷侧、甲板、舱壁分段(或分段的一部分)和少量的零部件装配成大型分段,如F型、P型、D型大分段,或装配成环形的总段。

(4)船台装配。在船台上或造船坞内,将分段、大型分段(或总段)及少量散装的零部件最后装配成完整的船体。

部件、分段、总段的装配统称为船体结构预装配。它将大部分船体装配焊接作业由船台移至车间内场或水平地面,在施工条件较好的装配平台或胎架上进行,有的则采用装配流水线。这有利于扩大作业面、改善劳动条件、减少高空作业、提高机械化程度和工作效率。

分段划分是船体建造中的一项重要工作,它要考虑结构的特点和强度、钢材的规格、良好的工艺性和简化工艺装备等因素。分段或总段的最大重量受到船台或造船坞起重能力的制约。

2. 胎架

平台和胎架是船体结构预装配的主要工艺装备。传统工艺所使用的模板式专用胎架,耗费了大量制作胎架样板和胎架的木材、钢材和工时。现在,专用模板胎架已完全被通用可调支柱胎架和角钢支柱胎架所取代。数控技术应用,提高了零件加工的精度,单面焊双面成型和二氧化碳气体保护焊的应用,使分段焊接变形量进一步减小,激光划线工艺的应用,变革了传统的胎架挂线工艺。而数学放样中由计算提供的支柱高度、板的定位、构架划线、构架安装角度以及分段检查等数据,终于使支柱式胎架的普遍应用成为可能。

支柱式胎架保证外板的型值,使外板零件在自然状态下装配成形。支柱的高度型值已考虑了分段必要的反变形。胎架在这里只起支承分段的作用,而不用它来强行控制分段的焊接变形。

3. 船台无余量装配

由于在船体建造中推行精度管理,通过对放样、号料、加工、装配各工序所产生误差的统计分析,对焊接变形的预防和补偿,以及建造过程中检测技术的改进和完善,已能使船体结构的制造误差控制在一定范围之内。许多船厂已实现船台无余合拢工艺,也就是在分段吊上船台前就将余量割除。这不仅减少了船台合拢中的结构修割工作量,而且变分段在船台上的两次定位为一次定位,工效提高一倍。

4. 采用结构焊接新方法

焊接工作量在船体建造中占有相当大的比例。船体装配中应用最广泛的是熔化焊,它是利用电弧熔化焊条(丝)和接缝处的金属来形成焊接接头的,称为电弧焊。

除手工电弧焊外，埋弧自动焊和埋弧半自动焊在船体建造中占有很重要的地位。埋弧焊是一种电弧在颗粒焊剂下燃烧的电弧焊接。埋弧焊电流大，焊接速度快，焊缝质量好。和手工弧焊相比，可提高效率近 10 倍。

正面施焊，反面由衬垫材料强制成型的单面焊双面成型工艺的应用，减少了船体部件和分段的翻身，减少了舱室内的仰焊工作。

重力焊和弹力焊是一种用于角焊缝焊接的高效焊接方法。操作者仅需将重力焊或弹力焊设备放置成适当的位置，装上焊条，焊接即可自动进行。在焊条燃烧过程中无需人员操作，一个人可以同时使用多台设备，大幅度提高工作效率。

气体保护焊是利用氩气、氮气或二氧化碳等气体作为保护介质的一种电弧熔焊方法。焊接过程中，电弧受到周围气体的保护，有害气体不能侵入熔池，保护了焊接过程的稳定性，从而获得高质量的焊缝。

此外，还出现了其他一些应用于造船的自动焊设备，如自动垂直焊机等，也都取得了很好的效果。高效焊接在船舶焊接中所占的比例不断提高。

二、船体结构的预装配焊接

1. 部件装配与焊接

船体结构中的肋板、强肋骨、桁材、肋骨框架等，都是由零件一次装配而成，都是部件。图 16-11 所示为普通肋骨框架的装配过程。首先在铁质平台上画出框架的肋骨型线，标出外板板缝、纵桁位置线。依次对肋板、肋骨、横梁进行定位，使它与肋骨型线吻合，并和中线等基准线对准。最后安装舭肘板和梁肘板，装配好的肋骨框架应在同一平面内，再进行框架的焊接。最后矫正可能存在的变形，使之符合误差要求。在框架上标明基准线、板缝、纵桁位置，并对框架作临时支撑加强。

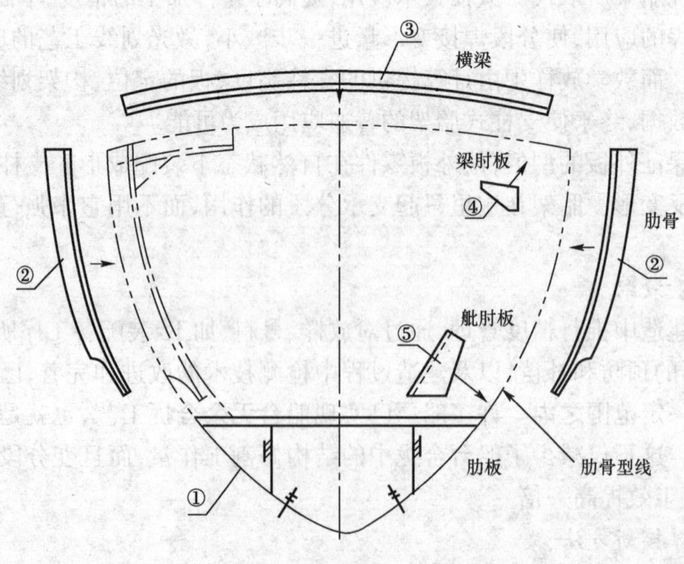

图 16-11 肋骨框架装配过程

①～⑤为装配顺序

通过测量对零件进行定位,装配过程中的划线(基准线、结构线、切割线)、零件定位后的夹紧固定、焊接和矫正是部件装配中的基本操作。

数量很大的平直和弯曲的丁字钢(纵桁、强肋骨、强横梁)、平板的焊接,大多采用自动装焊,零件的定位、压紧由机械、液压、气动装置完成,自动焊接。

2. 分段装配与焊接

(1)分段装焊工艺过程。分段结构类型的标准化是造船作业标准化的重要内容之一。为使分段制造的工艺流程合理化,通常将分段分为以下三种。

①平面和曲面分段。平舱壁、内底板、平台、平直的甲板和舷侧分段,在平台上进行装焊。甲板、舷侧和底部曲面分段在支柱式胎架上装焊。

②立体和半立体分段。由外板、内底板、甲板和舱壁板组成的封闭或半封闭分段,如双层底、带纵舱壁的舷侧分段、轴隧和球鼻首等。根据装配基面选择可在平台或胎架上装焊。

③大型分段和总段。由若干个子分段组成,如甲板、舱壁组成的T型段,由舷侧、甲板、平台组成的F型段等。

分段按装配时的位置可分为正装法、倒装法和侧装(或卧装)法。根据结构尺寸、工艺装备和施工方便确定。平台、双层底分段可在平台上反装,首、尾柱分段常用侧装法,首尾总段在胎架上倒装。以平面为基面时,划线、骨架安装比较方便,且有利于采用自动、半自动焊接。

分段的各种不同装配方法,主要反映拼板划线后的内部骨架的不同装配顺序上。自分段中心开始,向前后、左右交叉装配纵横构件称为放射法(又称贴靠法)。先装间断构件、后装连续构件的称为插入法。在专用平台先将包括纵骨在内的纵横骨架装焊成整体,再吊上已划线的铺板上的称为分离装配法。各种方法各有优缺点,根据优化工艺方法的原则加以选择,现在则反映在由生产设计提供的分段工作图中。

(2)典型分段制造工艺举例。图16-12为采用正装法的双层底立体分段制造过程。

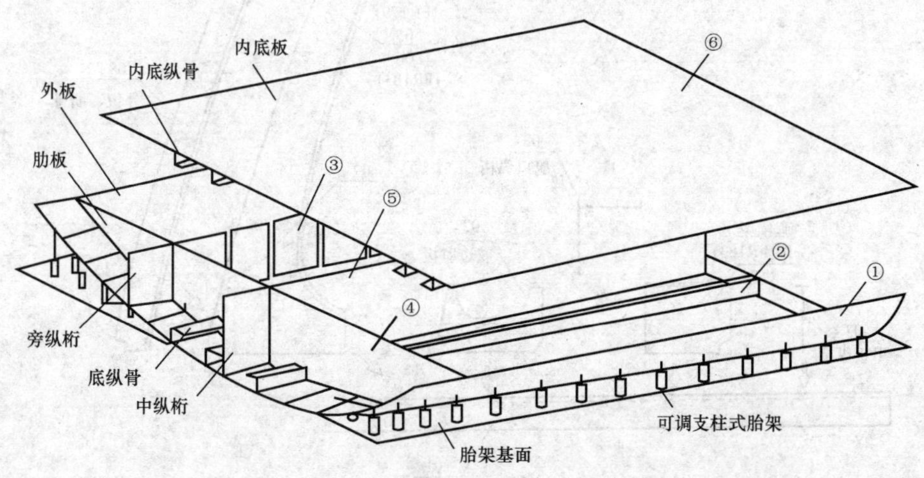

图16-12　正装法的双层底立体分段制造过程

①~⑥为装配顺序

①胎架装备；

②铺板并焊接外板板缝；

③划基准线、纵横骨架位置线；

④装底纵骨，焊接；

⑤采用插入法，依次装间断侧桁材、肋板、最后装中纵桁，进行内部骨架之间以及骨架与外板之间的角焊缝焊接；

⑥安装管路、直梯等舾装件；

⑦吊上已装焊内底纵骨的内底板，焊接；

⑧分段下胎、翻身；

⑨扣槽，进行外板封底焊；

⑩火工矫正分段变形；

⑪划分段轮廓线和定位基准线；

⑫分段结构性验收；

⑬分段二次除锈和涂漆。

(3)船体分段工作图和胎架数值表。推行生产设计以后，以分段为单元设绘分段工作图，以图形、编码、符号传达工艺、管理信息。反映分段制造的步骤、方法和工艺要求，作为现场施工的主要依据。

分段工作图的主要内容有以下几项。

①分段组装要领图。它反映出分段装配时的状态(正装、倒装或侧装)，零件、部件和组合件在分段上安装的顺序。图16-13所示为带舷侧的甲板大型分段的组装要领图(甲板左右对称，图中只画一舷)。

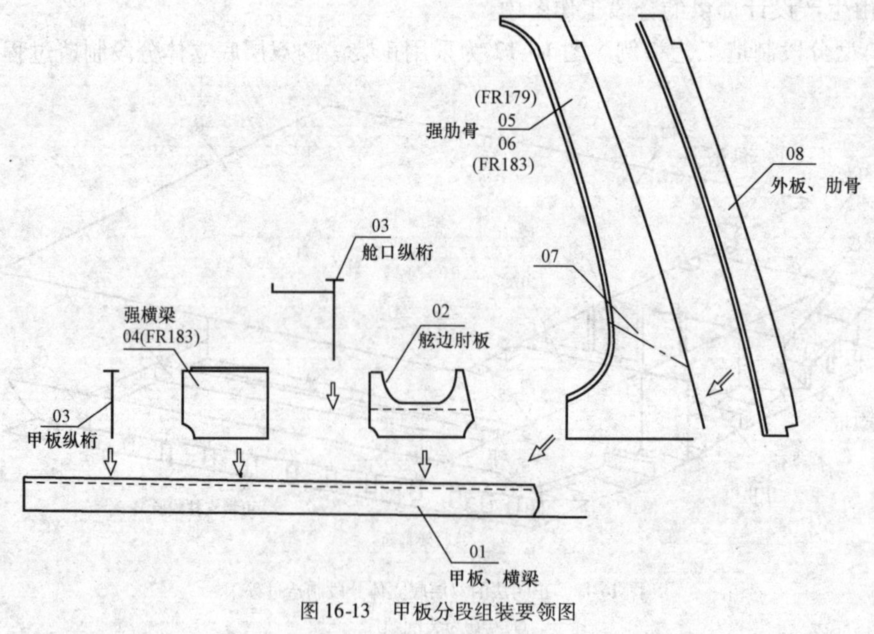

图16-13　甲板分段组装要领图

01~08为组装顺序

②分段零件明细表。在明细表中将分段中全部零件按组合件、部件的归属关系分块集中，使其反映出该分段上部件、组合体的划分情况，并按照装配顺序在明细表中自上向下填号，不同组合件(块)之间空两行。这和传统的分段图零件表已有了质的区别。

③零件表中的零件编码(五级编码，前两级已统一标明在标题栏中)。反映出每个零件的属性和工艺流程。

④图中详细标注构件的理论线位置。

⑤标明焊缝坡口型式和焊接要求。

⑥标明余量和补偿。

⑦其他工艺、管理信息。

同时，由生产设计提供的胎架数据表则给出了分段制作所需的各种数据，它包括：

①支柱高度；

②板的定位数据；

③纵横构架划线数据、分段边缘数据；

④构架安装角度；

⑤分段完工检查数据(对角线长度)。

船体分段工作图和胎架数据表相配合，就成为分段建造的唯一施工依据。

三、总段装配与焊接

总段制造有以下两种方法。

1. 分段合拢正造法

适用于型线较平直的中部总段。先制造底部、舷侧、甲板和舱壁等分段，再以底部分段为基础，依次装配舱壁、舷侧和甲板分段。对分段进行测量、定位，有余量的分段，还要进行余量划线和切割。总段正造如图16-14所示。

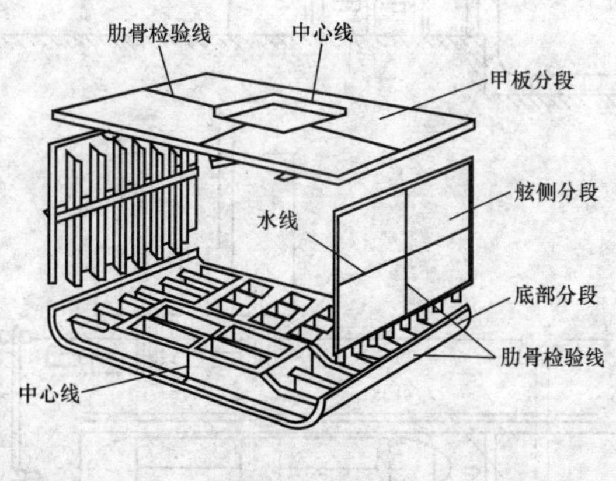

图16-14　总段正造法

2. 总段倒装法

这是在甲板胎架上由船体零、部件直接装配总段。外板型线变化较大的首、尾部和首楼多采用这种方法装配。图16-15所示为小型船舶首部总段的装配过程。它是在甲板的胎架上先装焊甲板，划好构架线后，依次装上肋骨框架、横舱壁和舷侧纵桁，进行焊接。并以此作为内胎

架吊装外板和托底分段而形成总段。

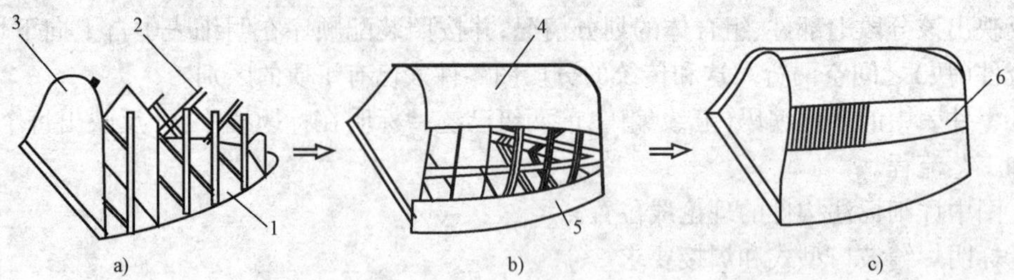

图 16-15　首部总段倒装法

1-甲板;2-肋骨框架;3-舱壁;4-托底分段;5-舷顶列板;6-满档外板

四、船台装配焊接

1. 船台与造船坞

船台和造船坞是把完工的分段最后合拢成完整船体的施工场地。船台和造船坞上配有大型吊车、焊接设备以及电、氧气、乙炔、水和压缩空气等各种能源供应设施。并具有将船舶送入水中的下水装置。船台(及造船坞)都和分段制造区及船体装焊车间相毗邻,以尽量缩短将完工分段运至船台的距离。

造船坞适于建造大型船舶。其上配置横跨船坞和一侧分段合拢区的大跨距龙门式起重机。在造船坞中,建造中的船舶处于水平状态,这给船体装配和设备安装都带来许多方便。图 16-16 所示为一造船坞及其相邻的装焊车间、起重设备的布置。

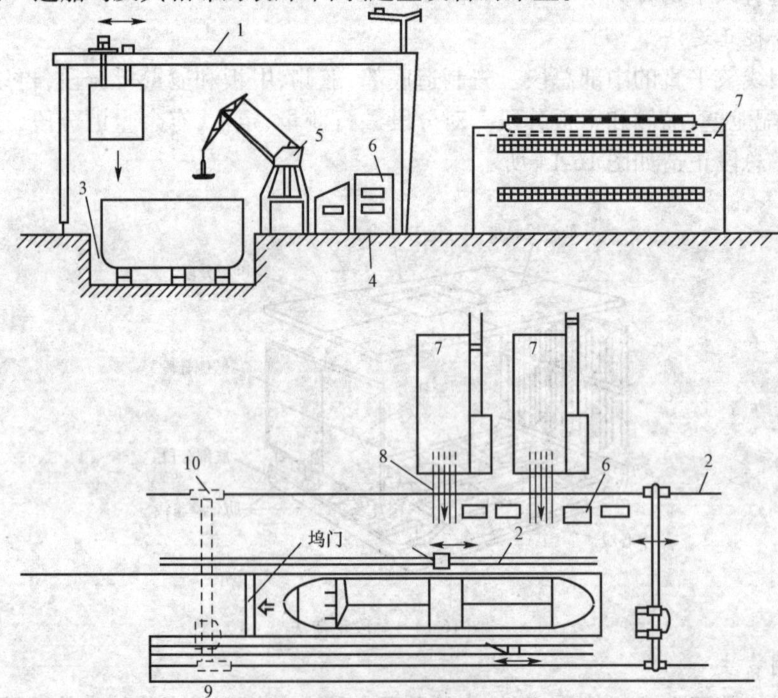

图 16-16　造船坞及起重设备

1-大起重门式起重机;2-轨道;3-造船坞;4-坞侧场地;5-门座式起重机;6-船体大分段;7-装配焊接车间;8-分段流动方向;9-水域;10-门式起重机水上卸货位置

2. 船台合拢(装配焊接)

船台合拢方法的选择,主要考虑充分利用船台面积,扩大作业范围,以最大限度地缩短船台周期。有利于控制船体变形,有利于舾装、涂装工作的开展。现代船厂经常采用的方法有以下几种。

(1)总段建造法。总段的大小是从上甲板到船底,随船型不同有C型、D型等总段。通常是以舾装工作量大、周期长的机舱段作为定位总段先吊上船台。再依次向首尾吊装相邻的总段。对于小型船舶或有小车的水平船台上,环形总段的建造最具优越性,如图16-17所示。总段建造时船台工作量最少,船体变形容易控制,预栖装程度高。密性试验和船壳涂装均可提前。但它对船台起重能力要求较高。

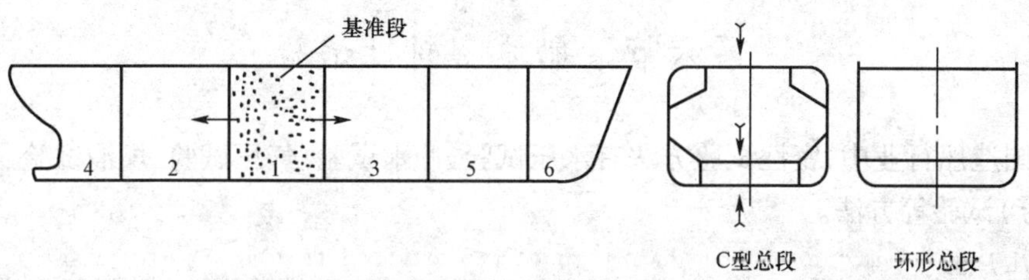

图16-17　总段建造法

(2)层式建造法。以船底分段为基准,机舱区分段作为定位段。将全船分为三个层次进行装配,第一阶段将底部分段以尾到首连续接通形成第一层次;第二阶段将舱壁以及下舷侧分段向首尾连续吊装形成第二层次;第三阶段将上舷侧分段及甲板分段向首尾吊装形成第三层次:此法船台工作负荷均衡,基线挠度容易控制,同类分段制造时间集中,效率高。但不利于预舾装,船台涂装工作量有所增加。

(3)塔式及岛式建造法。采用塔式建造时,将靠近机舱前端的底部分段先吊上船台定位作为基准段。然后向首尾、向两舷、向上依次吊装其他分段。施工中的船体始终成下宽上窄的塔状,故称塔式建造。如图16-18a)所示。

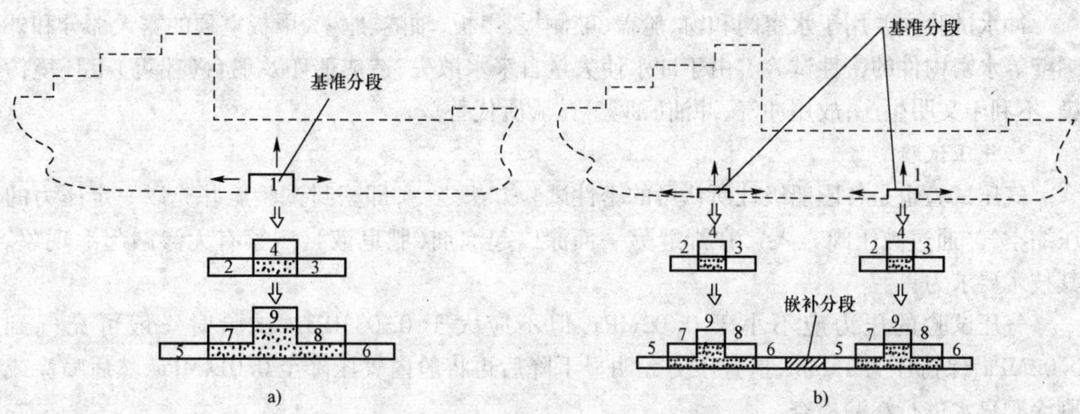

图16-18　塔式及岛式建造法

a)塔式建造法示意图;b)岛式建造法示意图

若将船体划分为2~3个建造区域,每个区域各选定一个基准段,按塔式建造法施工。区域之间最后以嵌补分段相连接,称为岛式建造,图16-18b)为双岛式示意图。此法充分利用船台,扩大施工面,缩短船台周期。船台装焊工作负荷比较均衡。分区控制船体基线挠度也不易超差。但嵌补分段施工难度较大。

此外,还有在大船台上造小船采用的串联法和在小船台上造大船采用的两段水上合拢法。一般应用较少。无论采用哪种方法进行船台分段合拢,都必须以船台上的基准进行精确的定位。有余量的分段还要进行余量的划分切割。为保证船体的形状和主尺度,采取必要的反变形措施。船台装配焊接工作结束以后,要测量船体主尺度和基线的挠度。

第六节　船体密封性试验

在我国造船行业中,密性试验方法有水压试验、冲水试验、气压试验、煤油试验、冲气试验、冲油(油雾)试验等方法。

1. 水压试验

水压试验为各国船级社所认可的密性试验方法之一,即逐舱灌水并在船外观察焊缝处有无渗漏现象。其技术要求为:试验时,一般将水灌至规定的高度,15min后,在该压头下检查有关结构和焊缝,不应有变形和渗漏现象。试验时,当外界气温低于0℃时,则应采取加热措施,使试验介质温度保持在5℃。

水压试验同时可收到强度试验的效果,且其渗漏效应比较直观和明显,因而安全可靠,一般船厂均积累了较为丰富的实践经验。

2. 冲水试验

冲水试验也是各国船级社认可的密性试验方法之一,即在板缝一侧冲水,在另一侧观察焊缝处有无渗漏现象。其技术条件为:

冲水试验在喷水出口处的压力至少为0.2MPa,喷头至试验部位的距离为1.5m。

冲水试验主要用于水密门和窗、舱盖、舷侧板、甲板、轴隧、舱壁、甲板室顶的露天部分和外围壁等水密构件的密性试验。由于冲水使大量自来水散失,造成船舶及船台(船坞)上环境污染,不利于文明生产,故用冲气、冲油(油雾)试验所代替。

3. 气压试验

气压试验也是各国船级社所认可的密性试验方法之一,即密封试验舱并充以一定压力的压缩空气(通过减压阀充入),在焊缝另一面涂以起泡剂(肥皂液),观察有无渗漏起泡现象。其技术要求为:

气压试验的压力应不小于0.02MPa,但不应大于0.03MPa。试验时一般可充气到0.02MPa,保持压力15min,检查压力无明显下降后再将舱内气压降至0.014MPa,然后喷涂或刷涂肥皂水进行渗漏检查。

还有煤油试验、冲油(油雾)试验等方法。目前尽量扩大分段密性试验,减少船台上密性试验工作量。

第七节　船 舶 下 水

船舶下水是当船舶建造工程大部分完工之后,利用某种下水设备,将船舶从建造区移至水域区的工艺过程。

由于船台(或造船坞)的施工条件要比舾装码头优越得多,所以应当想方设法尽量扩大下水前的船舶完工量,以提高造船的综合生产能力,缩短造船的总周期。

随着造船工艺的发展,预舾装工艺的应用达到相当高的程度。目前,在一般船厂中,下水前的船舶舾装完工量往往可达70% ~80%,甚至超过90% ~95%。

为了船舶下水,船厂根据自身的条件和生产的要求,可选择各种不同的下水方式和下水设施。按船舶下水原理可分为:重力式下水、漂浮式下水、机械化下水3大类。

一、重力式下水

重力式下水是船舶依靠自身重力在倾斜滑道上产生的下滑力,克服滑道与滑板间的摩擦阻力而下滑入水中的下水方法。它适合于在倾斜船台上建造的船舶下水,分为纵向下水和横向下水两种。

图16-19所示为纵向重力式下水装置。船舶下水前,在滑道与滑板之间涂以润滑剂。下水时先拆除船底的全部龙骨墩、边墩和支撑,使船舶重量移到滑道和滑板上。再松开阻止滑板滑动的制动装置,船舶连同滑板,下水支架一起自行滑入水中。这种方式适用于大、中、小各类船舶,设备简单,但下水准备时间长,操作复杂,劳动强度大。

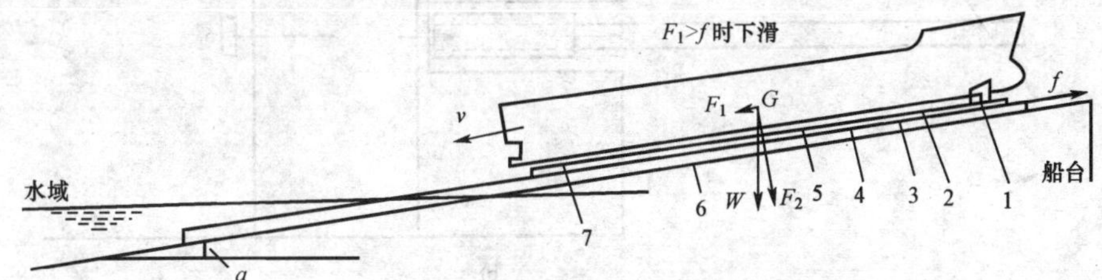

图16-19　纵向重力式下水装置

1-前支架;2-首金属支架;3-滑板;4-滑道;5-下水龙骨墩;6-止滑板机;7-尾金属支架;a-沿台倾角;f-摩擦阻力;W-下水重量;F_1-下滑力

二、漂浮下水

这是一种简单而安全的下水方法。将水注入船舶建造区,依靠船舶自身的浮力漂浮而起的下水方法称为漂浮式下水。

图16-20所示的造船坞是漂浮下水的设施,船体是在坞内建成的。由于新船的空船重量较小,具备漂浮条件时的吃水也较小,因此造船坞的

图16-20　造船浅坞

坞深较修船坞为浅。但从结构上看与修船坞很相似,也是由坞门将水域和坞室隔开,坞内的水抽干后即可在坞内造船,此时船是呈水平状态建造。下水时,先在坞内注水,使船漂浮起来,当

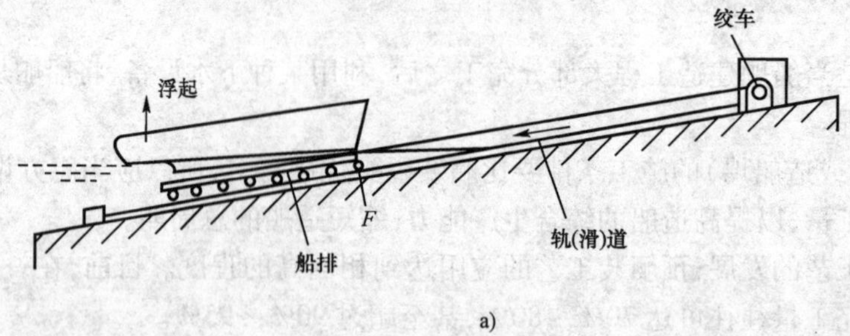

a)

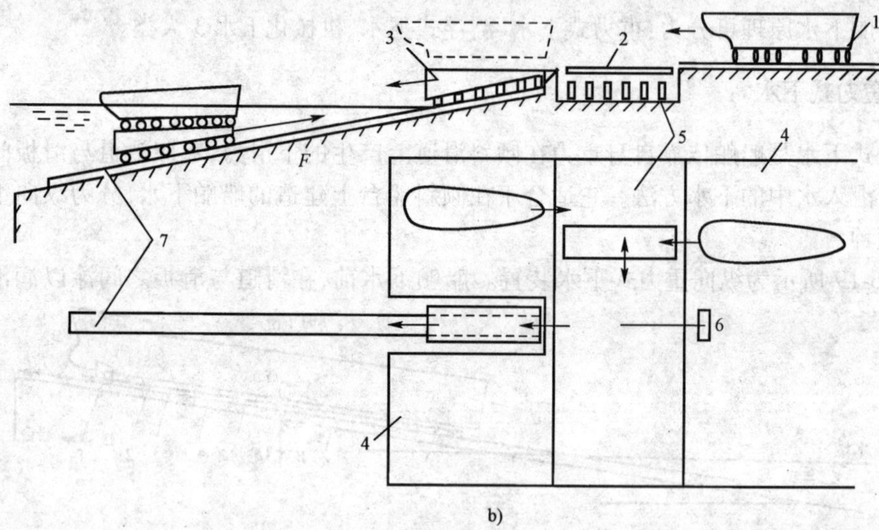

b)

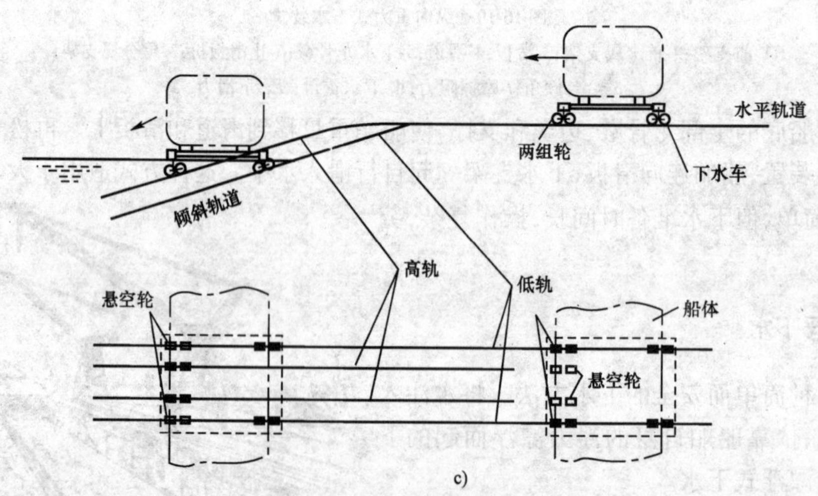

c)

图 16-21 机械化下水

a)纵向船排滑道;b)楔形下水车纵向滑道;c)高低轨横向滑道

1-船台小车;2-横移车; 3-楔形下水车;4-船台;5-横移坑道;6-绞车室;7-滑道

坞内与坞外的水位平齐时,即可开启闸门,拖船出坞。这种下水方法操作简单安全可靠。但造船坞的基建投资较大。

三、机械化下水

机械化下水的种类很多,常见的有以下几种。

1. 纵向船排滑道下水

它是在纵向滑道基础上增设带轮的船排组成的。承载船舶的整体或分节船排的顶面与轨道面始终保持平行。船舶下水时由绞车牵引船排,船舶借滚轮轨道上移动,将船舶送入水中,见图 16-21a),船排连同下水船舶依靠重力下滑。

2. 楔形下水车纵向滑道下水

如图 16-21b)所示,船舶建造和下水时都处于水平状态。船舶借横移车由船台移至楔形下水车上。再由绞车拖曳下借重力滑入水中。下水平稳安全,适用于中、小型船舶。由于楔形下水车尾端较高,要求滑道末端有较大的水深,故加大了滑道水下部分的长度。

3. 高低轨横向滑道

为了使下水车和船舶在横移区和斜坡上都能保持水平状态,在滑道的斜坡部分设置高低两层轨道。当船舶由横移区移至斜坡部分时,通过下水车换轨使其保持水平状态,见图 16-21c)。这种设施适用于下水重量在 3000t 以下的船舶。

此外尚有梳式滑道下水,升船机下水等多种机械化下水方法,都具有船台和下水滑道的机械化程度高,移船下水工艺简便安全等优点,为中、小型船厂广泛采用。

第八节　船舶试验与交船

船舶在整个建造过程中,除经常对各个工程项目进行严格的检验和验收外,还要在船体主体工程和动力装置等安装完工后进行严格的全面的试验工作,考核产品质量是否符合设计要求和有关规范的规定。

通常试验分系泊试验和航行试验两个阶段。整个试验由承建厂、船主和验船机构共同参加、共同负责。

一、系泊试验

系泊试验是将船舶系于船厂码头或附近浮筒进行的。主要的试验内容有:

(1)通过倾斜试验确定船舶实际重心位置并校核船舶的稳性;

(2)主机负荷试验、倒车试验、检查主机运转的可靠性和操纵的灵活性,对所有为主机服务的辅机进行运转试验,检查其工作的可靠性;

(3)检查所有机械装置、电气、通信设备的安装质量及工作可靠性;

(4)检查各种管系是否畅通,紧固处有无渗漏,调整各种安全阀、减压阀的压力,为船舶试航作准备;

(5)检查驾驶设备和救生设备的操作是否灵活。

当系泊试验结束并消除发现的各种缺陷以后,船舶就可以出海试航。

二、航行试验

航行试验是按船舶类别和用途，在海面或江河湖泊上对新建的船舶进行综合性的全面试验，简称试航。

试航分轻载试航和满载试航两种，按实际需要确定。航行试验的主要任务是：

(1)检查主机、辅机与之有关的动力装置一起工作时的可靠性；

(2)对船上的通信、导航及机械等设备进行工作检验；

(3)进行操舵及抛锚试验；

(4)检查船舶的航行性能，它包括：

①速率试验：测定主机在不同工况时的航速，并确定计程仪校正值。

②惯性试验：包括：从全速前进到停止，从全速前进到全速后退，从全速后退到停止，从全速后退到全速前进等项目，试验时记录主机转速及船舶滞航的时间和距离。

③回转试验：进行船舶在全速时的操舵试验，以测定船舶的回转直径。

三、交船与验收

在船舶航行试验结束后，船厂立即对各种缺陷进行修理工作，同时对有关的装备，按图纸、说明书和技术文件进行交接，当上述工作完成后，就可以签署交船验收文件，并把船交付使用部门。

第九节　船舶制造技术的发展

船体建造、舾装和涂装一体化（Integrated Hull Construction, Outfitting and Painting，简称IHOP）是世界造船界共同探求的目标。日本、美国、加拿大和西班牙等国都有与IHOP相关的论述和实践。目前，国内造船界为缩短造船周期，扩大造船总量，正在大力推行壳舾涂一体化区域造船法，来替代传统的造船模式。

为了说明船舶制造技术的发展过程，现以分类特征、企业形态和时间为坐标，绘制技术水平阶梯图（表16-1），图中在时间上将造船技术的发展划分为三个阶段：传统造船技术、现代造船技术和未来造船技术，在水平上将造船技术的发展分为五级。

造船技术水平阶梯图　　表16-1

系统导向	系统和区域导向	区域、类型和阶段(中间产品)导向		产品导向
木船建造技术 第1级水平： 船台散装 码头舾装 整船涂装	焊接技术 第2级水平： 分段建造 预舾装 预涂装	成组技术 第3级水平： 分道建造 区域舾装 区域涂装	工业工程技术 第4级水平： 壳舾涂一体化	敏捷制造技术 第5级水平： 设计制造一体化
整体制造模式	分段制造模式	分道制造模式	集成制造模式	敏捷制造模式
劳动密集型		设备密集型	信息密集型	知识密集型
传统造船技术		现代造船技术		未来造船技术

1. 传统造船技术

我们将 1 级和 2 级水平的造船技术称为传统造船技术。

第 1 级水平：沿用木船和铆接船的建造技术，船体采用船台散装法，即零部件直接上船台组装成整个船体；舾装工作基本上在码头上进行。采用按功能/系统组织生产的造船模式，其特点是：

(1) 船体建造按结构功能/系统，舾装按使用功能/系统进行船舶设计和组织生产。

(2) 产品的作业任务分解与分解后的组合，按船舶设计的功能/系统，通过放样先船体、后舾装，由各工种按功能/系统分别在船台和舾装码头进行单件作业，直至形成船体、舾装各完整的功能/系统。

目前小型钢质船舶建造中仍采用这种建造方法，它属于劳动力密集的传统造船技术的第 1 级水平。

第 2 级水平：焊接技术在造船中的应用开创了船体分段建造技术。第二次世界大战期间，由于战时造船量的急剧增长，又促进了全焊接船与分段建造技术的应用。但由于战时建造的大批量全焊接船有 1/5 受不同外因而破损，不得不经过一段时期对材料、设计、施工方法进行综合研究，才真正全面推广了全焊接船的分段建造技术。

分段建造技术首先由零部件组装成分段，分段再吊上船台合拢形成整个船体。分段建造技术的采用提供了船体建造按其结构特性划分成分段、部件，形成以区域进行流水作业的可能性，同时还提供了在分段区域上进行预舾装的可能性。所以，第 2 级水平采用的是按区域/系统组织生产的造船模式，其特点是：

(1) 产品作业任务的分解和组合，对于船体建造，可按其结构区域划分；对于舾装，扩大预舾装，但仍按使用功能/系统组织生产。

(2) 船舶设计虽仍按功能/系统进行，但船舶建造作业任务的分解和组合，可通过放样采用船体生产设计加以规划和体现。

这种以区域/系统导向的造船方法是传统造船技术的第 2 级水平，企业仍然属于劳动力密集型。

2. 新造船模式

传统船厂以最终产品为主线，按工种导向组织生产，作业错综复杂。不同船舶在船厂同时建造，相互争夺场地、设备和劳力。同一场地（船和分段）的不同工种相互干扰。船厂各职能部门从本部门立场出发处理问题，推诿扯皮的情况时有发生。所以，难以达到作业排序之优化。

第 3 级和第 4 级水平的造船技术属于现代造船技术。

第 3 级水平：使少批量、多品种生产采用柔性化的大批量生产方式的成组技术引进到造船业，从而出现以"中间产品"为导向的专业化生产。所谓"中间产品"实质上就是指"区域"，"区域"具体地说是指"零件"、"部件"、"分段"、"舾装单元"、"总段"、"模块"和"调试"等特定的作业。结果形成专业化的 NC 切割设备、型材生产线、管子生产线、部件生产线、平面分段生产线和曲面分段的虚拟生产线等等。船舶工程的分解只按照"区域/作业类型/施工阶段"，完全不考虑"系统"。同时，大量的手工操作由机器设备替代，船厂成为总装厂，大量的中间产品外协，一线工人剧减，逐渐成为"设备密集型"企业。所以，从造船模式来讲，第 3 级水平采用

的是按区域/阶段/类型组织生产的模式，其特点可以概括为：

(1)产品作业任务的分解和组合，采取按船舶产品的空间部位划分区域，分阶段、按类型的原则和方式。

(2)产品作业任务的分解和组合方式，通过船体、舾装的生产设计加以规划和体现。

(3)生产作业方式按区域进行船体分道和区域舾装，并将完工的各个作业区域相互结合形成完整的船舶产品。

第3级水平的造船技术是现代造船技术的初级阶段，即"船体分道建造"和"区域舾装"。中国船厂目前属于第2级到第3级水平之间。

船体建造、舾装和涂装一体化是建立在引进技术、以中间产品专业化为导向来组织生产的。它是造船技术发展的第4级水平。在船体分道建造和区域导向舾装的基础上，使中间产品的制造不按船舶和船舶系统分类，实现空间分道、时间有序、责任明确、相互协调的作业优化排序。同时，造船系统的设计、生产、管理和采购各部门的任务、计划及相互关系，都围绕中间产品的制造，予以明确规定，使得船厂的一切工作相互协调，极富节奏。日本造船业自引进成组技术理论起，花费了20多年的时间才达到了这样的水平。我国目前正向第4级造船水平发展，可称为集成造船模式——现代已实现的最高水平的造船技术。它的主要特征是：

(1)以中间产品为导向，同时生产过程"连续"；

(2)在设备密集的基础上，实现了"信息密集"；

(3)在分道制造和区域建造的基础上，达到了壳舾涂的集成制造。

3. 未来造船技术

IHOP是当前先进造船厂已经基本实现的最高造船水平，即最现代化的模式。但是，造船技术仍在继续发展中，正在形成第5级水平，不久将出现第5种造船模式，以产品为导向，知识密集的敏捷制造模式，其核心是同时决策高质量的、使用和维修都方便的产品和产品的生产方法。造船业引进这些理论后，能从根本上改变传统的船舶的结构(设计)和船舶的生产方式(制造)，而且两者同时研究开发，称为"设计制造一体化"。由于汇聚了当代的最高智慧，综合了当代的最先进的技术，称此类生产厂为"知识密集型"企业。

思考与练习 SIKAOYULIANXI

一、简答题

1. 简述现代造船工艺。
2. 简述船体放样、号料的方法。
3. 简述钢材预处理加工。
4. 简述船台无余量装配。
5. 简述船台合拢方法。
6. 简述船体密性试验方法。

7. 简述船舶下水的方式。

8. 简述船舶试验的内容。

9. 简述船体建造、舾装和涂装一体化。

二、选择题

1. 按照现代造船工艺学的观点，船舶建造可分为 3 种类型的生产作业，即船体建造、船舶舾装和(　　)。

A. 船舶涂装　　B. 船台合拢　　C. 密性试验　　D. 船舶试验

2. 总段制造有分段合拢正造法和(　　)两种方法。

A. 层式建造法　　B. 总段倒装法　　C. 塔式建造法　　D. 岛式建造法

3. 船台合拢方法有层式建造法、塔式或岛式建造法和(　　)。

A. 散装法　　B. 总段倒装法　　C. 总段建装法　　D. 分段合拢正造法

4. 在船体主体工程和动力装置等安装完工后进行严格的全面的试验工作，通常试验分系泊试验和(　　)两个阶段。

A. 水压试验　　B. 冲水试验　　C. 航行试验　　D. 气压试验

5. 船体建造、舾装和涂装一体化制造模式是(　　)。

A. 整体建造模式　　B. 分段建造模式　　C. 分道建造模式　　D. 集成建造模式

三、判断题(对的打“✓”，错的打“×”)

1. 船体放样经历了实尺放样、比例放样和数学放样三个阶段，并有相同的号料方法。(　　)

2. 船厂都把钢板的矫正、除锈、涂漆和烘干等机械装置，按工艺流程用传送滚道连接起来，组成钢材预处理自动流水线。(　　)

3. 具有双向弯曲的船体外板，通常都是在三辊弯板机或液压机上完成两个方向的弯曲加工。(　　)

4. 气体保护焊是利用氩气、氦气或二氧化碳等气体作为保护介质的一种电弧熔焊方法。(　　)

5. 船台合拢方法的选择，主要考虑充分利用船台面积，扩大作业范围，以最大限度地缩短船台周期。(　　)

6. 密性试验尽量减少分段密性试验，扩大船台上密性试验工作量。(　　)

7. 造船技术以分类特征、企业形态和时间为坐标，绘制 5 级技术水平阶梯图。中国船厂目前属于第 3 级到第 4 级水平之间。(　　)

船舶吨位

船舶吨位是船舶大小的计量单位,可分为重量吨位和容积吨位两种。

1. 船舶的重量吨位(Weight Tonnage)

船舶的重量吨位是表示船舶重量的一种计量单位,以 1000kg 为 1 公吨,或以 2240 磅为 1 长吨,或以 2000 磅为 1 短吨。目前国际上多采用公制作为计量单位。船舶的重量吨位,又可分为排水量吨位和载重吨位两种。

1)排水量吨位(Displacement Tonnage)

排水量吨位是船舶在水中所排开水的吨数,也是船舶自身重量的吨数。排水量吨位又可分为轻排水量、重排水量和实际排水量三种。

(1)轻排水量(Ligth Displacement),又称空船排水量,是船舶本身加上船员和必要的给养物品三者重量的总和,是船舶最小限度的重量。

(2)重排水量(Full Load Displacement),又称满载排水量,是船舶载客、载货后吃水达到最高载重线时的重量,即船舶最大限度的重量。

(3)实际排水量(Actual Displacement),是船舶每个航次载货后实际的排水量。

排水量的计算公式如下:

排水量(长吨)=长×宽×吃水×方模系数(立方英尺)/35(海水)或36(淡水)(立方英尺)

排水量(公吨)=长×宽×吃水×方模系数(立方米)/0.9756(海水)或1(淡水)(立方米)

排水量吨位可以用来计算船舶的载重吨;在造船时,依据排水量吨位可知该船的重量;在统计军舰的大小和舰队时,一般以轻排水量为准;军舰通过巴拿马运河,以实际排水量作为征税的依据。

2)载重吨位(Dead Weight Tonnage,缩写为 DWT)

表示船舶在营运中能够使用的载重能力。载重吨位可分为总载重吨和净载重吨。

(1)总载重吨(Gross Dead Weight Tonnage)。是指船舶根据载重线标记规定所能装载的最大限度的重量,它包括船舶所载运的货物、船上所需的燃料、淡水和其他储备物料重量的总和。

总载重吨=满载排水量-空船排水量

(2)净载重吨(Dead Weight Cargo Tonnage,缩写 DWCT)。是指船舶所能装运货物的最大限度重量,又称载货重吨,即从船舶的总载重量中减去船舶航行期间需要储备的燃料、淡水及其他储备物品的重量所得的差数。

船舶载重吨位可用于对货物的统计;作为期租船月租金计算的依据;表示船舶的载运能力;也可用作新船造价及旧船售价的计算单位。

2. 船舶的容积吨位(Registered Tonnage)

船舶的容积吨位是表示船舶容积的单位,又称注册吨,是各海运国家为船舶注册而规定的一种以吨为计算和丈量的单位,以100立方英尺或2.83立方米为1注册吨。容积吨又可分为容积总吨和容积净吨两种。

1)容积总吨(Gross Registered Tonnage,缩写为GRT)

又称注册总吨,是指船舱内及甲板上所有关闭的场所的内部空间(或体积)的总和,是以100立方英尺或2.83立方米为1注册吨折合所得的商数。

容积总吨的用途很广,它可以用于国家对商船队的统计;表明船舶的大小;用于船舶登记;用于政府确定对航运业的补贴或造舰津贴:用于计算保险费用、造船费用以及船舶的赔偿等。

2)容积净吨(Net Registered Tonnage,缩写为NRT)

又称注册净吨,是指从容积总吨中扣除那些不供营业用的空间后所剩余的吨位,也就是船舶可以用来装载货物的容积折合成的吨数。

容积净吨主要用于船舶的报关、结关;作为船舶向港口交纳的各种税收和费用的依据;作为船舶通过运河时交纳运河费的依据。

参考文献

[1] 谢祚水.船舶与海洋工程概论[M]. 北京:国防工业出版社.1999.4

[2] 金仲达.船舶概论[M].哈尔滨:哈尔滨工程大学出版社.2005.3

[3] 殷佩海.轮机概论[M].大连:大连海事大学出版社.1998.9

[4] 倪依纯.船舶机电基础[M].北京:人民交通出版社.2007.1

[5] 杜荣铭.船舶柴油机[M]. 大连:大连海事大学出版社.1999.11

[6] 陈立军.船舶辅机[M]. 北京:人民交通出版社.2004.3

[7] 刘强.船舶机电基础[M]. 哈尔滨:哈尔滨工程大学出版社.2006.9

[8] 邓召庭.船舶概论[M]. 北京:人民交通出版社.2006.7

[9] 张文平,张新玉.内燃机结构教程[M]. 哈尔滨:哈尔滨工程大学出版社.2006.3